U0495133

全球购物中心巨头西田创始人

弗兰克·洛伊的第二生命

FRANK LOWY

A SECOND LIFE

[澳]吉尔·马戈（Jill Margo）◎著
王玮　[澳]王艾迪（Addy Wang）◎译

中信出版集团·北京

图书在版编目（CIP）数据

弗兰克·洛伊的第二生命/（澳）吉尔·马戈著；王玮，（澳）王艾迪（Addy Wang）译. -- 北京：中信出版社，2018.6
书名原文：Frank Lowy: A Second Life
ISBN 978-7-5086-8788-9

Ⅰ.①弗⋯ Ⅱ.①吉⋯②王⋯③王⋯ Ⅲ.①弗兰克·洛伊－生平事迹 Ⅳ.①K836.115.47

中国版本图书馆CIP数据核字（2018）第050253号

Copyright © Jill Margo 2015. First published in English in Sydney, Australia by HarperCollins Publishers Australia Pty Limited in 2015.
This Chinese Simplified Characters language edition is published by arrangement with HarperCollins Publishers Australia Pty Limited, through The Grayhawk Agency Ltd.
The Author has asserted her right to be identified as the author of this work.
Chinese simplified translation copyright © 2018 by CITIC Press Corporation.
ALL RIGHTS RESERVED
本书仅限中国大陆地区发行销售

弗兰克·洛伊的第二生命

著　　者：［澳］吉尔·马戈
译　　者：王玮　［澳］王艾迪（Addy Wang）
出版发行：中信出版集团股份有限公司
　　　　　（北京市朝阳区惠新东街甲4号富盛大厦2座　邮编　100029）
承　印　者：北京通州皇家印刷厂

开　　本：787mm×1092mm　1/16　　印　　张：28.25
字　　数：320千字　　　　　　　　　　插　　页：8
版　　次：2018年6月第1版　　　　　　印　　次：2018年6月第1次印刷
京权图字：01-2018-2267　　　　　　　广告经营许可证：京朝工商广字第8087号
书　　号：ISBN 978-7-5086-8788-9
定　　价：88.00元

版权所有·侵权必究
如有印刷、装订问题，本公司负责调换。
服务热线：400-600-8099
投稿邮箱：author@citicpub.com

译者序

传媒大亨默多克说:"弗兰克的故事就是澳大利亚的故事。"我怀着激动和兴奋的心情阅读了西田集团（Westfield Group）联合创始人的传记《弗兰克·洛伊的第二生命》（以下简称《第二生命》）。阅读时，我就产生了将这本书翻译并介绍给国内读者的强烈冲动。中国购物中心发展的历史不长，介绍这方面的图书更是寥寥无几，致使国内地产界人士对国际购物中心行业发展的历史缺乏系统的了解。所以，阅读《第二生命》可以使我们的同行对经历了近60年发展的现代购物中心的领军企业西田集团及其领导人有一个全面的认知。这对于我们国家方兴未艾的购物中心事业具有直接的借鉴和指导意义。

弗兰克·洛伊从一个犹太大屠杀中幸存的难民孩子到现代国际购物中心王国的骄子的历程，不仅是澳大利亚的传奇，也是国际商业地产行业的佳话。《第二生命》主要讲述了他的晚年，也就是进入21世纪后，他如何在复杂多变的全球环境中继续带领西田集团不断创新前行，并将其打造成全球资本价值最高的商业地产企业的故事。《第二生命》还讲述了他以72岁的高龄担任澳大利亚足协主席12年，带领澳大利亚足球从亏损蹒跚的逆境中走出，使足球成为澳大利亚的可持续盈利的主流运动并将澳大利亚足球融入亚洲大家庭。弗兰克像管理企业一样管理足球的理念和做法也非常值得国内足球界学习和研究，相信也会引起我们的各级足球管理人士和广大球迷的极大兴趣，并带来许多有益的启发。弗兰克晚年在继续领导西田事业之外，对足球、医学研究及国家智库的参与和贡献仿佛在他的商业地产事业生命外又开启了他的第二生命。

购物中心作为现代零售业的主导形态占据了人们消费生活的最大比例，甚至超过两大耐用消费品——住房和汽车的消费占比。购物中心的开发建设和运营管理必将在我们的经济与社会生活中发挥越来越大的作用和影响。所以，分享《第二生命》一书可以使我们从一个长远的历史走廊和前沿的行业高度了解现代购物中心的发展现状与趋势，学习澳大利亚购物中心行业的理念和精髓。

弗兰克·洛伊不仅是属于澳大利亚的，他应该属于全世界的商业地产界——这也是我翻译这本书的宗旨。

2018 年 3 月 25 日

推荐序

我应该直接告诉你们，我是弗兰克·洛伊的崇拜者，即便我不是，我也会为他着迷。

我在人们所称的我的"鼎盛时期"搬了一次家，却不想因此失去我所收藏的大量图书。这时弗兰克·洛伊无私地资助了我，将残存的图书迁移到皮特街上的悉尼机械艺术学院（Sydney Mechanics' School of Arts）。那里的环境已今非昔比了，如今成了一个公共图书馆。弗兰克诸如此类的慷慨事迹不胜枚举，无法全部容纳在这一本书里。

不过，我为这本书写序并不是因为受过他的恩惠，也不是因为我喜欢"第二生命"这种说法，抑或是仰慕作者的叙事文笔和探索精神。我能够满腔热情地阅读下去，是因为弗兰克并没有被塑造成为一本畅销小说里的主人翁。不像李尔王，弗兰克不是一个疯狂的老国王；也不像托马斯·曼（Thomas Mann）著名小说里的布登勃洛克家族（Buddenbrooks），他的适应能力及睿智意味着他注定被财富和亲人围绕。他对美好生活的追求超越任何其他人可以达到的程度，并且至今也没有任何要停止的迹象。对他来说，就像马戈说的，这样的动力使他无法成为一个躺在舒适的老板椅上的贤明老人。但他会分析自己，这使他的人生变得有趣。他不是一个空有冲劲和肤浅目标的人。有时候他会充满感激地回顾他与雪莉（Shirley）多年的相濡以沫，与家人坚不可摧的亲情，以及他对澳大利亚社会的重要意义。有时候他也会严厉地解剖自己及他人。作为一个难民，弗兰克的生命之树是摇摆不定的，可以说没有一根树枝是稳固的。他取得如此成就，也算是"梅花香自苦寒来"。在整个生命过程中，弗兰克一直都非常擅长从困境和磨难中站起来，从而不断书写人生的华彩篇章。

有趣的是，澳大利亚人普遍能够和弗兰克惺惺相惜，即使是那些对他并不着迷的人。从第一次来到澳大利亚并从货车司机的工作开始，雄心勃勃的弗兰克就有和澳大利亚人打交道的能力。就像书中描述的，弗兰克的自我反思意识是澳大利亚的寡头政治人群里不常见的。他成就了大多数澳大利亚富人不可能成就的业绩：对顾客们的尊敬。除了一些有名的特例，在澳大利亚，财富往往属于那些不尊重传统和不懂得捐助，以及不懂得自我分析和自我批判的人。

我认为吉尔·马戈的书诠释了复杂、神秘、充满远见和睿智的弗兰克·洛伊。我喜欢它，相信你也会的。

托马斯·基尼利
（Thomas Keneally）[1]

---

[1] 托马斯·基尼利是澳大利亚最受欢迎的作家之一，因小说《辛德勒名单》（Schindler's List）而广为人知，据此改编的同名电影获得奥斯卡奖，成为影史经典。——编者注

前　言

我之前撰写的弗兰克·洛伊的个人传记《超越极限》(Pushing the Limits)发表于2000年，这第二本传记起始于上一本的结尾。当时正接近他的70岁生日，大家都预计他会退休，但就像这本书所写的，他并没有就此隐退。

弗兰克·洛伊是一个极其重视个人隐私的人。我写第一本书时，他忍着性子让我们看到了一些公众形象背后的故事。由于这没有给他带来任何负面影响，写作本书时他向我袒露了更多。我尽我所能坚守着他对我的信任，将他的老年故事尽可能完整地呈现给大家。

对于那些没有看过上一本传记的读者，我已将它概括在这本书的前8章，称之为"第一生命"。

在为弗兰克·洛伊书写这几十万字以后，除了对他诚挚的感谢，我没有其他要说的。感谢他与我交谈的那些数不清的时光。

吉尔·马戈

目录 CONTENTS

弗兰克·洛伊的第二生命

译者序 _Ⅲ
推荐序 _Ⅴ
前　言 _Ⅶ

1 | 第一部分
第一生命

上个世纪的故事

第1章　早年间 _003
第2章　到布达佩斯 _009
第3章　到巴勒斯坦 _016
第4章　在澳大利亚开始的日子里 _024
第5章　西田的诞生 _029
第6章　分手 _035
第7章　对足球的热爱 _037
第8章　挫折与复苏 _040

45 | 第二部分
第二生命

私人的事务

第 9 章　和谐的大家庭　_051
第 10 章　私人事宜　_061
第 11 章　一个突破　_073
第 12 章　"我该送什么样的礼物"　_083
第 13 章　弗兰克的"思想工厂"　_096
第 14 章　圆满轮回　_111
第 15 章　名誉风险　_123
第 16 章　触摸过去　_139
第 17 章　安葬父亲　_150
第 18 章　一个灰暗的年份　_165
第 19 章　一个程序化的决定　_179

足球的事情

第 20 章　一个电话　_197
第 21 章　推陈出新　_209
第 22 章　融入亚洲　_220
第 23 章　澳大利亚惊雷　_233
第 24 章　遥远的奖品　_250
第 25 章　全线开战　_259
第 26 章　"这不是最终结果"　_269
第 27 章　我的责任　_278
第 28 章　澳大利亚 A 联赛　_288
第 29 章　成功和继承　_302

西田的事业

第 30 章 核心 _319

第 31 章 梦想成真 _328

第 32 章 美国波涛 _338

第 33 章 "星室法庭" _347

第 34 章 快速转变 _355

第 35 章 烟灰缸 _363

第 36 章 奥林匹克的黄金机遇 _373

第 37 章 改变战术 _381

第 38 章 全球金融危机之后 _387

第 39 章 在边缘上 _396

第 40 章 分离重组 _408

第 41 章 收获 _415

后记　事事相关 _426

附　言 _434

致　谢 _439

THE FIRST LIFE

PART 1

第一部分

第一生命

上个世纪的故事

第 1 章
早年间

1930年10月，当雨果·洛伊（Hugo Lowy）抱着自己刚出生的小儿子走进犹太教堂的时候，他内心的喜悦无以言表。那时的大萧条已经耗尽了世人的希望，人们在困境中挣扎，但可喜的是，雨果的怀里抱着一个非常健康的小男孩。教会的一群男人们聚集在小男孩身边，依照惯例履行着上帝的契约仪式，为他命名。雨果祝福着他的儿子，希望他能够延续大家的未来。由于小男孩的祖父和外公在他出生前都已辞世，他继承了他们的希伯来名：平夏斯（Pinchas）与乔纳（Jonah）。在后来的人生中，他被简称为弗兰克。

洛伊一家住在一间小房子里，四个孩子挤在同一张床上，水也要从后院的一个水泵里抽取。作为最小的孩子，弗兰克在有限的家境中被大家尽情地宠爱着。在他哥哥约翰（John）的记忆中，他是一个招人喜爱的孩子，"他是所有人的掌上明珠——从小到大他从未停止过让大家震撼"。而在姐姐伊迪丝（Edith）的记忆中，弗兰克有些任性，是一个脾气大的小霸王，经常我行我素，不达到目的就大吵大闹。

这一家人生活在捷克斯洛伐克菲拉科沃（Filakovo）这个拥有两百多人的团结的社区，也就是现在的斯洛伐克南部的一个小镇。犹太人于19世纪早期在此定居，并被当地人广泛接受。他们参与这座城镇里的商业生活，他们的孩子也在当地的学校上学，每个安息日，他们还会固定地聚集在社区的小木屋犹太教堂里祷告、聊天。这个犹太社区注重自己的需求，并且让大家觉得有安全感。

每星期五，学校早早放学，小弗兰克会跑回家看着妈妈伊洛娜（Ilona）为安息日做准备；他也知道每逢这天午饭时间一过，爸爸就会打开家门，一手提着行李箱，一手拎着公文包。作为一个旅行推销员，雨果每周都要与家人分开，家人因此热切盼望着他的归来。到了晚上，雨果会带着儿子们走去犹太教堂参加安息日的仪式。

当时许多无业及靠救助过活的贫困犹太男人会在城镇之间穿梭，想办法寄几枚银币回家。每当星期五，他们会走进最近的一个犹太教堂，祈祷自己能够被邀请参加一顿安息日晚餐。洛伊一家总会接收一两个这样的流浪者。仪式结束后，他们会和接收他们的家庭一起回家享受节日晚餐。当人们陆续回到他们的房子里，平和安静的男人们和孩子们就渐渐地从街道上消失了。

从窗外，弗兰克能够看到家中点起了蜡烛，走进家门便会看见妈妈和姐姐已经准备好了一周最重要的一顿饭。对于餐食和周末休息的等待，雨果总是兴致勃勃地充满期待。他会习惯性地抱起一个孩子在房间来回走动，通常就是最小的儿子弗兰克，嘴里默念着传统安息日的致辞。这时家里充满着喜庆的气息，即使有陌生人同桌也没有影响。全家人又一次团聚了，就像弗兰克所度过的每一个星期五一样。他们会围坐桌前，挺直身板，在吃饭前吟唱和祈祷。

弗兰克一家有着匈牙利和斯洛伐克血统。雨果出生于匈牙利，曾在奥匈帝国军队里服役的他，比来自斯洛伐克比斯特拉（Bystra）小山村的妻子伊洛娜更为世俗一些。因为雨果和伊洛娜都来自大家庭，所以两边都有很多堂表亲戚。和弗兰克最亲近的是表姊妹伊娃·豪普特（Eva Haupt），她经常到弗兰克家过夜。弗兰克和伊娃会把家务活当作玩耍，一起处理家里的杂事。当弗兰克自己一个人跑腿时，他会骑上家里的自行车，但因为太矮，只能坐在自行车横杠上操控。从伊迪丝的话里我们得知，雨果非常喜爱弗兰克，会亲切地称他为"塔塔"（Tata）。

虽然人们普遍认为雨果·洛伊有魅力也善于交际，但他并没有敏锐的商业头脑。他曾经不止一次迫于无奈向伊洛娜的家人或是自己的哥哥利奥波德（Leopold）寻求帮助。利奥波德是小镇上的那位"有钱伯父"，虽然雨果的孩子们从来没有乘坐过他那三辆车，但他们每年都会拜访一次他的豪华别墅。

弗兰克出生前，雨果曾开过一家窗帘店。后来，当雨果经营不善而考虑要宣布破产的时候，他的父亲乔纳打消了他这个念头。"振作起来，"他教训道，"洛伊家永远不容许有人破产！"虽然雨果最终还清了所有债务并做出了最大努力，但最终还是失去了一切，包括他们的房子。通过父亲雨果的转述，乔纳的话总是在弗兰克的童年里回荡着。

当弗兰克出生时，雨果正在利奥波德的手下做旅行推销员，平常承接一些厨具订单。为了贴补家用，伊洛娜开了一家小型的食品杂货店，售卖糖、面包、面粉和其他一些生活必需品，还额外拥有一张有限的售酒牌照。一家人就住在这家商店的后面，孩子们总是进进出出，接待着顾客们或是从大玻璃瓶里找糖吃。通常到吃午饭的时候，店门口的铃铛就会响起，表示有客人进来了。这时弗兰克总会跳起来，在招呼好顾客后，回饭桌的间隙顺手抓起一把糖塞进嘴里。虽然这家店的经营情况尚可，但雨果对于纸牌的热衷致使杂货店并没有帮助家里缓解多少经济压力。他经常与比自己强的对手玩牌，输钱也就是常有的事。

每天下午放学后，洛伊家的男孩们必须参加宗教教育，星期天也不例外。对于一个虔诚的犹太家庭来说，这是强迫性的。他们在学校用的是德文，在家说的是匈牙利语或斯洛伐克语，在犹太教堂祷告时用的是希伯来语。

他们每一天的生活都很充实，几乎没有闲暇。偶尔，赶上非常幸运的时候，雨果会带着弗兰克看足球比赛。雨果是个足球迷，所以一到周末，他必须花言巧语地帮小弗兰克向教会请假，带他逃避星期天的课程。他们小镇的足球队在整个地区以实力强劲著称，对他们来说，看一场比赛简直就是一种难以言表的享受。父子俩手牵着手穿过围场，走向那搭建着摇摇晃晃的球框的临时足球场。在工作日里，只要弗兰克和他的朋友们有任何闲暇，他们就会用自己的袜子做成一个碎布球一起重温球场时光。

生活在20世纪30年代的欧洲像在其他地方一样是可怕的。大萧条造成了人们低落的情绪和对未来的恐惧，也滋生了狂热的民族主义。当反犹太主义浪潮在德国和波兰泛滥时，捷克斯洛伐克对于包括犹太人在内的少数族裔还是相对比较温和的。但是到了弗兰克开始上学的时期，犹太人家庭的前景开始变得越来越令人担忧。1938年11月，在德国和奥地利发生的那个臭名昭著的水晶之夜（Kristallnacht）事件里，数百个犹太教堂、商店和房屋被毁，恐惧蔓延到了整个欧洲的犹太族群。

同一年，捷克斯洛伐克的分裂让洛伊一家沮丧，他们发现自己居住的地方已经划归匈牙利，而大多数亲戚却被边境线分割在了斯洛伐克。和堂表亲戚们一起度过漫长暑假的日子已经一去不复返了。犹太人被剥夺了工作的机会，并且不能再拥有自己的生意或房子。伊洛娜被迫与一位非犹太合伙人一起经营自己的杂货店。犹太人再也不能堂堂正正地按照自己的意愿生活。在小镇里他们很容易被识别出来。弗兰克和他的朋友会在上下学的路上被骚扰。"你知道自己身为一个犹太人，大家都不喜欢你。这让人感到极大的羞辱。"弗兰克回忆道。虽然他很害怕，但他没有表露出来。

雨果丢了工作，房子也有被没收的危险。小弗兰克仔细地听着大人们的讨论。他分担着家庭关于房子的担忧，也再次感受着被伊洛娜的家人救助后的巨大安慰。时至今日，表亲们那毫不犹豫的资助令他依然记忆犹新。"家庭团结的形象深深印在我的脑海里。我母亲的家人给予彼此的支持不仅限于金钱，而是全方位的，包括情感上的和精神上的。他们一直保持着联系，每周写信给对方，有时甚至更加频繁，任何人的个人问题都是全家的问题。"

1942 年，洛伊一家收到了可怕的消息。斯洛伐克当局开始大规模驱赶犹太人，伊洛娜的几位家人被带走了。在听说他们可能将面临被驱逐出境以后，伊洛娜 4 月收到了兄弟格扎·格伦菲尔德（Géza Grunfeld）的令人心碎的来信。他为自己的孩子们的处境感到绝望："我很想问你可不可以带走我亲爱的孩子们。虽然我们知道你们现在也不好过，但我们只是可怜孩子们。实在有困难，我们自己可以想办法，可以安排他们到……（单词被检察官划掉了）如果那时我们还在的话。"雨果和伊洛娜毫不犹豫地立刻派人去接回孩子们。

可惜一切都太晚了。四家亲戚，包括每家的三四个孩子，都被驱逐并且几乎没有留下任何消息。伊洛娜悲痛欲绝，大多数时间都在哭泣和祈祷。屋子里弥漫着悲伤，每个孩子都感到十分失落，并越来越意识到自己的危险处境。

恐惧在原本已紧张不安的犹太社区里蔓延。四周发生的险恶事件让他们感觉自己被世界遗弃在这个东欧小镇上，逃亡的可能性越来越小。纳粹在欧洲猖獗，波兰已经沦陷，旁边斯洛伐克的犹太人已被驱逐。菲拉科沃犹太人的安全还能持续多久？

在犹太赎罪日这天，整个社区的人们都挤进了他们的教堂，虔诚地、战战兢兢地祈求着永久的救赎。通常在这神圣的日子里，犹太人会祈求上帝赦免他们的罪行并且不要抛弃他们。教堂里回响着大家慷慨激昂的请求。仪式过程中，男人们会将祷告用的披巾盖在头上，开始通过内省感受与上帝的距离。雨果把一旁的年仅11岁的弗兰克拉进自己的披巾下，两人紧紧相拥。依偎着父亲，透过白色披巾，弗兰克可以听到牧师开始高歌："谁应该生，谁应该死……谁应该被火烧，谁应该被水淹……"弗兰克能感觉到父亲在发抖，这首圣歌唱的就是他们自己的处境。最后，雨果在他身旁边哭边紧紧捏着儿子的手。等待他们的到底将是什么？

从那以后，雨果认为他们一家人在乡下生活实在太显眼了，该搬到繁华的布达佩斯去住了，在那里他们可以淹没在人群中。

第 2 章
到布达佩斯

布达佩斯是一个很难得的避难所。虽然犹太人还是面临着一些限制,但是好在洛伊一家人的生活在这一年多里也终于平静了。他们找到了一间不错的公寓,雨果又找到了一份旅行推销员的工作。弗兰克看到父母重新坠入爱河,手牵手在公园散步,一起在集市里挑选最好的苹果。在菲拉科沃的时候,他们所有的精力都是为了生存,现在他们又开始光顾戏院了。

弗兰克就读的那所犹太日校的男孩子都非常热爱 MTK 布达佩斯足球俱乐部。才几天时间,他也成了一个忠实的"粉丝"。他每天乘坐拥挤的电车上学,背着书包,一手勾着栏杆。每个星期天他会去看足球比赛,星期一则是和朋友们一起仔细研究报纸上的体育报道。相对于学业,他更热衷于体育活动,他给自己的学业表现打分为"平均水平",但是他的老师们打的分就不会这么仁慈了。

同时,弗兰克开始通过战争年代寻常的风险投机补充自己的零花钱。当时电影非常受欢迎,并且周末场次的票特别贵。一周的前几天里，弗兰克会购买一批电影票，而后在周六卖出赚点差额。碰到不叫座的电影，他囤的票也会卖不完，但总的来说他还是赚钱的。

和他们家人住在一起的亲戚来自斯洛伐克，是一位年轻的宗教信徒，虔诚的他为弗兰克举行了受戒礼。这个传统的快乐日子象征着这名小男孩已然跨入成年，可惜到了1943年10月，再没有任何人能激发出原本该有的喜悦。弗兰克最大的哥哥亚历克斯（Alex）因为被匈牙利军队招去做苦役而不能和大家团聚，全家人都非常担心他的安危。对犹太人的迫害已经越来越难以阻挡，他们正不断失去一切的现实变得越来越清晰。到处都是难民，空气中弥漫着不确定性。一股悲伤的情绪笼罩了整个犹太人社区。

作为布达佩斯的新移民，洛伊一家没有亲戚和朋友来分享弗兰克成年礼的喜悦。以往伊洛娜的兄弟姐妹及他们的家庭都会浩浩荡荡地前来，但是他们都已经被驱逐，再也见不到面了。弗兰克的大伯利奥波德从菲拉科沃赶来，并且给弗兰克买了他的第一块手表。之后，家人邀请几个客人在他们的公寓吃午餐，听弗兰克发表了一段演讲。悲伤笼罩着所有在场的人们。

洛伊一家努力维持着的脆弱的平衡，最终还是在1944年3月19日这个星期天被打破了。伊洛娜和雨果去剧院看了日场演出，回来时还兴高采烈，但马上因为德军已经入侵匈牙利这则令人恐惧的新闻而沉默不语。在这之前，匈牙利也是纳粹德国的同盟之一，现在它也被占领了。和德国军队一起来到布达佩斯的还有一支德国秘密警察的突击队。在阿道夫·艾希曼（Adolf Eichmann）的带领下，这个突击队的唯一目标就是清除匈牙利的犹太人。

弗兰克能够清楚地记起父母脸上的恐惧、焦虑和对于灾难的预感。看着他们，他感到了胃里一阵痉挛和压抑，大人们讨论了一个晚上。他们的避风港已经不再安全，必须再一次搬到一个安全的地方。黎明时分，他们有了答案，雨果会去火车总站购买全家前往120公里外的维斯普雷姆（Veszprém）的火车票，他们在那里有亲戚。

雨果每天的第一件事就是祈祷。他会把自己的经文护符匣①绑在额头和右手臂上，再用披巾②包裹住自己开始内省。这个私下的仪式会每天提醒他并不是孤身一人，还有上帝同在。那一天，他用尽全力在上帝面前颤抖着祈祷，恳求他能够保护家人的安全。他合上了祈祷书，镇定心神，与妻子和家人吻别后动身前往火车站。

整个公寓静悄悄，每个人都在屏息等待。到了午餐时间，雨果的座位依旧空着。客厅里的窗户下面有一个沙发。弗兰克整个下午都站在上面往街上看，他坚信父亲会随时回来。那天晚上有人来告诉他们，当天在火车站的犹太人遭到了围捕，关于围捕事件的细节很少。雨果被抓走了吗？他逃了吗？没有人知道答案。

当家人都在利用自己有限的交际圈子打听消息和搜寻任何雨果可能幸存的迹象时，弗兰克继续趴在窗前守候着。作为布达佩斯较新的居民，他们认识的人很少，并且没有一个在政府部门工作的。几天之后的一个夜晚，他们听到一阵响亮的敲门声。门前站着的是一位身材魁梧、胡须浓密的匈牙利人，他从口袋里拿出了一封信。雨果还活着！他被困在小陶尔乔（Kistarcsa）——一个离布达佩斯20公里远的关押政治犯的集中营里。

在信里，雨果表达了分离的痛苦，以及再次拥抱家人的深切渴望。他要求伊洛娜寄给他一些私人物件，他最想要的是他的祈祷包，

---

① 经文护符匣，希伯来人的经匣，在工作日早晨祷告时，用皮质带子绑住并绕着头部和手臂的装着经文的盒子。
② 披巾，一条带有须边的祈祷围巾。

里面装着他的披巾和经文护符匣。这些宗教物品是他生活不可或缺的一个组成部分，并且能够在集中营里带给他无限的安慰。这位匈牙利人同意把这些物件带给他，也确实做到了。事实上，他同意并担当了三个星期的信使，帮雨果和家人传递食物和信件。

这些信件充满了爱、情感和焦虑，描述了他们对一家人再次相聚的渴望。虽然身陷囹圄，雨果不忘为每个孩子写下实际的建议，表达着他的疼爱并给予鼓励。到了四月底，这位匈牙利人又带来了一封信，雨果认为他马上可以回家了，所以提出要一个手提箱。后来他又改变主意了：他会把自己的物件用纸包起来。

从那以后，一家人再也没有了他的消息。直到将近50年后，弗兰克才得知他父亲当时到底发生了什么事。

失去雨果以后，一个亲戚建议：为了安全起见，他们要设法取得假证件并且还要分开住。因为弗兰克还没有证件，所以他与伊洛娜别无选择地和其他22万犹太人一样被关进一个"黄星屋"，也就是那些门上贴着黄色星星的房子。这些房子专门为犹太人设置，遍布在布达佩斯多个地方，有时候20个人挤在一间屋子里。这对母子去的那间房子位于旧的犹太区，不久就会被隔离成贫民窟。生活变得让人无法忍受，他们离开了"黄星屋"并躲藏起来。但是躲藏又带来了新的危机，被发现的恐惧让他们神经极度紧张。得不到安宁的他们再次回到了"黄星屋"，这时那里的条件已经变得更加让人绝望。

在那些个可怕的月份里，母子俩越发靠紧，彼此相依为命。伊洛娜用母爱滋养着弗兰克，而靠着弗兰克的机智，他们得以继续活下去。他悄悄地走在街上，寻找食物，打探消息。来自每个角落的威胁使得他很快领悟到了警惕的重要性，并且提高了自身观察和聆听的能力。他说：

父亲被带走的那一刻，我的童年就结束了，我再也不是一个孩子了。某种意义上来看，我变得更像我母亲的父亲。我每天都要谋划如何活下去、吃饱和生存下来。我总是在听人家说什么可以确保我们存活。我不记得自己有任何朋友，只有持续不断的坏消息和恐惧。我的哥哥约翰冒着生命危险为我们送吃的，我们都为彼此冒险。我们为父亲和哥哥担忧，期望他们还活着。这些日子里唯一的快乐就是和哥哥见面并获得食物。

这些经历塑造了未来的弗兰克。他没有就此变得意志消沉，相反，这个苦难的火炉将他锤炼成钢。

1944年10月，他们已经岌岌可危的境况因为变换了一个新的支持纳粹的政府而进一步恶化。统治者箭十字党（Arrow Cross Party）通过屠杀几百名犹太人宣示他们已经掌权。箭十字党的青年分子会将犹太人从家里赶出，折磨他们，并且朝他们射击，使他们从桥上掉入多瑙河中。他们最喜欢的玩法之一是将三名犹太人绑在一起，射杀其中的一个使他们失去平衡，再看着他们翻进冰冷的河水中。大约两万名犹太人在多瑙河岸这样被枪杀。

类似的事件激起了那些驻布达佩斯的中立国外交官的愤慨，中立国的代表者瑞典和瑞士等国尽力保护着犹太人，为他们提供保护性的文件，让他们住进大使馆、领事馆及其他受外交保护的领地。其中最大的一个建筑瓦达斯街（Vadasz Street）29号的玻璃屋，在瑞士政府的保护下住着数千名犹太人。

弗兰克这个机敏的小道消息采集者听说了瑞士护照正在发放中。他探访了玻璃屋并且看到焦急的申请人已经围绕街区排成长队。在队伍里等待非常危险，因为德国人可能随时出现将大家围捕。他怎样才能避免这个危险而早点领到证件呢？从远处观望后，他想好了一个主意：他到附近的戏剧用品店以口袋里仅有的几枚硬币租了一套电报员的制服，把自己装扮成一个送急件的信差。他来到了队伍的前端，用随身携带的两张照片，顺利获得了证件。

一个小时之后，他和哥哥约翰及妈妈一起上路，前往多瑙河岸附近的一家庇护所。这些房屋挤满了饥饿和焦虑的人。有这两个机智多谋的孩子觅食，伊洛娜感到幸运。不管弗兰克或约翰弄到了什么食物，她都会和屋里的其他人分享。弗兰克会反对："拜托了妈妈，为明天留点吧，我们不知道还会不会获得更多。"但是伊洛娜无视他的请求。对她来说，有食物不与大家分享简直不可思议。

从11月中旬开始，除了住在庇护所里的那些人外，布达佩斯所有的犹太人都被强制赶入贫民窟，庇护所也不再安全。趁着黑夜，箭十字党党员会破门而入，将脸上写着惊恐的居民拖到河岸上，一个一个排好，再射入水中。弗兰克和伊洛娜窝在一张床上一声不吭，听着枪声，想着什么时候会轮到他们。

随着苏联军队迫近的传说越来越广，箭十字党的暴行也在激增，掠杀庇护所里的人成了例行公事。如果这对母子继续留在那里，箭十字党党员很快就会到达他们的街区，但他们没有别的地方可去。"我们住在大约第15个街区的附近，当他们离我们越来越近的时候，我们也知道不出几天后苏军就要到了。但问题是谁会先到。"弗兰克说。

在1945年年初的隆冬时节，苏军解放了这座城市，洛伊一家开始寻找雨果。他们到处都找遍了，向幸存者打听并且翻遍了红十字会列出的名单。每天他们醒来的时候，都满心希望可以听到好消息。有人听说雨果被带去了奥斯威辛（Auschwitz）集中营，但无法确认。这时亚历克斯一瘸一拐地走回了家,他是从奥地利林茨附近的毛特豪森（Mauthausen）集中营步行了500公里回来的。没有人认得出这个年轻人,他瘦得皮包骨,还患有伤寒。家人发现他后温柔地将他抱进去,紧紧围着他哭泣。他们将他放进浴缸后,伊洛娜说他背上的尘垢厚到可以种小麦。随着他渐渐康复,全家人继续一心寻找着雨果。

但是希望还是破灭了,布达佩斯已成了一座废墟。带着沉重的心情,他们转向了老家。洛伊一家和为数不多的几名犹太人一起回到了菲拉科沃,却发现他们曾经的社区几乎已经全部被夷为平地,并且当地人不再欢迎他们。

第 3 章
到巴勒斯坦

弗兰克在菲拉科沃看了一圈,他知道对他来说,这里已经什么都没有了。回忆是可怕的,他产生了一股强大的、要离开的内在动力。约翰已经决定要去巴勒斯坦,并且他很快就实施了这个计划。犹太组织派遣了使者来召集流浪者及无家可归的人们,并把他们暗中送到巴勒斯坦。弗兰克这时也想过去。

> 我已经错过了这么多年的学业,我不想也恐怕无力再拿起书本去学习了,也没有欲望在欧洲扎根。加入这个去巴勒斯坦的团队就好像参加一个学校的野营,这给予了我一个全新的开始——新的国家,新的身份,还有一个和犹太人一起创建家园的机会。我感觉自己为了一个更加光明的未来,正在离开一个不属于自己的地方。

1946年,伊洛娜为自己最小的儿子的离去送上祝福。他们都在各自的心中盼着不久还能相见,以减轻亲人们的分别之苦。

在这个 1929 年成立的、代表着巴勒斯坦犹太人社群的犹太组织的引导下，弗兰克在法国马赛登上了一艘非法轮船向他的新家园出发了。"嘉格号"（Jagur）这艘本应承载 60 人的轮船却超载着 600 余名来自欧洲各地的难民，大家说着各种不同的语言。船上的生活条件非常糟糕，十天的路程显得极其漫长。15 岁的弗兰克晕船，感到极度孤单，特别想念他的母亲。之后，在一个美丽的夜晚，地中海东岸海法（Haifa）山上的灯光突然映入眼帘。甲板上的每个人自然地唱起了《希望之歌》，也就是犹太复国主义者拟定的国歌。

突然，不知从哪里冒出的探照灯光开始横扫他们的轮船，带着扩音器的男人大声喊着："停下！停下！"在枪口的指引下，这些难民被引进了一艘英国舰船里。几天后，弗兰克发现自己已经成为塞浦路斯一座英国临时集中营的阶下囚。

>在集中营里，主事的是哈加纳（Haganah），一个犹太人的地下精英保卫组织，它的成员为我们安排希伯来语的课程，帮我们保持身体健康并鼓舞我们的士气。当时我们并不知道他们是在培训我们，以使我们在到达巴勒斯坦后能够坚强、自信并积极地生活。在入境人数限额制度下，他们让年轻人最先进入巴勒斯坦。3 个月后，我成了最早一批坐船抵达那里的人。

到了巴勒斯坦，人们在码头迎接他们。有人专门等着弗兰克，一个来自菲拉科沃的年轻人听说了弗兰克在塞浦路斯被扣留。当他得知第一批装载儿童的船舶就要抵达的时候，他决定去碰碰运气。他是弗兰克几个月来见到的第一个熟人，他甚至还带来了家里最近的消息。

多年来，弗兰克第一次卸下了他的警戒心理。他早晨会在田里工作，下午去上学，晚上和其他也是通过不同途径从欧洲过来的男孩女孩们一起唱歌跳舞。几个月后，他过去常年日积月累的焦虑渐渐消散。他用了平夏斯·利维（Pinchas Levy）的化名，没有人再会追捕他，他拥有了自由。在田里，他会躺在柚子树的树荫下避暑，随时伸手就可以摘下一只果子。

弗兰克和一群难民儿童被安置在莫夏夫（moshav）——海法附近的一个农业合作定居点。犹太组织照料着他们的生活起居，根据国家的着装风格给每个男孩发了一套蓝色工作服，休闲时穿卡其色套装，还有为特殊场合准备的白色俄罗斯民族风格的衬衣。弗兰克利用每天下午的课程追赶学业进度。有几个男孩认为他非常老练世故——当他们被困在暗无天日的集中营时，弗兰克就想方设法逃上街头自主谋生；因此，在某些方面，他应对战争的经验要比其他同龄人丰富一些，他也学会了如何承担风险。

到了1947年的夏天，弗兰克开始坐不住了，他渴望探索莫夏夫以外的世界。虽然他喜爱现有的朋友圈，留下的诱惑也很强烈，但他仍希望可以刻画自己的人生方向。16岁时，他离开了这个定居点。此时的他身无分文，第一个目的地便是海法劳工介绍所。他每天白天做苦力，最终得到了见习管道工的职位。这份工作所获得的微薄薪资让他很难找到住宿地，好在他的老板碰巧正在修建一个快完工的楼房，他便安排弗兰克住进了底楼。虽然那里的墙壁依旧光秃，窗户也没安好，弗兰克还是把一个小角落整理得井井有条，适宜居住。出于隐私，也为了保护自己，他用木板盖住窗户，买了一张床垫和一盏小油灯，然后他在这里安营了几个月。到了晚上，他会不情愿地走进这个小房间，在黑暗中安静地躺下，心里感觉空空的。当楼房完工并且通电后，他继续留了下来，为了增加收入，他当起了管理员和清洁工。但是，孤独的感觉开始笼罩着他。

他和他的朋友们在英属巴勒斯坦历史上的一个关键时点来到了这里。到1947年，被第二次世界大战耗尽精力、疲惫不堪的英国将巴勒斯坦这个棘手的问题交给了联合国。11月，联合国投票表决支持巴勒斯坦的分割，划分为阿拉伯国和犹太国，耶路撒冷则实行国际托管。当犹太人为此庆祝时，阿拉伯人公开声明这是一场灾难，拒绝接受并且宣布要将犹太人赶进大海。犹太人和阿拉伯人的内战因此爆发。

对于这些年轻人来说，参军是毫无疑问的。在莫夏夫生活的时候，他们每个月有一天可以去探访哈加纳。如今，他们要前往特拉维夫（Tel Aviv），希望可以全职加入这个组织。在招募站，他们被分配到了加利利（Galilee）的军营，并且领到了临时制服，其中包括澳大利亚的鞋子、美国的军用夹克及帽檐上写着意第绪语的"美国帽匠的礼物"的帽子。他们被告知要在市场上购买卡其色衬衣，再去太巴列（Tiberias）附近的定居所报到。入伍让他们感到自豪。"我们到了一个检查点，那些英国人挥手示意让我们通过。他们看到我们的制服，便认为我们应该属于某个部队。"弗兰克回忆道。

他们的军队很快便迎来了一次小规模的遭遇战，在一次交火中，弗兰克被手榴弹的弹片炸伤了头部。他失去知觉，战友们以为他不行了，但出乎大家意料，他居然在医院醒来了。几天后，他头部绑着绷带重新投入了战斗。

自从他离开欧洲，妈妈每周都给他写信。他虽然也尽可能按时回信，却从来不向她提起自己面临过什么样的危险。妈妈的信充满了疼爱之情，也时常表达着她有多后悔让他陷入如此危险和不确定的境地。"我最亲爱的弗里（Feri，弗兰克的昵称），"她在一封信里写道，"我经常特别纳闷我怎么让你离开了，即使你不说，我也知道你生活有多艰辛，我在这里是如此地想念你。我们当时就应该留在一起的……总有一天，我会再次将你贴在我的胸口紧紧抱住，并且再也不让你离开。"她恳求他透露一点他到底在做什么，但他从未告诉过她。

1948年5月，当戴维·本-古里安（David Ben-Gurion）宣布新以色列国独立时，弗兰克和他的战友们正在战壕里听着嘈杂的广播，在前线奋战的他们并不感到可喜可贺。事实上，本-古里安本人也有同感。他曾在自己的日记里写道：当他抵达耶路撒冷的那一天，整个城市都沉浸在欣喜中，但他清楚接下来会发生什么——"与所有的阿拉伯军队的战争"。确实，在他宣告独立后的几个小时内，以色列就被5支军队围攻。

叙利亚军队开始轰炸加利利海边的基布兹农场，这是属于刚成立的戈兰尼旅（Golani Brigade）的阵地，在经历重大损失后，戈兰尼旅最终击退了侵略者。在好不容易休战的时刻，拉菲·科切尔（Rafi Kocer）这位24岁的军官开始招募坚强勇敢的年轻人组建戈兰尼旅的突击队。当他听说这群包括弗兰克在内的难民男孩都是能干的战士时，科切尔便决定将他们带离现在的常规部队。

科切尔秘密地让他的副手为这些年轻人拟订了一个计划。如果他们自愿参加，就必须半夜偷偷溜出自己的部队。一旦被抓，他们会因为未经指挥官允许擅自离队而被惩罚。这个测验能够显示出他们是否具备足够的勇气加入突击队。弗兰克和他的战友们跃跃欲试。正如安排的那样，他们丢下了自己的武器，成功地在午夜悄悄不辞而别。

欣喜和自豪的他们签署了一份誓约加入了戈兰尼旅巴拉克营的12号部队。科切尔通知了他们之前在常规部队的指挥官，这群难民孩子现在已经听命于他。这些男孩都领到了英国伞兵的帽子和德国造的枪支，并立即开始训练。他们的任务是晚上在敌军战线的后方行动。对其他保持沉默的人来说，这些奇怪的欧洲男孩根本配不上他们那"无畏的战士"的称号，但是科切尔明白他们的动力。"从某种意义上讲，我觉得他们是在为犹太人遭受的大屠杀复仇并赋予自己强大的力量。他们愿意为此不顾一切，忍受任何艰难。"他事后说道。

起初，这些年轻人都是集体行动，但渐渐他们的指挥官们发现，他们的小团队有一个低调的领导者——弗兰克。因为他的希伯来语讲得最好，开始的时候，所有的交流都是通过他进行的。后来，科切尔说，即使在最极端的压力下，有一些孩子崩溃了，但弗兰克从来不会。科切尔回忆道：

> 一开始，他年轻、迷茫，对周围的世界充满猜忌，但是在战争中，他似乎发现了自己新的力量。他学会了真正的信任。对于他们来说，最重要的事情就是要百分之百地相信对方会竭尽全力相互营救。这也是这些男孩个性形成的关键时期，这让他们学会了相信自己和相信他人。
>
> 如果弗兰克生命里没有这个时期，我相信他不会做到以后所能做到的事情。这段经历塑造了他果断的性格。在战场上，你有战友，但你必须自力更生。你必须和团队保持同步，但也要有自己的生存方式，一瞬间做出决定并且尽最大努力取得成功。弗兰克做到了。他塑造了自己，战争后的他在意志上变得更加坚强。

在1948年7月到12月的6个月中，这支部队一共执行了73次战斗任务，很多次都是深入敌后。当他们在北方的任务完成后，他们被调配到南方，开始在加沙（Gaza）和内盖夫（Negev）服役。正是在这些战役中，科切尔受重伤，以致他的部队不得不在1949年3

月解散。

弗兰克被派去学习莫尔斯电码和无线广播。在这个过程中，他第一次对自己做了自我评估。"我理解这些素材非常迅速，我发现自己可能有天赋。这是我第一次认识到自己的学习能力很强。"几个月后，1949年，在为效忠以色列国的德鲁兹教派的一支部队执行通信系统工作以后，弗兰克却被解雇了。他静静地思考为什么自己始终没有能够获得军衔，其中一个原因，可能是因为和这些难民孩子同时加入部队的是那些本土成长起来的更为年长和老练的人，而等到了这些新成员开始可以胜任指挥官的时候，部队却解散了。

回到平民生活以后，弗兰克必须找到工作。幸运的是，他的通信培训经历帮助他找到了一份邮局的工作——用莫尔斯电码发电报。虽然这样的工作已经是大家梦寐以求的，弗兰克却认为这个职位就是一个死胡同，所以在工作的同时，他开始上夜校进修会计学。此时他和他的哥哥约翰一起住在海法，当他提到他希望去银行上班，约翰笑道："谁有可能得到银行的工作啊？"几周后，弗兰克在以色列国民银行收获了一个薪资较低但大有前途的职位。

这一时期，他正步入成年并且享受着在海法的生活，"这个地方充满着活力。我们差不多都住在大街两旁，平时去看电影，看球赛，参加晚间的歌唱活动。这里总有事情在发生。更重要的是，我们都感到乐观。我们在建立一个新的国家。"虽然他每天都在想念伊洛娜，但他明白即便没有母亲的庇护，自己也能活下去。以色列已然成了他的祖国。

15岁到21岁是令人印象深刻的6年，这段时期打开了我的视野，并且教会了我新的生活方式。以色列出生的犹太人非常自由勇敢，他们不理解为什么我们如此安静内向。久而久之，通过和他们的接触，也通过我们自己逐渐建立的自信，我们两个群体间的关系得到改善而且被他们的精神所感染。这些年还开启了我西式的思维方式。现在，当我想起来到澳大利亚之前的"家"，我会想到以色列。

这些年来，洛伊家其他成员的情况发生了巨大的变化，他们迁移到了澳大利亚，而不是以色列。弗兰克和约翰感到两难。他们应该留下来建立这个新国家，还是走向家人身边抚平分离的痛苦？

第4章
在澳大利亚开始的日子里

　　1952年1月的一个晴朗的夏日，弗兰克与约翰看到了站在悉尼机场航站楼内的他们的母亲和哥哥亚历克斯。分开的时候，弗兰克还只是一个15岁的小男孩，现在拥抱着伊洛娜的他已经是一个21岁的强壮小伙。当他踏入位于悉尼东郊主干道上的洛伊家的小客厅后，弗兰克一一看着分别已久的亲人们，内心感到了多年未曾有过的放松。"我有了一种归属感。之前我还没有意识到，在这个世界上我是多么的孤独。现在，我突然找到了母亲和兄弟姐妹，我有了一个家。"在他们沉浸在团聚的喜悦中的同时，洛伊一家也为雨果的缺席感到痛心。他们仍然不知道他发生了什么。

　　这对兄弟必须马上找到工作来偿还购买飞机票的借款。弗兰克的第一份工作来自一个工具制造厂，工厂坐落在一个潮湿并且压抑的地下室里。他看着时钟，梦想着能有一份在地面上的工作。他看到了登载在当地犹太报纸上的一个城市商店里招聘三明治面点师的招聘广告，立即递交了申请，申请信是亚历克斯的妻子利塞尔（Liesel）写的。"这就好像是来到了一个崭新的世界,充满生机,许多漂亮女孩都想买三明治——我总是非常乐意替她们制作。"这间店面是雅各比(Jacoby)一家经营的,弗兰克仔细观察着他们。这是一个亲密和完整的家庭,要像他们一样成了弗兰克的理想。他们家的儿子刚好是犹太人足球俱乐部哈克(Hakoah)队的队长,这也意味着弗兰克可以参加他们下一场的比赛。

新国家的生活开始在他面前展现。那一年,在一个庆祝犹太光明节的派对上,他观望花园的时候被一位非常美丽的金发女孩迷住了。尽管女孩忽视了他,但18岁的雪莉·鲁桑纳(Shirley Rusanow)感觉到有一双眼睛在盯着自己,也记得自己当时的想法:"哇,他好英俊!"他们之间的化学反应一定很强烈,以至第二天她就告诉一个朋友弗兰克就是自己的意中人。雪莉1934年生于悉尼,她比弗兰克小4岁。她的母亲戈尔达(Golda)来自伦敦,父亲雅各布·鲁桑纳(Jacob Rusanow)来自波兰。虽然鲁桑纳一家为了雪莉、艾伦(Allan)和利奥尼(Leonie)这三个孩子的教育努力经营着裁缝铺的生意,但是赚的钱还是不够送雪莉上大学,所以雪莉小小年纪便开始工作。

不久后,雪莉和弗兰克再次相遇了,雪莉陷入热恋。她母亲试图撮合她与另一位更门当户对的男子交往,称弗兰克是一个贫穷的移民男孩。"他能够有什么作为?"戈尔达问道。但是,对雪莉来说,弗兰克与众不同。"他有一些特别的品质。他知道自己人生的方向,他渴望改变现状,也绝对不会一辈子做一名三明治面点师。他会说四五种语言,而且喜欢听音乐会,看电影。他热爱音乐。"

1954年3月7日,弗兰克和雪莉正式结婚,并且在英王十字区(Kings Cross)的一个极小的公寓里安了家。这时的弗兰克已经在职业技能上得到了提升,成了一名肉类加工厂的送货司机。

我为差不多40家店供货。我有一个很大的硬币袋，每天早上，我会起得很早，第一件事就是拿硬币用公用电话给它们打电话获得订单。到了中午，我就会完成所有的送货，然后我会检查它们是否需要更多，然后下午会再跑一圈。诀窍就是要赶在早上抢先拿到大的订单。我习惯开快车，每当到了红灯和十字路口，我会把握时机在方向盘旁边夹着的笔记板上写下订单和发票。

他们结婚的时候，弗兰克的薪资是每周9英镑外加2%的佣金，但这就是他成功的动力，他每周带回家的钱从不少于100英镑。他为创业而积蓄的决心意味着他们的生活必须节俭。结婚不久后便怀孕的雪莉一共只有两套衣服：一套在家穿，另一套用于外出。1954年的新年前夜，戴维（David）出生了。公寓的阳台变成了育婴室。那里可以放下一张婴儿床，但仅此而已。

弗兰克的送货工作让他认识了长他八岁的约翰·桑德斯（John Saunders），一位在市政厅火车站开着一间小熟食店的匈牙利裔犹太人。桑德斯和他的太太埃塔（Eta）都是犹太大屠杀的幸存者，1950年抵达悉尼时一无所有。桑德斯凭本能感受到弗兰克的潜力并喜欢他。"有许多销售员到我店里。大多数都会过度加价，还会迟到，"桑德斯说道，"但弗兰克不一样。他的发票上永远是正确的重量和价格，而且他总能准时。毫无疑问，他肯定有他的缺点，但我从来都没有看到。"

他们的接触是彼此人生的转折点。桑德斯确信弗兰克会是一个不错的合伙人，便提出了他们一起合伙经商的提议。弗兰克回答说他会考虑，几天后回来时，他提出了两个条件：他们必须是平等的合作伙伴，他们的太太都完全不能参与公司的业务。弗兰克的坚定与决心打动了桑德斯，他欣然接受。

他们第一个投资项目便是在位于悉尼以西35公里的布莱克镇（Blacktown）上开一家杂食店。这个区域对他们两位来说都是一个全新的地方，但是这里到处都是新移民，他们知道可以很好地满足这些欧洲移民的口味。刚开始的时候，弗兰克听从于有经验的桑德斯，但他们很快遇到了第一个法律问题。"当我们收到租赁文件并开始和律师协商条款的时候，他的表现让我惊讶。"桑德斯说，"弗兰克以前从未见过租赁文件，他仅凭直觉就可以知道怎样改变才能给我们带来更好的收益。而后，因为他有会计背景，他开始负责财务。"

弗兰克通过勤俭持家，一共拼凑出了5000英镑作为他的初始资本投入了他们的业务。到1955年，在澳大利亚生活了3年半的他要穿着白围裙为自己的事业站柜台。布莱克镇的杂食店如期开业并准备好了迎接第一批客人。那时澳大利亚人吃的是白面包，奶品店卖的是奶昔，很难找到一杯纯正的咖啡。每当载着回家的工作人员的火车抵达布莱克镇火车站时，店里便会挤满想要买萨拉米香肠、黑麦、橄榄、咸鲱鱼及腌黄瓜的客人。当澳大利亚的英国侨民买着价值6便士的德文郡香肠及1先令的火腿肉时，布莱克镇的澳大利亚新移民已经大量地买起了按码出售的萨拉米香肠。

弗兰克和桑德斯都乐在其中。他们共用一个送货车，这周轮到谁用，谁就接送另一方上下班。他们一起前往莱卡特（Leichhardt）收集货物，然后到赫斯特维尔（Hurstville）的里加（Riga）面包店，通常他们都会早到，所以面包都还是很烫的。戴着手套，桑德斯会将面包扔向弗兰克，再由他装进运输车里。然后，他们带着欢乐的心情及美味的新鲜食材一路高歌到布莱克镇——他们会唱着匈牙利歌曲、犹太民谣，想到什么就唱什么。当他们大约在早上 7 点半到达时，店外已经有客人开始等待。他们的熟食店成了小镇周边区域的焦点，人们会长途跋涉来这里购买正宗的欧洲食材。当桑德斯和弗兰克带着一天不错的收入开车回家时，他们会放声大唱。他俩之间这一早期的合作标志着一个即将发展成长达 30 年的卓越商业合伙关系的开始。虽然他们的友情也会不可避免地产生一些矛盾，但他们从不会在家中争吵。他们碰到矛盾总是会先想办法缓解。

一年内，两人在熟食店隔壁又开了一家咖啡厅，店外路面上放置的座椅，加上音乐和纯正咖啡，为大家又增加了一点欧洲的氛围，人们簇拥而来。新移民全部涌入这个地区，已经使这里住房严重短缺。在意识到了可以从该地区小块土地的涨价中获得挣钱的机会后，弗兰克和约翰开始买进并划分农田来建设住房。他们的业务增长如此之快，以至他们的律师莱斯利·温特（Leslie Winter）提议他们要从合伙人制转变成一家私人企业。

弗兰克对于法律问题敏锐的理解给温特留下了深刻的印象。"我第一次见到弗兰克的时候，他还是生意场上的一个新手，很快他就已经能够掌控最复杂的法律文件。我一直对他的智慧极度尊重。他给每个与他打交道的人都留下了很好的印象，因为他诚实且穿着一贯整洁恰当。他有一种天生的风度——在伊顿或哈佛学不来的风度。他有着吸引人的自然魅力。"

第 5 章
西田的诞生

弗兰克和桑德斯采纳了温特的建议。但是他们应该给新公司取个什么样的名字呢？一个周六下午，在开车回家的路上，他们想出了很多名字，忽然想到了西田。因为他们在悉尼西郊做事，"西"字成了一个很自然的选择。他们也正在分割农田造房子，"田"字似乎也很适合。这个名字的感觉就对了，由此，西田投资有限公司诞生了。

与此同时，发生在布莱克镇上的事情使他们改变了方向。另一位匈牙利移民买下了他们杂食店附近的地块，他没有建造住房，而是建起了一排商铺。"我们也可以这么做！"弗兰克说，并且很快他们建造并出售了在熟食店周围的一排店铺。

到 1958 年，桑德斯和弗兰克已经准备好了脱下围裙离开杂食店业务，转而专注地产开发。杂食店卖了两万英镑，他们也在周边买了一大片土地。他们并没有像预料中那样建造一条商业街，而是建起了一个零售中心，一个迷你版的购物中心，这种商业体在美国已初见成效。

这座名为西田广场的购物中心有 12 家商店、1 个小型百货公司和

1个小型超市，围绕着一个开放式的广场而建。这并不是澳大利亚的第一家购物中心，第一家购物中心是1957年开业的位于布里斯班北部彻姆赛德（Chermside）的汽车可以开进的购物中心，接着是悉尼的托普莱德（Top Ryde）购物中心，然后就是西田广场。它于1959年8月开张，并且一炮打响。

情况都在向好的方向发展。那年年初，雪莉生下了他们的第二个儿子——彼得（Peter），弗兰克也在繁华的玫瑰湾买下了一块价值4500英镑的土地。在那里，他花费2万英镑建起一栋房子作为他们自己的第一个家。这是一个巨大的飞跃，现在他也想扩展业务，将公司搬到中央商务区。桑德斯表示反对，布莱克镇是他们会下金蛋的鹅，为什么要搬走？弗兰克说服了他，1959年他们搬家了。刚安顿下不久，弗兰克便准备好了一个大胆的建议，并开始催促桑德斯将西田上市。由于这会带来一系列监管问题，桑德斯又反对了。他不想自寻烦恼，可是他们确实需要为自己在悉尼北郊霍恩斯比（Hornsby）建设的一个新购物中心筹集资金，所以桑德斯还是被说服了。1960年，西田发展有限公司在悉尼证券交易所上市。

桑德斯开始找寻新的商机，他为此熟读了商业、建筑及工程的图书来帮助自己发现新的机遇；凭借自己对法律和财务方面的喜爱和钻研，弗兰克会认真评估这些机遇。他们彼此完美地互补。

当在霍恩斯比购物中心内租了一块地方的一家小型连锁超市被科尔斯（Coles）接管后，一个巨大的商机在两位合伙人的眼前闪现。科尔斯，作为一家主要的大型杂货店正在向超市转型。这是他们的机会。他们接近科尔斯并且很快拿到了创建超市的第一个任务，然后他们被引荐给了正想要扩张版图的埃德加·科尔斯（Edgar Coles）爵士。他们坐在科尔斯的私家专车上绕着悉尼行驶，埃德加爵士坐在前座，他指着窗外说:"这里给我造一个,那里也给我造一个。"他们确实做到了。"这对我们来说是最悦耳的'音乐'。"弗兰克说,他们达成了一个又一个交易。

有了和谐的一家人,弗兰克也终于得到了自己渴望中的住房。他很有福气,因为雪莉很爱他的母亲。但是伊洛娜病了,1962年,62岁的她拉着雪莉的手辞世了。这是一段令人非常伤心的时期,而伊洛娜一生中遭遇的诸多不幸更是加剧了大家的伤感。"她失去了活下去的动力,"雪莉说道,"她会坐在房子里盯着窗外,想念着她已故的丈夫和兄弟姐妹们。"每当想起他们曾经共同经历过的那段充满血泪的心酸历史,弗兰克也会心痛扼腕。他还记得妈妈作为一个年轻妇女所具有的活力,一个完整的家庭,还有丈夫站在她的身边。他知道这股活力已经随着大屠杀而消失了。

当弗兰克和家人埋葬了伊洛娜的时候,他们也埋葬了一个时代。在母亲的墓碑上,他们为她的5个兄弟姐妹及所有丢失的孩子刻上了感人的墓志铭,这也成了那些亡者或失踪者唯一的纪念碑。弗兰克在失去母亲的悲痛中挣扎,但生命周期在继续,那年11月,随着史蒂文(Steven)的诞生,快乐又重新回到了这个家庭。

随着新南威尔士州的购物中心生意越发红火,弗兰克和桑德斯开始思考向澳大利亚其他州发展。他们首先想到了昆士兰州,然后是维多利亚州。从20世纪60年代中期到70年代中期,公司每年都会新开一个购物中心,弗兰克和桑德斯每天工作12到16个小时,他们对细节的关注可以称为传奇。弗兰克会逐字逐句地阅读每一份文件,并征询建议直到他对文件完全满意为止。他还继续监控着现金流,和桑德斯一起签署与他们那部分业务相关的所有支票。

可是两位合伙人之间也有了一些不和谐的因素。桑德斯习惯于每天早上 10 点左右到达办公室,他一进门就会一屁股坐在弗兰克面前,叫一杯咖啡开始闲聊。他经常会就报纸上的一些只言片语和弗兰克讨论新的想法。这时弗兰克内心会暗暗地感到烦恼和着急,他想继续工作,不愿意陷入这种随便的讨论。为了避免这个可以预见的打扰,他每天早上 7 点半便会来到他们共用的办公室,这样他就可以在桑德斯到来前清理他办公桌上的待办事项并完成重要的工作。但是到了下班时间,他们却产生了更多的潜在冲突。桑德斯晚上 8 点前是不准备离开办公室的,而弗兰克喜欢准点回家,在晚上 7 点和家人一起吃晚饭。团聚对于洛伊一家人来说非常重要,而桑德斯却对此没有那么大的兴趣,因为他的太太也有工作,而且那时他们还没有孩子。他会毫不犹豫地让弗兰克晚上加班或者在下班后打电话去他家,他晚上或者周末也会随意地打电话。这种打扰让雪莉很烦恼,再加上这两个男人用的是匈牙利语沟通。他们这种紧密的合作关系很容易让妻子感觉自己被孤立了。

当悉尼的城市规划者决定为了提高城市形象而将连接市中心和英王十字区之间的威廉街(William Street)改造成当地的香榭丽舍大街(Champs-Élysées)时,弗兰克和桑德斯希望能够参与其中。他们买下了威廉街上的一块土地并按此愿景开始建造。可惜的是,经济衰退来临,市政当局改变了计划,他们的建筑变成了英王十字区和市中心之间仅有的一栋商业高层建筑。1974 年,公司搬进了新的西田大楼,此后将近 40 年间这栋楼一直作为公司的总部。

到了 1976 年,这对合伙人再也坐不住了。澳大利亚市场对西田来说已经太小,美国市场正在向他们发出召唤。对于把澳大利亚的购物中心带进美国这个购物中心的老家,他们已经有了全面的考量,也会保持耐心找到恰当的机会。

在拉斯维加斯机场排队时，永远风度翩翩的桑德斯在和一个陌生人攀谈的过程中无意间发现了一个机会：位于康涅狄格州的特兰伯尔（Trumbull）购物中心不久就要出售。这和西田当时的"试水"战略非常吻合，他们想把它买下来。弗兰克的长子戴维这时刚从新南威尔士大学获得了商业学位，于是他被招聘去那里工作。事实上，自孩提时代起戴维便和西田一起成长，不知道和桑德斯一起在这些购物中心内散步度过了多少时间，耳濡目染地吸取着这位长者的商业才能。因为桑德斯喜欢弗兰克，所以他也喜欢戴维。

为了近距离地监管美国的业务，弗兰克第一年在美国待了6个月。这样的调整对他几乎没有什么困难。"当我走进康涅狄格州的办公室的时候，就像走进澳大利亚的办公室一样，"他说道，"我在美国这个环境里如鱼得水。"因为需要他开始独立做出决定并开始感受一种新的自由，他和桑德斯都没有意识到这次离开将会成为他们亲密合伙关系的转折点。回到澳大利亚以后弗兰克会不断地给美国打电话，并定期回去视察。

买下特兰伯尔购物中心几个月后一个雨天的下午，弗兰克和戴维在康涅狄格州开着车一起去看周边的地区。他们无意中发现了位于米尔福德的波斯特（Post）综合商场，这虽然是一个破旧的开放式购物中心，却充满潜力。他们把它买了下来，聘请了理查德·格林（Richard Green）这位美国购物中心行业的专家，之后他们又在洛杉矶买下了另一个购物中心。美国的业务开始向前推进。

到了1979年，西田已经拥有了一个规模可观的购物中心资产包，但也负债累累。物业价值的增长速度快于它的现金流，这也就意味着他们必须根据资产持续借贷。

弗兰克一直努力思索将价值释放出来的办法。不久之前，兰德利思（Land Lease）集团创建了一个独立的名为 GPT 的通用物业信托，这给了他启发。他研究之后决定改变兰德利思的模式，不仅是创建一个独立的工具，而且要设立一个信托基金来拥有这些资产。这样西田依然可以控制那些资产，股东的资产价值也可以成倍提升，并且公司也能够进一步成长。

弗兰克带领着一个 5 人小组领导了这项 8000 万美元的结构重组。在如今，类似的项目操作需要包括投资银行家、会计师和税务专家在内的人员参与。这个洛伊小组克服了艰难险阻最终实现了目标，西田信托由此诞生，为公司的发展道路扫除了障碍并使股东的财富翻了 8 倍。

第 6 章
分　手

在 1984 年的一次访问美国的行程中，弗兰克和戴维刚到他们落脚的纽约皮埃尔酒店（Pierre Hotel）房间就接到了电话。电话那端传来了桑德斯一如往常的问候，接下来的话却是弗兰克从未想到过的，"我想要卖掉我的股份"。虽然他为可以独立做主的前景有些激动，但是在得知桑德斯对于两人的分手已经思考了好些年，他也就兴奋不起来了。

由于此时彼得·洛伊已参与公司业务，史蒂文也很有可能在未来加入，桑德斯一直担心他会被挤出去。西田当时的股票交易价为 5.20 美元，桑德斯希望弗兰克以每股 8 美元的价格买下他的股票。这个风险是巨大的，但是正如弗兰克所说："生命中有一些机会是如此重大，你几乎必须先跳进去才能试着处理它们。"

桑德斯离开时带走了西田多年来累积的主要资产，这后来也成了他的财富的基础。但是在他卖出股份的几个月后，西田以庆祝公司上市 25 周年的名义发行了一次红股，这使他很愤怒。这个红利也帮助弗兰克支付了一部分买下桑德斯股份的费用。

桑德斯和弗兰克的关系降到了冰点。几年后，他们在老地方——达令赫斯特区（Darlinghurst）的 Beppi 意大利餐厅聚过一两次餐，但没有重新点燃早年两人之间合作的那种火花。但在 1997 年桑德斯因为心脏衰竭住进了医院时，弗兰克去探望过他。

桑德斯一直是一个不屈不挠的乐天派，他忽视任何可能会影响身体健康的建议，他还自豪地说自己是一个幸存者。他自己离开了医院并到冲浪者天堂给自己放了假。

几天后，弗兰克听说他病倒了，住在南港医院，情况非常严重。弗兰克和他们共同的朋友安德鲁·莱德勒（Andrew Lederer）一起飞过去看望他。又过了几天，当桑德斯的身体已经恢复到可以乘坐飞机的时候，弗兰克派了公司的飞机接他回家。然而到了 1997 年年底，桑德斯因心脏病发作病逝。此时，正在去往以色列路上的弗兰克一直到了特拉维夫的酒店时才收到桑德斯的死讯。可惜这时正巧赶上包括航空业在内的大罢工，所以他根本没有办法赶回澳大利亚。没能参加桑德斯的葬礼是他生命中非常遗憾的事情。

第7章
对足球的热爱

Hakoah（哈克）是希伯来语"力量"的意思，也是弗兰克喜爱的第一支澳大利亚足球队。这个流浪的和鲜为人知的小俱乐部承载着大卫之星（Star of David，即犹太教的六芒星），承载着欧洲犹太难民的希望。1952年，在他还是一名三明治面点师的时候，弗兰克就曾被带去位于悉尼东郊的马鲁布拉（Maroubra）的哈克队主场看过一场他们的球赛。那里唯一的建筑物就是一个小的更衣棚，某个球员的汽车后备厢就是俱乐部正式的总部。球员们得把自己的袜子与汗衫带回家清洗，观众们必须站着观看球赛，球员们也没有任何酬劳。虽然这个足球俱乐部只能和其他业余球队比赛，却表现得非常出众。

没过多久，弗兰克就变成了哈克队忠实的球迷。只有极端的情况才能阻止他来到现场观看每周六下午的球赛。这个俱乐部给了他融入这个新国家一条愉快的捷径，给了他社群的归属感，也给了他在社群中立足的机会。俱乐部注意到了他的专注，邀请他加入。刚加入的时候，他还完全是个新手，他不知道如何在公开场合发言，更不用说用英语表达了，而且他对这个俱乐部的组织程序也一无所知。成了俱乐部管理层的成员后，相关工作也磨炼了他的技能，了解了当地的俱乐部政策，并加强了俱乐部在州内运营的能力。在密切关注这个兄弟足球会的变迁及新组织的成立的同时，弗兰克细心地聆听一切并牢记在心。

随着他对俱乐部事务越来越多的参与，他的业务也正在顺利进展，他也能够在财力方面给予更多的贡献。维持该俱乐部的运营是一场持续的战斗，有人建议哈克队建立一个外部的收入来源，比如一个可以积累外部支持和资金的社交俱乐部。到了20世纪60年代末，弗兰克已经成了这个俱乐部的主席。他的目标是将哈克队打造成澳大利亚最好的足球队，并继续由这个社交俱乐部支持。通过这个俱乐部，他认识了安德鲁·莱德勒——另一个狂热的匈牙利移民球迷。他们两人在团队中非常亲密，并对足球事务齐心协力。

虽然他不是那种会和儿子一起踢球的父亲，但弗兰克对于这项运动的热衷还是深深地感染了他的孩子们。没学会走路之前，他们就在球场边玩耍。史蒂文（现任的澳大利亚足协主席）不记得还会有什么事情比足球更重要。他会穿着自己的足球鞋观看哈克队踢球，并时常穿着哈克队的球衣就睡着了。"每个周末比赛的输赢决定着这个家庭一个星期的氛围。"他说。对于弗兰克来说，支持哈克队也是对他端坐在办公桌辛勤工作后的最好补偿。整场比赛他都在球场边来回奔走，呐喊助威。

为了克服公众对这项运动缺乏兴趣的问题，一些激进的俱乐部决定一起尝试创建一个全国联赛。不同于以前每个州自己组织的由各个族裔的球队根据人们移民前所属的国家和族裔进行的比赛，新的目标是要建立一个新的组织，让城市之间互相竞争。源于自己对哈克队的心理依附，弗兰克理解那种驱动族裔球队的激情，因此也明白创建并保持一个新层面的忠诚度需要时间培育。

1976 年，全国足球联赛（National Soccer League，缩写为 NSL）成立了。它由 12 个俱乐部组成，聚集了全国最好的球员，并且成了这项运动的一个转折点。要加入的俱乐部必须修改它们的名字，名字要反映它们的地点，而不再是族裔的背景。这项规定并没有得到很好的实施，尽管哈克队也改名为悉尼城市队。

几年后，弗兰克成了 NSL 的主席。但足球依然还是一个外来人的运动，除非它成为澳大利亚的主流运动，不然它就不会兴旺发展。为了尝试和驱动这个目标，他考虑竞聘澳大利亚足协主席的职位。可惜的是，阿瑟·乔治（Arthur George）爵士最终因政治原因击败了他，留在了这个职位上。

虽然弗兰克已将哈克社交俱乐部经营成了一家蓬勃发展的企业，但是球队却加剧了俱乐部的财务紧张。弗兰克担心足球会导致俱乐部破产，最后两者都不得不关闭。1983 年，他提出了降低对球队的财务支持这个比较极端的想法。球队此时正处于巅峰状态，支持者们都感到非常震惊。他们热爱这个球队，极力反对弗兰克的这个想法并迫使他不得不做出让步。

到了 1987 年，足球所导致的经济损失已经威胁到了俱乐部的存续，弗兰克决定采取行动。那时的赛季已经开始，他却让正处在巅峰状态的球队退出。抗议的声浪席卷整个悉尼东郊，弗兰克还遭受了强烈的人身攻击。老朋友们都不再理睬他。甚至有人打电话到犹太殡葬会，谎称他已经过世，要求他们去收尸。

他的社交俱乐部成功地得以保全，足球队退出了比赛并就此永久解散。在足球管理上不再扮演任何角色的弗兰克暂时离开了这项运动。

第 8 章
挫折与复苏

置身于20世纪80年代中期遍布全球的大牛市中,弗兰克一步也不能走错。此时的西田风头正劲,在1985年到1986年,西田的市值上涨了111%,打破了增长纪录。洛伊家族持有公司46%的股份,在核心业务稳定的情况下,弗兰克开始寻求商业领域的多元化发展。那是一段大企业无情打劫而表现脆弱的公司极易被吞噬的年代。

1986年,悉尼证券交易所宣布,西田股票的表现超过所有于1960年上市的其他股票。到了1986年,如果这么些年来的所有股息和其他收益都持续投资于西田的股票,最初以1000澳元购置的西田股票已经价值400万美元。从这个角度来看似乎一切都不会出错。

那时钱柜正在流行,西田决定也创建一个。它将其非核心资产放入这个钱柜,然后用这笔现金投入利润丰厚的股票市场。这将为投资者提供一个特定的投资工具,与西田的购物中心公司清楚地分开。那时弗兰克已经是科尔斯-迈尔集团(Coles-Myer)和布里奇石油(Bridge Oil)公司的董事,计划是利用西田在这些公司的股票作为钱柜的种子资本。

　　这个概念是由一位备受瞩目的公司律师戴维·冈斯基（David Gonski）与在华尔街和伦敦具有商业银行动作经验的彼得·洛伊一起提出的。从冈斯基身上，弗兰克找到了一个可以与他相互激发思想火花的知己，如同多年前他和桑德斯一起所激发的协同效应一样。当年，他们一直在创建有形资产——地产和购物中心；现在，通过和冈斯基的合作，他开始创建无形资产——金融概念及相关业务构架。这对具有强大解决问题能力的二人组相互激发，做出了许多他们无法独自完成的决定。冈斯基解释道：

> 作为一个律师，我学的是如何解决问题，不是告诉人们他们不能做什么事，而是要帮助他们在法律允许的情况下去做。要做到这点，你必须有创造力、积极主动并开拓思维。弗兰克最了不起的地方是他知道自己的目标是什么。这不是律师的强项——我们并没有学习过。弗兰克通常会说"我想从 A 到 B"。我然后会看着他问道："你打算走哪一条路？如果你选这一条，你需要过桥。"他会回答："不，我不喜欢，我可能会掉进河里。"我可能会接着问："那这一条路呢？"他会回答："这条路太远了，我们为何不走捷径呢？"我会想想后再说："对，那我们坐直升机。"弗兰克会说："我们坐里尔喷气机吧。"我们一直相辅相成，这是一件非常美妙的事情。

　　钱柜很大程度上偏离了西田的核心业务，所以从一开始，董事会里就有反对的声音。不过极度乐观的弗兰克还是推动完成了这个项目。1986 年 4 月，西田资本公司（Westfield Capital Corporation，缩写为 WCC）闪亮登场。此时已经放弃了在斐尔（Freehills）律师事务所合伙人身份的冈斯基担任了总经理，彼得则担任副总经理。作为执行主席，弗兰克突然发现自己与当下许多最主要的企业家站在了同一水平线上。

媒体成了当时上市公司的热门投资对象。在 1986 年，WCC 购买一家名为北极星（Northern Star）的公司的大量股份，该公司后来又购买了十频道并将其变成了全国性的电视网络。弗兰克并不熟悉这个富有诱惑力的媒体世界，却突然间发现自己的名字可以和艾伦·邦德（Alan Bond）、克里斯托弗·斯凯西（Christopher Skase）相提并论。他们成了那个时代新的媒体大亨——不约而同地在电视网络上疯狂烧钱。

北极星以 8.42 亿美元收购了鲁珀特·默多克旗下的十频道及一系列其他媒体资产。但是大部分管理人员已经离开，不管弗兰克怎么努力试图吸收新的行业专家，结果都令他沮丧。这个网络的收视率不断地挣扎着，并且当股市在 1987 年 10 月崩盘时，这个网络的经营惨状也完全曝光了。

这还是第一次出现西田的一笔资产的稳定性威胁到了整个企业的地位的情况。那时有许多负面报道，无论弗兰克怎样努力都无法扭转。出售布里奇石油公司的股份使他们获得了一些利润，现在尽管不情愿，他仍要卖掉支撑他董事会席位的科尔斯－玛雅的高价值股份。他打算运用这些盈利向媒体网络注资 2 亿美元，希望经营能有所复苏以便转手出售。

即使这样也是徒劳，弗兰克最终几乎是免费送掉了这个网络。1989 年 9 月，它被弗兰克以 1 美元的象征性价格卖给了博通（Broadcom）媒体公司。但是这个网络已积重难返，连博通也无法将它成功地经营下去。最终，这个媒体网络进入了破产程序。这次涉足媒体领域成了弗兰克第一个公开的失败。

慢慢接受了这一败局之后，弗兰克开始计划他的复苏之旅。最主要的是要挽救他的名誉。他需要回归核心业务并且要做出非常亮眼的成就来，才能让电视业务垮台的不良印象因为他接下来的成功而淡化。西田业务一直在稳步前进，但重塑其市场统治地位成了当务之急。现在急需重申其在其市场上的主导地位。和戴维一起，弗兰克设计了一个将公司提升到一个新高度的策略。他把公司的高管层召集在一起。"伙伴们，我们必须从今年的开发中赚到1亿美元。"他说。

同时，为了表明他并没有被击倒，弗兰克在他位于派珀角（Point Piper）的家里举办了一次鸡尾酒酒会，邀请了有影响的政治家和商业精英参加。他一度担心他们究竟会不会出席，最后大家全部光临，弗兰克再次受到了肯定。

在洛伊们的帮助下，西田带着强劲动力跨进了20世纪90年代。1991年6月，西田股票飙升到了四年以来的最高点。到了1994年，西田在美国管理的零售空间扩大了3倍。1996年时西田创立了西田美国信托（Westfield America Trust），次年，它在纽约证券交易所上市。

但是这个成功的十年也并不是没有争议。与澳大利亚税务局就2500万美元的家庭和解协议的详细资料被泄露后引起了负面的报道。还有公开报道称西田采用不透明的竞争手段打压商圈内的零售中心。这令人窘迫，弗兰克也为此公开道歉。

作为一个只有小学文化程度加上会计夜校且没有受过正规教育的人，弗兰克1995年被任命为澳大利亚储备银行董事会的董事成了一个极为重要的时刻。一开始，一些内部势力反对他的加入，但这些反对者在了解了他之后改变了主意。十年后当他卸任时，弗兰克已被公认为一名杰出的董事。他的名声在于他完善了提出愚蠢问题的艺术。当与受过全面教育的行业专家讨论某一特定问题时,人们往往会因为害怕自己显得孤陋寡闻而不愿意提出那些最基本的问题。弗兰克却毫无顾忌,并且经常会因此找出一些大众习惯性假设的错误。他对于得到答案的兴趣远远超越了维护自身面子的需求。

在21世纪的钟声即将敲响之际,弗兰克心中充满了感激。他那17口人的家庭就是他的精神支柱。雪莉很健康,彼得和他的妻子贾宁(Janine)养育着4个孩子。戴维和马戈(Margo)育有3个孩子,史蒂文和朱迪(Judy)正等待着第四个孩子的降临。此刻的弗兰克已经接近了自己的古稀之年,但他并不感觉人生正临近终点。他还有许多事要做。

A SECOND LIFE

PART 2

第二部分

第二生命

私人的事务
足球的事情
西田的事业

2003年对弗兰克·洛伊来说是诸事顺利的一年。这一年73岁的他做出了三个改变他人生的决定。虽然他继续掌控着依然在蓬勃发展的西田，但弗兰克自己却有了三个截然不同的新追求。这些追求不是为了商业利益或慈善事业，而是出于他发自内心的热情和兴趣。他在做这些事情的时候是与他的商业生活平行进行的，仿佛在原来的第一个生命里又衍生出了第二个生命。当他退出在西田的执行角色后，他无缝对接了自己的另一段生命。

　　那些与老弗兰克亲近的人形容他既是"善解人意的合金"，也是"不为所动的钢块"。只见识过善解人意的弗兰克的人们都很难想象他内心的坚韧。同样，激怒了他的人也无法想象他慈悲的那一面。

　　弗兰克具有复杂的多重性格，既慷慨大方又有很强的权利意识。人们会认为像他这样富有的人会花相当大的精力做慈善，这是对的，但是在商业事业上，他对于自己要带走的属于他的全部份额——甚至更多——从来都是当仁不让的。他对所有关于他的家庭获取了巨额收入质疑的典型回答就是："我们值这个钱。"他从来没有需要照顾自己的问题，所以希望大家也都能这样做。如果他们站在那里等待被认可，那肯定需要经历很长的时间。但是他崇尚力量和自立，软弱会让他感到不自在。

　　2002年，在荷兰进行的那场轰动的商业战役后，荷兰媒体尝试着想把他介绍给它们的读者，《FEM周刊》将他描述为脸上时常挂着微笑的矮个子男人。虽然就像文章里说的，他平时"有魅力、谦虚、深思熟虑、从不大声呼喊"，但只要他认为是业务需要的，他就可以变得铁石心肠。"作为购物中心拥有者，他对零售商没有同情，并且反对为商家提供更多保护的立法倾向。但他本人给外界的印象并不像鲨鱼那样，他的平易近人和朴实无华在同级别的商人里是极为罕见的。"

在弗兰克70岁出头的时候，澳大利亚某报纸的一名专栏作家曾形容他"就像小桉树庄园的公牛一样强壮健康"。但是当他环顾四周时，他几乎是孤独的。他的同龄人大部分已经不在了，在很大程度上，是因为他的三个儿子和他一起打拼才使得他不那么寂寞。戴维、彼得和史蒂文也帮助他跟上了时代的步伐。当时，他们都已四十多岁了，都在西田有着丰富的工作经验。他们之间互相尊重，一起克服了那些难以避免的家庭问题。

多年来，这四位洛伊男人就是西田的核心。一家人一起工作总会有一定的风险——如果一切顺利便可产生强大的协同效应，但如果出了问题，则会造成不可挽回的损失。弗兰克意识到了这一点，努力维持着这个关系至少20年，却还是因为他的大儿子想要离开而让他困惑了一些时日。戴维想进入新的领域，不再负责西田具体的执行工作，他希望打理家族的私人财富，追求自己的兴趣爱好。经过几番谈论，父亲最终给予他良好的祝福。

当弗兰克60岁的时候，他曾被问到所有可以预料到的关于退休的问题。当他到了70岁的时候，人们觉得他的退休已经迫在眉睫。但到了80岁时，人们便开始认为他就像鲁珀特·默多克或沃伦·巴菲特一样会一直这样继续下去。弗兰克这时却委托了一个他信任的且可以拍他肩膀的同伴提醒他：现在已经不是离开的时间了，但之前是。对于这个同伴来说，这是一份沉甸甸的责任。

在晚年，弗兰克会经常因为太投入工作而忘记了自己的年纪，而且还常常制订长远的计划。"倘能生存，我就会工作，"他曾向《澳大利亚金融评论报》这样说道，"实际的地平线越短，你的视线就会越远。我年轻时和年长的人一起工作时就会想：'他到底在担心什么呀？他又不能享受到成果。'但现在我在做同样的事情。这就是我们这类人的天性吧。"

弗兰克是一个不想也不知道怎么停止工作的人。虽然他也会梦想放松，甚至安排自己去度一个舒心的长假，但他略带遗憾地承认他的头脑从来没有真正放过假。"我人生的每一天都在工作。自1960年起，我没有一天不想着西田，以及该怎样让这个企业做得更好。"这种不松懈的关注既是他的动力，也是他的弱点。已经在他身边60多年的雪莉，很清楚他的人生中没有"停止"这个按钮。她看着弗兰克火力全开地一直冲到80岁，只有疾病才能迫使他停下来。对他来说，与死亡面对面是一个残酷的现实，但他挺了过去，并且继续前行。

80岁那一年，弗兰克也终于了却了他一直未能完成的夙愿。当他的父亲雨果被带走时，他仅仅13岁。从那以后，他一直渴望能够站在雨果的墓边，为他的灵魂祈祷，为他的逝去哭泣，但是雨果死在了一个没有坟墓的死亡集中营里。通过大量的思考、想象和努力，弗兰克·洛伊终于找到了一个安葬父亲的方法。

私人的事务

第 9 章
和谐的大家庭

电话响起的时候,身在纽约的马克·比勒尔(Mark Bieler)已经上床休息了。来电的正是弗兰克·洛伊。比勒尔作为西田及洛伊家族的顾问,早已习惯在奇怪时间接到电话,但此时已经是晚上 11 点多了,他因此有点恼火。当他听弗兰克说完后,认为这个问题完全可以等到第二天再谈。由于他们的关系,他不能直接表达他的恼怒,但他却也说道:"弗兰克,你知道吗?我认为以我现在的 60 亿美元身家,我不会被这种无关紧要的小事困扰。"紧接着,弗兰克回击道:"你可能忘了,只有为这种无关紧要的小事困扰的人才能赚到 60 亿美元。"

弗兰克·洛伊从不按常规时间工作,每一个和他一起工作的人都必须跟随他的节奏,别无选择。工作是一个连续体,只能偶尔被娱乐活动和不规则的睡眠打破。这个规律他坚持了 60 多年。当被问及是否有任何疑虑,他说他希望自己可以"少一点焦虑,少一点压力,少一点痛苦地完成这一切"。

1952 年,当他抵达澳大利亚的时候,这个动力并不明显。这个国家除了收留了他幸存的家人和欢迎他以外，他对澳大利亚的其他方面几乎一无所知。彼时的他并没有什么宏大的梦想，仅仅带着安慰及与母亲团圆的感激之情。21岁时，他的目标也只是能和母亲一起住在悉尼东郊的某套哪怕只有一个卧室的公寓里。

他抵达这个陌生的国度时正赶上了第二次世界大战后的大发展时代，他和他的合伙人约翰·桑德斯惊奇地看着他们的小企业蓬勃发展，超越了他们可以抱有的所有期待。随着生意越发兴旺，弗兰克也变得越发老练世故、雄心勃勃并胆量十足。对于他的三个儿子，他同样也是寄予莫大的期望，他们都顺理成章地加入了他的企业，带着些许肆无忌惮，在他们三人二十多岁的时候，弗兰克便将他们全部提升进了董事会。在那个时期，董事会成员通常都有着深厚的经验及灰白的鬓角。但弗兰克的董事会里也容纳了包括自己儿子在内的一众年轻人，这点反映了他对青年人智力上的充分信任。回顾他自身的经历，他知道火力全开的年轻人能够有所作为。

当他的儿子们都加入了西田董事会之后，有人议论他可能正在塑造一代王朝的基础。他耸耸肩，不以为然。他并没有兴趣打造"洛伊议会"或是鼓励自己的后代进入他的企业。实事求是地讲，他只是希望将他的家人团结在自己身边，如果都能进入家族企业，那当然更好。大家一起打拼，一起保全财富，任何其他所得都只是额外收获。

他的第三代有23岁的年龄跨度。在长孙成长的年代，弗兰克相对来说还算是默默无闻，但等到更小那几位成长的时候，弗兰克·洛伊的名字在悉尼早已众所周知。这对个别孩子来说会成为他们的负担，老师们偶尔会品头论足。在操场上，他们有时也会听到别的孩子复述他们父母对于洛伊家族及其企业的看法。在悉尼，只要你抬头观望城市天际线，就免不了看到他们祖父留在天空的签名：从教室的窗口，能看到邦迪枢纽购物中心的大红色西田标识；转身侧视，悉尼塔顶端的巨大标识又映入眼帘。家人们都知道这些孩子需要平凡的生活，并且也一直在刻意维持。每一个孩子都被反复告知不要抱有应该或将会进入西田的期待。

虽然自1960年起，西田便是一个公众企业，但在接下来的近40年里，它却一直像一个家族公司那样运作。只要它能持续创造财富，就不会遭到太多的反对。早年间，西田的年度大会就像是个部落聚会，在那里，大家都恭敬地接受洛伊家族的领导，然后洛伊们聚在前厅享用茶水和三明治。公司治理并不是一个紧要的问题，这个家庭对于其业务的热情被视为公司的一种无形资产。在回应对于他们的裙带关系的争论时，弗兰克的儿子们会说，很显然他们的确是因为特权而加入，但一旦坐上了这个位置，他们就必须证明自己有能力留在那里。对此，他们的父亲却有不同的看法。"难道西田应该因为他们姓洛伊就否认他们的才华吗？"他会接着解释说，家庭成员为企业带来了增值，"而且这些增值已经不断地呈现在我们眼前。"

弗兰克从未过度或过早地将儿子们拉进自己的企业，"他太聪明了"，戴维说，其实他们的一生都让父亲给准备好了。除了自己树立的榜样以外，弗兰克会带他们去办公室，去购物中心，去建筑工地。但他更要确保自己在大多数晚上都能在餐桌上与他们分享彼此一天的心得。研究一致表明，餐桌是传播价值观的最佳场所。也许这一观点在政治上已经不合时宜，但当一个男人晚上回到家，他不仅仅是让家里多出了一个成年人，而且也是象征性地从父亲的角度填补和平衡了平日里只有母亲参与的家庭关系。他带来了世俗理念和各种其他问题的讨论机会。

事实上，当洛伊家的这些孩子陆续长大了一点的时候，晚餐桌上的两大话题就变成了业务和足球。虽然雪莉肯定有时会希望自己有个女儿，但她说她很乐意当一名家庭主妇，她会一言不发地听着他们交谈。她是他们生命中的定海神针，随时准备安抚和平息他们的冲突，并为他们能够持续下去而付出一切。雪莉也许不是那种拥有自己的收入并在外工作的"现代女性"，她深深依附着弗兰克，作为他的人生伴侣，为他提供一个稳定的位于郊外的家庭根基，让他可以专注创建一个儿子们能够跟随的全球商业帝国。

有了雪莉，弗兰克就有了他一直渴望的家。他非常清楚自己在这个家中的位置。他记得自己的父亲作为一个旅行推销员是如何一整个星期不回家的，父亲的椅子是如何一直空着的。他也记得每个星期五下午，他会因为期待父亲周末的归来而想方设法赶着回家。只有雨果在的时候，家才是完整的，弗兰克的心里才会充满喜悦。随之而来的则是可怕的分离，雨果被带走了，家庭也破碎了。

弗兰克在日渐壮大的家族中牢牢掌握着核心的控制权。他专注于自己的家庭，却也非常苛刻。虽然他的儿子们不需要整理自己的袜子或是清洗他们的碗盘，但参加家庭活动是强制性的，比如每个星期五晚上的安息日，不管那天发生了什么，他们必须聚在一起。弗兰克坚决要把他的家庭塑造为一个团结的整体，从而经得起任何外力的来袭。然而，随着时间的推移，他认识到自己也必须去适应家庭内部的阻力。

儿子们大学毕业后，他鼓励他们去国外积累工作经验。当老大和他的妻子回来后，弗兰克为这对年轻夫妻在他自己的前院准备了一套全新的房子。他完全无法理解小辈们不想住在他隔壁的心思。他理想的住所是卡米洛特（Camelot）城堡或一座能将家人都聚在一起的复合型大院。当戴维和马戈带着他们的新生儿搬走的时候，弗兰克觉得家庭已然破裂了。他想念着每天上班前可以去看看小婴儿的日子，但渐渐地，他也意识到这种想法不合理也不健康。

在许多家庭，长子通常会面临更多的挑战。第一个孩子必须在父母的反对声中披荆斩棘冲出一条路，这也好让其他弟弟妹妹跟随时少承受一些压力。近距离观察洛伊家族的人们发现，戴维在锻造他自己的人生之路时，也迫使他的父亲对这个世界有了新的了解。起初，他向父母展示了即使搬走，家人之间的关系依然完好的可能性。而后，他和他的妻子面临婚姻危机并且分居了一段时间。对弗兰克来说，这是一个心理层面上的大灾难，因为这件事将导致家庭破裂。

为了缓解焦虑，弗兰克在悉尼找了一个有心理分析学背景的家庭顾问。顾问拉起了窗帘，向弗兰克展示了那些他从未想过的内在力量。他们谈了几个小时，讨论了源自过往生活经历的思维模式，那些无意识的力量，以及它们如何影响着他的行为。弗兰克试着以不同的角度看待自己的经历，并且开始理解为什么戴维生活中的这个事件会对他产生如此巨大的影响。虽然这些自我醒悟让家庭的破裂不再那么势不可挡，却并没有消除这些痛苦（他试图将其埋在自己心里）。只有戴维和马戈的破镜重圆才能真正解决问题。当他们两人真心复合以后，弗兰克终于再次感到呼吸顺畅。

彼得和史蒂文的生活就容易多了。到了他们准备离开的时候，他们的父亲已经适应了现实，知道唯一维持亲密关系的方法就是放手让他们走。像任何其他家庭一样，洛伊家族也有他们的矛盾。但是不同的是，早年间弗兰克对于任何可能威胁家族团结的事物都高度地警惕。

到了1997年，三个儿子都成了西田的执行董事。弗兰克的职位是执行主席，很明显，是洛伊家族在运营这家上市公司。在清楚认识到这个模式需要改变后，弗兰克已经悄悄在幕后与马克·比勒尔一起计划将西田转变成为一家职业经理人治理的公司。这个过程进展得很慢,却是不容变更的。

到了 20 世纪 90 年代末,弗兰克已经有了 10 个孙儿孙女,他开始设法保护家族的财富。此时,他们所有的鸡蛋都在西田这一个篮子里,已经是时候将西田控股里的大量家族股份卖出以分散风险了。"这将减轻家人的压力,"他在 1998 年接受《时代报》(*Age Newspaper*)采访时说道,"我希望避免大家认为这里已经给家里人留好了位置的想法。这家公司实行的是精英制度,卖掉的股份也为家里人提供了做其他事情的机会。"这笔交易筹集了近 5 亿美元,使这个家族可以在不干扰西田股东名册稳定性的情况下挖掘自己的财富。同时,洛伊们还留有 12 亿美元的西田股份。

弗兰克仔细观察了其他富豪家庭如何在后代中延续自己的财富,并学到了应该避免什么。他不会鼓励任何孙辈加入他的业务,若有谁希望参与,就必须靠自己的能力。这点与当时在上市公司盛行的公司治理改革同步,家族人员昔日的特权通路关闭了。当时还有人对同时担任公司主席和首席执行官可能会引发利益冲突提出疑问,而这正是作为执行主席的弗兰克扮演的角色。在 20 世纪接近尾声的几年里,西田的公司治理制度遭受着外界的批评。

随着时间的推移和企业的发展,管理团队中的家族成员将逐步减少。戴维从未渴望要接管家业,而是追逐西田以外的兴趣爱好。他热爱飞行,20 世纪 90 年代的大部分时间里,他都是一个认真的特技飞行选手。天空是他的领地,在那里他所做的一切都取决于自己的技能。特技飞行虽然是一项高风险的运动,但不赢得全国冠军他就不会停止。1998 年——也就是出售家族股份的那一年——他终于成了澳大利亚特技飞行冠军。然后他很快退出了该项运动并开始寻求新的挑战。

他拥有一架老式的战鸟，一架赛斯纳 A-37B 蜻蜓式攻击机，他还想再购入几架战斗机并在一个皇家空军的老基地建造一个飞机库，用来向第二次世界大战期间捍卫澳大利亚的退伍军人致敬。在新南威尔士州特莫拉区（Temora）的一个基地上有一块空地，他计划在周末邀请几个飞行伙伴一聚。也许人们会过来观看（并聆听）那个在头顶上盘旋呼叫的奇怪喷火物或虎蛾飞机。不久后，他和他的朋友们便开始在空中即兴表演，吸引观众。1999 年，他的特莫拉航空博物馆成立了，后来每年平均能吸引 4 万名观众。

弗兰克花了一段时间来适应戴维追求自己的兴趣，不过最终结果是好的。股票售出的资金被放入了一个新的实体——洛伊家族集团（the Lowy Family Group，简写为 LFG），并且安排了专人进行管理。在那之前一直是戴维在照料家族的利益，所以运营 LFG 的重担自然就落在了他的肩上。在 2000 年，他辞去了在西田的执行主席职责，但仍然留在董事会与弗雷德·希尔默（Fred Hilmer）一起担任副主席。

从未如此快乐过的戴维重新拾起了他自己的另一个兴趣——音乐。他留了长发，并且加入了一个摇滚乐队。多年后，他组织了一个全明星乐队——死亡雏菊（Dead Daisies），队友包括了 INXS 乐队和枪与玫瑰（Guns N' Roses）乐队的音乐家们。他是乐队的歌曲作者和节奏吉他手。他也是驾驶员，因为在他们的世界巡演时他负责驾驶飞机。当死亡雏菊在以色列表演的时候，弗兰克和雪莉也在观众群里跟着音乐摇摆。他们比周围的观众年纪大了四倍这件事似乎一点也不显得突兀。

同时，LFG 也取得了辉煌的成绩。在其成立的前 14 年里，尽管全球正处于金融危机中，也尽管一如往常地保留了大量现金余额，戴维还是取得了每年超过 13% 的内部收益率。投资业务非常适合他。

他喜欢安排自己的时间和智慧来赚钱,而不是处理生意上的那些具体细节。"这个很适合扩张,"他说道,"很少的人便可以管理大量的资产。"

独立于其投资部门,戴维经营的"家庭办公室"负责税收、财富、财务和管理。这个办公室也管理着从它的研究院到博物馆再到思想库的所有家庭活动,也包括地产、船舶、飞机和其他财产。它雇用了二十多位雇员,是一家小型公司。"这里也没有王朝,"戴维说,"就是代表了四个长期相处并一起工作的男人作为一个整体的长期的伙伴关系。我的父亲是一个资深的合伙人,因为大家的经济利益一致,所以这个机构才得以有效运转。我们的感情利益也一致,大家都准备接受任何一方的'过失'。这是一个快乐的机缘而不是一个王朝。它会继续吗?我不知道,对此也没有任何计划。"

弗兰克则有意识地为这个大家庭建立了一个尽可能维持和谐又能够保护财富的模式。这个模式一直在改善,到后来的几年里,他形容这些独立的家庭就像四座独立孤岛几乎互不干扰。弗兰克解释道:

> 每个家庭都有自己独到的特征、人生观、社交生活和朋友圈。他们之间并没有定期的社交联系。以前星期五晚上的聚餐是强制性的,但现在松散了许多。但是,只要我们错过了一次或两次,第三次我们便一定会相聚在一起,因为我们都知道一大家人团聚的价值。

这些家庭都用不同的方法养育自己的孩子,大家也独自处理自家的问题。但当这些男人聚集在一起的时候,如果有问题,他们也会一起讨论。弗兰克补充道:

妇女们照顾自己家庭的事务，有自己的工作和外边的兴趣，但在企业里并没有职位，也不参与这个大家庭的财务管理事宜。这四个男人考虑的则是更大的事情。我们家庭之间的关系非常男性主义，却也非常坚固。为了维系关系的完好彼此妥协是常事。这一点从不受干扰。

在财务方面我们都绑定在一起。我们兴趣相同，我们四个当中的任何人都可以拥有我们需要或想要的东西。随着时间的推移，所有事情都能得到平衡。我们之间没有财务纠纷。虽然这个模式很有效，但也并不像看上去那样的完美，每一个人都必须做出让步。我们会有关系紧张和意见分歧的时候，但这些都不会持续很久。每个人都能找到自己在家里的定位。我们都把努力保持家庭团结放在第一位。

我能想到我的儿子们会彼此吐露对我的不满。当然，当他们之间产生冲突时，我也会充当那个海绵的角色，可以吸收每个人的负面情绪。真正的难题在于，当我不在了他们会怎么办。

弗兰克对于家庭日常花销的态度来自他在大萧条之后的成长经历。当一部分家人遇到财务困难时，其他人就会伸出援手。他记得当他的父亲无力支付抵押贷款的时候，他的舅舅带来了一箱现金才使得他们的房子不被银行收回。他舅舅在50公里以外的一个小村庄里开杂货店，他们家并不富裕。

即使在悉尼，当初来乍到的洛伊们几乎身无分文的情况下，他们也在家中留有一个小的储蓄罐。它被放置在母亲衣柜上面的一个旧汤锅里。如果任何人有多余的硬币或纸币，他们都会放进去。谁需要用钱就会从里面取。他们会告知其他人"我拿了多少",之后筹齐了再放回去。它是家里所有人共用的。

50 年后的 LFG 也是一样的。它满足了家人的需求,还能够资助下一代创业。不过如果他们想要创业,他们也不能随意搭乘免费班车。"如果孩子们想要在 LFG 的保护伞下开始任何商业活动,我们都会评估它的商业价值和他们是否有这个能力。"弗兰克说道,"我们将以对待其他潜在合作伙伴一样的方式对待他们。"

深刻地意识到自己所肩负的责任的戴维一直被内森·迈耶·罗斯柴尔德(Nathan Mayer Rothschild)所写的那句话启发:"要赚大钱就必须格外大胆谨慎;一旦你得到了,它需要你用 10 倍的智慧去维护它。"

第 10 章
私人事宜

2003 年 11 月的一个星期一下午，弗兰克正在他的办公室里回味着前一个周末刚刚过去的美好时光。他的孙子乔希（Josh）刚庆祝完他的犹太成人礼，远近的家人们都赶来了。乔希表现得非常棒，每个人都很开心，也确实有太多值得欢庆的理由。周末的庆祝活动以在悉尼海港边上法姆湾（Farm Cover）举办的一个聚会而画上了完美的句号。通过那里的透明大营帐，外面的人都可以看到洛伊家的男人们松开了领带，尽情地跳舞唱歌，直到深夜。

这时，他的办公室门被打开了，紧接着史蒂文走了进来。他儿子成年礼带来的快乐在他脸上已经消失得无影无踪。他拉出椅子坐下后说："爸爸，检查结果不好。我可能会失明。在未来的五年，也许十年里我会成为法律意义上的盲人。"当史蒂文解释着他那罕见而且尚无有效治疗方法的眼疾时，他的父亲默默地听着。听完后，弗兰克许下了一个庄严的承诺："史蒂文，我们会找到办法的。我们将动用我们的家庭和经济能力来解决这个问题。"说完，弗兰克站了起来，搂住了他的小儿子。

这个消息对弗兰克而言是一个巨大的冲击,但他的思绪立刻飞快运转。"我脑子里立刻浮现一个画面,我们跑遍世界各地,寻遍名医却得不到满意的治疗方法。我知道有些人会追逐那些尚未运用于临床的治疗方案,我们不会走那条路。在那一刻我知道了我该怎么做。多年来,我们一直在积极参与医学研究,现在我们必须将它扩展。史蒂文不可能是唯一的一个,一定还有其他相同情况的人需要帮助。怀着满满的信念,我向史蒂文,也向我自己保证,我们会尽人类可能用全部的力量来解决这个问题。"

弗兰克脑子里回响着30分钟前史蒂文在得知视网膜专家马克·吉利斯(Mark Gillies)的诊断结果后说的话。史蒂文说他需要离开一段时间去消化这个坏消息,然后补充道:"现在,也许你可以深入考虑一下如何对付这个疾病,因为我的家人有经验,也有资源对付这样的问题。"吉利斯——悉尼拯救视力研究所的一名教授——从未听说过洛伊家族,所以对于他的这位新病人对预后的回应感到吃惊。而且,因为他清楚进行研究需要投入多少资金和设施,所以他也认为这种出于感性的想法简直就是异想天开。

十年后,吉利斯说洛伊家族为了应对此疾病而建立的模式是无与伦比的。他将参与这个过程描述为"可能是"自己职业生涯里"最伟大的医疗事业",并表示该项研究震惊了整个视网膜医学界。

一段时间以来,史蒂文早已发现自己的眼睛有问题,特别是当他在光线变化下阅读的时候。如果他看向一个光源,比如窗户,然后再回到页面上,很多字就会消失。过一会儿,这些文字又会回来,但他发觉等待文字再现的时间越来越长。他基本上是自己默默承受着疾病的困扰并试图尽可能地加以控制,直到有一天在犹太教堂里发生的情况迫使他必须采取行动。

白天，悉尼的中央犹太教堂里洒满阳光。它穿过教堂中心的透明圆顶，滤过周围的淡彩色玻璃窗。按照传统，男人们坐在楼下，女人们则坐在楼上的画廊里。面向彼此，洛伊家的男人们和女人们跨过楼层的高度和空间保持对视。但是当史蒂文抬头看向画廊时，他眼睛里集满了阳光。当他将目光转回他的祷告书时，上面的希伯来文字便看不见了。这种情况发生了太多次以后，他预约了家庭眼科医师弗兰克·马丁（Frank Martin）教授。

马丁一家是洛伊家的老朋友，通过在不同地域和上业务的合作结下交情。弗兰克·马丁已故的匈牙利籍父亲曾在悉尼从事熟食业，也是弗兰克·洛伊的牌友。他的姐姐克莱尔嫁给了弗雷德·希尔默，那时后者已在西田董事会任职多年。两家人相处融洽，而且迅速建立起了密切的关系。

弗兰克·马丁为史蒂文检查后发现，虽然他的视力是异常的，但他却可以通过图表上的所有测试。马丁无法确认问题的根源，但他提出了脑肿瘤的可能性。这使史蒂文感到震惊，但在做完脑部扫描后并没有任何发现。他的视网膜，也就是眼球后方的感光层，可能出现了一些不寻常的问题。于是马丁将吉利斯推荐给了他。

第二天，当吉利斯为史蒂文进行全面的检测时，史蒂文的妻子朱迪（Judy）坐在候诊室等待。他们花了太长的时间，以至于她必须先回去接放学的孩子。史蒂文打电话给她的时候，她正在车里。那时他收到的第一个检查结果简直糟透了，他的声音都在颤抖。"很难治，"他说道，"不知道发病原因，也没有治疗方案。"朱迪靠边停了车。在这一刻之前，她并没有好好考虑过这个问题，因为她设想一切都很顺利，没什么大碍。洛伊家的男人们倾向于夸大他们的医疗顾虑并使自己担忧，而她却倾向于大事化小，并且在真的要担心的事情发生前不做出任何反应。此时坐在车内的她已经抑制不住自己而难过得泪流满面。

与此同时，弗兰克·马丁已经飞往曼谷参加一个国际眼科研讨会。在会议期间，他收到了一个信息，得知弗兰克·洛伊正在找他。他回了电。异常沮丧的弗兰克想要一起讨论诊断结果，因为马丁并没有最新情况，他打给了吉利斯。他非常沮丧地了解到了当天早上史蒂文的诊断结果。

史蒂文患上了黄斑旁中心凹毛细血管扩张症（macular telangiectasia，简称 mactel），一种极少有确诊病例的罕见疾病，以至它出现在眼科教材里也只有寥寥几个段落。虽然许多人都知道黄斑变性这样一种并不罕见而且会导致无痛性慢性中心视力减退的老年眼疾，但黄斑旁中心凹毛细血管扩张症却有着显著的差异。它诊断起来非常困难，没有已知的病因，也可能会影响到患者的子女。那时史蒂文 41 岁。

一旦患有黄斑旁中心凹毛细血管扩张症，微小异常的毛细血管会长在眼球后方的黄斑上。这个区域负责中心视力，其任何损伤都会影响到视力。在黄斑的中心是一个名为中央凹的针头大小的小斑点。这就是所有神经末梢集中的地方，并且也是视力最佳的地方。患上黄斑旁中心凹毛细血管扩张症后，毛细血管开始向这个中心点扩张。

正与全球眼科专业人士参加同一个研讨会的马丁刚好可以获得最专业的指导，在回悉尼前他寻求了同行们的意见。刚下飞机，他就直接前往西田集团与史蒂文和弗兰克共进午餐。他们需要做的第一件事就是确认诊断结果，马丁联系了相关的人并立刻做了安排。

两天后，史蒂文和弗兰克搭上了去往美国的飞机。他们计划访问两家非常出色的眼疾治疗研究机构：一个在西海岸，另一个在东海岸。因为他们不确定将会面对什么情况，史蒂文焦虑不安。虽然确诊结果会很难面对，但确诊不了却会造成更多的不确定性。抵达洛杉矶后，他们直奔加州大学洛杉矶分校的朱斯坦眼科研究所（Jules Stein Eye Institute）。

首先，他们会见了名誉教授布拉德利·斯特拉斯玛（Bradley Straatsma），他是该研究所的创始主任，也是眼科学领域的杰出人物。他请他们坐下来，亲切地与他们长谈。接着他和另一名视网膜专家艾伦·克雷格（Allan Kreiger）教授一起为史蒂文做检查。很快他们便确诊了，史蒂文双眼都患上了黄斑旁中心凹毛细血管扩张症，右眼尤其严重。

不能浪费任何时间，父子俩立刻飞往东海岸。在一个潮湿的大冷天，他们忍着时差和忧虑抵达了马里兰州贝塞斯达（Bethesda）的国家眼科研究所（National Eye Institute）。他们坐在一个拥挤的等候室里等待着埃米莉·丘（Emily Chew）医生，她此前已经同意将他们安排进自己繁忙的日程里。当她终于接待他们进入自己的办公室时，弗兰克感到他们仿佛被神赐福了一般。她的亲切与和蔼出乎他们的预料。在为史蒂文检查后，她希望他能见一见在所区另一边的国家眼科研究所所长。"看出我们的疲惫，也知道我们无法轻易找到地点，即使她自己并不方便，但她还是几乎牵着我们的手冒雨带领我们前往。"弗兰克说道。那天下午，史蒂文被再次确诊。他和弗兰克现在已确定知道问题是什么了，而这个确定性使他们平静了一点。

虽然让人有些安慰的是这种疾病不会影响到史蒂文的周边视力，但真正的恐惧是它可能彻底毁掉他的中心视力。这会使他法定失明，阅读起来极其困难，并且不能驾驶。诊断过程中有人提出这个眼疾可能与糖尿病有关联，但史蒂文并没有这个病。对于黄斑旁中心凹毛细血管扩张症的自然来历人们所知甚少，对于退化的时间也有许多不同的看法。在回家的飞机上，他们仍想着他还有 5~10 年的恶化时间和病情的紧迫性。落地后，拯救史蒂文的视力已然成了家里的头等大事。正如史蒂文解释的："如果我们中有任何一人割破了手指，其他人都会跟着流血。"

他们下一步该怎么做？他们是否应该聘请一位专家到世界各地看看这个领域有没有什么进展？他们该不该像其他富裕家族一样资助一个有名望的科学机构来研究这个问题？弗兰克给一个老朋友拉里·霍罗威茨（Larry Horowitz）打了电话。他们自 20 世纪 80 年代末弗兰克去洛杉矶为他的电视网购买节目时就认识了。霍罗威茨曾是一名医生，后转行为银行家。他对生物科技与研究很感兴趣。

霍罗威茨建议他们走访加利福尼亚州拉霍亚市（La Jolla）著名的斯克里普斯研究所（Scripps Research Institute），该研究所在基础生物医学方面享有盛誉。弗兰克认得它，几年前他曾被邀请加入斯克里普斯的董事会并多次访问过它。虽然他对自己所看到的印象深刻，但因为当时的其他活动他无法接受邀请。现在，他与斯克里普斯方面进行讨论的同时，也尝试探寻全球其他的眼科诊疗研究群体。

经过几个月的征询后，大家终于达成了一个共识。要破解这个复杂的疾病，需要一大批科学家和研究人员，因为任何一个独立的研究所都不太可能拥有所需要的全部专业技术。弗兰克担心如果他们家采取传统的办法，资助一个单独的研究所，他们可能会成为被动的捐赠者。时间的警钟已经敲响，洛伊们都热衷于推动这个进程。

尽管斯克里普斯这个选择被搁置，但弗兰克和史蒂文已然开始制订一个替代计划。为什么不将世界上在这一领域最聪明的头脑都聚集在一起，利用洛伊家族的财富、领导力和组织能力来推动大家建立一个前所未有的团队呢？

据他们所知，这样的事还从没有人做过，这会是一个独特的模式。虽然洛伊们对于协作式的国际研究一无所知，但他们知道他们必须先找到能做这件事的人。他们需要一个他们可以信任的、无可挑剔的科学家。

罗伯特·格雷厄姆（Robert Graham）教授——悉尼张任谦心脏病研究所（Victor Chang Cardiac Research Institute）的所长——在他们征询的几个月中一直是他们的家庭顾问，洛伊们和他很熟悉。史蒂文已经在该研究所的董事会任职多年，并且由于他们家是张任谦心脏病研究所的主要捐赠人，弗兰克也认识他。除了在心脏学方面的国际声誉以外，格雷厄姆曾用自己的整个假期与诺贝尔奖获得者一起参与视觉生物化学研究。他同意帮忙找寻创造这种新模式的方法，并很快成了总部（HQ）的常客，总部是这家人对弗兰克和雪莉位于悉尼派珀角的家的称呼。从这个时点开始，格雷厄姆将站在这家人的身边。

来总部的访客们通常会将车停在沃尔斯利（Wolseley）路边，欣赏着悉尼歌剧院与海港大桥之间壮丽的景色，沿着漫长的车道走向水边的别墅。雪莉通常会在门口迎接他们。虽然不直接参与关于史蒂文眼睛治疗的讨论，但她始终在场并随时准备帮忙。2004年年初，一个星期天的下午，罗伯特·格雷厄姆和弗兰克·马丁来到了这里。他们此行的目的是找到一个可以领导团队的人——如果要推进这个项目。

鉴于欧洲与美国科学界毫无掩饰的竞争关系，大家认为这个项目需要一个受人尊敬并且地理位置居中的人物。伦敦著名的摩菲德兹眼科医院（Moorfields Eye Hospital）的艾伦·伯德（Alan Bird）教授似乎是个完美的选择。作为英国人，并且拥有似百科全书般的视网膜眼疾知识，他能够满足大西洋两岸人们的需求。据说这世界上可能没有比伯德更了解视网膜疾病的人了。

伯德接受了邀请飞往悉尼，在不久后一个星期天的早上，他和罗伯特一起驾车行进在去往总部的路上。格雷厄姆很显然在对他进行评估，如果这就能使伯德感到紧张的话，那么他将会被彬彬有礼的弗兰克吓到。用茶点的时候，伯德和史蒂文、弗兰克·马丁、格雷厄姆一起就项目议题展开讨论。过了一会儿，弗兰克·洛伊打断了他们并且进行了一段如闪电般的快问快答。伯德回想起来，当时的谈话是这样的：

弗兰克：用什么治疗方法？

伯德：没有治疗方法。

弗兰克：起因是什么？

伯德：我们不知道。

弗兰克：有什么在进行中的研究吗？

伯德：没有。

弗兰克：你能想到任何可以做的研究吗？

伯德：可以，有几个。

弗兰克：那你为什么还没有做？

伯德：我们还没想过。我们大多数的研究都是衍生的，意思是它们取决于我们前一天的发现。这不是创新的，事实上，开始全新的研究是很不寻常的事。

弗兰克：就你认为应该能做的事，怎么才能做到呢？

伯德：如果你提供资金并提出申请，在任何实质性研究可以开始之前的前期工作就可能需要18个月。我们为什么不邀请那些我们认为会有贡献的人聚在一起呢？相互熟悉的人可以自由交流想法，也没有知识产权的限制，进展会快许多。

弗兰克：我们要如何构建它？

伯德：我们要把所有人聚集在一起并分成两组：一个是临床组，负责收集患者信息来进行自然病史研究，以此探讨随着时间的推移病情是如何发展变化的；另一个则是实验组，设立一个实验室研究临床医生们的发现。

这似乎是个很好的计划。伯德列出了一个所有可能做出贡献的人物名单。斯克里普斯这个选项暂时被搁置，2004年10月，全球各地最顶尖的视网膜血管性疾病专家都被正式邀请到美国东部的巴尔的摩参加一个启动会议。他们都是自愿参加的。"当像伯德或斯特拉斯玛这样的人物打来电话说，'我们准备举行一个会议，我觉得你会感兴趣，如果你加入，我会很感激，'这很有分量。"斯克里普斯的马蒂·弗里德兰德（Marty Fredlander）教授说道，他也在受邀名单上。那时他不知道他的研究所也在候选团队内。他只知道一个澳大利亚的富裕家族正关注着这种疾病，并且有可能会以某种方式建立一个研究项目。

弗里德兰德预计在巴尔的摩举办的会是一个小型会议。他以前经历过几次类似的行程，不过每次都没有结果。"我差不多每几个月就会接到一个家里有患者的富裕家族的来电，想要做点什么，但通常都会不了了之。"他说道。但他很期待能与大约25个国际同行齐聚一堂，感觉就像老朋友会面一样。

这些被邀请的专家抵达巴尔的摩时，他们已经听说了弗兰克·洛伊在商业上的成功并期待他会出席。他们知道他家里有人患了眼疾但不知道具体是谁。当史蒂文代表他们家族起身宣布会议开幕时，他并没有透露出任何自己是病患的迹象。

在第一天的午餐时，弗里德兰德在一张桌子的空位上坐下并礼貌地向一旁的男人介绍自己。当那个人回答说他是弗兰克·洛伊后，弗里德兰德说："你不可能是。"他预期中的弗兰克有一个全然不同的人物形象，一个带有浓郁澳大利亚口音的人，而不是显著东欧口音的老人。他们谈笑了几分钟后，弗兰克突然转向他并问道："Redstu Yidish？"他是在问弗里德兰德是否会说犹太语。当弗里德兰德用相同的语言回答他时，两人之间的社交距离消失了。弗里德兰德说，他觉得他就像坐在自己父亲旁边一样舒心。在接下来的会议里，弗里德兰德时常会在弗兰克的身边，帮他介绍谁是谁，还在必要的时候解释一下正在讨论的科学概念。

洛伊们有一大批澳大利亚人的鼎力支持。珀斯的伊恩·康斯特布尔（Ian Constable）教授、墨尔本的罗宾·盖默（Robyn Guymer）教授都来了。斯蒂芬·约翰斯（Setphen Johns）也出席了，他是一个值得信赖的朋友，也是长期在职的西田高级主管和董事会成员。他将负责为这个研究项目的推进设立必需的管理基础设施。

当业务讨论结束后，弗兰克告诉现场的与会者，他们一家人都希望解开黄斑旁中心凹毛细血管扩张症的谜团。"我们准备为此投入人力和财力，如果成功，这会是视网膜科学的重大进步，当然我们的家人也会在此过程中受益。如果最后能为糖尿病或是其他视网膜疾病做出贡献，即便不是黄斑旁中心凹毛细血管扩张症，也依然是值得的。我听说科学探索常常可以打开意想不到的大门。"

虽然一切还没有正式到位，但黄斑旁中心凹毛细血管扩张症群早期诊疗的地基已经建立，每个人也都认识了这个家庭，包括一直在场的雪莉和朱迪。离开时，大家都精神抖擞，虽然不知道接下来迎接他们的是什么，但感觉这两天过得很有价值。这种眼疾是眼科学界的一个谜，作为视网膜专家的他们都渴望看到谜底能被揭开。

由于他知道做这类研究时会多么快速地烧钱，弗里德兰德对该计划持怀疑态度。资助私人研究需要的资金是无底洞。他曾不止一次听到那些富裕家族的质疑，"我们已经投入1000万澳元了，那么治疗方法在哪里呢？"但因为他喜欢洛伊一家，也被科学所吸引，所以他留了下来。一个构架正在形成中。在随后的一个会议上，他强烈地意识到这家人是认真的，这项研究将会切实开展下去。

他无法想象自己在这个过程中会扮演多重要的角色。弗里德兰德和整个视网膜群体即将遇到一个前所未见的业务研究模式。戴维、史蒂文和弗兰克用了很多时间讨论具体的费用，在史蒂芬·约翰斯的帮助下，他们决定在接下来的5年内每年投入500万澳元，之后再决定是否继续。在洛杉矶的彼得也将为这笔经费投入资金，相关协作条款准备就绪。

到2004年年底，洛伊医学研究所（Lowy Medical Research Institute，简写为LMRI）成立。一年后它便开始资助"黄斑旁中心凹毛细血管扩张症项目"，由伯德担任首席科学家，并在美国、英国、澳大利亚、德国、法国、以色列及印度设有20家诊所。此外，美国、英国和澳大利亚共有5个实验室，不久后又在纽约添加了一个基因学的研究部门。

父子俩用当时打造西田的决心建立这个机构。和史蒂芬·约翰斯一起，他们努力了解那些闻所未闻的医学知识，认真处理着知识产权的问题（现在也成了项目的一部分），以及进行临床研究和实验室需要的复杂合同。作为LMRI的行政主管，约翰斯进入了一个全新的领域，与哈佛、斯克里普斯、伦敦大学学院等机构打交道。他不懂那些规范，他也从没有接触过医学伦理委员会。他来自纯粹商业的背景，却突然要在科学领域里谈判，对他而言，这一切无疑都是巨大的挑战。当他解释道他们设定了 5 年时间来确认该项目是否有价值，一位专家告诉他最好改成比这长 3 倍的时间。

LMRI 渐渐成了一个大型的虚拟研究机构，并由弗兰克和史蒂文一直严格掌控着。他们的日记里记满了电话会议、小组面谈，以及所有人数天聚集在悉尼、洛杉矶或伦敦的国际会议。他们尽可能地为参与者提供舒适的条件，让每个人都能维持自己的日常工作，只需花费一些自己的业余时间。有些人有酬劳，有些没有。大多数出席了巴尔的摩的项目启动活动的人都继续参与其中。

史蒂文和弗兰克参与了每一次的会议，并且几乎每次都是在朱迪和雪莉的陪同下。在积极致力于该项目的同时，洛伊们也对他们指定的人选充满信心。大家的共识赋予了该项目坚实的基础，家人们都理解项目的开支可能会很大，时间也会很长。

开始的时候弗兰克很难理解关于一些科学论题的探讨。一次他看着一系列的细胞培养实验问道："这怎么能阻止史蒂文眼睛变瞎？"但他很快适应了，并会在某些专门的研究过程中坐等几个小时，哪怕结果是让人失望的。"那些科学会议对我来说非常复杂，令我感到困惑。但我全程一直坐在那里是因为我在寻找实质性的进展，看看哪里有漏洞需要填补，需要招募什么样的人才和机构才能帮助推进，这就是我扮演的角色。"他说道，"付出是巨大的，但我有这个资源，我能安排出时间，还能学到一点科学。"

第 11 章
一个突破

非常幸运的是，在黄斑旁中心凹毛细血管扩张症项目开始后不久，眼科专家们便有了能够比从前更详细地查看视网膜的新工具。在使用这个工具的时候，团队里一名成员看到了让人意外的情况。他发现病人们的中心视力旁边都有个深色的黑洞，这说明了什么？研究组里还有其他人注意到这个情况了吗？是的，有些人也注意到了。

德国波恩大学的弗兰克·霍尔兹（Frank Holz）教授的发现足以改变医学界对这种疾病的理解。这个黑洞里没有影响视觉必不可少的神经细胞，这些细胞已经死亡，血管也开始往空隙里生长，这是基本的人体程序。血管经常会生长在受损的区域，以试图修复受损的地方，这正是此刻它们在眼球里所做的事。

在此之前，每个人都认为黄斑旁中心凹毛细血管扩张症主要是由新血管的产生而引起的眼疾。现在看来，新的血管是次要的，主要的问题是神经细胞的死亡。这是理解上的一个重大转变和跨越。

出于对研究有进一步成果的渴望，以及对不可预测的研究过程的迷茫，弗兰克给周围的人都施加了压力。对于如何处理这个问题，艾伦·伯德从来都没有把握，他觉得弗兰克只要耐心还在就是一个很好的听众。

突然间，弗兰克作为商人角色的那种特质就会呈现出来。他会说我们谈论和不断改变计划的时间，他都可以建造一个完整的购物中心了。理智上，他清楚临床研究与建造一个购物中心完全不同，因为建造购物中心有规定的时间期限和确定性，而临床研究没有明确的时间表，并且出乎意料的发现随时可能导致研究方向偏离，从而产生更多不确定性。弗兰克理解这一点后非常受挫，有时我感觉自己正在接受考验。

尽管如此，伯德还是相信 LMRI 的研究模式，即邀请业内专家一起工作。相对于那种利用科学实验基金并询问谁可以用这笔钱的标准模式，这是一个完美可行的替代方案。

虽然整个小组已经习惯了洛伊们的亲力亲为和对每一个人的追踪，但他们还是花了更长的时间来适应用强硬的家族式业务处理方式对待科学研究。科学家们习惯于在获得资金后掌控研究进程，但在 LMRI 的模式里，研究员们的研究成果一般最多只能原地停留六个月，如果再没有进展，项目团队很快便会采取新的措施。对弗兰克和史蒂文来说，这个过程不受财务的约束，而是出于感知的需求。"我们经常被告知对这些科学家太随意，因为在其他地方经费都受到严格限制，而且总是不够。"弗兰克说道。最初该项目每年的花费在 400 万~500 万澳元，但项目花销很快便上升了。

开始的几年，研究员们被洛伊父子之间的相处模式深深地吸引。

史蒂文所处的位置左右为难：他不仅是这个项目存在的原因，同时也在共同参与运营着这个项目。虽然他通常的行事方法是小心谨慎，但他父亲却非常急切，甚至可能会鲁莽行事。一旦弗兰克做出决定，他就很难被制止。在外人面前，他俩之间的沟通也会比较激烈，几分钟后又恢复常态，彼此关爱，好像之前什么都没有发生过。人们惊奇地看着，不知道这就是他们家族解决商业问题的常规方式。一个问题需要解决，如果解决了，他们就认为这是个成功的决定。一位观察者说，弗兰克和史蒂文有时就像一对老夫妻，经常斗嘴却不可分离。

但是这个家族正在承受着压力。史蒂文长时间在西田工作，虽然他知道精神疲劳会影响他的视力，但他不能放松。朱迪觉得到了需要更多人支援的时候了，便叫来戴维。"我们需要一个新的方法。"朱迪向他描述了大家正与日俱增的挫折感，"史蒂文和你父亲都在情感上投入了太多，一个中立者的客观视角会对他们有所帮助，即三个人的辩论会比两个人的争吵更有利"。朱迪的请求也使戴维了解了情况并感觉到压力，他一直在考虑提供帮助。

正如弗兰克·马丁回忆的，戴维·洛伊希望与他见面。一个星期日的早晨，一艘摆渡船将马丁从玫瑰湾的码头接到了戴维停泊在附近的名为雪莉·安妮（Shirley Anne）的游船上。这两个男人坐在甲板上谈论着这个项目。史蒂文的负担太沉重了，他们需要更多的人来分担。戴维想参与，但他必须先赶上进度。"他很快便跟上了。"马丁说。

"想到自己的弟弟可能会失去视力，这是很可怕的，我想尽我所能去帮助他。不管要付出什么或花费多少金钱，史蒂文的健康是我们最重要的事。"戴维说道。他立刻参与到这个项目中，阅读所有他可以读的资料并开始参加科研会议。他加入了史蒂文和弗兰克的核心团队，并且全身心地投入其中。"他有着创新的思维，努力地推进。他带来了新的活力。"弗兰克说。一个星期中,戴维、史蒂文和弗兰克总会共进几次午餐。这时,黄斑旁中心凹毛细血管扩张症项目会是他们主要的话题。彼得从洛杉矶给予支持,但因为相距太远他只能留在外围。

  与此同时,史蒂文依然生活在与疾病做斗争的现实中。尽管他的视力并没有退化到影响日常生活的地步,但也有看东西模糊不清而感到烦恼的时候。2007年11月,他经历了一次尴尬地面对公众的时刻。作为新南威尔士州艺术馆的馆长,他要在西德尼·诺兰(Sidney Nolan)画作展览会的开幕式上向一千名观众致辞。在忙碌了一整天后,他冲进画廊并拿到了演讲稿。"我通读了几遍觉得没有问题,我可以做到。但我有点疲惫,所以对那些语句并没有直观的感觉。在台上演讲的时候,当我抬头向人群看去时,一束光线掠过了我的眼睛并且使我的中心视力暂时性失明。当我再次看回演讲稿时,所有文字都看不见了。虽然这大概只持续了15~30秒,但我感觉好像永久失明了。我试着即兴发挥一下,但犯了几个错误。没有人说我搞砸了,但我感到特别难堪。从那之后,我开始准备得尽可能充分一些,并且将我的演讲词用粗体字印在灰色的纸上。"3年后,他开始使用苹果的平板电脑来做这类事情,它背面的照明非常适合史蒂文。

  听说这件事后,弗兰克更加不遗余力地为史蒂文寻求治疗方法。当科学家们试图向他解释对于进度的各种不同的测量方法时,弗兰克理解了为什么会这么慢,但这并没有给他带来安慰。史蒂文的视力也许能在多年内保持稳定,但也可能在没有预兆的情况下恶化。

  在吉利斯第一次给出预测时,主流的观点认为史蒂文可能会在接下来的5~10年里法定失明。现在稍微乐观一些,大部分人认为史蒂文法定失明的时间在未来10~20年。和完全失明的一个显著区别是,法定失明的盲人戴着眼镜时可以在视力表上看到第一行字。视力受到严重限制的人也可以被认定为法定失明，史蒂文并没有出现这个问题。

自从第一次预测以来，黄斑旁中心凹毛细血管扩张症在认知上已从稀有变成了少见。随着新的诊断工具被广泛使用，黄斑旁中心凹毛细血管扩张症的患者开始偶尔出现。患病人数不断增加，显然许多患者都曾被误诊为其他视网膜疾病。

那时已经到了 2009 年，该项目的研究正迈向它的第五个年头，并且处于低潮期。在商业上，弗兰克总会说交易都是有机的，即它们有自己的生命，这样的敏感性很重要。道理同样适用于研究活动，他看到随着项目成本的增加，研究却处于停滞状态。

弗兰克认为民主有它的局限性，并且私下里开始重组团队。澳大利亚的团队管理着全球 30 个研究中心，并且还有源自英国和美国的学术监督，结构上的调整已经势在必行。该项目缺少一个总协调员来掌控全局。弗兰克想要一个人进行全权指挥。

在接下来的科研会议上，一个碰巧在场的视网膜领域的顾问给他留下了深刻的印象。弗兰克希望他作为全职协调员加入团队，但其他人并不认同。此时弗兰克插了进来，"大多数人的看法并不总是正确的，并且我也不会放弃我的想法。我要不屈不挠地向前迈进。尽管大家消极地抵抗着我雇用的这个男人，但我不会打消支持他的念头。我强迫他加入，尽管他只在那个位置上停留了 9 个月左右，但他是改变项目结构的催化剂"。回到澳大利亚，项目的控制权也从斯蒂芬·约翰斯手上转移到 LFG，那里有戴维的整个办公室作为坚强后盾。

在好几个场合都有人表达了黄斑旁中心凹毛细血管扩张症这个项目模式的独特性，并提出可以将它设定为医学研究的一个新模板。他们试图鼓励洛伊们在公开场合谈论它，希望由此引发针对慈善事业及创新的研究模式的公开讨论。那时，这家人并不热衷于这样的曝光。

该项目的 5 周年纪念日悄无声息地过去了。这家人别无选择，只能继续走下去。然而为了更好地了解这个令人困惑的疾病，项目开始提供慷慨的资助，希望其他科学家也能够加入并带来全新的思维。

由于他对项目结构仍然不满意，弗兰克开始致力于一个新的想法。虽然一个虚拟研究院有它的优点，但目前项目最需要的是一个实体研究基地，一个由砖瓦砌成的总部。项目还需要一个能为其成功负责的人。他希望马蒂·弗里德兰德成为这个全职的首席执行官，与手下的几个研究员一起运营该项目，并且也询问了弗里德兰德是否愿意考虑。弗里德兰德的反应并不是特别热情，但也答应会考虑一下。

他也向弗兰克承诺会对结构重组的问题保密。之后不久，他们达成了共识并提出一个计划，这个计划就将被提交项目团队讨论，但弗兰克希望在辩论之前任何人不得走漏风声。"我知道有很多问题，我想一直保密到弗里德兰德也认为可行为止。如果他同意了，那么改变就能被具体地辩论，而不再抽象。"弗兰克说道。虽然史蒂文和戴维知道这件事，但他们也被要求直至计划完全成形不要参与进来。

与重组无关的是，伯德和弗里德兰德在洛杉矶会见了史蒂文。他们希望讨论一个新的想法。一家生物科技公司开发了一种可以植入眼球的微型装置，这其中包含一种永生细胞，它能产生一种看上去能够捕捉或减缓视网膜神经细胞退化的蛋白质。由于黄斑旁中心凹毛细血管扩张症会导致这些神经细胞死亡，也许该装置能够对这种眼疾起到作用。

虽然该装置已经通过了 200 多名患有其他视网膜眼疾的病人的安全测试，现在必须进行特别针对黄斑旁中心凹毛细血管扩张症的新的实验。找到 7 名愿意将此装置植入患病眼球中 1 年的志愿者并不困难。

史蒂文这时并没有考虑加入，因为他的两只眼睛还没有坏到那个程度。但很快他改变了主意。他的眼睛每6个月都要进行一次测试，每次的结果都有证据显示他的视力正在逐渐退化——并且没有任何办法控制，这样的退化速度让他感到紧张。他可以选择让自己的视觉逐渐消退，也可以使用这个装置，这样或许对他会有帮助或损害，或许没有任何效果。

这是一个痛苦的决定，全家人广泛征求意见。对于出席一场关于自己命运的讨论，平时自律并且言行谨慎的史蒂文感到异常地不安和紧张。最终，专家们达成了一个共识：他应该将这个装置安在较差的眼睛里，以免危及较好的那只。接着意见又改变了：因为他需要拯救较好的那只眼睛，所以这个装置应该安放在健康的眼睛里。

史蒂文不知所措。"整件事情就像在我心里掀起了一场暴风雨般的冲击。"他说，"父亲和戴维努力鼓励我接受。朱迪在听了一名顾问的分析后非常害怕，也变得更加保守。我真的感觉自己处在一个两难境地。最终所有人都告诉我要把握住机会，所以我决定赌一把。我会把它放入我较好的眼睛里。但当我做了这个决定，我对此害怕了。"

2012年6月，洛伊家族的小队人马抵达了美国亚特兰大，在那里该装置将被植入史蒂文的眼睛。一如往常，朱迪陪着史蒂文，雪莉陪着弗兰克，彼得也来了。"对他们来说，这肯定也是刻骨铭心的痛心事，但这也显示出了家庭对我强有力的支持。"史蒂文说道。此时他充满了预期中的恐惧，以致到达酒店的那一刻，他便冲进浴室呕吐。

埃默里医院（Emory Hospital）的手术进程虽然令人担忧，却很成功。手术结束后，史蒂文和朱迪决定飞回家，而不是待在酒店房间里。"我记得自己坐在澳大利亚航空公司的休息室里，较好的眼睛贴着眼罩，较差的另一只眼睛看得不太清楚。这是我第一次体会到较差那只眼睛的严重情况，还有未来我可能将面临的是什么。"

参加安全测试植入的志愿者都没有出现任何副作用，过了一段时间之后，有些人甚至可以看到视力表最底下一行的几个字母。史蒂文同样没有发现任何副作用，眼睛测试的结果也越来越好。他不知道这是真正的改善，还是因为自己对这项测试越发熟悉的结果。

这一系列事情发生的同时，弗兰克和弗里德兰德正在为此项目开发一个新的组织结构。2012 年 7 月，"伊洛娜号"（弗兰克以他母亲的名字命名的游船）停泊在了伦敦的金丝雀码头。它将是弗兰克在奥运会期间的商业及招待基地。此时也在伦敦的弗里德兰德花了大量时间在船上敲定新计划。LMRI 的总部也将被建立在斯克里普斯学院的实验室旁边。虽然在他的校园里，但这个项目是完全独立的，弗里德兰德可以维持自己日常的工作，同时每个星期至少耗费一整天时间来专注于该项目的运营。

这个新模式可以优化组织结构，也可以像弗兰克期许的那样，进一步强化其关注点。史蒂文和戴维都同意这个调整是必要的，但质疑怎么样的改变才能保留现有组织里所有积极的东西。紧随其后的是一段动荡的家庭决策时期：虽然做了些许让步，弗兰克最终获胜了。

到了 9 月，弗兰克与主要的参与者坐下来娓娓而谈，并宣布他想加快进程。西田的一大优势就是它总能够在没有提前通知的情况下将决策者们聚在一起，快速行动。现在他希望这个研究机构也能够做同样的事情。他希望它的任何突破性发现都是清晰的，而不会纠缠在一堆混乱的程序里。他希望这些工作台上的进展都能快速地被运用到临床上。2013 年，位于美国加州拉霍亚的 LMRI 敞开了它的大门。

这个时候，该项目在视网膜医学界已占有一席之地。把这种眼疾的医学范畴从血管疾病改变到神经疾病这个过程一共花费了 6 年时间。经历同样改变的还有糖尿病视网膜病变，但这个转变过程却用了60年的时间。尽管这两种疾病被研究人员通过不同的途径在几乎同一时间得出相同的结论，但伯德认为黄斑旁中心凹毛细血管扩张症的研究过程是对糖尿病研究的一个极大的推动。鉴于世界上大约有3.5亿人患有糖尿病，这一小领域的研究能够产生相当大的影响。

同时，实验室研究表明，该装置所产生的蛋白质能使神经末梢再次生长，这能否在人体上复制还是未知数。在随后的一两次临床试验中，伯德说道："甚至还有一点能够改善视力的机会。那些视力近乎为零的患者似乎在治疗后也有了一些恢复。他们开始能够看到字母的边角。我们很想相信他们的眼睛正在改善，但总害怕是自己过于乐观。"安全测试完成了以后，他们的下一个实验便是测试其疗效。这将是一个围绕68名患者的为期两年的过程。这是一次重大的升级，这家人依然不惜血本。"这笔钱还会用在什么地方？"彼得问。

直到2014年，史蒂文较好的那只眼睛的恶化速度明显缓慢了下来，并且他正在考虑将该装置植入那只不好的眼睛。这种改善是否能够自然发生依然未知，但他认为这是个好的决定。他并没有任何损失，甚至可能从中受益。仅有的两个缺点是他因为担心植入物移位而不敢揉眼睛，以及踢足球时必须带上护目镜。

即使最糟糕的情况——史蒂文成了法定盲人真的发生了，伯德相信他依旧可以胜任他的工作。由于周边视力还正常，所以他可以在科技和人力的帮助下继续高效工作。到了2014年，苹果的平板电脑、电子阅读器及大屏幕的智能手机等科技新产品都能够满足他的需求。如果需要看分类账上的小号印刷字体，他可以利用高倍的电子放大镜或是手机上的某个应用程序。在犹太教堂里，他用的是他的拉比（犹太教士）赠予他的大字版祈祷书。

他家附近的大多数人都不知道史蒂文的病情，他从未以此给家人造成压力。他的孩子从他身上发现情况有些不对。他喜欢与最小的儿子乔纳一起玩板球，当球向他飞过来时，他经常无法抓住。"我猜乔纳可能认为我笨手笨脚。"史蒂文说。

　　他的大儿子乔希可以看出史蒂文在视觉上有些困扰。"我不会让他置身于觉得困难的情境，比如说让他阅读我手机上的小文字。"乔希说，"我知道他不喜欢别人看到他在视力方面的挣扎状态，所以如果我在，我就会设法用巧妙的方式去帮助他。有一次我们在旧金山的西田实验室，我知道下一个演讲将会使用白色文字、红色背景的呈现方式，这样会导致他无法在屏幕上顺畅阅读，所以我事先将演讲稿用白纸黑字打印出来，也没有做任何解释地递给了他。即便如此，这个话题并非一个完全不能提及的禁忌。我们也谈论它，我个人是不会因为尚未发生的事情而感到恐惧的。"

　　虽然最终目标是能够尽早识别这种疾病并延缓恶化速度，但洛伊家族的目的却是控制史蒂文的眼疾和修复已经存在的一些损害。到了2014年，洛伊家族已经在该项目上花费超过了5000万澳元，并预计还将花费更大的数目。"我们已经准备好了。"弗兰克说。史蒂文对这一大笔支出感到不安，但这份焦虑也逐渐被缓解，因为他知道虽然项目是以他为焦点的，但它会使更多的患者受益。一种疾病的研究常常会有助于另一种疾病的研究，史蒂文希望这个涟漪效应可以延续下去。史蒂文和他父亲都没有忘记之前的预测：他们可能要在15年后才能知道自己是否是在执行一项富有成效的任务，距离当初设定的时间还有5年。

第 12 章
"我该送什么样的礼物"

2003 年，当弗兰克·洛伊着手创办了一个智库时，他的朋友们都感到困惑。虽然他们不太清楚那是什么，但是听说这是他花了 3000 万澳元创办的，是送给国家的礼物。弗兰克解释说，智库就是一座"思想工厂"。这个特定的工厂专注于研究外交政策，旨在加强澳大利亚的声音，使其在世界舞台上能够被更好地听到。这个智库还将为人们提供一个在国内就能够更好地了解世界问题的论坛。

朋友们仍然觉得困惑。为什么像他这样的商人会关心地缘政治？弗兰克表示，他的早年岁月完全是被几个国家的外交政策所主导的。童年时期，国界变化如此频繁，以至他的小镇一会儿属于捷克斯洛伐克，一会儿属于匈牙利，一会儿又属于斯洛伐克，每一次变化都影响着当地的居民。自他们一家搬到了布达佩斯，他感受到了德国极端残酷的外交政策的冲击。1944 年，纳粹占领了这座城市，带走了雨果，给洛伊家族的剩余成员带来了安全感消失殆尽的恐惧。

然而，在被占领的布达佩斯生活时，瑞士大使馆提供了允许弗兰克和他母亲进入受保护的房子居住的文件，这也使弗兰克感受到了外交政策的亲和效应。这与瑞典外交官及商人拉乌尔·沃伦伯格（Raoul Wallenberg）所提供的保护相似。作为瑞典驻布达佩斯的外交特使，他通过向难民提供保护性护照拯救了成千上万的犹太人。犹太人在街上被追捕，这些文件帮助他们存活直至苏联军队的到来。到14岁时，弗兰克的人生就已受到了5个国家外交政策的影响。

战争结束后，当他离开欧洲并试图偷渡到巴勒斯坦时，弗兰克·洛伊受到了英国外交政策的影响。英国海军拦截了这艘摇晃的小船，把船上的所有难民都送到了塞浦路斯并做了安置。英国人表现得较为人道，几个月后便将营地里包括弗兰克在内的年轻男子作为部分犹太应征者送到了巴勒斯坦。

在他抵达中东的一年后，联合国通过"巴以分治"决议，弗兰克又在最大程度上感受到了全球政治的影响。经过各国代表对这一议题的公开辩论，投票过程在世界各地进行了实况转播。最后33个国家投票支持分治，13个反对，10个弃权。

这是弗兰克终生不会忘记的有关国际政治的一课。当时居住在巴勒斯坦的60万犹太人欣喜若狂，但140万阿拉伯人却心情沮丧。对他们来说，这是一场浩劫（al nakba），亦是大灾难的开始，成千上万的人即将失去他们的土地与家园，他们并不想被隔离。他们觉得分治是不公平的，而且阿拉伯人不该是纳粹大规模屠杀犹太人的牺牲品。战争爆发了，弗兰克应征入伍为建立犹太国家而战斗。此前一直饱受其他国家政策打击的他现在终于可以穿起制服，为自己的民族而战。当多支阿拉伯军队联手对抗以色列时，他感到了强烈的使命感，部队里其他的难民孩子也是一样。

与弗兰克并肩作战的是他的朋友约纳·萨默菲尔德（Yona

Sommerfeld）。萨默菲尔德记得当自己卧在岩石后面向 1500 米以外的敌人射击时，旁边的士兵拉了他的手臂。他回头看见一个小男孩正在哭泣。"怎么了？射啊！"萨默菲尔德用希伯来语大声叫着。"我不知道怎么用，我不知道怎么用……"男孩用意第绪语抽泣着回答，并称自己两天前刚从一艘难民船上下来，以前从来没有使用过枪支。"所以在交火的间隙，我用意第绪语一步一步教这个男孩如何射击。"萨默菲尔德说道，"随后他因为自己可以射击而异常兴奋，甚至当停止射击的命令下达以后，他还不肯停手！指挥员用希伯来语、意第绪语、波兰语、俄语和捷克语持续命令他停火，然而他继续射击。"

第二次世界大战结束后，弗兰克准备留在以色列和大家一起建设这个年轻的国家，但能与在澳大利亚幸存的家人团聚的吸引力更大，而且澳大利亚宽容的难民政策意味着他会像他的家人一样受到欢迎。

半个世纪后，他反思是什么造就了他人生中的悲情事件并探究了它们背后的成因，之后产生了一种冲动：建立一个专门的能够促进开明外交政策的机构。

1999 年，新南威尔士大学授予了弗兰克荣誉博士学位。在为授予仪式专门举办的午餐会上，他发表了关于"人口对于支撑社会繁荣的作用"的演讲。通过国际比较和经济理论的应用，他以澳大利亚的这个令人信服的案例诠释了更为开放的移民政策的作用。在之前的几年里，这个问题曾因为有争议的政治家保利娜·汉森（Pauline Hanson）的观点而引起骚动，她公开强烈反对亚洲人入籍，呼吁保持这个社会最原始的属性。站在对立面的弗兰克认为，更开放的移民政策才能确保澳大利亚在 21 世纪的持续发展。他的演讲成为举国上下热议的话题，弗兰克决定趁势成立一个鼓励移民的政策研究所。

正当筹备研究所的工作紧锣密鼓进行的时候，关于难民及边境保护的新一轮争议却传遍了整个澳大利亚。2001年10月，作为竞选活动的一部分，自由党－民族党联盟为了煽动对难民的敌意，声称有证据表明，在澳大利亚海岸的非法船只上的难民曾将自己的孩子丢下船。虽然这不是事实，却可以被利用来增加选民对于人口走私、非法移民及当时已经在民意调查中支持率堪忧的执政当局的恐惧，并且该联盟也如愿在此后一个月的选举中获胜。选举过后，移民问题被进一步政治化，弗兰克决定搁置成立人口研究所的计划。

可是2002年1月将迎来他抵达澳大利亚的50周年纪念日，弗兰克希望可以对这个接纳了他，给予他机会并使他一直心存感激的国家有所表示。应该送一份什么样的礼物呢？为一个朋友选择礼物已经够困难了，更何况是一个国家？他、洛伊家族和西田基金会已经捐赠了许多大楼、礼堂、研究基金及奖学金。弗兰克·洛伊想要为国家做一件不一样的事情，即使在他过世后还能一直延续贡献。为国家能留下一个智库作为自己的遗产将是一个不错的选择。

在过去的20年里，弗兰克在国外度过了自己1/3的商业生涯，所以他知道面向世界的价值。虽然他鼓励自己的儿子和高管人员都要接触世界，但他也希望海外的澳大利亚人能够更加重视自身的价值。弗兰克当时说道："当我在海外看报纸的时候，有时我发现提及澳大利亚的文字仅限于鲨鱼袭击、丛林火灾或是网球。澳大利亚被视为一个小国并在地理上被孤立的地方，坦率地说，我觉得这有些居高临下。澳大利亚人在许多方面与众不同。"他认为澳大利亚对国际社会做出了巨大贡献，并且其位于亚太地区的地理位置就是优势之一，能够为任何国际思想交流带来一种独特的视野。现在是时候抛开地理阻隔这个陈旧的观念并开始挖掘其作为近邻的潜力了。所谓的"亚洲世纪"

正在迎面走来。在未来的十年中，澳大利亚的邻居们将引领全球政治格局的变化。

在美国与来自世界各地的高管们一起工作，弗兰克经常会说如果以同样的标准衡量，澳大利亚人是最有成就的。但是他问道，为什么澳大利亚在国际舞台上没有得到应有的认可呢？为什么它的关于国际问题的声音没有被听到？这些想法一直徘徊在他的脑海里，他的儿子彼得建议探寻这些问题的答案。

彼得在洛杉矶生活了大约15年，是美国政治的热心追随者。他对于民主党的参与越来越深入，对政策也越来越感兴趣，为此在华盛顿度过了不少时间。智库的总部通常设在一个国家的首都，华盛顿也不例外。一位报刊专栏作家曾评论说，华盛顿的智库"堪比别的城市的消防站"。

华盛顿是美国约五分之一的智库所在地。彼得曾访问过一两所，并对它们制定政策的能力非常感兴趣，这些政策往往会改变数百万人的日常生活。

人们对于西方智库的起源有着不同的观点。有人说它起源于19世纪30年代初期的英国，惠灵顿公爵当时想要做一些国防和安保的研究，因此成立了皇家联合服务研究所（Royal United Service Institute）。也有观点认为，智库从本质上来说是美国20世纪初的一个发明，罗伯特·布鲁金斯（Robert Brookings）等人组建了一所私立学会，仔细审查公共政策并对其进行客观的分析。第二次世界大战后，更多的智库以各种形式出现了。虽然澳大利亚早在1924年就出现了第一家智库，而且它们以各种形式存在，这其中也包括最早的澳大利亚国际事务研究所（Australian Institute of International Affairs），但这些大大小小的智库并没有很亮眼的公众形象。

一天晚上，在弗兰克和彼得·洛伊飞往华盛顿的途中，他们的对话内容转向了遗产的问题。彼得解释说，在美国，拥有巨额财富的人会创立智库来促进公共政策的讨论。他建议父亲如果想要做出持久的贡献，他就应该像美国的商界巨子那样建立一个国际智库，但基地要设在澳大利亚。

经过了晚餐时的长谈，弗兰克开始确信智库会是献给国家的一个完美和永恒的礼物。这可以包括他原来设想的人口研究所的各个层面，而且范围更广。他看不出澳大利亚为什么不可以像世界上任何其他国家那样产生一流的思想。想要澳大利亚的声音更容易被全世界听到，这个国家就必须传达更强有力的思想。一个专业智库提出的卓越的学术观点可以赋予这个声音更大的力量。

这种机构在知识与权力之间搭建的桥梁作用也在吸引着弗兰克。智库存在于大学和政府之间的中间地带，从两个方面着手并以学术的力量建立公共政策。智库的存在范围很广。从微观的方面讲，它们表现为重要公共问题的研究中心，但实际上却是自主的空谈俱乐部，推销其赞助人的利益。从宏观的方面讲，它们是杰出的研究机构，提供智力资源来推动那些影响千百万人生活的政策趋于完善。很显然，弗兰克对宏观层面更感兴趣，但他的计划能否在澳大利亚执行还需探讨。

回到悉尼后，弗兰克·洛伊与他的顾问马克·瑞安（Mark Ryan）探讨了这个想法。作为西田的董事，瑞安的办公室与弗兰克的办公室仅有4门之隔。这俩人每天都在辩论问题。由于瑞安拥有新闻记者的背景和长达十年的从政经历，包括曾经有一段时间担任前总理保罗·基廷（Paul Keating）的高级政治顾问，所以他能够提出其他人或许不敢提的意见。他知道弗兰克不会容忍那些考虑不周的妥协，而且需要经受挑战。

瑞安听了这个想法后非常欣喜,并着手寻找可以做可行性研究的人员。他致电迈克尔·富利洛夫(Michael Fullilove)——一位也曾在基廷总理办公室里工作的罗德学者(Rhodes Scholar)。巧合的是,富利洛夫也在到处散播着自己想建立一个小型智库的想法,他甚至已经构想了一个由三人组成的灵活的、充满活力且反应迅速的智囊团。弗兰克的想法更加宏大,很快他们便举行了一次会议。在会上,富利洛夫阐述了智库的独特文化。他所描述的智库需要有大学那样的深度、新闻编辑室的速度、部长办公室的政策常识和企业那样的业务效率。空气中弥漫着兴奋的气息,富利洛夫被委派探讨其中的各种可能。

2002年8月,在采访了24位澳大利亚及海外的专家之后,富利洛夫的报告已准备就绪。当时人们对于国内三大智库——公共事务研究所、独立研究中心及澳大利亚研究所的认知还非常有限。澳大利亚并没有具有国际影响力的外交政策智库,虽然有一些组织已经开始观察澳大利亚与其所在的亚太地区的关系,却还没有人着手分析澳大利亚与世界的关系。

这个国家的知识表层被薄薄地涂抹在报纸与学者之间。[这是来自1957年诺贝尔文学奖获得者、澳大利亚小说家帕特里克·怀特(Patrick White)的讥讽,他曾描述澳大利亚是一个"由记者和校长统治着知识"的地方。]在那些既要天马行空的创造性思维又要脚踏实地的人中间,没有可供活动的中间地带。富利洛夫看到了为自己的国家建立第一个世界级的、无党派的外交政策智库的机会,它将具有把澳大利亚带入国际主流智库、制定实际可行的政策选项和教育新一代领导人的潜力。

这一切听起来很完美。想法付诸行动总是有成本也有风险的,但是如果有效,它将是赠予国家的一份可以持续做出贡献的礼物。因为这个领域里没有别人这样做，它可以拥有整个市场并形成一个鲜明的属于澳大利亚的世界观，同时也有关于政治方面言辞尖锐的警告。不过，这样一个智库也需要保护自己不会成为国内政治议程的工具。

弗兰克与一些备选的参与者交流了意见，其中包括 BT（英国电信）澳大利亚的前主管兼西田资深董事罗布·弗格森（Rob Ferguson）。他还征求了自己所在的董事会同僚、时任澳大利亚储备银行行长的伊恩·麦克法兰（Ian Marfarlane）的意见，并请教了澳大利亚战略政策研究所（ASPI）主席罗伯特·奥尼尔（Robert O'Neill）教授，他也是安全与战略研究领域的世界级专家。大家普遍的共识是"前进"。

富利洛夫在弗兰克格外忙碌的时期提交了一份报告，因此他预计这需要些时日才能等到回复。但是第二天一早，弗兰克便打通他的手机："迈克尔，我一夜没睡读完了你的报告，我想马上行动起来。过来我们谈谈下一步要做什么。"

弗兰克憧憬着自己在比较悠闲的日子里，在智库里待上好几个小时，见证着新的知识图景在自己眼前开启。这时的弗兰克不知道他必须严格约束自己，因为他将被要求完全置身于和奖学金有关的所有事宜之外。当然他会亲自决定自己的这家"思想工厂"的规划、构架、执行和推广，但是关于问题的选择、探讨的方式及得出的结论必须取决于专业人士。

在西田存在的头 20 年里，弗兰克或桑德斯亲自签署了每一张支票，甚至清楚每一个纸夹的价格。弗兰克经常说，没有任何一个细节会比另一个细节更重要。在他后来的岁月里，公司的全球性战略渐渐占据了他的全部时间，但只要碰到需要克服的障碍，他还是事无巨细地参与其中。他从对细节的关注和对大局的掌控中获得了几乎同样程度的快乐，他支持业主享有企业所有权这一观点。就这个智库来说，因为是他自己掏钱，所以在他的预期里，自己至少应该有些发言权。大家向他解释了为什么独立性对于智库的成功至关重要，为什么他不该在知识领域拥有发言权，他倾听这些意见后放弃了自己最初的想法。

弗兰克在20世纪80年代时也受到过同样的限制。当时，他的电视网络有一个时事节目，他被告知对此不能有任何干预，即使要播报反对以色列的内容。不管这对弗兰克会构成多么大的痛苦，电视公司必须有权这样做。"我的词典里没有'不干涉'这个词。"弗兰克说。在该节目计划对亚西尔·阿拉法特（Yasser Arafat）进行对其有利的采访时，为了让此采访播出，弗兰克努力与自己的内心抗争，播出的时候他几乎不敢看。

然而，主席却有权期望节目获得好评并调查为何有时结果不尽如人意。智库的情况也一样。董事会不能干预，却可以期盼成功。虽然关于如何鉴定成功的辩论还在进行中，但弗兰克却明确地指出了他的目标：他的跨党派研究所应该成为全世界最好的智库之一。

2002年9月，弗兰克向全澳大利亚宣告了他的礼物。"1952年，我带着一个小手提箱抵达这里。这个国家给了我如此之多，我希望能回馈一些真正有价值的东西。"他告诉《澳大利亚金融评论报》。2002年，他已是这个国家薪资最高的首席执行官，加上奖金其薪酬预计高于1100万澳元。他将会把这一年的薪酬作为这件礼物的启动资金。

与此同时，他还需要做出许多决定，首当其冲的就是如何称呼智库。弗兰克偏爱用严肃的通用名称，并且可以简化成容易记忆的首字母缩略词，以强调其独立性。但他最终被说服了，并承认这样的名称会被淹没在一堆相似的智库缩写名里。而另一方面，他的姓氏已经成了一个品牌，这是独一无二的，如果以此命名可以使人们觉得这个机构与澳大利亚商界的伟大品牌有天然的联系。这样的名字就像美国的类似机构一样，比如卡内基国际和平基金会及华盛顿的布鲁金斯学会。

他认同了洛伊国际政策研究所（Lowy Institute for International Policy）这个名称，一般被简称为洛伊研究所。它将尝试探讨国家层面的议题，促使人们对此进行思考并制定有效的政策。但有多少人会倾听呢？智库的传统受众是有见地的知识分子，这一群体大约只占澳大利亚总人口的5%。

弗兰克将研究所建在他的家乡悉尼，也是澳大利亚在国际上最知名的城市，这是他扩大这个新生的智库的受众群的方法之一，也是最简单有效的方法。作为国家的商业首都，悉尼也可以吸引大量有兴趣的商界人士，以及那些想要寻求另一个观察世界的视角，建立社交关系和对国际事务好奇的人士。也许，还会有海外的商业同行渴望了解外交政策对于他们在澳大利亚从事贸易活动的影响。他可以预见研究所将成为一个非常必要的商业场所，在此可以推广它的见解与主张，或支持那些未能在别处进行的研究和对研究所有利的研究。

扩大受众群的另一个方法，是与大量居住在海外的澳大利亚公民接触。他们对祖国有着极大的善意，却没有这种思想交流平台可以用来表达自我。实际上在运作的第二年，洛伊研究所便出版了一份关于"澳大利亚人的世界网络"的报告，描述了他们被低估和未曾被充分利用的资源。在任何时候，100万澳大利亚人选择在海外生活或旅游，都不是因为冲突或是经济衰退，而是冒险精神使然。

下一个辩论议题关系到此研究所的基地。有人说它并不需要一个标志性的建筑，它的重点在于思想，就好像学者们不需要被安置在一座宏伟的大厦里一样，只要有一个装有电脑和办公桌椅的仓库就可以了，节省下来的钱可以用在研究这一核心业务上。也有人说外表很重要，它的建筑应该是一个能够体现出研究所的所有特点，并能随着时间的推移成为其象征的基地。

弗兰克征求了马丁·因迪克（Martin Indyk）的建议。他是一名澳大利亚商人，曾创立了华盛顿近东政策研究所，并且对美国智库的具体情况非常熟悉。他当时刚完成了美国驻以色列大使的第二次任期，因此对外交界十分熟悉。"马丁告诉我，我们需要的是一个有着较高声望的建筑，最好使用木质的室内装饰，表达出属地感。它应该能够感受历史，矗立在中央商务区，并且要足够宏伟，带给任何走进来的人瞬间的强大冲击和震撼。"其他人都一致同意要成为一个具有影响力的外交政策智库，而且看起来就要像那么回事。弗兰克也不希望在城里某个不太兴旺的角落的小仓库里接见来访的总理和大使们。

一个星期五的下午，布莱街（Bligh Street）31号的一座位于城市商业区的典型砂岩建筑意外地出现在交易市场上。弗兰克迅速地冲过去查看，并且在星期一就买下了它。"它完全符合马丁的描述，也正是我想象中的建筑。"他说。这座建筑进入了国家基金会的分类库，并在文化遗产保护条例下被列为永久的保护性建筑，它瞬间就为研究所增添了一份庄严气息。它始建于1886年，是这块殖民地历史上最杰出的一位建筑师为新南威尔士俱乐部建造的。里面设有几间宽敞的大房间，是举办晚宴和会议的理想场所。尽管在20世纪70年代，它经历过一次获得澳大利亚皇家建筑师协会建筑奖的重建，但它仍然需要根据研究所的需求进行一些改造，最终的结果就是要使这座华丽建筑产生持续的影响力。一位负责协助研究工作并执行其他任务的实习生乔纳森·卢斯特豪斯（Jonathan Lusthaus）最早来到时曾说，每天只要一看到这栋建筑就会马上精神振奋。实习生没有酬劳，但在这样的环境中工作所得到的那份发自内心的快乐就已经足够了。

洛伊研究所的核心业务是通过初始的研究来提出或影响政策。它的思想家们发表文章，在报纸上撰写评论，在所有媒体平台上发表对于地缘政治事件的看法，维护博客，进行演讲，举行公开论坛，与政府开展谈话，并在国际会议上为澳大利亚发声。当外国客人终于摆脱悉尼拥挤不堪的交通而进入研究所安静的室内时，他们就会感到自己已经到达了能寻找到答案的目的地。

弗兰克·洛伊是在世纪之交国际格局发生重大变化的初期建立了澳大利亚的第一个独立的外交政策智库，大部分变革恰巧发生在澳大利亚所在的亚太地区。中国正在强势崛起，成为一个世界强国，并成为澳大利亚最主要的贸易伙伴，澳大利亚最大的商业合作伙伴首次不再是属于其同一安全联盟的成员。激进的宗教主义日益明显，人们对于伊朗、印度及巴基斯坦的核武器问题都有所担忧，因为它们任何一个都会影响整个地区。当时阿富汗和伊拉克正爆发战争，并且看不到任何解决方案。

洛伊研究所于2003年4月开业，也就是美英等国入侵伊拉克后的一个月。英美两国主导的这一行动立即将澳大利亚的外交政策复杂化。在20世纪，澳大利亚一直秉持着首先忠于与英国的联盟，其次是美国，两者都一致地尽可能维护现有秩序。但是到了21世纪初，当伊拉克的问题变得失控之后，公众开始对之前无可争议的美澳联盟表示质疑。澳大利亚出现了一种新的紧张气氛，它该支持一个强大的长期盟友，还是维护它的自主权？同时，澳大利亚还需要对中国作为一个地区力量的崛起的重要性做出评估并对外交政策进行相应的调整。

虽然弗兰克对于研究所做出的最显然的贡献是在资金方面，但他给予的不仅仅是金钱。他所吸引的董事会成员都是在各自领域内最杰出的人士，不然他们就没有机会加入，阵容异常强大。最开始的瑞安在建设研究所时发挥了关键的作用，麦克法兰和弗格森稍后也加入了,紧跟着的是在布鲁金斯学会担任高级职位的因迪克。他还邀请伦敦国际战略研究所前理事会主席、牛津大学万灵学院已退休的奇切利(Chichele)战争历史学教授兼研究员罗伯特·奥尼尔加入了这个创始董事会。前澳大利亚驻华大使、澳大利亚国立大学的经济学教授罗斯·加诺特(Ross Garnaut)也受到了邀请。弗兰克担任主席,史蒂文和彼得也都是董事会成员。

借鉴布鲁金斯学会的模式,一个国际咨询委员会成立了。它吸纳了两名前澳大利亚名人:全世界最有影响力的媒体人鲁珀特·默多克,以及世界银行的前行长詹姆斯·沃尔芬森(James Wolfensohn)。其他显赫的人物还包括了出生于澳大利亚的伦敦皇家学会的前主席罗伯特·梅(Robert May)爵士和教授,伦敦国王学院的战争研究学教授劳伦斯·弗里德曼(Lawrence Freedman)爵士,纽约的豪泽基金会主席丽塔·豪泽(Rita Hauser)博士,以及巴基斯坦伊斯兰堡政策研究所所长佩尔瓦伊兹·伊克巴尔·齐玛(Pervaiz Iqbal Cheema)博士。

富利洛夫在他的报告中强调一个智库的最大资产就是它的人员,他们必须招募全世界最顶尖的作家与思想家。但在达成这些目标之前,需要填补执行董事的职位,这个人选至关重要。弗兰克被告知即使其他所有方面都恰到好处,一旦他们选错了执行董事,整个智库就难以取得成功,甚至面临失控的可能。

第 13 章
弗兰克的"思想工厂"

当艾伦·金吉尔（Allan Gyngell）收到弗兰克·洛伊请他来悉尼一起喝咖啡的邀请时，他完全没想到那会是一场面试。艾伦是澳大利亚外交政策界的一位知名人士，1969 年开始为外交事务和贸易部（DFAT）工作，曾连续在数届政府中服务于澳大利亚的海外机构并担任最高职位，他也曾是保罗·基廷总理的主要外交顾问。凭借他无可挑剔的资历和人脉，弗兰克认为金吉尔是研究所最理想的所长人选。

几年后，在庆祝研究所成立 5 周年的午宴上，金吉尔坦陈，当他收到这个职位的邀请时，他只是假装自己清楚智库是什么，并且应该怎样去建立它。"我实际上对此一无所知，但我真的很想要这份工作。在长期从事澳大利亚外交政策工作之后，我确信弗兰克所提议的和澳大利亚所需要做的事情是一致的。我有理由相信，在他人的帮助下，自己无论如何都有能力做好这份工作。"

在当时，弗兰克所许诺的 3000 万澳元据说是这个国家里所有同类组织收到过最大的一笔资助款。他希望该研究所最终能获得足够的尊重及地位，从而赢得更为广泛的支持。

对于弗兰克这样一个急切的人来说，他把钱投入智库这样一台运行缓慢的机器是很难得的。他必须适应知识探索的步伐。上一次他发现自己置身于一个陌生的文化之中，还要追溯到20世纪80年代购买电视网络的时候。在与该网络的高层人士第一次共进午餐期间，他旁听了桌边的闲聊，他的心当时就沉了下来。这和他习惯的那种务实的、以现实为基础的业务讨论截然不同。但这次与金吉尔的会谈不太一样，令他感到安慰的是，因为他这次的投资能够得到控制，所以很期待与大家开诚布公的谈话。

当金吉尔接受了弗兰克的邀请而离开外交这一公共服务业时，他面临的将是一种全新的文化。一开始，他便试图给新老板留下好印象。

成立4个月后的第一次会议，我们讨论了澳大利亚的外交政策及时代的变化并准备将研讨内容发表。记得在会后，我主动找他，因为大多数的学术出版物都需要大约两年时间才能完成，我认为他会在听我说完可以在3个月内出版而被打动。我以为自己多有能耐，但他的脸却拉了下来——他可能在想"我做了什么"，然后他说："艾伦，为什么不在下周就发表一点东西呢？"从那之后，我们加快了做事的速度。

几年后，弗兰克告诉众人，刚认识艾伦的时候，自己唯一的担忧就是他似乎没有足够的冲劲，他给人的感觉是一个老好人。"其实我并不需要担心。"弗兰克说，"没错，他是一个好人，但他也不是一个容易被征服的人。他会以最佳的方式坚持自己的立场——他内心要强并可以在必要时以钢铁般的意志来推动研究所的事业。"弗兰克对金吉尔从长计议的思维印象深刻,他看到的是趋势,而不是一时的新闻头条。他特别钦佩金吉尔能够把智库放在自我意识之上的能力。

金吉尔知道交在自己手上的是一个多么难得的机会,他后来做了如下解释:

> 我们说这是一个独立的、无党派的和以经验驱动的智库,这是事实。我不会在发表任何东西之前先让弗兰克过目,并且我也从不需要事先得到许可或是让他点头认可我们要写的内容……他所希望的是研究所通过高品质的研究及活动不断扩大声誉,只要他认为我们正在向这个方向发展,他便不会干涉。

尽管弗兰克非常自律不去干扰研究活动,但董事会对他来说则是不可抗拒的"大餐"。每个成员都在不同领域有着专长,他渴望与他们探讨。但这些知识带来的惊喜并没有使他偏离正道。他一直想知道研究所是否能做出成绩。它是否有所不同?如果是的话,又体现在哪里?他不断催促大家做出可以实际感受得到的成果。

金吉尔的一个创新举措就是进行年度投票调查,收集澳大利亚人对于广泛的外交政策问题方面的意见。这是第一次有人尝试长期追踪澳大利亚人对于世界的看法。调查结果也将被用来审查政治家们的言论是否与澳大利亚人民的想法步调一致。自2005年第一次发布后,这项调查在澳大利亚及海外都引起了空前的反响。它是公众对于外交政策的看法的最全面的一份调查,结果表明,绝大多数人都认为澳大利亚是"一个良好的国际公民""应对外部威胁的能力比较脆弱",大约2/3的人认为澳大利亚是"一个追随者,而不是领导者"。金吉尔的想法使洛伊研究所的这项调查可以通过记录澳大利亚人每一年的观点来发现态度的转变。

然而，这个首次开展的民意调查并不是没有遭到批评。《澳大利亚人报》的国外版编辑格雷格·谢里登（Greg Sheridan）将其描述为"几乎毫无意义"。他表示该调查只能显示澳大利亚的外交政策学者的狭隘观点，他们必然会以此来附和那些原本就是由他们自己设计的问题。"换句话说，这个调查告诉我们的并非民意，而是智库本身的观点。"尽管洛伊研究所的成立是一件好事，会集了认真尽责的人做着有用的工作，但是谢里登认为它并不能真正为外交政策注入新思想。

谢里登并不是第一个批评该研究所的人。早期，人们因为金吉尔、富利洛夫、瑞安都曾为基廷工作而指责研究所为左派势力，偏向工党。还有人抱怨它是企业利益和犹太人的游说活动的玩物。洛伊研究所不得不努力表明，它并不是作为一个独立的个体发表对世界的看法，它仅仅是提供经过深入研究、不断论证的分析，使人们可以对其做出自我判断。如果当时对于研究所的定位没有过意见分歧，弗兰克真的要担心它到底带来了什么样的影响。

人们都理解研究所得出的每一项成果并不都必须引起多么大的反响。虽然智库在一个有些曲高和寡的领域里运作，但通常它们就是由那些知道如何将理论变成政策的普通聪明人组成的。即便是高水准的智库，也常常只是产生填补空白的素材。政府人员由于每日的事务性工作，长期生活在压力下，没有时间停下来战略性地思考问题。学者们有这个时间，但他们的成果往往更偏理论而脱离实际。智库恰好处在两者之间，它们的研究人员有大量的时间，可以选择与当前政策没有太大关系而与未来政策演变相关的问题。由于许多智库工作人员有政府背景，所以他们了解政策话语体系，并且因为这个领域涉猎者较少，只要符合一定的标准，他们便有权提出任何观点。有时这些素材非常精彩，有时就是一些之前没有人写过的东西，虽然谈不上创新，却填补了某一方面的空白。

在洛伊研究所开幕的时候，澳大利亚境内上已经有一些研究地区政策的组织存在了：已有一定地位的澳大利亚国际事务研究所正鼓励有关国际关系的辩论，刚成立的澳大利亚战略政策研究所（ASPI）也在为澳大利亚的全球战略及国防领导人提供高质量的专家意见。

来洛伊研究所前曾在布鲁金斯学会实习的乔纳森·卢斯特豪斯表示，在华盛顿，政府范围之外也会有许多激烈的辩论。在澳大利亚，在洛伊研究所开幕之前，几乎听不到来自外界的辩论。外交政策领域很小，仅由公职人员组成，也就是来自外交事务和贸易部、情报机构、国际及国家安全部门以及总理府和内阁。"这些都因弗兰克而改变了。"卢斯特豪斯记得自己曾参加一个洛伊研究所为35岁以下青年人举办的"新声音"讨论会，与来自外交事务和贸易部的年轻公务人员座谈。他们都希望能在洛伊研究所找到一份稳定的工作。在学生当中，该研究所已获得了巨星工厂的声誉。

约翰·霍华德总理发表了首个关于"澳大利亚与世界"的洛伊讲座。霍华德经常受到外交政策专家的抨击，这次关于重新平衡外交政策以更好地反映澳大利亚的历史、地理、文化和经济的演讲却为他赢得了掌声。那是真正意义上从澳大利亚的角度看世界，来自一个真正的澳大利亚人的声音，这种声音对弗兰克来说也是非常悦耳的——但他还不满足。

虽然弗兰克听说研究所获得了巨大成功，可以和世界顶级的智库比肩，但他对此并不十分肯定。在每一次的董事会上，他都会提出如何衡量成功的问题。"我们可以翻新一栋漂亮的建筑，聘请国内最好的研究人员，发表被认为严谨而且与我们的宗旨高度相关的学术成果。但到了最后，又怎么样呢？这并不意味着我们成功了。"他会这样告诫董事会。成功的确凿证据是什么？在哪里？

洛伊研究所吸引了迈尔基金会、麦克阿瑟基金会，此外，内比尔和梅琳达·盖茨基金会也曾是其合作伙伴。虽然成功可以从上述合作伙伴的加入反映出来，但弗兰克还是希望能看到研究所对公众舆论产生影响的证据。金吉尔会解释说，这个影响非常难以衡量。"因为想法是不可捉摸并迅速变化的。你怎样确定你的工作就是舆论改变风向的源头呢？有时想法会很具体，但常常你做的工作只是重新定义对于一个问题的看法。我们很难判定一个想法和一个结果间的关系。"但是研究所依旧在努力尝试，关注人们的反应，追踪反响并着手开展调查来了解公众的想法。

还有一个复杂的问题，就是如何展现其对政府的影响。影响通常需要被隐藏，而且一个机构也不太适宜夸赞自己在影响政府制定政策方面的成功。如果被大众知道政府被外部组织影响可能会产生反作用，这就意味着研究所的一些最具影响力的时刻是从不被报道的。然而在发生了真正变化的情况下，一个这样的没被看到的影响时刻也许会遭到报社长达一年的追踪报道。

尽管如此，在某些情况下，大众还是可以看到研究所的影响力。在年度调查中，人们认为该研究所改变了国内讨论外交事务的基本特征。通过为公共论点提供实证基础，洛伊研究所向大众提供了能够颠覆先入为主观念的数据，并追踪了澳大利亚对于世界的态度的变化。

当研究所决定将澳大利亚的外交服务作为优先事项时，其影响力似乎更清晰了。2009年，它发表了一份报告，表示外交网络过度伸展了并且空有其表，缺乏有意义的实质性活动。它建议进行大规模的分阶段的再投资，以确保澳大利亚能够充分维护其国际利益。该报告是

20多年以来的首例，引发了广泛的讨论。在接下来的联邦预算中，外交方面的资金划拨额度也上涨了。看起来洛伊研究所就是那个纽带。在2011年，研究所随即发表了另一份报告，表明尽管近期有了一些积极进展，但从其国外的外交网络来看，澳大利亚依然是在经合组织（OECD）国家中表现最差的国家之一。它告诫说，除非其海外外交网络获得持续增长的资金，不然澳大利亚未来的繁荣、安全及世界地位都将面临危机。几个月后，议会宣布对澳大利亚外交代表的工作、结构及地域分布进行质询。

在金吉尔的带领下，洛伊研究所全速推进。到了2009年，在研究人员的平均媒体曝光率方面，洛伊研究所超越了媒体评论过的所有那些有国际影响力的智库。但金吉尔要离开了。那时的总理陆克文希望他能回到堪培拉担任国家评估署署长的职务，工作内容是收集澳大利亚安全情报组织（ASIO）及美国情报科学学会（ASIS）等各类情报机构提供的信息，向总理及内阁提供政策建议。金吉尔接受了。

在离开前，金吉尔一睹了弗兰克的另一面，并且留下了深刻的记忆。那是2009年3月，他正在参加一个澳大利亚与阿拉伯联合酋长国的对话，以重塑他的国家对海湾地区的态度。澳大利亚对于海湾国家产生兴趣时并没有相关政策，因此他们需要重新聚焦。金吉尔与弗兰克等澳大利亚人在阿布扎比参与了这场历史性的对话。

> 莫斯科大剧院芭蕾舞团正在同一个酒店里表演。一天晚上，弗兰克、杰拉尔丁·杜格（Geraldine Doogue）、奥瑞塔·梅尔菲（Orietta Melfi）和我一起下楼去看了那场演出。由于午饭后我们一直没有进食，所以在幕间休息时，我们便开始寻找吃的东西。尽管当时有现成的食物，但必

须用当地货币换得的抵用券才能购买。我们中的几个人出去购买抵用券，却说服不了服务员接受信用卡或澳币。我们垂头丧气地回来了，只好等到演出结束。弗兰克听到了，叫我们等一下，便冲向其中一个食物摊位。从远处我们可以看到他和服务员非常激烈的对话。三分钟后他回来了，胜利地挥舞着一本抵用券。我很少见到他这么开心，他们的对话内容不重要，重要的是他竟然可以做到。我很惊讶，大家都吃饱了。克服困难的能力给予了他极大的满足感。

多年来，金吉尔已经成了弗兰克一个敏锐的观察员。在他最后一次参加的董事会会议上，当他提到弗兰克在与人打交道的过程中如何轻松自如地注入热情时，会议桌边的其他人都笑了起来。那并不是讽刺，这种得心应手正是弗兰克自信心的象征。弗兰克则夸赞道："艾伦在短短五年内所取得的成就，也许需要其他人用一生去完成。"

金吉尔发现自己很难离开，就好像和自己的一个孩子分离一般。"但我对自己说，任何值得做的事情都必须经得起转变。"他形容他的继任者迈克尔·韦斯利（Michael Wesle）博士"聪明绝顶、精力充沛"。作为澳大利亚最优秀的国际关系学者之一，在政府及实践政策方面有着丰富的经验，韦斯利曾是格里菲斯大学的国际关系学教授，也曾是国家评估署处理跨国性问题的署长助理。他的工作就是把研究所提升到下一个新的高度，使其研究成果能够在外交及思想文学界以外的领域不断发扬光大。

韦斯利在他的职业生涯中曾注意到，虽然澳大利亚政府的眼界已经变得更加国际化，但公众却并没有跟上。"在过去的20年里，我们变得富有和自信，但也变得自满，对外面的世界毫不关心。"他的任职代表了一个时代的转换。他刚满40岁，尽管他曾与陆克文就读于昆士兰州的同一所高中，也曾在陆克文的"2020年峰会"中担任领导人物，但面对全球性问题时他被视为一个不偏不倚的分析家。在职业生涯早期，韦斯利曾直接向总理约翰·霍华德汇报工作，他的书《霍华德悖论：澳大利亚的亚洲外交，1996~2006》挑战了经常严厉批评霍华德的学院派观点。

当韦斯利第一次接受弗兰克的面试时，他对这种领袖气质及魅力没有充分准备。"我非常喜欢他，他的彬彬有礼让我很大程度上想起了我的父亲。我父亲是一个来自印度的移民，身上也有这种老式的绅士气派。弗兰克内心有用之不尽的智慧，最能使人放下防备心理的就是他以个人轶事引导交谈节奏的能力。"弗兰克对于韦斯利及其家庭非常感兴趣，关心他们住在哪里及孩子们的教育。弗兰克也和他说了如有需要，任何时候都可以来找他。韦斯利被深深吸引。他后来描述该研究所就是一个非正式的西田大家庭的一个组成部分。当时没有迹象表明弗兰克与韦斯利之间难以保持一种长久和健康的关系。

对韦斯利来说，弗兰克创造了澳大利亚第一个现代智库。作为一名重量级的企业家，弗兰克能在思想与知识的设施上做出如此巨大的投资是一件非凡的事情："弗兰克与其他有影响力的富豪的区别在于，他有现实的社会愿景和建立富裕而健康的社会的责任感，以及让社会进步的动力。个人建立研究所的举动在澳大利亚是史无前例的。"

弗兰克也成功地吸引了许多圈外人的投资。他的初始资本并不是以捐赠的形式出现的，因为他希望研究所能保持对思想的渴求状态。虽然他的儿子也长期投身于此，但研究所仍然必须是创业性质的。到了2010年，该研究所已经摆脱了对弗兰克的完全依赖，其50%的资金都来自非洛伊家族的资助。但对于弗兰克来说，重要的不仅仅是来自"外界"的金钱,"我一直认为研究所应该在更广泛的意义上被整个社会所拥有,因为如果是被一个主导的支持者所拥有,它也许会被个人利益所左右"。

确实,不时便会出现一些关于洛伊研究所与个人利益的诽谤。2009年,名为"中东现实检查"(Middle East Reality Check)的博客不顾事实地称该研究所房间里的"大象"就是以色列。当然还有其他的批评声音。2011年,"对话"这个来自学术研究领域的独立在线新闻评论服务机构,批评了洛伊研究所的民意调查所使用的方法。

在韦斯利的带领下,研究所开始采取更具策略性的研究方法,减少对政策议程的回应,并通过展望未来以更大的视角设定自己的论题。那时,一旦澳大利亚政府有一个研究项目或一个活动想要寻找赞助,便会拉上洛伊研究所作为合作单位。尽管如此,当联盟党反对时,该研究所还是会因为被质疑是偏向工党的智库而被此类合作项目拒之门外。消除这种怀疑是韦斯利工作日程上的重点事项。

在韦斯利的关注下,弗兰克终于得到了可以表明他的智库表现出众的指标。2012年1月,最新的全球智库排行榜公布了,洛伊研究所被评为亚洲第5,美国以外的前30名。这个排名是由宾夕法尼亚大学在研究了6000个智库后综合排定的,其中1/3的智库都在北美,这也是会有这个美国以外的排名的原因。

几个月后,该研究所成了全球智库评议大会(CoC)的创始成员。CoC是一个连接世界各地的主要外交政策机构的网络组织,其目的是发现需要大家共同面对的威胁并为公共辩论提供完善措施,创始成员所在国别大致与二十国集团(G20)所涉及的国家相符。

到了2012年,研究所已经成为澳大利亚国际政策格局里的一个固定组成部分。它为思想表达与融合提供平台,引发公共辩论,并且用学术界无法做到的方式测试这些新的想法。但是弗兰克和韦斯利之间的关系出现了裂痕。他们之间的冲突从未公开，当韦斯利宣布自己三年任期届满后将不再续约时，有传闻说他是被主席排挤掉了。韦斯利卓越的学识使他获得了无上的荣誉，这让有些人猜测他的离开是因为与主席弗兰克不合。不过，2012年8月两人的分离还是很体面的。弗兰克赞扬了韦斯利为"澳大利亚的思想领域做出了巨大的贡献"，并表示他为研究所"建立了国内及国际形象，引进了大量新的研究经费"。韦斯利拒绝在媒体上发表任何评论，随后于2012年11月被任命为澳大利亚国立大学的国家安全教授。

迈克尔·富利洛夫的时代来到了。他一直在为该研究所撰写可行性研究报告，为它的建设发展出力，终于在为此工作了将近十年后获得了这个顶尖的职位。富利洛夫希望看到一个"更大的澳大利亚"。在2014年3月首次向全国新闻俱乐部致辞时，他抨击了那些关于澳大利亚的传统观念，并表示这个国家还未能发挥潜能，需要自我提升。针对地理阻隔这一陈旧观念，他指出虽然澳大利亚曾远离那个以欧洲为中心的世界，但现在世界中心已转移到亚洲，而且正好就是澳大利亚的邻居。"我们更靠近这个世界上蓬勃发展的市场，当然也更接近世界发展所面临的危机的策源地。我们不再被孤立，不再被隔绝。"

随着研究所日渐成熟，它对公共政策的影响也越发明朗。其中一个例子就是洛伊研究所督促澳大利亚领导人更加重视中国，应该与之像和长期盟友美国那样建立一种更具建设性的双边关系。当朱莉娅·吉拉德（Julia Gillard）总理前往中国签署战略合作协议时，洛伊研究所的贡献获得了正式认可。研究所为此发表了专题文章，阐述了这样的战略伙伴关系的图景。

另一个影响澳大利亚的例子涉及这个国家对于其所处地区的称

谓及概念的重新定义。该研究所的国际安全项目主任罗里·梅德卡夫（Rory Medcalf）写道，澳大利亚所在地区应该被称为印度太平洋地区，而不是亚太地区。澳大利亚应该同时顾及东西两个方向的近邻，因为印度洋已然成为世界最主要的商业航道，这个新名称将更好地反映澳大利亚被两个大洋环绕的地理位置。2012年，国防部部长斯蒂芬·史密斯（Stephen Smith）运用了这个称谓来描述澳大利亚所在的地区。2013年，它正式成为《澳大利亚国防白皮书》中的官方术语。梅德卡夫此举也帮助澳大利亚政府重新塑造了对印度的政策，特别是将两国的双边关系从体育和贸易这两个层面扩展到防御合作等新的领域。

还有一个产生影响的地方可以体现在研究所的美拉尼西亚项目总监珍妮·海沃德－琼斯（Jenny Hayward-Jones）帮助澳大利亚政府转变对于斐济的态度这件事上。她强调澳大利亚政府在斐济2006年的政变后，企图孤立该岛屿的做法并没有帮助其恢复民主制度。她主张国家与斐济政府建立友好关系，此意见被联邦政府的外交部部长朱莉·毕晓普（Julie Bishop）所采纳。最终两国的双边关系得到修复，澳大利亚为斐济回归民主做出了积极的贡献。

还没到它的第一个十年，洛伊研究所就已成了宣告重要政策的首选平台。2012年年底，朱莉娅·吉拉德选择在此宣布《亚洲世纪白皮书》（Asian Century White Paper）的发布，该报告正是金吉尔在堪培拉起草的。每当世界各国及国际组织的领导人及思想领袖来到这座城市时，光顾洛伊研究所必定是他们工作日程上的重点。

到了2012年，因为各种原因，澳大利亚的形象正在改变，其声音也在世界舞台上受到了重视。在缺席了1/4个世纪后，它终于被选进了联合国安理会，也被接纳为G20的成员。澳大利亚2014年在布里斯班主持了G20峰会。为了准备这次会议，政府曾向洛伊研究所寻求帮助。这是澳大利亚为国际问题做出可以看得见的贡献的难得的机会,为此政府资助该研究所成立了一个 G20 研究中心,用来产生新的建议和政策。弗兰克的"思想工厂"正在全面产出。

记者罗伯特·米利肯(Robert Milliken)发表的名为《安妮·萨默斯报告》的博客中的导读指出,近年来澳大利亚的智库像雨后春笋般迅速地增长。他提出这是由于旧媒体的影响力日益衰落,大学的关注点开始转向内部,公共服务的削减又造成许多政策功能被外包。智库填补了这个空间,并成了更大的公共话题的一个组成部分。

当洛伊研究所正准备在悉尼举办成立 10 周年庆祝活动时,很少人知道弗兰克在以色列也设立了这样一个"思想工厂",并且也正在筹备它的 7 周岁生日。这个"思想工厂"就是以色列的先锋智库国家安全研究所(Institute for National Security Studies,简写为 INSS),它正计划着一场知识盛宴的庆祝。以色列总统、总理、国防部长及情报局局长都将参加国际论坛的部分对话环节。

悉尼的周年庆祝活动有所不同,悉尼市政厅内会有 700 人一起正装出席。富利洛夫认为研究所在头十年里已经发表了数以百万计的文字,因此决定邀请观众看一场关于其成就的无声电影。接着弗兰克邀请了全球最有权威的知名传媒大亨鲁珀特·默多克来描述他是如何看待澳大利亚的。在讲台上,两位超过 80 高龄的老人给了彼此一个熊抱。身为新闻集团执行主席的默多克赞扬澳大利亚,称其已不再是"多情守旧的经济体",现在的澳大利亚可以坚定地迎接任何巨变和挑战。那是 2013 年年底,他鼓励这个国家大胆地获得应有的世界地位。

同一年,在研究所的头十年来最佳成果的精选文集的发布会上,外交部前部长加雷思·埃文斯(Gareth Evans)告诉观众,洛伊研究所

"已经成为澳大利亚政策格局里一个不可或缺的成员"。

埃文斯谈到了研究所为澳大利亚的思想领域所做的贡献并称赞了它的创始人,"弗兰克在自己的人生旅程中做过许多投资,从经营西郊的一家充满创意的熟食店到全世界最大的零售物业集团,但就像约翰·霍华德形容的那样,他这一笔'在思想领域的巨大投资'也许是所有投资中最伟大和最具持久影响力的"。

到了 2014 年,研究所由洛伊们、瑞安、因迪克及麦克法兰组成的董事会核心仍然没有改变。当然,管理层也不乏新面孔,他们反映了更为广阔的视野。这些新管理人员包括澳大利亚广播公司主席兼前任新南威尔士州的首席大法官詹姆斯·施皮格尔曼(James Spigelman)、自由市场经济学家朱迪斯·斯隆(Judith Sloan)教授、商人兼慈善家戴维·冈斯基、新加坡共和国前驻美大使陈庆珠(Chan Heng Chee),以及空军总司令兼澳大利亚国防军前司令安格斯·休斯敦(Angus Houston)元帅。

接下来的那一年,澳大利亚在短时间内分别担任了联合国安全理事会及 G20 两大国际组织的主席国。在此期间,弗兰克发现自己站在讲台上已经是在介绍第 11 届的洛伊讲座了。这次将由德国总理安格拉·默克尔博士发表演讲。这是她在澳大利亚的第一次公开演讲。

站在讲台上,弗兰克直接对默克尔说:"第二次世界大战给我们彼此的生活都带来了深刻的影响——对您而言,它导致了您的祖国的分裂和后来的统一;对我这个大屠杀的幸存者来说,它正是我移民到澳大利亚的原因。我赞赏您所展示的拒绝种族歧视和偏见,特别是拒绝反犹太主义的领导方针。我对德国对待自己历史的方式表示尊重。"他接着解释说,洛伊研究所的其中一个任务是让澳大利亚的声音走向世界,另一个则是把像她这样杰出的别国领导人的声音带给澳大利亚的民众。

实际上这个场合带来的不止这些。默克尔刚参加完在布里斯班举行的 G20 峰会,当天在悉尼的演讲中,她完全放下了对俄罗斯的戒心,这立即成了全世界的头条新闻。在德国时,她曾措辞谨慎地抨击了俄罗斯总统弗拉基米尔·普京在乌克兰危机中的所作所为。她指责其落伍的大国强权思想践踏了国际法。她在澳大利亚发出的这个重大的地缘政治宣言立即吸引了全球各方的眼球。

坐在前排,从耳机里听着现场的翻译,弗兰克能够清楚感受到历史的波澜。他记得 14 岁时的自己如何被困在布达佩斯,被德国人围捕,急切地盼望苏军前来解放。他那时不知道什么是外交政策,只知道恐惧。现在,84 岁的他,不再恐惧,舒心地坐着,看着外交政策在自己眼前变幻,只是这一次,换成了德国设法遏制俄罗斯的野心。

第 14 章
圆满轮回

澳大利亚是弗兰克·洛伊真正的家,但不是唯一的一个,另一个给了年轻时的他一处避难所的国家是现在的以色列。当 15 岁的他在巴勒斯坦上岸时,这个国家拥抱了他。没有任何疑问,只有完全的接纳。在开始的几个月里,已经逃脱了的黑暗逐渐褪去,一个崭新的世界在他眼前出现。他不再是猎物,可以开始拥有归属感。

作为一个老年人,他希望可以再次体验一回那种归属感。他想回到那个如今已划归以色列的地方,为自己在贴近它中心的地方留下一个空间。这一次他不想两手空空而来,也不只是想要在特拉维夫拥有一间舒适的房子,和朋友们一起安静地在露台上虚耗晚年时光。确切地说,他构想着能为一家全国性的商业企业进行一大笔投资。他已准备好承担新任务,再将其发扬光大。这将是他为这个曾经给予了他许多的国家做出的贡献。

随着年龄的增长,人们经常会回到自己出生的地方,试着重新找寻历史与现实的关联。对弗兰克来说,斯洛伐克不具有这样的意义,虽然他时常到那里访问，却感觉不到真正的联系。而以色列才是第一个给予了他一个合法住所的国家，他经常会说他在15岁时"重生"。虽然他对澳大利亚的忠诚坚定不移，但他的心灵也向往以色列。

自从21岁离开这个国家后，他一直对此保持着眷恋。无论在哪里，他都会尽可能阅读关于以色列的消息，小心翼翼地关注着它所受到的安全威胁。他会为了这个国家的福利捐款，也会作为一名散居的犹太人前去拜访，但这始终无法触及他那内心深处的归属感。从他的青年时期到如今，这个国家已经发生了巨大的变化，他也是如此。一直到他六十多岁时，这种吸引力越发强烈。他再也不想仅仅作为一名游客到访此地，并决定要在这个国家建立一种存在感。

他在以色列已经有一些可以合作的关系。从20世纪80年代开始，以色列的筹款队伍便会不断地游走在墨尔本与悉尼的富裕犹太社区里。他们通常会被弗兰克的邻居约瑟夫·布伦德（Joseph Brender）——也被人们称为澳大利亚民间的以色列大使带到弗兰克的家门口。其中许多筹款人在未来会成为以色列政治领域里的杰出人物，他们对于能用希伯来语交流感到很兴奋，而喜欢畅谈关于以色列的话题的弗兰克会在家里或他的船上招待他们。这个过程也让他认识了埃胡德·巴拉克（Ehud Barak）、本杰明·内塔尼亚胡（Benjamin Netanyahu）和埃胡德·奥尔默特（Ehud Olmert）这三位以色列未来的总理。他们带领着弗兰克更深入地介入了这个国家，弗兰克也逐步开始与以色列这个国家的高层建立关系。

一天晚上，布伦德和当时的特拉维夫大学校长来到弗兰克家喝酒。被公认为不那么圆滑世故的约拉姆·丁斯坦（Yoram Dinstein）教授对弗兰克说了颇为刺耳的话，并不看好弗兰克想在以色列做的事情。弗兰克对此则信心十足，回应道："我的问题是不管我做任何一件事，大家都会期待我做的是一件大事。"

"太好了！"这位校长回答说，"我们就是想要做大事。"接着他将一系列学校建筑物的命名权交给了弗兰克。

弗兰克回答道："我的一生都和建筑物有关。我想要的是有知识内容的，和学习有关，而不只是建筑物。"他们最后决定为校园里的海外学生提供资助。

作为特拉维夫的常客，洛伊们会先包下希尔顿酒店里的一间套房，再出去寻找属于自己的地方。碰巧布伦德的家就在附近，这一次他们得到了他的帮助。布伦德也刚好有一位名为艾尔弗雷德·阿基罗夫（Alfred Akirov）的开发商朋友，他的著名公寓大楼耸立在特拉维夫的天际线上。洛伊们会对这栋楼里的一套宽大公寓感兴趣吗？在弗兰克打电话给阿基罗夫咨询时，他欣然接受了这位开发商共进午餐的邀请。

不知道等待他的会是什么，他到达时发现同桌的还有伊塔马尔·拉比诺维奇（Itamar Rabinovich）教授，他们曾短暂会过面。拉比诺维奇是一位颇有名望的人物，他是前任以色列驻美国大使，也是特拉维夫大学的新任校长。随后的讨论是如此激烈，以至到了下午4点，当拉比诺维奇推开椅子站起来时，弗兰克都没意识到一下午已经过去了。弗兰克建议他们当晚再碰个面，可惜拉比诺维奇当晚已有安排，晚餐最早只能安排在第二天，弗兰克便延后了他的行程。阿基罗夫说他感觉自己和弗兰克已经相识了200年。他理解弗兰克会对哪一类型的公司感兴趣，并开始将他介绍给自己的社交圈。在接下来的几年里，这也将成为弗兰克的社交圈。

2001年，布伦德在希尔顿酒店对面找到了一栋看起来非常适合洛伊一家的旧办公大楼。它在哈亚尔空（Hayarkon）街上，面向地中海。当他在电话里对这栋旧楼进行描述时,弗兰克要求他即刻开始洽谈。弗兰克因为发烧无法搭乘飞机,他便拜托布伦德帮他把这栋大楼买下来,但他还是在签署合同之前赶到了特拉维夫。当看到那栋大楼时,弗兰克兴奋不已。

多年来,洛伊家一直在洛杉矶拥有一套住宅。随着西田美国业务的扩张,弗兰克到美国也有了一个方便的落脚地。但渐渐地,随着彼得开始更多地负责公司业务,弗兰克发现自己到洛杉矶访问的次数逐渐减少。在贝弗利山庄的大房子变得多余,与其毫无意义地持有一笔未加利用的资产,他们还不如将它卖掉。

这个时间是合适的,房子里原来的东西也被运到了特拉维夫等待新家的完工,这将花费一些时间。新家将可以容纳整个洛伊家族,父母、孩子、孙辈及公共娱乐区域都将被安置在不同楼层。弗兰克的愿望是为所有家庭成员造访时创造一个舒心的基地,也希望他们可以借此形成自己对这个国家的联系。

在这个较为漫长的改建过程中,洛伊们继续暂住在希尔顿酒店。有些时候,他们几乎可以在空荡荡的酒店内奔跑。每当以色列局势有风吹草动时,外国人都会离得远远的,经济也会迅速下滑。无论如何,这家人还是会到此访问,有几次他们甚至发现酒店的入住率仅有10%。雪莉70岁生日时虽然正赶上巴以和平进展瓦解后的暴力事件频发,但全家人依然来到了以色列庆祝。

从来没有和弗兰克进行过商业合作的阿基罗夫说过:"我不需要他,他也不需要我。"他很快便发现弗兰克根本无法忍受闲聊。他看到弗兰克对谈话内容不感兴趣时会毫无顾忌地打起盹来。在弗兰克这样的人物背景下,阿基罗夫讲述了一个包括西蒙·佩雷斯(Shimon Peres)——后来成了以色列总理在内的几个杰出人物一起在自己家里晚餐的小故事。那顿晚餐持续了 5 个小时，大家七嘴八舌地讨论了许多问题。第二天早上弗兰克打来电话说："昨晚太令人愉快了，我整夜都没有合眼。"

在这个社交圈里，弗兰克迅速与博莱克·戈德曼（Bolek Goldman）建立了关系。他是一位大屠杀幸存者，也是一名医学教授。第二次世界大战爆发时，戈德曼只有一岁，然后在接下来的三年里与家人一起躲在波兰的森林里。当他的家族里大多数人遇害以后，他的祖母拿着假证件带他去了华沙，在那里伪装成波兰人直到战争结束。

像弗兰克一样，戈德曼也曾历经磨难，能够感受到磨难对人的潜能的激发。这两个男人抵达以色列的经历相似，他们都曾觉得自己需要胜过当地人才能被人所接纳。正如弗兰克当年在部队里那些瘦弱的年轻欧洲难民碰到危险任务时必须冲在第一线一样，戈德曼必须在医学院里名列前茅。在国家开始建立的早期岁月中，土生土长的犹太人和欧洲的新移民之间关系比较紧张，当地人认为他们软弱并且消极。直到 20 世纪 60 年代早期，纳粹大屠杀的主谋阿道夫·艾希曼（Adolf Eichmann）被以色列人俘虏并在耶路撒冷接受审讯后，当地人才充分理解了能够在大屠杀中存活意味着什么。

戈德曼已经取得了非凡的成就。多年来，他作为特拉维夫泰尔哈绍莫（Tel Hashomer）医疗中心的联合负责人，亲眼看着这家医院从一些零散的装配式房屋发展成一个大型机构。他曾是包括戴维·本-古里安在内的多任总理的私人医生。当弗兰克遇见他时，他是阿里埃勒·沙龙（Ariel Sharon）总理的医生。弗兰克十分景仰沙龙，因此渴望与他见面。戈德曼答应帮他引见，并且在一个星期六带着弗兰克与阿基罗夫一起到沙龙的农场共进午餐。

在1948年，沙龙曾是弗兰克心中的一位英雄，他非常兴奋能够见到沙龙本人。我从来没有见过弗兰克这样活跃过。他问了许多关于以色列及巴勒斯坦人的未来的问题。沙龙向他吐露了真心话，他所担心的和他所认为的事情终会发生。那时弗兰克还很天真地相信和平进程正顺利地进行。沙龙告诉他："不可能，不论是这一代还是下一代。"他解释说，尽管他试图做出取舍，做出牺牲，但在他这一生里都不会发生（真正的和平）了。在开车回家的路上，弗兰克情绪低落。他从来没有想过巴以实现和平竟是如此无望，如此悲观。

当他们第一次见面时，戈德曼注意到弗兰克喜欢问很多问题。刚开始他认为这只是基于礼貌，但后来发现他确实对很多方面都感兴趣。弗兰克渴望理解。他们会讨论各种医学问题，从癌症的蔓延到干细胞的应用，弗兰克还会询问参考书目以便自己可以进一步阅读。他还会把戈德曼带入玄学的讨论，问他为什么不是宗教信徒。犹太主义在弗兰克的脑子里根深蒂固，以致他无法理解为什么有人可以没有任何信仰。

到了2004年，弗兰克开始扩展他的慈善事业。那一年雪莉刚过70岁，但她和弗兰克都希望可以送出一份礼物，而不是收到一份。此时洛伊们与奥尔默特一家已经成了朋友，通过他们，一个理想的机会浮出水面。埃胡德·奥尔默特已经完成了耶路撒冷市市长的10年任期。虽然他被视为右翼的民族主义者，他的妻子阿利萨（Aliza）是一位不喜欢政治聚光灯的艺术家、摄影师、作家兼社会工作者，因秉持左翼观点而被大家所熟知。与此同时，她忙于奥尔沙隆姆（Orr Shalom）——一个救助因遭受严重虐待或忽视而离家出走的孩子的慈善机构的事业。奥尔沙隆姆并不是把那些孩子安置在这个机构里，而是将他们寄养在小型的社区住宅里，由"宿舍管理员"照料他们。

这项慈善事业吸引了洛伊们，他们在耶路撒冷为这样的一群孩子安排了一套房子。他们以雪莉的母亲的名字为它命名，称它为"戈尔达之家"（Golda's House）。阿利萨说："雪莉对此极为重视，虽没有举行任何典礼或欢迎仪式，却超乎寻常地慷慨大方。她与管理员亲自接触，会写信给孩子们，并在他们生日时送上礼物。"后来洛伊们又帮助翻新了另一栋叫作"雅各布之家"的房子，以纪念雪莉的父亲。这些无家可归的孩子过了18岁，政府便不再提供补贴，现在奥尔沙隆姆给了他们进入"雅各布之家"的机会，在那里他们能够享有住宿、支持及更多的机遇，为成年生活做准备。

10年后，再次访问"戈尔达之家"的弗兰克与孩子们交谈时注意到了一个大概11岁、比其他孩子瘦弱一些的高个儿小男孩站在一旁。弗兰克与他攀谈了起来。小男孩一直沉默寡言，小声回答着问题，直到弗兰克提到了音乐。"你对音乐感兴趣吗？"他问。小男孩立刻兴奋了起来。"是的。"他回答。"你会玩什么乐器吗？"小男孩脸上洋溢着兴奋之情。他带领弗兰克和雪莉到自己的小房间里，那里只有一张桌子和一架电子琴。"他坐了下来，一脸的专注，为我们弹奏了《致爱丽斯》。"弗兰克说，"他是用心在弹琴，在他的小手指飞在键盘上的那两分钟里，我们一动不动地站着。接着他又弹了一曲。"在他离开之前，洛伊们承诺会培养他的音乐才能。后来，他们在特拉维夫的公立音乐学校为他担保获得了一个进修并留校任教的机会。

虽然弗兰克与埃胡德·奥尔默特在澳大利亚和伦敦见过几次面，但他并不认识阿利萨。对上流社会没有兴趣的她经常拒绝邀约，这次接受了洛伊们的邀请，这是因为她听说弗兰克用自己的船重现过在大屠杀之后经历的那次让他铭记一生的童年航行。这些因素使她感到好奇，故事也让她记忆深刻。她说："这是一个在某些方面有点奢侈的男人，他正在寻找标记。他试图在一面新的旗帜下面，以一种美好的形式，用重演历史的方式抹掉过去的不幸。"她说。

在1946年，弗兰克曾在一艘弱不禁风且人满为患的船上从欧洲向巴勒斯坦偷渡，感到害怕又孤独的他躺在狭窄的床铺上忍受着晕船的痛苦。最后当以色列岸边的灯光映入眼帘时，包括弗兰克在内的难民们开始唱起了希伯来的《希望之歌》。但他们的船很快被认定为非法船只，并被禁止进入港口。随着所有希望的破灭，难民们被赶上了一艘英国军舰并被带到了塞浦路斯的临时集中营。

最终孩子们从临时集中营里被带走，重新上了一艘英国军舰，并被送到了海法。大概50年后，弗兰克想要以自己的方式重温这段旅程。在他壮观的"伊洛娜号"游船上，他朝塞浦路斯东南方的以色列航行。当游船靠近海岸时，他站在船头，怀念着1946年大家一起掺杂着各种声音且饱含着希望的合唱。接着，他听到海岸警卫队叫他表明身份。这一次这名警卫有着明显的以色列口音，并很正式地表示"欢迎来到以色列"。当"伊洛娜号"驶入海尔兹利亚（Herzliya）码头停靠时，弗兰克带着骄傲和完满的心情升起了以色列的旗帜。当初年轻的弗兰克踏上这片海岸时，他是英国军队的一名遣散对象；现在带着愉悦的心情重新站在这里的他是一个自由的人。这一轮回终于圆满。

当奥尔默特一家被邀请到海尔兹利亚码头的那艘船上共进晚餐时，阿利萨的好奇心胜过了她惯常的抵触心理。"我通常不会参加这类晚宴，因为我觉得游船文化空洞乏味，但当我想到这个故事，我觉得认识他会很有趣。"她说。在餐桌上，她就坐在弗兰克的旁边，他们很快便聊到了私人话题。"那是一场从第一分钟你就知道你需要直奔主题并且推心置腹的对话。"她说道,"当他谈起他的人生,我想到我的一位非常亲近的朋友汤米·拉皮德(Tommy Lapid)也有着完全类似的往事。他们之间的共同点如此之多,我说'听着,如果你还依然年轻并且准备好做一些让社会惊喜的事情,我们晚餐后直接去特拉维夫,我要把他介绍给你'。埃胡德和我早已计划在晚饭后与汤米喝杯咖啡。"

当客人们还在桌上用餐时,弗兰克便起身向大家致歉,并与奥尔默特夫妇一起离开了。"我们去了特拉维夫的一家咖啡厅,汤米和弗兰克之间关联的契合度简直令人难以置信。"阿利萨说,"他们年少时的个人经历如此相似,在周围的我们三人都听得惊呆了。"拉皮德是一位有名的广播员兼记者,后来加入了政界,成了司法部部长。

拉皮德的早年生活与弗兰克的大致相同。比弗兰克小一岁,他也曾住在布达佩斯的犹太人区,并且被纳粹夺走了父亲。弗兰克的父亲去了布达佩斯东边的火车站买车票想让家人可以逃出去,汤米的父亲则是以同样目的去了西边的火车站。汤米和他的母亲存活了下来,最终两人一起抵达巴勒斯坦。阿利萨与汤米的友谊让她能够理解弗兰克,这两个男人都让她看到了一个心灵受到创伤的儿童的绝地反击。

身为司法部部长,拉皮德作为匈牙利政府的客人曾数次被邀请到布达佩斯。他后来告诉阿利萨,到达机场接受军礼欢迎仪式时,他感受到了童年时期所经历过的在这座被占领的城市遭遇军队时同样的恐惧。当他坐在一辆大型梅赛德斯汽车的后座时,他能够意识到这种经历的两重性,他内心的"小男孩"还在躲避着那些前排的驾驶员。

"弗兰克也在触碰过去,试着平复自己的恐惧。"阿利萨说道。随着他们的友谊日渐深厚,她看到弗兰克对许多同辈人认为不再需要纠结的问题会做出更多的反思和表现出更多的兴趣。因为他从未有过正常人的青春期或早年的成熟期，他也少有闲暇去探究人生意义或提出那些他认为重要的问题。那时，他能够做的就是尽力生存下来。

阿利萨认为弗兰克还在持续为了生存而战。她发现他的个性特征与其他在世界舞台上获得成功的大屠杀幸存者非常相似。

> 在年轻的时候，他们周围的一切都崩塌了，自己的人生游戏不再有可循的规则，而且必须以自己的方式生存。幸运的是，他们最终都做到了并且展现出极强的活力。他们必须重新塑造自己，寻求一个身份和一份归属感。这些人永远处在"开机"状态，无论获得了多少金钱或认可，他们的追求永无止境。有一次，弗兰克曾对我说："你比我富有，因为你很容易满足，我永远都是饥饿的。"
>
> 弗兰克在以色列时，他和阿利萨经常会在特拉维夫东部的一家咖啡厅见面。我喜欢听他对世界充满哲理的观点。他经历了太多，所以他的话语里充满了深度与共鸣，还有一种与众不同的尺度。我比他小一个辈分，由于我的父母也是大屠杀的幸存者，当我与他交谈时，我总能听到父母在家里谈话的回声。我喜欢他对抗人体自然衰退的方式，挑剔自己外貌的样子，聆听对方说话的态度。他愿意与你进行亲密交谈并且坦白告诉你他的想法。他不是一个只想取悦你的人，我很感激这一点。

洛伊们将奥尔默特一家锁定在了自己的社交圈内。奥尔默特家的日历上每年大约有三个时间会标上"弗兰克在城里"，这意味着他们将要在阿基罗夫家共进晚餐。

就在这个时候，伊塔马尔·拉比诺维奇在自己担任特拉维夫大学校长的最后一年里,向弗兰克推荐了一所名为"贾菲战略研究中心"(Jaffee Center for Strategic Studies)的智库。鉴于弗兰克对以色列的眷恋之情,以及他对这个国家安全问题的关注,说服他并不困难。作为一位经验丰富的筹款人,拉比诺维奇了解像弗兰克这样的人"知道如何构筑自己的防线,让自己不会夜以继日地被恳求"。他也理解弗兰克对于思想威力的信赖及对自己位于悉尼的洛伊研究所的信心。

弗兰克还没有准备好承担这样的职责,但他喜欢为该智库重新注入活力的想法。以色列的合法性一直受到质疑,它的安全也不断地受到挑战。也许一个生机勃勃的智库可以增进国家安全问题的公共话语讨论,并且有助于决策的制定。由于弗兰克不希望用洛伊这个名字为其命名,最后决定将贾菲战略研究中心纳入新独立的INSS。

弗兰克接受了主持INSS工作的艰巨任务,该研究所也将独立于特拉维夫大学,自立门户。它的目标是拥有自己的建筑物和自己的董事会。弗兰克希望能通过这个途径更多地参与以色列现有问题的讨论。如果他找不到能够将自己与以色列社会联系起来的商业投资,那么也许这个研究所可以帮他做到这一点。

INSS的同僚们在会议桌上注意到了弗兰克在澳大利亚的一个广为人知的特点,即不怕暴露自己在知识上的缺陷,敢于大胆地提出最基本的问题。拉比诺维奇形容他没有那种假惺惺的谦虚。"我们大多数的研讨都是大众关心的议题。我们以希伯来语开始,然后再转成英语。虽然他说的英语带有口音,但他的语言层次丰富,并不像移民所说的英语。他的语言控制力令人印象深刻。"

不过,拉比诺维奇的确也发现了在研究所的问题上应对弗兰克是一件艰难的事。"我们既要谈判,又仍然要做朋友,所以谈判的过程并不容易。他知道他想要什么,我们经常会面临一些成败攸关的时刻。当有钱人怀疑他人试图占自己便宜时,或者当他人表现出'他这么有钱,不差这几百万'的态度时,弗兰克都特别反感。他们为这样的一份礼物谈判时,虽然大家都知道它不是商业机构,但还是希望可以像商业交易那样运营它。"谈判非常困难,因为特拉维夫大学并不想放弃这个研究所。弗兰克却认为它必须从大学的官僚主义体系及约束中解脱出来,并且他已准备好为这一转变提供资金。他也准备好为该研究所未来的需求提供一大部分的资金,但不能是全部,因为他希望公众也能够获得一些所有权。最重要的是,他希望它是完全独立的。

与弗兰克的谈判对新的 INSS 主任来说也是一项挑战。在他们的交谈中,兹维·施托伯(Zvi Shtauber)博士发现弗兰克一直在他的人性及商业本能之间挣扎,也看到了他在态度强硬和善解人意间切换自如。作为以色列国防军情报部的一名准将及曾经的以色列驻英国大使,施托伯在 2005 年被任命为贾菲战略研究中心的负责人。在研究所转型期间,他依然掌舵,并在接下来的几年中引领着新的 INSS。施托伯因弗兰克的历史背景而理解他。

> 我的感觉是他在寻找可以留给未来的东西,而不是购物中心。他是想要做出一些可以告知以色列决策进程的事情,因为现在有针对新思维的巨大需求。他的想法是为战略思维提供一个市场空间,一个可以进行思想交流的地方。很多时候,是外来的移民改变了国家的进程。

施托伯相信,如果弗兰克的资金能够带来一个新的洞察点,而进一步地,这种洞察又能够带来一套保护以色列安全的政策,那么他将"因提供改变的方法而留下印记"。

第15章
名誉风险

富裕的海外犹太人向以色列捐赠并将他们的名字华丽地彰显在自己的捐赠物上,是很常见的事情。虽然弗兰克·洛伊是以色列最大的捐助者之一,但他使用自己的名字却很谨慎,因此他本人几乎不为公众所知。每当新闻界提到他时,都会称他为一名澳大利亚的地产巨头。

在他积极推动所参与的以色列经济生活的过程中,弗兰克一直与他的儿子戴维密切合作。两人已好久没有共事,此前也产生了一些分歧。一方面,他们有着不同的目标,戴维想将创造商机作为投资的主要目的,弗兰克更注重于投资本身所做的贡献,并希望带动和提升参与度。另一个复杂的方面在于,弗兰克拥有广阔的人脉关系,并且能够理解他们的语言及文化上的细微差别。为了方便戴维,与各合作方的会议通常要以英语开场,但最终总会转变为希伯来语。

戴维感到不太自在。他宁可做一个可以由自己掌控的简单投资,而不是卷入一个难以管理的复杂的合伙关系。最终他创建了一个小型的对冲基金:离子资产管理。该基金在开曼群岛注册,不过其投资主要集中在以色列及与以色列相关的公开上市的证券上。戴维将基金总部设立在特拉维夫，并且他自己的儿子丹尼尔也在那里工作了一段时间。意识到需要更好地掌握希伯来语后，戴维专心致志研究起这门语言并且拥有了基本的表达能力。

对于洛伊们来说，要在以色列做生意就必须做出调整。商务实践在文化上非常不同，他们发现以色列人那种"不用担心，一切都会没事"的商业风格很难应付。尽管如此，他们还是决定进入银行业，并且几乎买下了萨夫拉国家银行的大部分股权，但他们在最后一刻撤离了，考虑了其他方案。当购买以色列国民银行5%的股份的机会出现时，戴维非常热衷，因为这意味着他们一家可以自己持有一笔数额可观的银行股份，并且按照自己的喜好去管理它。

弗兰克对此不那么感兴趣，因为这并不是一份主要股份，不具有太大的影响力，并不符合他的投资风格，或者说不适合他的投资目标。虽然这个机会引起了戴维的注意，却并不合弗兰克的心意。不管怎么样，他们依旧将它进行了下去。他们把资金放置在一旁，开设了一个特别的银行账户，戴维和他的顾问们也飞到了特拉维夫。他们完成了尽职调查并准备彻夜工作，预计会在第二天一早签字。但那天深夜，弗兰克给戴维打了电话："5%是不够的，对我们没有任何作用。我想要的是一份能带给我们影响力的有意义的股权。"戴维回答道："如果我们想要控股权，就必须加入一个财团，因为那样需要的资金会远远超过我们打算投资的数目。"

第二天一早，当戴维与以色列国民银行的负责人会面时，满屋子的人都震惊了，因为他突然宣布他们家不准备买下那5%的股份。他解释说，他的家人更愿意作为财团的一部分为可以获得有银行控制力的权益的出售而投标。洛伊家族正在寻找一项长期的投资项目，并且相信控股股份会有人提供。

耳闻这件事后，领导此次招标的以色列财政部总会计师亚隆·扎来哈（Yaron Zelekha）博士感到有些蹊跷。控股权还没有找到恰当的投标者这件事一直被保密着，洛伊们似乎听到了一些风声。扎来哈猜测这些信息已经被泄露，并且怀疑弗兰克与当时的财政部代理部长埃胡德·奥尔默特之间的关系。

不知道自己已被怀疑的洛伊们继续推进与他人合作以购买银行的资产包，相当于20%的银行股份，这将给予财团控股权益。他们无意单独购买。洛伊们也并不知道，以为他们想要独占鳌头的扎来哈正在幕后操纵着，试图阻止这种情况的发生。

当招标文件的草稿已拟好并开始征求意见时，洛伊们的阵营提议要做些改变。"这是标准的商业惯例，我们所建议的任何改变都会告知所有投标人，以建立起平等的竞争。"弗兰克说，"为此在以色列和纽约召开了许多会议，我们也亲自参与了其中一些。戴维和我在以色列时，我们曾去了阿基罗夫家吃饭。奥尔默特也在场。我向他提及了这个问题，我说长期投资者的准则与那些想要资金快速周转的人不一样——我们感兴趣的，必然是适合长期投资的。"

这时洛伊们已经与萨夫拉国家银行的约瑟夫·萨夫拉及纽约《每日新闻》的出版商、《美国新闻与世界报道》的总编辑和房地产开发商莫特·朱克曼（Mort Zuckerman）置身于同一个财团里。洛伊们将自己的相关事务交给了他们的律师代理。最终，这个财团却在截止日期之前退出，并未出价。博龙－加百列（Cerberus-Gabriel）对冲基金在其他六位竞争者中胜出。这个消息于2005年11月对外宣布，此时不再对以色列国民银行感兴趣的弗兰克·洛伊开始寻求新的目标。

在弗兰克的职业生涯中，曾有数十件交易无果而终，这次他也从没有再去想它。但这成了扎来哈关注的焦点。他一直为此沉思，并且在2006年年初向以色列国家审计署投诉了这笔交易，宣称奥尔默特干涉了决标。这在当时是一项严重的指控，特别是因为那时奥尔默特已经是以色列的代总理了。阿里埃勒·沙龙在遭受了一次严重的中风后处于昏迷状态，奥尔默特因此接下了代理工作。2006年5月他正式就任总理。

到了2006年10月，审计署向司法部部长提议对此进行刑事调查。正如一名记者指出的，以色列近年来所有的总理都"认识警察局调查室的房间"：本杰明·内塔尼亚胡曾卷入一起行贿案，埃胡德·巴拉克参与了一项涉及非营利组织的事件，阿里埃勒·沙龙则被牵扯进一个有关希腊岛屿问题的案件，现在奥尔默特已成为第四个被调查的总理。这是在绝大多数其他民主国家里都是前所未有的现象，在以色列以外也不被理解。

那年10月，当一个以色列网站把弗兰克与国民银行的丑闻联系起来，他并没有担心，因为他"认为那些指控并没有任何根据"。不过几个星期后，这个故事便成了国际新闻。澳大利亚广播公司报道说弗兰克卷入了与以色列总理奥尔默特有关的高层腐败丑闻事件。

这则报道称，作为财政部部长的奥尔默特企图帮助弗兰克及另一名男子从交易中获取不当利益，帮助他们将国民银行私有化。还有人声称奥尔默特通过处理弗兰克事务的律师事务所做出了违背公众利益的行为。澳大利亚广播公司表示，以色列的司法部部长已证实了他正在调查奥尔默特接受两名国际商人的贿赂这一指控。弗兰克否认洛伊家族存在不当行为。

事情波澜不惊，直到2007年1月，以色列的国家检察官宣布将开始对奥尔默特干涉出售国民银行的指控进行刑事调查。新闻界充斥着各类报道，一些是陈述事实的，一些是猜测性的，还有许多对事件的评论。伦敦的《金融时报》寻求了以色列银行行长斯坦利·费希尔（Stanley Fischer）教授对此的看法。他说他所知道的一切事实表明了这些不同的观点其实都是缺乏专业性的。"我并不是说不存在腐败，但我认为公众对于所谓的腐败事件常常倾向于做出过多的解读。在英国的传统里，公务员的工作是建议，决定则由部长做出。我听说在以色列如果一位部长做出一个违背公务员建议的决定，那就是腐败。"

每当有以色列人向弗兰克问起关于这个有争议的问题时，他的答案总是相同的。"我从来没有为了大赚一笔而来以色列。我已经拥有了足够的财富，来这里的目的是通过可靠、安全的投资为这个国家的商业活动做出贡献。"但有些人仍然表示怀疑。弗兰克决心要洗刷自己的名声。

他为这场战斗做了准备。除了在两大洲聘请律师以外，洛伊家还在以色列与澳大利亚雇用了顾问，跟踪所有媒体，并且在必要时将广播及文章都翻译成英文。"这是一项重大的任务。名誉的风险是巨大的，我们必须保持全面警觉。"弗兰克说，"这些指控都是荒谬的，可是我担心也许发生了什么我不知道的事。我也不知道如果最糟糕的情况发生了，我应该如何应对以色列对我的起诉。我作为一个如此热忱的犹太复国主义者将如何应对这种无缘无故的起诉呢？"

在正式调查的9个月内，有人建议戴维和弗兰克不要访问以色列，因为他们可能会被要求在警察局按照以色列的惯例提供证据，也就是说没有律师来为他们提供帮助。"我们想要提供证据，甚至急于这样做，因为我们知道这将消除他们许多疑虑。但我们没有准备好根据以色列的法规，在没有律师代理的情况下做这件事。"弗兰克说，"我们想要的是澳大利亚法律所允许的这种代表权。"以色列人不愿接受，这件事便来回拉锯。最终以色列人决定飞往悉尼，并在澳大利亚的法律框架下进行面谈。到场参与的有两名高级警务人员及一名女警，会面将在悉尼喜来登公园酒店的套房内举行。

喜来登公园酒店距离西田总部只有五分钟的路程。弗兰克记得当时的气氛还算轻松："我们雇用的以色列和澳大利亚的律师都在场，并且气氛也不紧张。"警方约谈了两到三位曾参与此交易尽职调查工作的 LFG 的执行主管，然后是戴维，最后是弗兰克。"等轮到我的时候，我觉得他们已经知晓那些怀疑都是没有根据的。当我们完成了面谈后，我说'现在怎么样'，他们回答说就他们而言，我可以自由地前往以色列，并且以后不会再有问题提出。他们很有礼貌，也很和善，还说等我到了以色列，我们应该共进午餐。接着他们更为明确地说了一句'我们不能让您请客'。"午餐从未真的兑现。

虽然他以色列的朋友们早已习惯了自己国家的冲突文化，并且也一路都支持他，但这项指控仍然像台风一样击中了弗兰克。戈德曼认为这个打击对他来说之所以如此严重，是因为他是"带着廉洁之身"来到了以色列。在拉比诺维奇看来，在此事件中弗兰克只是一个无辜的旁观者，"就好像一辆汽车驶过，溅了他一身泥一样"。当弗兰克在 2007 年年底回到以色列的时候，人们感到不好意思，并试图让他感觉宾至如归。"这整件事让我很难过，我也获得了很多的同情。虽然我对这个国家的信仰始终不可动摇，但现在我看待它的眼光还是有些不同。"他说。

但是，他依旧及时为重新振兴的智库 INSS 启动了第一次大型会议。尽管怀着矛盾的心里，但他仍表现得彬彬有礼。值得注意的是，出席会议的显要人物中包括了奥尔默特总理和阿利萨。弗兰克告诉众人，这次会议是具有个人象征意义的。他解释说大概 60 年前，他离开了欧洲的废墟，孤独并害怕地来到了巴勒斯坦。

在我抵达这里后，一切都出乎意料。大屠杀的黑暗之门在我身后远去了，一个全新的视野在我面前打开。这里的人们拥抱了我。他们给我吃，给我穿，给了我一种归属感。多年来我第一次拥有了朋友和工作，我还有时间玩耍。这个国家给了我一个家，给了我一种极其宝贵、必须不惜一切代价来维护的情感……所以60年后的今天，我站在这里，在这个研究以色列安全的会议上，讨论如何保护以色列的安全。现在我再次在以色列有了一个家，通过INSS，我感觉我可以再次为这个国家做出些许个人贡献。我觉得我已经圆满了。

那是一个愉快的夜晚。9个月后，当扎来哈出版了一本让国民银行事件再度引起热议的书时，弗兰克对此无动于衷，他说他从未读过这本书。这本书主要叙述了扎来哈担任总会计师的四年职业生涯，名叫《黑警卫》（The Black Guard）。书中描述了在作者任职期间令国家陷入混乱的多项丑闻，其中两个章节专门探讨了国民银行事件。扎来哈虽然没有直接批评洛伊家族，但将他们描绘成一个想以最便宜的价格赢得银行控股权的贪婪家庭，并为达目的不择手段。一旦涉及对奥尔默特的要求和双方的接触有任何违法之处，扎来哈便将这些错误都归咎于奥尔默特，而不是洛伊家族。

2008年12月，国家检察官摩西·拉铎（Moshe Lador）宣布他将为奥尔默特一案结案，因为没有足够证据支撑那些欺诈或奥尔默特背弃公共信任的指控。在篇幅为43页的公开报告中，他写道："即使奥尔默特在这件事上表现出了利益冲突，程度也是相对较低的；即使他有些许不恰当的行为，也是非常有限的。"然而，他还是指出了这次调查为奥尔默特在出售股权的行为上和对待自己与洛伊家族及其代表的关系的态度上留下了"一些问号"。在最后，他说与奥尔默特联系的合伙人并没有为此过程带来任何显著的改变，也没有明显地偏袒洛伊家族的投资。

正如经常发生的那样，当整个风波结束后，媒体对于奥尔默特免除罪责的零星报道与指控他时的大篇幅报道极不相称。对弗兰克来说也是如此。澳大利亚的新闻高调报道了他涉嫌有罪的消息，撤销指控的报道却非常不显眼。这场风波得到平息，虽然弗兰克感到释然，却依旧保持着警觉。让他警惕的是，在如今的全媒体时代，新闻媒体已不能够完全正确地传递文化上的细微差异。以色列之外的人们读到这一事件时，并不会理会以色列内部的调查程序和其他地区的差别。

弗兰克对于以色列国民银行有着一种眷恋之情，20岁时他曾是这里的一名职员。审讯他的警察知道这一点，并试图曲解它，暗示弗兰克必定会为了拥有这家银行的一部分权益而尝试一切可能性，就因为以色列国民银行对他而言具有象征性的价值。这个推论让弗兰克极其反感。"我去以色列是为了做一笔安全稳固的投资。我想用数亿元来达成这个目的，并融入以色列的经济与社会，但事与愿违。我猜想这股醋意会随着时间而消失。"

尽管坚决不再参与以色列的任何商业活动，但弗兰克将继续担任INSS的主席，并享有在这个国家的广泛的社交网络，他还决定扩展他的慈善活动。虽然别人可能不容易理解，但他对以色列的那份责任感因为自己生活在国外反而更加深刻了。他觉得自己有义务和动力用最切实的方式做出贡献。在他使用出售美国购物中心资产所得的6800万美元的盈余资金创建Pa'amei Tikva慈善基金会后，弗兰克成了一位非同寻常的捐赠者。该基金会为以色列各地的教育、医学研究、战略研究及社区慈善事业做出了贡献。

然而在2008年，这6800万美元却成了国际上关注的问题。美国参议院的一个委员会指控弗兰克及其家人向美国与澳大利亚税务机构隐瞒了这笔在列支敦士登的款项。弗兰克驳回了这一指控，这一事件最终在澳大利亚调停处理。在美国，参议院及国税局对此展开了大力的调查，但没有采取任何行动。

弗兰克与Pa'amei Tikva的大部分慈善捐助都是通过以色列联合呼吁组织（United Israel Appeal）克伦海斯德（Keren Hayesod）——将近一个世纪前就已成立的犹太民族组织进行的。它与以色列政府和其他犹太机构密切合作，促进这个国家优先任务的完成。基于集体责任的概念，克伦海斯德扮演起了以色列与海外犹太人之间的桥梁。虽然筹款是它的核心业务，但它的其他作用却也非常广泛。"它为以色列人与全球犹太人创造了一个伙伴关系。"弗兰克说道，"以色列犹太人的生存一直处于危险之中，克伦海斯德为我们这些海外犹太人提供了在物质上和精神上支持他们的方式。尽管这种关系可能并不平衡，但维持这种伙伴关系至关重要，因为它将我们作为一个全球大家庭联系在一起，也使我们更加紧密。"

在以色列，一个慈善家可以获得的最高荣誉就是被授予"纳迪夫"（nadiv，即恩人）的称号。这个头衔最初在大约一个世纪之前被罗斯柴尔德勋爵所拥有，在那之后便极少被授予。2013年，弗兰克因"数十年的领导力和对犹太人的无限关怀"而获得了这项殊荣。该奖项是在耶路撒冷举行的克伦海斯德世界大会上，也是在以色列时任总统西蒙·佩雷斯的见证下颁发的。"我这一生中获得过许多的荣誉，但今晚的这项荣誉却可以取代所有。能够从西蒙您的手上接下它，让它变得更有意义。"他在接受颁奖时说道。

偶尔，弗兰克也会容许在自己的慈善事业里体现出自己的名字，以色列爱乐乐团的音乐厅就是其中一个例子。作为悉尼歌剧院交响乐团的长期捐助者，没有受过教育的弗兰克天生对音乐有浓厚的兴趣，他很高兴看到以自己的名字命名以色列的音乐厅。除了为音乐厅做出贡献，Pa'amei Tikva 基金会还资助了一个为 2.5 万名儿童和青少年提供基础古典音乐的学习机会。

2013 年，弗兰克与雪莉站在特拉维夫的洛伊音乐厅门口迎接着嘉宾们一起出席由祖宾·梅塔（Zubin Mehta）指挥的开幕音乐会，这时他感觉自己又圆满完成了一个任务。他记得在他们的热恋期，为了拿到免费的青年音乐会门票，他和雪莉曾在悉尼市政厅排了几个小时的队，拿到票后饱含期待地冲进大厅。那是他听过的第一场音乐会，一个新的世界也随之在他眼前打开。现如今，只要他脑子没有太多事情并且行程安排允许的情况下，一场音乐会依然能够将他带入另一种境界。等到最后一位以色列客人入场后，弗兰克夫妇便跟随着坐了下来。在梅塔举起他的指挥棒的那一刻，雪莉抓住了弗兰克的手，就像 60 年前她在市政厅做的那样。

他们的大多数朋友都出席了这场音乐会。在生命的晚年还能建立新的友谊需要一种特殊的才能。对弗兰克来说，以色列的社交圈弥足珍贵，他也竭尽全力与大家保持联系。他和雪莉会与阿里克（Arik）及舒拉·锡德（Shula Ceder）一起听演奏会，并与戴维及卡梅拉·鲁宾（Carmela Rubin）一起探讨艺术。作为鲁文鲁宾博物馆的馆长，卡梅拉帮着洛伊们管理他们的以色列艺术收藏品。有一次在以色列境外的一次商业会议上，洛伊们认识了哈尼纳（Hanina）及珍妮·布兰德斯（Jenny Brandes）并与她们建立了友好关系。之后又在以色列重新联系上她们，并且将她们带入了自己的社交圈。

在以色列，弗兰克发现了一个地方有一群来自社会各界因友谊而不是商务关系聚在一起的男士。每当他到访时，他常常都会与大家共进午餐。他们的谈话内容广泛生动，并且完全不受约束。在阿基罗夫、戈德曼及拉比诺维奇的陪同下，没有任何话题是受限制的。那是一场流动的盛宴，在各种各样的餐馆里进行，同桌参与的人士也会不断变化。大型软件公司朗新（Amdocs）的大慈善家莫里斯·卡恩（Morris Kahn），或者食品集团奥塞姆（Osem）的创始人丹·普罗珀（Dan Propper）都可能出席其中的一次餐会。和弗兰克一样，这两人都是划船爱好者。在下一次餐会时，可能会见到布兰德斯或是艾杜·迪森奇克（Ido Dissentshik）——以色列希伯来语报纸《晚祷报》的前任主编。有了航运业巨头拉米·昂加尔（Rami Ungar）的陪同，弗兰克便会很享受他俩拥有相同的背景这一点，有时他们会一起回忆斯洛伐克这个他们共同的根。

虽然弗兰克凭借阳刚之气而事业兴旺，但当大家在夜晚或船上成双成对约会的时候，他也很享受那种氛围的变化。虽然这些友谊都是新近建立的，但所有参与者之间都有一种让人放松的亲切感。然而不可避免的是，这个圈子正在缩小。他为以色列博物馆的前任馆长、他的好友多夫·戈特斯曼（Dov Gottesman）的离去感到惋惜。他也非常怀念汤米·拉皮德。

到了2013年，弗兰克静静地享受着INSS的成功——它已经成了以色列领先的智库。根据智库的全球黄金标准，它排在美国以外的世界前100强，在国家安全领域则排名世界前50强。INSS花费了好几年时间终于摆脱了之前的身份，建立了它自己的文化，现在已由弗兰克任命的第三任所长阿莫斯·亚德林（Amos Yadlin）少将接管。

对亚德林而言，这个领导 INSS 的工作邀请来得有点出乎意料。他是前战斗机飞行员、以色列空军副司令，后来官至以色列国防军军事情报局局长。在以色列国防军任职 40 年后光荣退休，他为自己计划了一个长假期，并且买了两张去往南美洲的机票。2010 年 11 月，他退休后的第一个早晨醒来时感到如释重负，不再有需要保守的机密，也不用再接听上级的电话。他推出了自己的自行车，自由轻松地骑了一段路程。接着他的电话响了，弗兰克·洛伊想要邀请他共进午餐。他从未听说过弗兰克·洛伊这个人，便立刻上网搜索了他的信息。"可是你住在悉尼啊！"他说。弗兰克笑了笑，然后给了他自己在特拉维夫的公寓地址。

作为前任情报局局长，亚德林具有职业所需的极为细致的观察能力，并且在午餐前就做好了准备。后来他说他对弗兰克井井有条的公寓及做事的高效率印象深刻。"我想这是一个在乎细节和美观，喜欢条理清晰的人。这个公寓简洁干净，毫不奢华。"亚德林从第一刻起就非常欣赏弗兰克，认为他是"一个关心以色列的人，内心温暖，同时静静地显示出了一种有效和直入主题的领导方式"。

弗兰克问亚德林是否可以隔天就接下 INSS 所长的工作。这根本是不可能的。亚德林需要休息，在接下来的 12 个月内都不能就任。虽然他计划 2011 年 8 月从南美回来，但直到同年的 11 月都不会工作。这两个男人和睦地分开了。很少忘事的弗兰克在自己脑子里的"日记簿"里为 2011 年 8 月记下了一笔。一如既往，在 2011 年 8 月，身在纽约的弗兰克给亚德林打了电话，后者当时恰巧也在华盛顿，于是他们就在他林荫大道的公寓内见了面。

到这个时候亚德林已经对 INSS 进行了全面的尽职调查，并且有三个问题需要理清。首先他想弄清楚弗兰克在政治上的立场。他是极右派还是左派？"我关心的是以色列这个国家，它的安全，它的福利，它的经济，以及它在世界上的地位。"弗兰克说，"无论你做什么，只要是支持有利于国家的政策，我都会支持你，不会干预。"

其次，亚德林说，如果要成为一流的智库，INSS 需要更多的资金。这是一个艰难的谈判，但还没有像第三个问题的讨论那么艰巨，因为这最后一个问题涉及亚德林作为筹款人的职责。亚德林理解工作描述里有这个部分，弗兰克希望他为此花费自己 50% 的时间。亚德林拒绝了，他认为这会消耗他太多的精力，并且需要在海外（也就是资金来源处）耗费太多时间。亚德林说："我们谈判了，正如你所知，弗兰克·洛伊不是一个容易谈判的对象。最后，我们彼此退让才达成了折中的协议，自那之后各自都不得以任何理由抱怨。解决了这三点后我们握了手，合作便开始了。"

在亚德林的关注下，INSS 的财务基础夯实了，它招收了年轻的研究人员，并且有了更具实践经验的研究队伍。它也开始以不同的方式与公众接触。除了与政策精英合作以外，INSS 已变成了公众碰到疑问时可以去咨询并了解信息的机构。亚德林在早期便有了些影响力，因为他揭示了伊朗的潜在核能力所造成的安全隐患。2011 年以前，这类问题都只是由政府组织及安全研究人员私下里闭门讨论的议题。亚德林来到 INSS 时正逢这个话题引发舆论风暴。这个时机刚刚好，INSS 能够给予的是政治家们缺乏的可信度。

在澳大利亚，只要新闻界提及当地的智库，弗兰克·洛伊的名字都会非常突出，观众会反复地看到或听到它；在以色列，他的名字却没有那么响当当，亚德林才是 INSS 的脸面。这一点可以在 2013 年的那场辩论会中看得非常明显，当时讨论的议题是 1973 年的赎罪日战争在哪里出了错。那场战争让这个过度自信的新兴国家措手不及，也改变了对自己的理想主义的看法。国民们惊讶地意识到他们的军队、情报人员及政治领导人并不是不可战胜的。更糟糕的是，这些单位之间缺乏沟通，他们制定的决策让人感到缺陷太多。这场战争摧毁了年轻的以色列人的英雄梦。

为了纪念那场战争 40 周年，INSS 为两位幸存的领导者——赎罪日战争时的以军情报机关负责人伊莱·泽拉（Eli Zeira）和前摩萨德首领泽维·扎米（Tzvi Zamir）——提供了一个就他们的传奇经历进行辩论的平台。这两位具有争议的人物都已八十多岁，他们之间的辩论吸引了全以色列人的关注。那次辩论非常激烈，并且也许是他们两人最后一次在同一个论坛上辩论。这一事件成了整个国家热议的话题，也反映出了 INSS 在以色列社会中的地位，但弗兰克·洛伊的名字却始终没有被提及或看到。

当弗兰克在 2001 年买下了自己在特拉维夫的大楼时，他的希望是创造一个一家人可以在以色列聚集的温暖的家。他的希望实现了，他的公寓也成了这家人在这个国家里的总部。2013 年，令弗兰克特别欣慰的是他的孙女雅基（Jacqui）在以色列军队休假期间顺便到访研究所。在那时，她是孙辈中唯一自愿服兵役的孩子。比起留在洛杉矶时的她，弗兰克和雪莉在此刻看到了一个不一样的雅基。

与洛伊家族中在悉尼的孙辈不一样，雅基从不会有每周固定与祖父母接触的时间。

> 我们通常都是随家庭一起飞来飞去地访问，我与他们的接触也仅仅是家庭聚会中的一部分。我过去都只能从表面上看到我祖父，现在我有了更多内在的视角和更深的理解。我们经常一起吃早餐，这是宝贵的时间。另外，因为

我参军了，我们之间自然也有了共同语言。我们会一起讨论事情，我与他比从前亲近了许多。他希望我去参加军官课程，但我想成为一名在前线作战的士兵。我每次执行完任务回到家中，我们总会有那么多的话题。他明白我的努力，也帮助我用不同角度来思考事情。

对雅基来说，有一位曾在1948年为以色列战斗过的祖父也是一份荣耀。"在军队里，我所有的朋友都会谈论起他们担任将军或高官的父母及亲人。我能够骄傲地告诉他们我的祖父曾经在戈兰旅的第一营里服役。"看到穿着制服的她，弗兰克一直很骄傲。他从来不曾忘记这一身制服如何将他从一个难民孩子变成了一名勇敢的战士。

一天夜里，弗兰克与朋友们晚餐时谈到了以色列的独立战争。讨论非常热烈，大家也兴奋不已，但弗兰克却出现了片刻的心不在焉。他看着眼前的一个个灰发老人，突然意识到自己是在场者中唯一真正参与过那场战争的人，其他人的年龄还不够大。他从未发现自己与朋友之间在年龄上有着十年的差距。现在他意识到了，这种感觉让他暂时停了下来。

那时，这场战争已经过去了65年，现在也仅剩几位依然出众和活跃的参与者存在于公众的视野中。对于亚德林来说，这些人提供了一个重要的视角，因为他们"一条腿踏在历史中，另一条则踏进未来"。那时亚德林身边有三位这样的人物能够给予他这种旧时代的价值观，另外两位分别是他87岁的父亲、曾经的教育部长阿哈龙·亚德林（Aharon Yadlin）和90岁的西蒙·佩雷斯总统。

在2015年的以色列选举期间，亚德林离开了这个智库，作为中左翼政党的国防部部长候选人参与竞选，希望一个新政府能够赢得选举。最后，中左翼选举失败，他又回到了智库。

作为前军事情报高官，亚德林获得了"国家顾问"的称号。当被问及国民银行事件是否玷污了弗兰克·洛伊在以色列的形象时，他回答说没有。"在我与他一起工作的三年里，没有任何人对我提及此事。"但他确实赞赏弗兰克不在以色列经商这个决定，因为在过去几年里，商业大亨一直都是媒体负面报道的追逐目标。

尽管有争议，弗兰克还是实现了自己的梦想。他通过情感投入重新找回了那份归属感，雪莉有着同样的热情。在拥有了一个给予他们属地感的家之后，他们能够更长时间地留在以色列。"我们感觉就是半个本地人。可以发出邀请，也可以被邀请。当雪莉在家里招待十五个左右的妇女吃午餐时，她们都很乐意前来。在我的书房里，我可以听到笑声，我喜欢这样的气氛。有时，一两位女性朋友会上来与我打招呼。我觉得我们已经被大家接受了。"弗兰克说。雪莉的客人们通常是他们社交圈里男士们的妻子。这一切都要归功于人们对于洛伊们的好奇心，还有弗兰克卓越的社交能力。他懂得如何伸出援手、与人接触并将他们纳入自己的世界。他不注重年龄层这一点对他活跃的社交活动也有所帮助。

以色列是一个充满活力的社会，人们的求知欲旺盛，对艺术、音乐及舞蹈都有着强烈的好奇心。尽管弗兰克在这里已找到了属于自己的一块地方，在特拉维夫住上几个月后他总会准备好改变一下生活节奏，回到在澳大利亚的另一个家。

第 16 章
触摸过去

弗兰克在他的前半生里并没有回到斯洛伐克的兴趣。菲拉科沃那个小犹太社区里的居民早已全部在奥斯威辛集中营里失去了生命，小镇也被"种族清理"。由于弗兰克的成年生活非常充实，因此封存他早年在欧洲的日子并不太难，回忆最多也就到以色列，那里给了他全新的开始。

但这种自我的心灵安慰并不可持续，儿时的痛苦不断袭来。50岁出头时，由于无法忍受胃痛困扰，他看了一个又一个医生寻求病因。最后，一位医生让他坐下来慢慢寻找病痛的起源，弗兰克记起了他童年时的疼痛。每当他感觉受到威胁时，他的胃就会紧张到痉挛。在他此后的人生岁月里，这种痉挛成了他感受安全的晴雨表。

医生介绍了一位临床心理学家给他，带着些许不情愿，弗兰克去了。在接下来的几个星期里，通过一系列的谈话，心理学家帮助他打开了记忆的闸门。"我情绪崩溃了，我对他诉说了那些长期被掩埋在心灵深处的往事。"他说。对遭遇迫害的恐惧，在社会边缘求活，到处躲藏和逃避追捕的记忆将他吞没了。40 年后，弗兰克依然为了那种被抓捕的恐惧和时时刻刻要为家人生存安危担忧而颤抖。那段记忆的冲击是如此强大，于是他把妻子和孩子们叫到一起来回忆过往。

他的家人都已习惯了他的支配性格，并且任何事情他也总是能控制自己的情感，还从未见过他这样情绪失控过。当他挣扎着说完他如何失去父亲，又和母亲如何幸存下来的故事时，家人们都看到了他灵魂深处令人意想不到的那一面。

自那之后，菲拉科沃再次回到并留存于他的脑海。那是他的家庭还完好无损时聚集的地方，在大分裂[1]前曾让他感到安全和幸福的地方。现在他已准备前去访问并做好安排。在雪莉的陪伴下，他们慢慢地一路穿过这座城镇来到了他的老房子。这里已是一座现代化的小镇，街道被封闭保护起来并铺设了柏油路面。他们站在街道上看着，弗兰克没有任何感觉。他们四处徘徊了一会儿，但他始终无法找到自己所要寻找的东西，尽管他自己也不确定那是什么。

父亲的失踪仍然是一个未愈合的伤口。虽然弗兰克已经学会与这个伤口共存，但他从来没有忘记它就在那里。尽管处理现实中的事务他无所畏惧，但有一件事他一直未能实现，那就是站在他父亲的坟前哀悼，因为这座坟墓并不存在。

弗兰克对记忆中的父亲的依恋如此之深，以至成年后他一直都在钱包里带着雨果的照片。在他的母亲伊洛娜去世后，他也会带着她的照片。随着事业上的成功，他会以父母的名义进行各种缘由的捐赠。看到他们的名字印刷在那些建筑物和牌匾上，他会感到温馨。但私下

---

[1] 大分裂（great rupture）是指纳粹德国 1938 年强占捷克斯洛伐克的苏台德区，以及之后德国与其他国家一起肢解捷克斯洛伐克，最终导致这个国家在 1939 年 3 月灭亡。——编者注

里他还在等待，等待一个能够告知他亲爱的父亲到底发生了什么的场景出现。

1991年，这样的机会意外地出现了。

那时，彼得·洛伊已经与妻子和两个女儿一起搬到了洛杉矶。作为新移民，他们认识的人很少，因而决定在两个小时车程以外的犹太酒店里度过逾越节（Passover）。该酒店位于棕榈泉，在逾越节期间接待了几百位客人。白天有祈祷、会谈等活动，前两天晚上会进行传统的逾越节家宴，之后便都是集体聚餐。

第二天早上，彼得去了大厅的售货亭领取报纸，站在他旁边的是一位也在取报纸的老人。当服务员问起这个男人的姓氏时，他回答说"洛伊"，然后接过了递给他的报纸。彼得随即表明了他的姓氏也是洛伊，想到他们彼此之间也许有些关联，他们开始交谈。

"你从哪里来？"年长的洛伊问。

"澳大利亚。"彼得回答道。

"不，不，不，"老人说，"我的意思是你真正来自哪里？"

"我父亲在捷克斯洛伐克出生，但战争期间他住在布达佩斯。"

"你祖父叫什么名字？"

"雨果。"

雨果·洛伊！这位名叫迈耶·洛伊（Meyer Lowy）的老人声称自己认识他。他们于1944年3月20日在布达佩斯火车站一起被捕，并在布达佩斯外的小陶尔乔难民营里一起度过了五六个星期。迈耶·洛伊解释说，最初他们是因为共同的姓氏而聚在一起，在之后的几个星期里变得更为亲密。

彼得后退了一步，几乎不能承受自己所听到的，他再次确认并立即打电话给他的父亲。在悉尼，弗兰克向自己的哥哥和姐姐报告了这个消息。接着，他和雪莉立刻飞往加利福尼亚。他们希望赶在逾越节结束前，也就是迈耶回到纽约重新经营他的面包店之前抵达棕榈泉。这个巧合真的很离奇。彼得是第一次来到棕榈泉，迈耶第一次也是唯一一次带着家人一起到此过逾越节。售货亭中发生的那一幕可能很轻易就错过了。

更巧合的是，就在售货亭遇见彼得的前一晚的逾越节家宴上，迈耶还曾向自己的家人诉说：虽然逾越节是为了纪念犹太人在埃及获得解放这件大事，但他认为犹太人从纳粹的压迫中获得解放的历史意义同样重要，也应该在逾越节上占有一席之地。这让他谈起了自己在纳粹统治下的经历。47年来，他第一次感觉必须告诉家人一个名叫雨果的人的故事。迈耶是如此强烈和生动地描述了他对这个老人的依恋，仿佛他又一次感受到了雨果的存在一样。在饭桌旁的家人们都很惊讶，因为他们之前并没有听到过雨果的名字。

那天的晚餐上，迈耶注意到了邻桌的两个与父母一起用餐的小女孩。他向她们挥了挥手，她们也笑着回应了。注视了她们一会儿后，迈耶为她们的美丽而感叹。那时他并不知道他看着的正是雨果的曾孙女，第二天他便再次遇到了彼得。

弗兰克和雪莉在棕榈泉机场落地后，彼得直接开车带着他们前往那家酒店，在那里他们遇见了迈耶·洛伊。内心翻腾着，却又不知道自己该期待什么或说什么，弗兰克拥抱了迈耶。接着他打开了他的钱包，拿出了他父亲的照片。迈耶看了一眼，说："是他。"

当年他们相遇时，迈耶18岁，雨果50岁。在德军占领匈牙利的第二天，迈耶在布达佩斯东部火车站排着长队试图买票。一个知道车站内有士兵的警卫一再试图劝阻他进入，但他仍然坚持。他继续说道：

　　当我进去以后，我看到几百人在一边等着。秘密警察和党卫军正在检查身份证件。那个年代里，犹太人很容易因大写的 Z 字（匈牙利语里犹太人为 Zsidó）而被识别出来。我也和他们分到一起。

我们被驱赶至几个街区外的警察局。在那里，我们像鲱鱼一样被挤得前胸贴后背，不允许移动，甚至也不能上洗手间。他们让我们这样站了一夜。德国人给我们留下了非常糟糕的第一印象。

第二天早晨，我们被带到距离车站大约 20 公里之外的小陶尔乔。我们被扣留在了院子里。当时天气寒冷，正下着雪。我们很害怕，因为我们听说了犹太人在波兰的遭遇。院子周围有着高高的警卫塔，上面的士兵用枪指着我们。每当其中一个塔楼有电话声响起时，我们都认为我们会被枪杀，便开始背诵"示玛篇"（摩西五经中一段重要的祷告词，宣称"主是我们的上帝，唯一的那个"）。

那天冷得刺骨。天黑了以后，德国人将我们赶进了营房。那里暖和多了，也是我遇见雨果的地方。我认出了他的名字，因为我是独自一人，我便前去与他确认我们是否有血缘关系，然而交谈后发现并没有。

雨果是营地里最年长的男人之一，而年龄最小的迈耶自然会在他那里寻求庇护与支持，并且与他保持着密切的关系。当匈牙利人掌管营地时，他们会允许来自犹太社区的食品卡车入内，每个人便能有足够的食物。德国人接管后大家便会挨饿，只能靠着家人们偶尔送来的食物包裹过活。迈耶没有包裹，有三个男人会与他分享食物，其中一个就是雨果。

一些妇女与姑娘被捕后被带入营地安置在另一栋楼里。到了晚上，党卫军会进入这栋楼，接着营地里的人们就会听到尖叫和哭泣声。这会使雨果暴怒，他会发狂，其他人不得不安抚他。

几天后，迈耶被命令到警察营地清洗地板。这个工作需要他去地窖的锅炉里打一桶热水。在锅炉旁有一个粗壮大汉，德国人禁止他说话。因为他有着大胡子，迈耶心想这个人或许也是犹太人。最后他们交谈了，那个男人问起了他和其他人都是从哪里来的。在迈耶解释了以后，那个男人说他并不是犹太人，但在听说了发生的事情以后感到很难过。他还提到他每晚都会回到布达佩斯，迈耶将这些告诉了其他人，在他们下一次见面时便问起他能否帮忙送信并付钱给他。那个男人说他们不需要付钱，但迈耶依然坚持。最终迈耶成为一个中间人，给这位男人送钱，请他为大家的亲戚们送信。雨果·洛伊的家人们正是这样知道了他被困在何处。

当这些人在难民营里滞留了大概五个星期后，布达佩斯正统派犹太社区的"大领袖"之一来访并发表了一则公告。在迈耶的记忆里，这位"大领袖"首先说道：

> "犹太兄弟姐妹们，明天他们将会带你们去一座小镇上的一个砖厂，在那里，你们将在战争中存活下来，甚至会得到劳动报酬。你们无须担心。"

这样，我们等着离开。第二天清晨，我们很早便收拾好了，在天还没亮时，我们便回到了一开始被捕的大车站。在穿过布达佩斯时，我们其实可以逃脱。当时天还没亮，我们整个团体，也就是整个小陶尔乔监狱里的几千人，转运途中只有大概5个或10个匈牙利警察监视着。我们可以在那时就离开，但我们相信了那些犹太领袖。

他们在车站等着火车。出乎意料的是，抵达的是由党卫军守卫的德国火车。他们设法隔着车厢之间的板条与车厢里的人交谈，那些人认为这辆火车正前往奥斯威辛集中营。

迈耶和雨果被塞进了同一节车厢。在关上门前，德国人任命了一名男子为领导，并警告说，如果发生任何麻烦或有任何人逃跑，此人便要承担责任并且会被枪杀。随着一声沉闷的咣当声，人们陷入了黑暗。对于火车上的情形，迈耶回忆道：

> 在火车上，几位斯洛伐克人用一把菜刀在木地板上划了一个洞。当火车慢慢向山丘上行驶时，他们从这个小洞口逃到了下面的轨道上。在他们刚开始砍地板时，那位"领导"尖叫起来，车厢里的其他人揍了他并使他安静下来。他倒下了。
>
> 火车经过斯洛伐克时，我们在车厢里谈论，犹太人在这个国家里根本没有生存的机会。那里的居民一旦看到犹太人逃跑，做出的第一反应便是打电话给德国人。
>
> 车厢里的条件非常糟糕，因为我们甚至没有小便的地方。火车时不时地停下，德国人会打开门来检查。那时我们才可以呼吸到一点新鲜空气。我们没有水喝，那才是最大的问题。我们请求那些德国人让我们去喝点水，他们不加理睬，只是重重地关上车门，有一次他们直接将水浇了进来。

几天后，火车终于停了下来。经历过缺水和折磨，这些男人终于被放了出来。他们一片茫然，大多数人都只携带了小件的行李，而且被命令将它们堆放在火车旁。迈耶记得所有男人们被分成了两组。那些年轻力壮、可以干活的被分到了一组，其他被认为太虚弱的则去了另一组。因为他健康结实，迈耶被分到了干活的那一组，雨果也是。

迈耶注意到雨果不顾那些命令，依旧提着一个小包裹。德国人答应过每个人以后都会拿回自己的东西，但雨果不相信他们。他需要这个包裹，不肯放手。一名党卫军军官走到了他的面前，训斥了他，从他胳膊下抽走包裹扔进了那一堆里。在那个军官转过身时，雨果冲过去取回包裹。一个警察注意到了，把他推到一边，开始殴打他并把包裹又扔了回去。

雨果又尝试取回。这是极其危险的，那些看着的人都恳求着他放下："雨果叔叔不要这样做！雨果，敬爱的叔叔，不要这样做！"也许他们害怕这会招致集体受罚。但是雨果下定了决心要取回这个包裹，这时更多的警察来了，他们推开人群，一起用步枪的枪托殴打他，打在他的背上、头上，甚至他的腹部。雨果双膝瘫倒在地，但继续紧抱着他的包裹。每个人都在看着。他们不停地打他，他被打成了重伤，一边流血一边颤抖。接着，他们抢走了包裹并将其撕开，其他人都走开了。

雨果被撕破的包裹里装着他的披巾或祈祷披肩和他的经文护符匣，以及一个在平日晨祷时虔诚的犹太人携带的附有黑色皮带的小皮革盒子，里面装着摩西五经的诗篇。

当迈耶·洛伊讲述着他的故事时，弗兰克变得不堪承受，他不得不离开了房间。他离开了太久，于是彼得出去找他。当找到他时，他发现自己的父亲在男厕所里泣不成声。

这样的遭遇让雨果的四个孩子如今听来情绪激动。几十年来，他们一直生活在不知道父亲发生了什么的痛苦中。现在这个消息并没有抚慰他们，而且带来了新的伤痛。他们彼此交谈，每个人都尝试以自己的方式接受这个事实。几个星期后，弗兰克意识到在等待了几乎五十年后，他终于不再梦想他的父亲。

虽然我对父亲的记忆一直是模糊的，但是对我而言，知道他发生了什么至关重要，而对于我母亲来说就更加重要了。在我和她一起在布达佩斯相依为命的那段时间里，她非常害怕父亲可能遭遇了什么不测，并且数十年来一直为他的离去而痛苦着。在我母亲身上看到的那种失去亲人的折磨和消耗，还有那些我亲身的经历，对我和我的家庭来说都成了一种巨大的激励力量。我不仅想让他们永远不要经历那样的事情，而且我的家庭几乎是幸免于难的人们的一个见证。它曾经给了我并且还能给我在战争年代里失去的那份归属感，这份感情不容易表达，因为它需要太多的理解。这份理解背后的负担，我并不想强加于他人身上，独自地承受似乎可以少一些麻烦。

虽然现在终于平静了，但弗兰克却不愿这样简单地接纳过去。他需要做点什么以示纪念。在悉尼的摩利亚学院里，他以他父亲的名义捐赠了一个美丽的犹太教堂，但这对他来说还不够。当其他人到奥斯威辛－比克瑙（Auschwitz-Birkenau）集中营访问时，他却不能去。在他确切知道父亲在哪里离世前，在拥有一个可以站立、抚摸而且可以象征他父亲的物件以前，他不能到这个地球上最大的犹太墓地去。不仅如此，他还想为自己、家人及后代在这个地方做上标记。

几年后，弗兰克和雪莉再次回到了菲拉科沃，敲了敲曾经的洛伊家的大门，并进去坐了坐。对弗兰克来说，这个房子仿佛活了起来。他记起了他曾经睡在哪里，还有童年时期的自己如何在厨房的桶里洗澡。在院子里，他告诉雪莉旧水泵所在的位置。在他一家人当年每周五吃晚饭的餐桌上，弗兰克和雪莉与新住户一起喝茶。弗兰克能感觉到自己内心激起的一份关联感，他也想带其他家人一起来。

几年后，他把他的儿子和儿媳带到了菲拉科沃。虽然这一代人能够看到自己家族起初生活的狭小空间，但他们对于那里曾经兴盛一时的丰富的社区生活并没有任何感觉。那里只有它已经化为历史尘埃的残酷现实。

就在城外，他们无意中发现了被遗弃的犹太墓园。女人们在巴士上等候，男人们则翻越高墙一探究竟。里面杂草丛生，石头都掉了下来。他们在炎热的天气中搜寻了一个小时，清除着杂草，翻转着墓石。

正当他们要转身离开时，戴维突然大声喊道："爸爸，是这个吗？"墓碑上的希伯来文字早已褪色，但是乔纳·洛伊的名字还能依稀辨认出来。他是弗兰克从未见面的祖父，弗兰克却是以他之名命名的。他们将他的墓碑竖立了起来，并且依照惯例将几块石头放在坟墓上。接着他们静静地站着。这是一个庄严的时刻，每个人都意识到洛伊家族的四代男人此时在同一个地方，只有雨果一人缺席。弗兰克、戴维和史蒂文正打算动身离开时，发现彼得并未准备好离开。他们回到了他的身边，一起自发地开始背诵犹太教祈祷文。这座墓地已经50年未曾听到有人为逝者祷告。

现在，弗兰克想要带他所有的孙子孙女回到这里。他首先带来了长孙丹尼尔，接着又带来了另外6个人：诺亚（Noah）、乔希、本杰明（Benjamin）、西蒙内特（Simonette）、雅基和克劳迪娅（Claudia）。对他们每个人来说，这都是意义深远而令人难忘的经历。16岁的本杰明说："那是让我一下子长大了很多的时刻，我生活中的许多事情正在发生变化。当我站在菲拉科沃的墓地时，我感受到了一份历史感。当我们朗诵着犹太教祈祷文时，我觉得自己是过去与未来之间的一条活的纽带。我在这里将成为我的祖辈与我的孩子及他们的孩子之间的纽带，通过我这条纽带，他们可以了解到我的曾祖父那一辈人。我站在他的坟墓边，感受着这份职责。"

与孙子孙女们一起回到东欧的旅程并不全是为了那些严肃的任务。虽然有计划中的教育行程，但每当弗兰克发现他们不堪重负的时候便会打破僵局。他会放弃参观博物馆，让他们去溜冰。每当他们的导游做出过多的解释时，弗兰克便会打断他，说"好了，好了，我们知道了……"他明白孙子孙女们到了晚上需要放松。"我们需要一个情绪的转换点。"本杰明说道，"当我们在酒店的过道里玩模拟门铃的游戏时，他会看着我们笑。他在他的童年时期没有玩过这个。"

几年后，轮到了卡罗琳（Caroline）和里娜（Rina）踏上这个旅程。在这些拜访过程中，弗兰克会带着她们走向那座房子，会坐在雨果星期五下午回家时所抵达的火车站里的一张长凳上，也会在乔纳的坟墓前祷告。他希望家里每一个成员都能够了解并接触自己的身世，从而为未来的子孙后代做证。

虽然整个家族里除了阿梅莉亚（Amelia）和乔纳以外都回去过了，这两人也预计会在将来回去，弗兰克却还是感觉自己没有画完这个圆。他不知道还能做些什么，因此开始独自访问，不过并不是前往别处时顺道经过此地。菲拉科沃没有机场，并且距离布达佩斯有两个小时的车程。他每次抵达时都会带着不切实际的期望，希望能够在这里找到自19世纪初以来就存在的老社区的迹象。但这里什么都没有，也没有人能够与他一同坐下，一起追忆这里曾经发生过什么。

在多次拜访之后，他在这个并不知名的城镇上有了名气。当地人上网搜索后惊奇地发现了他是谁，并声称他是菲拉科沃著名的儿子。毕竟他在这里度过了他人生中前11年，并且精通斯洛伐克语和匈牙利语。久而久之，弗兰克的到访及人们对他的好奇心唤醒了小镇失去的那份对犹太社区的感知。

第17章
安葬父亲

有一个地方弗兰克·洛伊从来没有去过，并且也从没有带他家人去过，那就是奥斯威辛－比克瑙。直到知道父亲死在哪里，他可以在哪里站立并触摸代表他父亲生平的遗迹或遗物之前，他不能去那里。他想做得更多，希望能在那个地方留下印记。访问奥斯威辛－比克瑙的成千上万的人有着同样的冲动，他们想留下代表各自心灵创伤的个人纪念、牌匾或说明，并且大多数的人也这样做了。管理机构通常容许这些标记保留数个星期然后再将它们拆除，这样做的目的是使死亡集中营尽可能保持在战争结束时的原始状态———一片空地。

雨果的死亡对这位曾经受过他帮助的迈耶·洛伊造成了深刻的影响，并且往事一直在他的脑海中回放。在遇到雨果的家人后，迈耶充满热情地多次谈起那段人生，以至他的妻子和孩子对此也已经完全熟悉了。这也成了他们家庭自己的故事，他们会将其讲给其他人听。随着迈耶渐渐老去，作为雨果之死的见证者，他也一直致力于将自己的亲眼所见告诉世人，毕竟这是一件对他来说很有意义的事情。作为一个宗教信徒，他觉得他在履行神圣的职责。

棕榈泉之旅结束后，为了准确记录在案，迈耶正式复述了两遍雨果的故事。2004年1月，我去迈阿密看望了他和他的妻子凯蒂（Katy），像候鸟一样，他们一到冬天就会离开纽约南下温暖的佛罗里达。这时迈耶身体不是很好，并且他的声音也比较微弱，但他还是坐在自己的公寓里几个小时，面对大海，忘我地谈起了和雨果一起度过的日子。半个多世纪过去了，他记忆犹新，丰富和详尽的陈述充满了感情。

雨果以他超凡的气质，很快就成了关押在小陶尔乔营房里200多个男人的领袖。他带领他们祈祷，并代表他们和抓捕者交涉。

"雨果负责领导我们，他是一个为大家做事的人。我们管他叫'雨果巴奇'（Hugo bácsi）。他是一个很好的组织者，总是非常积极地安排并身体力行。我们组织了一个祈祷小组。他把大家聚在一起并带领大家祈祷，我们整天都在祈祷。"

雨果有一种能够超越恶劣环境的韧性。迈耶说道，他的宗教信念是如此之强，有时他甚至会非常兴奋，人们被他深深地吸引。他的热情帮助大家舒缓了紧张的情绪，他的面容给人们以安慰。"他是我们的权威象征。他就是那位祈祷时带领大家朗读祷文的领导者，我们都喜欢他。祈祷是我们的唯一希望，我们吟诵赞美诗，因为只有上帝会帮助我们。"

由我转录的迈耶的话语成了弗兰克的一个新发现。在棕榈泉，他听到了迈耶关于雨果之死的每一个字句，但并没有关于迈耶和雨果一起在集中营生活6个星期的详细情况。弗兰克不知道他的父亲是一个领导者，也不知道他的父亲受到了如此的敬重。几十年来，他都是挣扎在并不太多的、碎片化的关于父亲的传说中。他听说父亲是一个好人，而且具有迷人的个性，但是缺乏商业技能，家庭开支一直颇为紧张。

一直到迈耶讲述之前，没有人能够改变他对父亲的偏见，或给予父亲一个更加全面的评价。当弗兰克知道这些信息后，他对父亲的看法开始转变。尽管雨果不擅长打理生意，或许有点喜欢打牌，但他还有另外一个重要的人格。他有一种精神力量，在困境中，这种坚毅可以使他激励和团结周围的人，带领他们，为他们谈判，给他们安慰。

当弗兰克开始更多地了解雨果后，他开始产生了一种陌生的情感。73岁的他开始为父亲感到骄傲，他有了要使他父亲安息的空前的紧迫感。这是一个不可思议的想法吗？是否有可能安葬雨果？弗兰克开始阅读集中营的资料。他知道了奥斯威辛只是一个关押集中营，而3公里之外的比克瑙则是一个死亡集中营。雨果就死在比克瑙，当看到任何出现在那里的人的照片时，弗兰克都会辨认他们的脸庞，希望可以看到他的父亲。但是在查看过来自这块巨大的荒凉之地的所有照片之后，他都没有发现他的父亲。所以，直到他能够找到一个证明雨果是如何死亡的物证之前，他是不会涉足那块墓地的。

比克瑙这块地方一点也不令人感到舒服，没有地方可以坐下，也没有地方可以倚靠。土壤里浸透了悲伤，湖泊中尽是亡灵的骨灰。美丽的桦树上悬挂着可怕的记忆，一个个家庭及其孩子曾经坐在树下等待进入毒气室。光秃秃的铁轨一直连到集中营里面，从入口到毒气室。

这些轨道和新的站台都是1944年的春天特别建造的，用以加快对匈牙利犹太人的屠杀。在这之前，火车都是停在集中营的外面，人们需要走进去或者乘卡车进去，但这个过程太慢。在1944年春夏时节的日日夜夜里，火车不停地穿越被关押者口中的"死亡之门"，然后顺着新的轨道而下。火车适时停下，纳粹军队将犹太人赶到这些刚被分配好的"新站台"上。几个小时内，这些大多数像货物一样集中的人将就此化为灰烬。

2006年，名为吉迪恩·格雷夫（Gideon Greif）的研究大屠杀的历史学家正好来到悉尼做巡回演讲。格雷夫教授对匈牙利押运犹太人的这段历史有比较详细的了解，如果有什么人可以帮助弗兰克解答那些疑问，他就是最好的人选。在弗兰克家里的私人会见中，格雷夫描述了"新站台"及它们是如何为了更快接收匈牙利犹太人而被建成的。那里就是他们下车的地方，党卫军在此进行选择，决定这些人是存活还是死亡。这块地方依然按1945年战争结束时的场景完全保留——一片空地。

为了这次会见，格雷夫带了一本奥斯威辛相册的副本，册子收集了在匈牙利押运犹太人过程中由党卫军在站台上拍摄的照片。当他和弗兰克看着这些照片时，他们很清楚雨果就是在这个位置的附近死亡的。

这也是一个发现。格雷夫帮助发现雨果可能的死亡位置启发了弗兰克。在他的脑海里，他可以看到一列火车静静地停在这个站台旁边——用来运送匈牙利犹太人的那一类的火车。他看见这种火车空荡荡地停在那里，以此作为一个纪念，纪念那40多万站在站台上的男人、妇女和儿童：他们疲惫、饥饿而且恐惧，然后转身走入了桦树那边的集中营地。

60多年来，比克瑙的站台一直是空荡荡的。奥斯威辛-比克瑙博物馆保留这块空地，就是为了作为一个活生生的纪念物，告诉人们这里曾经发生的事情。这几十年里，一直放置一节火车车厢在站台旁是不能想象的。现在，弗兰克提出了这个可能的建议作为对匈牙利犹太人——在这批人当中也包括他的父亲的纪念。现在，一个新的计划正在形成，博物馆也任命了一位年轻的总监负责这项事宜。

皮奥特·赛温斯基（Piotr Cywinski）是一位学识渊博的历史学家，他相信还原和保留集中营真实场景的重要意义及它们对于教育后代的价值。放置一节车厢的想法引起了共鸣。亲眼所见和亲手触摸一下那个年代里有特殊用途的真实车厢，可以使现在的年轻人更好地理解当年所发生过的押运和惨案。他支持在比克瑙放置一节车厢的想法，但要求必须是完全真实的车厢。它将树立在那里作为对所有在1944年的春夏时节遭受大屠杀的匈牙利犹太人的纪念。

弗兰克花了很多时间思考放置一节车厢在那里将意味着什么。他把它看作一座匈牙利犹太人的纪念碑，包含很丰富的含义。他又在想怎样才能作为代表他个人意义的印记。在经历了几十年都不知道他父亲死在了哪里现在又知道了以后，这节车厢是否也能作为一个个人的纪念呢？现在他渴望和父亲站在同一片蓝天下做一次古老的哀悼仪式，至少是在他的心灵中。他站在了他父亲停止呼吸的地方，也许他能够再次感到父亲的存在。这节车厢是一个公共的象征，但是对弗兰克·洛伊来说，也是他个人的精神寄托。

他开始寻找类似的火车车厢——必须是原来的，曾用于1944年春夏时节运送匈牙利犹太人到波兰的。第二次世界大战结束后，大多数的列车用于德国和其他国家的铁路上运载货物。一直到20世纪70年代，任何工作日都可以看到它们穿行在乡村执行着常规的业务，它们所承载的那段沉痛历史并不为人所知。但是到了弗兰克想寻找一节车厢的时候，它们已经有30多年不再被使用了。

一个特别的找寻火车的工作小组成立了，由以色列联合呼吁组织克伦海斯德的总干事格雷格·马塞尔（Greg Masel）领导。马塞尔负责具体运作，而同时由吉迪恩·格雷夫负责历史问题。他们两人的第一站就来到了布达佩斯的押运纪念馆，那里是欧洲最大的货运列车收藏地。两个人在开放的火车集中地走了几个小时，一排排地查看老旧的火车。管理者带他们看了两列曾用于从匈牙利到奥斯威辛－比克瑙运送犹太人的火车。它们状况完好，在确认其真实性后，他们挑选了一列中的一节车厢。但是经过复杂的谈判后，匈牙利政府表示这列火车不能离开匈牙利。官方原因是波兰的天气潮湿，特别是在寒冷的冬天露天放置的车厢会加速损坏。

马塞尔和格雷夫后来又回到了布达佩斯的押运纪念馆查看其他可以出境的火车。接着就是漫长的谈判，但是依然没有结果。然后他们听说布达佩斯郊外有私人的收藏。在那里，他们发现了一列状况不好的火车并请来了奥斯威辛－比克瑙博物馆的保护专家查看。他们取下小片的木头和金属到博物馆的波兰实验室做检测。两周后他们宣布这列火车确实制造于20世纪，它的部件也是原装的。经过照片、文件和火车专家的鉴定，进一步确认这是一列曾用于运送犹太人到奥斯威辛的火车。谈判一路深入，但最后还是失败了。

他们也同样去了匈牙利、波兰和德国。马塞尔和格雷夫与一些私人收藏者进行了长时间的谈判，但都没有进展。这时以色列记者米沙·利莫（Micha Limor）加入了搜寻团队。德国朋友告诉他在靠近荷兰的边境有一个货运火车收藏地。团队赶去调查并发现了两列火车，看上去有希望了。利莫熟悉专业的德国重建和保护实验室迪埃施米德（Die Schmiede），它的两位专家看了火车，选中了一列中的一节车厢。它有一个小的制动屋，是一个小的附在背面的木质结构，必要时，一两个人便可以启动刹车将车停住。

这列火车放在野地上长期失修，被用作一个临时仓库。它属于罗兰·胡瑟（Roland Hiiser）博士，他是一位医生和铁路迷。当他被问及是否考虑出售这列货车时，胡瑟对他们的这一要求感到疑惑。他曾听说他的同胞中有火车爱好者将自己的车厢给了与此类似的项目，结果却发现使用者在用完它们后便将这些车厢报废了。虽然这个项目具有丰富的情感意义，但是人们并不理解它们作为博物馆珍藏品的价值。

但是胡瑟也很想看到这列火车得到专业的修复，随着讨论的进行，火车接受了仔细检查。部件和型号的原件与历史档案照片及文件做了比对。然后，来自奥斯威辛-比克瑙博物馆的专家做了鉴定——在夹板之间发现了人体的残留物——并宣布它属于运送匈牙利犹太人到波兰的货运列车中的一列。

当胡瑟更好地理解了这些人为什么对他的火车如此感兴趣后，他改变了主意。他可以为了历史不被"遗忘"而做出一些贡献，并"出于心灵的同情"在这个过程中帮助一个名叫弗兰克·洛伊的澳大利亚男人。但是有一个条件，这列火车必须在迪埃施米德修复，这里对于修复旧车辆有很好的口碑。胡瑟从来没有把火车作为他的私人财产，但是想为公众更长时间地保留它。如果他要把它捐给奥斯威辛-比克瑙博物馆，火车需要在最高的技术水准下进行快速修复。

在胡瑟眼中的一件最好的博物馆珍藏品，对弗兰克来说就是一个最好的精神寄托。在谈判过程中，谁也没有意识到他们正在一起准备一个即将代表比克瑙的象征物。当人们进入集中营的时候，他们的视线会立刻停留在这节火车车厢上。在一望无垠的荒野中，它将成为一个聚焦点。

1994年皇家运输公司宣称将售出一些货运列车后，胡瑟购入了这列火车。这批火车是1945年从德国铁路公司接收过来的。在第二次世界大战结束后的早期，英国人征用了4列这样的火车并将它们连成一列铁路部门专用列车，用于修复和重建受损的轨道。这列火车中的每一节都有不同的功能。一节是卧铺车，一节是厨房，一节是车间，一节是洗手间。胡瑟在武尔芬弹药库看了这些火车并选了4节。他的目标是将那列卧铺车专业地恢复到原来的状态。这也正是专家们选中并放在比克瑙的那节车厢。胡瑟并不要褒奖，而就是想参与和体会整个保存的过程，他说道：

> 我有幸经历它的整个高技术水准的修复过程。从全球范围讲，没有任何类似型号的火车可以得到如此高质量的、完整的和现代的修复。对于一个喜欢收藏火车技术和文化遗产的人来说，没有比通过在奥斯威辛－比克瑙展示和保留这样的技术文化资产更合适的方式了。我非常感谢并自豪能够成为这个项目的一部分。我从没有想到过我会有机会以这种恰当的方式做出我的贡献，让历史不被遗忘。这种思想将一直把我和这节火车车厢联系在一起。

经过数月的工作，在博物馆的监督下，火车车厢已经准备好运送到波兰。从开始寻找到现在三年过去了，在2009年9月的一个阴沉的日子里，车厢抵达了比克瑙的外面，那个年代的"见证者"回来了。它是通过公路列车放在一个铰链式自卸车上运过来的，然后被稳稳地放到了已经65年未曾使用过的轨道上。一组工人慢慢地在砖块拱门下推着车厢通过了"死亡之门"。当他们沿着轨道前行差不多一公里来到了比克瑙的深处时，天空一直下着小雨，空气朦胧。在站台上，他们停下并将车轮刹住。

车厢立刻就获得了验证，它自然地进入了位置，新的到访者会认为它一直就在那里。一个来自博物馆的铜铸的匾牌贴在了车身的旁边，用下面这段话通过英语、波兰语和希伯来语说明了它的存在：

这节车厢放置在这里是为了纪念被纳粹从匈牙利运过来的犹太人，他们在奥斯威辛－比克瑙集中营被德国纳粹屠杀。在1944年的春夏有超过100车次的运送。类似的火车陆续运来了超过40万的男人、妇女和儿童，他们当中的大多数人到了这里后在毒气室里被屠杀。

认识到了火车的意义，博物馆同意在不太明显的地方放置一块较小的牌匾说明这是由在运送中死去的雨果·洛伊的家人保存的。但是雨果的故事需要得到证实。在比克瑙没有他存在过的官方记录，雨果唯一的死亡见证人就是迈耶·洛伊，而他现在纽约身患重病。

格雷夫承担了去获取迈耶·洛伊证词的任务，但是当他打电话时，迈耶很虚弱，几乎不能说话。通话很困难，长途电话中噼噼啪啪的噪声不断，电话结束后，迈耶担心他没有说清楚。他在做出一个合适的证词之前一刻也不能歇息，随后，他和自己的妻儿又找到这位历史学家，这样他可以再试一次。这次，他的妻子帮助翻译，经过两个小时的谈话，迈耶感到满意。他的工作完成了。两星期后的2009年10月31日，迈耶去世了。

迈耶·洛伊也被告知了关于火车车厢修复的事情，这对他来说也具有深刻的意义。在他即将走完人生旅程的时候，他告诉家人，自己能够生存下来，很大的力量来自他作为见证者的使命。他告诉儿子，在车厢旁，雨果·洛伊曾看着他说道："没有我的披巾和经文护符匣，我哪里都不会去。"在那个时候，迈耶理解了这些宗教信物对于雨果的生命是多么重要。他从这些信物中获取精神力量，从而可以带领大家祈祷并维护他们。在小陶尔乔，他们在持续的恐吓中无依无靠，唯有祈祷上天的保护。在奥斯威辛－比克瑙，迈耶·洛伊相信雨果将继

第 17 章　安葬父亲

续他的这项使命。在他所带领的人们的注视下，他拒绝交出这些信物。大家应该知道这个小包裹里装着什么，在那些更加恐怖的时刻到来时，雨果出于信仰而做出的抵抗行动给他们留下了永不磨灭的印象。

66年后，在北半球2010年的春天，雨果生命的最后时刻终于得以在他遇难地的一个专门为押送犹太人的火车举行的仪式上被重现。迈耶的证词确保了那块较小的牌匾能够放置在那里。雨果的孩子们为他们的父亲找到了标记，但是只有亚历克斯和弗兰克能够看到，伊迪斯已经去世，约翰因为身体太虚弱而不能到波兰参加仪式。家庭中幸存的成员和许多亲近的朋友都远道而来参加了这个仪式。那些提前一天赶到的人买好了他们的祈祷包，里面装有他们自己的披巾和经文护符匣，大家都知道第二天一早会有一个祈祷仪式。

亚历克斯带领大家在他们居住的酒店祈祷。在一个寂静的时刻，马塞尔走向弗兰克。他的脑海中闪过一个主意，他问道："如果把你的装有披巾和经文护符匣的祈祷包放置在车厢中，象征性地替代你父亲那个被撕碎的祈祷包，你们认为如何？"这是一个很能激发灵感的想法，也无疑是正确的。所有需要做的就是马塞尔需要获得博物馆当局的许可。

在弗兰克为仪式而穿上正式服装时，他拿起了自己的祈祷包并感受到了它的分量。他记得父亲1944年从小陶尔乔写的第一封信，也想到了雨果在生命的最后几个星期里，他的祈祷包带给他的些许安慰，并想象着他在黑暗的车厢内抱着他的祈祷包的样子。但是弗兰克不能想象的是，经过数天的被限制在一个没有食物、水和空间的情况下，当父亲步履蹒跚不明方向地走向站台的时候，是什么力量还能使他坚定地保持住对他来说最重要的东西。弗兰克离开酒店参加仪式时，带着他自己的那个蓝色和银色相间的祈祷包，他把它紧紧地夹在他的臂膀下。

这是比克瑙灰暗和阴沉的一天，参加仪式的人们任由绵绵细雨浇打在自己身上。当客人们经过那个臭名昭著的门口的时候，一眼就看到了停在不远处的火车车厢。静静地，他们向它走去，试图走近半个多世纪前那些阴森的火车，就是通过那种火车，大约50万从这里消失并化为烟尘升入灰色的天空。仪式庄严肃穆，其中也包含了颂扬的成分。到场的不仅有逝去的迈耶·洛伊的家人，还有超过25位雨果的后人及100多位来自独立的犹太之国以色列的客人。

博物馆馆长也致辞了，他表示发生在奥斯威辛–比克瑙的回忆会深深印在大家心中。但是他们今天的到来不仅是为了记忆，更是为了胜利，为了生存的胜利。抱着弗兰克的银蓝色的祈祷包，利瓦伊·沃尔夫（Levi Wolff）这位年轻的悉尼中央犹太教堂的教士，解释了它将被放置在车厢内作为对雨果灵魂的永久纪念。雨果的两个儿子将用它替代他们的父亲那个被撕碎了的祈祷包。

当另一位来自中央犹太教堂的独唱者西蒙·法卡斯（Shimon Farkas）起身咏唱希望和憧憬的圣歌时——集中营里的匈牙利犹太人也曾吟唱这首歌曲，比克瑙的天空依然灰暗。这首匈牙利语和希伯来语混合的歌曲《雄鸡啼叫》，表达了犹太人民渴望救赎和回到以色列那片土地的心情。随着歌声的提升，天空开始变得晴朗。

来自以色列的迈尔·劳（Meir Lau）教士，前以色列德裔犹太人的首席教士，在大屠杀时期还是一个儿童，他站在车厢前描述了自己作为一个孩子在运送过程中的经历和造成的巨大心理创伤。他说道，即使后来作为一个成年人，他看到类似的货运列车还是会感到震颤。但今天，站在这节车厢旁，他不会再发抖。对他来说，这节车厢已经不再代表那些拥挤在缺乏空气和水的车厢内遭受苦难的人。它已经变成了一个神圣的纪念碑———一个上帝之名的纪念碑，纪念一个族群以上帝之名所做出的神圣牺牲行为。几乎每一代犹太人，无论是个人还是整个群体都在为圣名的神圣化而牺牲和奉献。

自从听了雨果的故事，迈尔·劳教士经常问自己雨果·洛伊在那些最后的时刻里想着什么。他为什么要这样做？也许祈祷包内的东西与他的生命有着直接的联系。这是他的犹太传承、他的传统及他父母对他的教育。迈尔·劳教士现在想让每一个犹太世界里的男孩和女孩都"知道一个犹太人——Hillel Zwi Lowy（雨果）如何牺牲自己并从容走向犹太人惨剧的历史祭坛，因为他知道没有他的披巾和他的经文护符匣……就没有犹太男人的生命"。他也希望每一个人都懂得孩子们尊敬他们父母的重要性，不仅是在他们活着的时候，也包括他们死后。雨果的死亡也为他自己的家庭增加了一份传承。

雨果的三位曾孙丹尼尔、西蒙内特和乔希站在车厢前，轮流朗读雨果66年前最后写给家里的信件。然后，亚历克斯和弗兰克兄弟俩站在一起朗诵为雨果和所有在这里死亡的人们的哀悼祷文。这些古代阿拉姆语的祷词穿过带刺的铁丝网，越过破碎的兵营。他们以泪洗面，两兄弟几乎无法坚持诵读完。

为了纪念如此众多的数十万在这里遇害的匈牙利犹太人，博物馆从耶路撒冷运来了大量的白石子。每一个参加者被要求放置一个白石子在车厢里。鲜花比喻生命的短暂，而石头代表记忆的永恒。人们静静地聚集在敞开的车厢前，兄弟俩把祈祷包放了进去。慢慢地，西蒙·法卡斯开始吟唱被称为《营地圣歌》的歌曲，大家一起加入，天空中环绕着希伯来副歌"Ani Ma'amin"（"我相信……"）。然后厚重的车门随着一声沉闷的声响关上了，这也一定是1944年这个站台上空经常回响着的声音。那一年，大多数的犹太人离开站台走向了死亡营地。现在客人们转身回到了大门口。

在家人和朋友的陪伴下，弗兰克终于触摸到了过去。"这对我来说是一个时代的结束。"他说，"我13岁的时候就失去了父亲，而今天我已经80岁了。"

在处理完了父亲的后事并恢复平静后，弗兰克作为"年度生命大游行"活动的领导者之一接受邀请于2013年又回到了那里。来自世界各地的1.4万名年轻人从奥斯威辛走到比克瑙，作为第二次世界大战结束后发生的一个具有象征意义的死亡之旅的再现，戴维和彼得站在雪莉的两边扶持着她前行，史蒂文在前面陪着弗兰克。和他们在一起的，还有很多重要人物和军事人员，包括迈尔·劳教士，不远的后面是朱迪·洛伊、胡瑟博士、迈耶的儿子艾伦。在前行时，弗兰克能够感到他后面的人群里还有他的孙女里娜，她正和澳大利亚的年轻人一起前行。

在比克瑙的这次更为正式的仪式上，弗兰克向所有的年轻人讲述了他的父亲及其生平，还有即使在现在，82岁的自己依然想念他。"我要说的是，你们的母亲和父亲永远是重要的——即使当你们到了我的年纪。尊敬你们的父母不仅在他们活着的时候是重要的……也包括当他们不在了的时候。"他解释自己是多么渴望站在一个他的父亲曾经站过的地方，让自己能够感受到他的存在。"所以我来了，和你们大家一起站在比克瑙。我知道他也曾经在这里，就在这同一天空下。就像近50万的匈牙利犹太人一样，他被塞进车厢押送到了这里，并且几乎是一到这里就化为烟灰消失在这里的天空中。"

弗兰克告诉他们关于火车的故事，以及他是如何把自己的祈祷包放在里面，象征性地替代那个从他父亲手中被夺去并撕碎的祈祷包。"对于我而言，这将有助我平复过去的破碎记忆。大概两个多世纪之前，布拉斯洛夫（Breslov）的纳克曼（Nachman）教士教导我们，如果你相信这个世界会破碎，那么你也要知道它也可以被修复。"

之后他又参加了一个小型的澳大利亚年轻人的聚会，他们在桦树下举行了一个额外的纪念仪式，里娜与其他人一起在仪式上发言。这是情感激荡的一天，当弗兰克听着自己孙女的柔软清晰的声音时，他的眼睛湿润了。她不就是雨果们遇难后的又一代吗？站在同一片天空下，这是对他的精神的多么好的体现啊。

弗兰克还有一件事情需要去做。在断断续续去过菲拉科沃后的20年间，弗兰克准备再去那里并且也要在那里做一个标记。在曾经矗立着一个犹太教堂的小公园里，他放置了一个方尖碑专门纪念200个灵魂，祭奠这些曾组成了现在已经没有了的犹太社区的人们。镇里也对此非常热情，于是组织了一个只有少数人前来参与的仪式。尽管弗兰克可以带来500人共享这个时刻，但是他还是希望这个活动只属于镇上的居民。"我需要将这个社区的存在正式化。有了这个纪念碑，镇里的人就知道这里曾经存在着一个犹太社区。现在他们也知道后来这个社区发生了什么。"

2013年，回到悉尼后，弗兰克在办公室接连收到两封邮件。一封信中有一张在比克瑙火车车厢周边放满鲜花的照片，所附的解释说明了这是来自柏林的足球运动员放置的鲜花，他们被雨果的故事所感动。另一封来自菲拉科沃那位帮助他看护方尖碑周边的纪念地的妇女，她提到了当地人在方尖碑的周围放置了鲜花。尽管弗兰克从没有认为这样的举措具有全球意义，但事实是这封信中提到的鲜花还是给他带来了震动。还有就是菲拉科沃的居民，他们为在犹太教堂被摧毁之前有人保存的一些人工制品专门腾出了一个博物馆的部分空间，在这些零散摆放的物件中还有一个座位图，标示着雨果曾经坐过的地方。

弗兰克将再去菲拉科沃，与镇上签署一个长期的正式合同以维护这个纪念地并保留犹太人的墓地。他是一个人去的，这次他发现镇上组织了另一个专门的仪式。当地人出席了，还有一些他看见过的在这个区内活动的犹太人。一小队犹太音乐家也被邀请。一位音乐家唱起了在这个地方 70 年来没有听到过的一首希伯来语歌曲。他看到自己为这种凝聚力所产生的影响，弗兰克终于可以放手，他的工作已经完成。"我感到了一种内在的升华，而我的一些想法也得到了验证。"

第 18 章
一个灰暗的年份

在 80 岁的时候,弗兰克·洛伊成了澳大利亚最富有的人。多年徘徊在《商业评论周刊》(*Business Review Weekly*,简写为 BRW)富豪榜的前列,人们终于在 2010 年见证了他以超过 50 亿澳元的财富登上了榜首的位置。尽管弗兰克自然会对此感到欣喜,但他不认同这个"通常高估"的数据,并且相信由于汇率的变动,他不会在这个位置上待很久。他是对的。

随着年龄的增长,他的优先关注点也在发生变动。60 岁的时候,他举行了一个明星云集的生日聚会,并伴有一场管弦乐演奏会,演出就在那艘停泊于海景住宅前面的游船上举行,同时还进行了烟火表演。80 岁的时候,他想私下纪念这个日子,只有最亲密的家人围在一起。他们在昆士兰北面的水上相会,两艘满载着家人的游船停靠在一起,创造了一个属于他们自己的世界。2010 年 10 月 22 日,当所有家人聚在一起的时候,弗兰克快速地吹灭了代表过往岁月的蜡烛,这是一个反思和感谢的时刻。20 位围坐在桌前的家庭成员都身体健康,家庭气氛亲密和睦。大家一起为他带来了一件礼物：一幅由莫奈在他的吉维尼花园绘制的油画。在圣灵群岛的这个平静夜晚，坐在桌旁的人们谁也不会想到弗兰克正在跨入他成年生活中最具挑战的一年。

尽管对每一个人都更急躁了一些，但弗兰克没有把他身体的虚弱情况告诉大家。他看到自己的同龄人变得更加谨慎和少动，而他却实实在在地挑战年龄。每一次打开家里的前门时，他都能看到网球场就在他的面前闲置着。网球运动已不再适合他了，与其沉溺于对此的怀念，还不如把网球场改成了一个游泳池：他依然可以参加游泳之类的轻量锻炼，并期望还可以这样做很久。

尽管早上他需要更多的时间启动一天的活动，并会晚一些到达工作的地方，但他继续以一个掌控者的形象出现。具有讽刺意味的是，他变得越出名，联络他的人就变得越少，但他走在悉尼的马丁广场的时候，几乎所有的人都能够认出他。通过足球，他获得了民族英雄的地位，那些之前从不接近他的路人现在会主动和他打招呼。但是他所熟悉的商界朋友都已经离开这个城市很久了，他怀念他那一代人奋力拼搏的岁月，他已经没有太大的激情参加商务酒会或晚宴。在商务会议上，他会扫视桌上的面孔，然后估算和他们相隔多少个10年。

在会议中，大多数的人都会顺从他。虽然对权力感到满足，但他还是喜欢全力以赴并接受挑战。幸运的是，他的儿子们会毫无顾虑地与他激烈争辩。

在圣灵群岛聚会几个星期后，弗兰克和雪莉飞到了以色列，他们的生活在那里开启了一个不同的节奏。落地后不久，他们的朋友就快速地带着他们驶向耶路撒冷并饶有兴致地参加一个派对，他们在那里跳舞到深夜庆祝弗兰克年过80。在以色列，他通常能够稍微放松一些并享受中东的生活方式，但这次行程他却心事重重。他的思绪已经飞到苏黎世,几个星期后一个价值无可估量的"奖品"的谜底就将在那里揭开。

这个奖品就是赢得2022年国际足联世界杯的主办权。如果澳大利亚能够抓住这个机会,就能够在国际足球世界开创一片广阔而持续可利用的空间,弗兰克对于赢得主办权信心十足。他就是那位带领澳大利亚足球走出荒野的男人,也是那位正在尝试将最大的足球"奖品"带回家的男人,尽管他也怀疑这是否可能。

史蒂文和戴维于2010年12月初飞抵苏黎世参加了这个仪式。"这将是一个或伟大或悲伤的日子,无论如何,我们要和他在一起。"史蒂文说,"父亲承担了巨大的风险,以便完成别人无法做到的事情,也为此付出了极为艰巨的努力。但这一次,我们在还没有到达之前就失败了。我说'我们'因为我们生死与共。失败是惨痛的,他在全世界面前感到前所未有的窘迫。他不是一个好的失败者,我们都不是。"

尽管弗兰克在生意上也曾遭遇挫折,但这次失败是空前的。那天下午在苏黎世,在全球媒体面前,他感觉大地塌陷了。卡塔尔的获胜超出了他的理解范围,同样令人震惊的是,澳大利亚仅获得了22张选票中的1张。没有安慰,只有失败的现实和随之而来的无情批评。在澳大利亚,没有人为了赢得胜利而像他这样投入,他用尽了他可以使用的全部资源,但还是不够。

当然,从更大的层面来看,这个失败只能算是一个过程上的失败。一些国家都要经历几次失败后才能赢得一些大型赛事的主办权,像奥运会,澳大利亚经过三次申办才最终获得成功,但弗兰克感觉不同。尽管这是澳大利亚第一次冲击世界杯主办权,但是吸引了非同一般的关注。也许是这个大胆的尝试吸引了公众的想象力,也许是文化上的退缩,澳大利亚从未把自己看作是一个可能的竞争者,并在可预见的失败发生时略带恐惧地注视着眼前的一切。

弗兰克挺起身板，在失败后的那一天飞回悉尼面对批评。他克制着低落的情绪。在他抵达澳大利亚足协总部的第一会议室之前，房间里面有一股潜在的敌对暗流。记者们焦躁不安，他们预期会有一番激烈的指责和争执，也在盘算着多少头面人物将要被解职。毕竟澳大利亚为申办活动投入了4600万澳元，而且还有一些负面谣传。弗兰克走到麦克风前主持会议并抚慰大家。他对失败负全部的责任，但从另外一个角度解释，"事实上，我们也有所收获"。

媒体看到了一位长者正在有条不紊地主持着会议。他承认申办活动的失败，但也有理性的陈述和信心的恢复。"不用担心，太阳明天依然会升起。"他告诉一位悲观者。对他来说最重要的是控制悲伤并保持专注。他告诉大家，尽管卡塔尔的获胜让人出乎意料，但在他看来，关于这件事情的最后结论还没有出来。

他又重新调整视线，下一个颇具意义的足球事件（即亚洲杯）已经就在眼前，在2011年1月，还有一个多月的时间就要到来。这届将要在多哈举行的亚洲杯听上去不那么美妙，特别是在卡塔尔有争议地获得2022年世界杯主办权之后。但是，弗兰克还是保持风度地参加了多哈要求他出席的社交活动，并充满期待地观看了袋鼠军团[1]以全胜的战绩进入决赛。决赛的时候，史蒂文和戴维再次飞了过来，站在了他们的父亲的身边。澳大利亚和它老对手日本队再次对垒，虽然一场胜利不能抵消在苏黎世遭遇的挫败，但依然是值得期待的好事。眼看奖杯几乎就要到手了，但是由于后卫在最后几分钟的一个不幸的失误使得日本队射入了整场比赛唯一的进球。

---

1 澳大利亚国家男子足球队也被称为"袋鼠军团"。——编者注

当弗兰克的飞机从多哈起飞后，他感到很受伤。最后就剩自己一个人了，他不再需要一个勇敢的面具，而是需要一个安静的地方反思这接连的失利并重振自己。当他和雪莉于第二周独自待在"伊洛娜号"上的时候，他已经极度疲乏。

很少有人会为积累财富付出像弗兰克那样大的代价。在过去的50年里，他几乎记不起有哪一天他是没有服用催眠药而安睡8个小时的。尽管他过着令人着迷的生活，并且也总在照相机前不断显露出笑容，但他内心从来就没有轻松过。成就可以使他满足，但并不能带来持久的快乐，因为总有下一个挑战在等待他。尽管弗兰克是一个激进的"商业动物"，但他内心衡量成就的标尺并不记录竞争。当他打网球时，他只会和自己最好的状态相比。胜利是重要的，但更重要的是，他尽了最大的努力并有所进步。他会毫不吝啬地向比他优秀的对手祝贺，但向自己祝贺则困难许多。

现在他给了自己更多的自由度。休闲观光者会看到一个亿万富翁正漂浮在红海的一艘漂亮的游船上。除了雪莉之外，没有其他人能够看见他整个晚上一直醒着，过往的事件在他脑海中一一掠过，并指责自己没能预见到在2022年的申办过程中所发生的事情，他对此完全不能释怀。在他最困难的时刻，雪莉静静地陪在他的身旁。情况在他们抵达特拉维夫自己的公寓后有所好转。朋友们来到了身边听他讲述申办过程，讨论问题，几个星期后，他慢慢地得到了恢复。等他飞回家里的时候，他又能重新掌控自己了。

弗兰克和他的儿子们会定期在办公室以外的地方碰面讨论西田、家庭和财务的问题。通过这种方式，他们对这个大家庭的功能及他们的资产如何运作保持着紧密的关注。但是这种聚会也有另一个维度。大家理解对于任何问题——无论多么不舒服或多么不成熟——都可以讨论，规则是谁都不能发火或失礼。这样一个会议被安排在2011年2月初，那天早上弗兰克回到了家里。会议将在停泊于悉尼玫瑰湾的他的游船"伊洛卡号"（小版的"伊洛娜号"）上举行。整整两天半，洛伊们将在那里与外界中断一切通信联络，全身心地投入会议各项议程。

这一年，马克·比勒尔也从纽约赶来和他们在一起。他为西田工作已经超过10年，引导公司从一个以家族为基础的企业转变为一个具有制度化和专业化背景的国际公司，同时不失创业精神。有的时候，他也被聘为LFG的私人顾问。正值盛夏，5个男人赤脚坐在沙龙里讨论，他们的休闲状态冲淡了所要讨论的问题的严肃性。由于他们好久没有碰面，所以有很多事情需要讨论。

尽管关于年龄的问题一直占据着弗兰克的脑海，但他们在讨论业务和家庭的问题时并没有将其提到桌面上来。他们讨论了公司的治理和彼得青睐的话题：限制性的规定正在如何扼杀国家的创业精神。他们讨论了机构投资人如何比之前更加疯狂地攫取权力，而投票却是由有着自己议程目标的代理顾问掌控的这一现象。

然后，他们开始关注有关他们报酬的噪声正在变大这一情况。弗兰克的1490万澳元的年度收入不断地被曝出，而且媒体习惯于把三位洛伊的收入加在一起计算，有人抱怨说他们一年带回家超过3000万澳元。在最近的一次股东大会上，只有16%的股东投票反对公司的薪酬报告——一个大多数公司看了都会高兴的比例，但这个数据使洛伊们感到不舒服。

正当大家来回讨论的时候，弗兰克突然说："也许是时候对此做出重大改变了。"每一个人都停下看着他。"对我来说，告诉你们这些也不是一件容易的事，"他继续道，"但是我想了这个问题很久了。我知道这是早晚必须要做的事情，尽管对我也有些痛苦，但现在必须行动了。"他说道，对于他来说，从执行主席过渡到非执行主席的时候已经到了，他也准备好了放手松开操纵杆。房间里一片肃静，之前没有人想到会谈论这件事。

后来弗兰克说，他也为自己大胆的决定感到吃惊。"我通常会反对这个建议，因为我害怕无所事事，也不愿承认年龄带来的限制。但是我一直准备着在必须离开的前一天离开。这个想法我已经想了有一段时间，我的勇气告诉我是时候了。我通常喜欢谈论、再谈论直到一个决定浮现，但这次想到了就这样提出来了。"

"我们这几年讨论过这个可能的变动很多次了，父亲没有做好准备，但最后，他立刻就做出了决定。"史蒂文说，"那天发生在他身上的事情使这变成了可能，噪声不断放大，他从骨子里感到这是一件要做的好事。"戴维知道时间正在迫近，他的父亲需要确保他对形势的控制，而不是让形势控制他。"我觉得这在总体上是一件好事，但对他个人来说却不一定。我们只有公司7.5%的股份，我们必须面对现实。我们都认为这是合适的时间，但是当他事实上说出了这些话时，我们也感到吃惊。你可以看到他并不为此感到高兴。"

弗兰克无疑会期待房间里有人反对他的决定，尽管他知道自己说出了大家的心声。他的话语立刻被认为是正确的，但是决定需要重新审议。一个小时后，两位受到信任的顾问乘着小艇穿越玫瑰湾过来了。西田集团法律顾问西蒙·图克森（Simon Tuxen）和集团公司事务负责人马克·瑞安被叫来参加，因为这件事也需要征询他们两位的想法。两位都认为弗兰克做出了一个正确的选择和事业继往开来的过程中自然的决定。

由于弗兰克的退位计划在之前准备了很久，所以现在只需要根据他自己的节奏付诸实施即可。当弗兰克退出后，彼得和史蒂文将携手掌管西田集团。出任非执行主席对弗兰克的任期并没有压力，大家的共识是他的工作负荷其实没有太大变化。他仍将参与战略和大事的把控，但收入会少很多。他对此并不担心，担心的倒是他做的这个决定的可能后果。他看到过一个人退休后的憔悴并担心同样的事情发生在自己的身上。

那天在船上，戴维也做了一个有意义的决定：他将一起退出西田。这就意味着他将放弃西田的非执行副主席的职位，而且当父亲万一有什么事情时他失去了上位的机会。他对于这个问题也思考了很长时间。"如果西田需要我，我会做并且会做好，但是我的理念是钱应该为你工作而不是你为钱工作……并且这就是我目前负责的（比如 LFG）。在我看来，担任一个上市公司的董事的风险与回报并不匹配。"他说。

在随后的关于他所做决定的辩论中，戴维宣称他仍然可以发挥此前的影响力，也许更多，只不过是作为一个真正的投资人而不是一个家庭成员。若干年后，他可以说作为一个外部人士，他对于公司战略的观点也已改变。"作为一个外部投资人，我可以通过阅读各种文件及媒体了解情况。在 LFG，我们通过剖析他们的账户对他们了解得很清楚，就像我们投资任何其他公司一样。我们看自己就和一个机构投资人很类似，我告诉他们我们不喜欢的事情并且他们需要做出改变。"

回到岸上，这些男人相互拥抱，回到了他们自己的车里，向不同的方向驶去。弗兰克回到家尝试睡觉以消除时差并思考近期所发生的事情。2011 年 3 月初，媒体公开了他的决定。正式的全面交接将于 5 月 25 日的西田年度股东大会后进行。弗兰克不想大张旗鼓地宣传这件事。这次会议他将作为执行主席进入会议并作为非执行主席离开。尽管大多数人并不会感到有什么不同——他仍将主持下一个年度的股东大会，但这仍是一个标志性的事件。但是，只有弗兰克清楚自己此时五味杂陈的内心感受。

勤于关注身体的他会定期接受血液和身体检查。5月初，弗兰克的血液报告显示，其他指标一切正常，但他的肝酶异常升高。医生告诉他不用担心，但是他做不到不担心。尽管他感觉很好，一周后他又做了检查。这次酶的水准降低了。尽管有所宽心，但他还是不能完全放心。他和史蒂文已经定好年度股东大会后他们将立即飞赴巴西考察新业务的机会，他不希望身体有任何问题。

由于受到先前结果的惊吓，几天后他又做了一次检查。这次，酶的指标反弹了，甚至高于第一次的检查结果。"红灯"开始闪烁，他的医疗团队也和他同样担心并想做进一步的检查，但是年度股东大会还有两天就要召开了，弗兰克想以一个饱满的精神状态参加，所以检查需要延后。

股东大会的那天早上，弗兰克天不亮就醒了，他想到了早期的西田。自从他和桑德斯把公司上市至今，50多年过去了。这当中有太多的回忆，但几个小时以后，他参与的西田发展的故事就将逐渐成为历史。为了让自己不再留恋，弗兰克起床来到了他的健身房，他的教练已经在那里等他。经过一些练习和室内泳池中的几个来回，他又做了冷热水交替的按摩。他已经为这一天做好了准备。

他对待这届股东大会与往年没有什么不同，有序地按议程进行，回应挑战问题并享受谢意。没有伤感，那些近距离观测他的人也看不到他对于这一变化的任何一丝沮丧。

在正式的议程结束后，他直接去了圣文森特医院。他被抽了更多的血样，这次还要检查肿瘤标志物。由于他带着即将出行巴西的包裹，弗兰克有点不耐烦，希望所有检查可以很快结束。他来回踱步，当结果出来后家人变得很矛盾：虽然没有肿瘤标志物的担忧，但是酶指标依然很高，而弗兰克想飞出去的期望也很高。

但是医院要求他这几天必须做进一步的扫描、咨询和检查，他必须推迟日程。有问题是很显然的，在他的胆管中检测到了一个小的阻塞物。最好的情况下这是沉淀物，而最坏的情况下会是癌症。如果这是恶性的话，会很快转移到胰腺造成严重后果。胰腺癌的后果非常可怕，医生试图从胆管中取样分析这个阻塞物，家人都陪在他身边。经过看上去很长时间的努力后，这个尝试失败了。

史蒂文飞到巴西和米兰处理业务，弗兰克回到家恢复并准备下一次尝试取样分析。然后又失败了。虽然体力消耗很大，但弗兰克依然保持高度警觉，他准备好了第三次尝试。这对于一位80岁的老人来说是一个不可想象的压力，但别无选择。这次尝试是在悉尼另一边的韦斯特米德医院进行的。这次成功了。一份阻塞物样品被取出，同时在胆管里放入了一个支架以保持其畅通。

股东大会只过去了一星期而已，但对于弗兰克好像时间很长，因为他在等待病理分析的结果。他上了四次手术台，一次是为了诊断，三次是为了取样，超过了任何他所渴望的长时间的休息。但是同一天晚些时候，报告结果出来了。显示是非常早期的癌症，下一步就要进行手术治疗。史蒂文记得自己在米兰城外的一个镇上的半夜接到的电话，是戴维打来的说他们的爸爸患了癌症。史蒂文立刻起床开始做最坏的准备。

第二天早上天一亮，弗兰克就醒了，他穿好衣服要参加一个内部的医疗讨论会以帮他决定下一步的治疗将怎样开展。讨论会包括老朋友拉里·霍罗威茨这位从纽约来的现转入投行工作的医生，还有来自圣文森特医院的心脏病专家迈克尔·奥罗克（Michael O'Rourke）教授和悉尼张任谦心脏病研究所所长罗伯特·格雷厄姆教授。他们都已经看过了病理报告,当弗兰克问格雷厄姆他是否绝对需要做这个手术,回答是含混不清的。"你不需要,但是如果你不做,你会死的。"接着他们开始搜索这个领域的外科专家,从国内到国际。如果国外的专业更强,他可以飞出去。

经过多次与纽约的通话和大量的讨论,他们判定悉尼对该病的诊疗水平已足够的专业。在舒服的家乡城市做手术有很多好处,家人可以围在周围而不是在相对隔离的国外酒店里恢复。在悉尼,弗兰克能享受到一位专业医务人员提供的服务,他熟悉当地情况,能够带他穿越医院的迷宫,也便于约诊、记录、解释并一直在身旁陪护他。还可以和雪莉在一起,他们和戴维一起访问了悉尼的一些外科医生,并选定了科罗士·哈吉吉(Koroush Haghighi)这位来自伊朗的男医生。弗兰克一见到他就喜欢上了他,并且定下了手术日期。

他开始和哈吉吉会面并做好准备。当人们在低声议论他将要进行的手术名字时,会让人有一种恐惧感。这个手术名是以艾伦·惠普尔(Allen Whipple)命名的"惠普尔",这位外科医生在20世纪初发明了这个手术,据说是所有手术中最激进的。对身体非常残忍,它需要将胰脏的前端取下,还有十二指肠、胆囊和胆总管的一部分,甚至有时候还需要取下胃的一部分,然后再将剩余器官重新连接。这个手术需要非常熟练的技术、丰富的经验和极度的细心,缝合得稍有差池就会产生滴漏,从而造成生命危险。尽管弗兰克对于惠普尔手术细节有所了解,也感到恐惧,但由于这个手术已经连续临床施行了75年并不断得到改进,所以他的恐惧得到了一定程度的缓解。虽然手术是激进的,但病人术后的存活率已经得到显著的提升。

信仰是弗兰克生存的中心,第二天即6月9日犹太人的五旬节庆祝日的上午，他和雪莉计划去参加一个犹太教堂的追悼仪式。这个纪念祷文由那些失去了父母或其他至亲的人背诵。弗兰克想去犹太教堂，但是他刚度过了一个特别不好的夜晚，一宿都没有合眼。迫于身体压力，而且知道史蒂文也会在那里，他建议雪莉自己去。她走后，弗兰克就倒在客厅的沙发上打瞌睡，雪莉告诉女管家不要打扰弗兰克。

那天早上，疾病迅速地压倒了他，以致他已经不能支撑自己站立。本能驱使雪莉很早地回到了家，当她走进房间发现他发着高烧，且四肢正在颤抖时——因冷而发抖并且抖得很厉害，她立刻给戴维和医生打电话。

戴维几分钟后就到了，看到他父亲的状况很吃惊。和医生商量后，他把弗兰克放到车里然后直奔圣文森特医院。史蒂文也来了。"这几个小时我们都不知道发生了什么，我们非常害怕。情况变得比我们预计的要严重得多。我的一位朋友、放射学专家在父亲进入重症监护室之前正好给父亲做了 X 光检查，他告诉我父亲的高烧是如此严重以致他认为他就要在房间里走到生命尽头了。他之前见过有人就是这样死去的。"戴维说。不久，另一位专家也谈到，在这个时候，他认为弗兰克的生命要结束了。

情况非常可怕。弗兰克在进行支架取样过程时身体感染了一种超级病菌，在如此虚弱的情况下，大家不知道他是否能够挺过去。支架必须取出并用一个更小的来代替，以此保持胆管畅通。这是他两周内第 5 次上手术台，身体已经非常虚弱了。躺在监护室的时候，他被告知惠普尔手术将要延迟两周进行。

最后他被移到了一个私人病房，在那里家人可以随时探望。雪莉每天都要去探望几次并带去家里做好的热腾腾的食物。她用他们自己的桌布铺在了一张小桌子上，放上自家的餐具和刀叉并和他一起吃，让他尽可能地感到舒服。只有一个目的，就是要让他休息、恢复和增加体重，以应对将要进行的大手术。史蒂文也在去办公室来回的路上和午餐时间来看望他。戴维大多数的时间都待在那里。"我们很快就和他适应了这一切，并开始以科学的方式处理。我们都有些担心，但这是一个过程，我们有问题就要解决它。但是当他感染了这种病菌，这突然间就让我们从理性变得更为感性。他有危险，我们都很害怕。"

弗兰克在手术前有一周待在家里，很多时间都是和他的外科医生在一起，医生给他讲解细节，解释过程，从不企图掩饰什么。现在弗兰克有了新的词汇，也对他即将面对的手术的过程有了全面了解。哈吉吉向他保证，除了一点点的腹胀和偶尔的不舒服，术后他会恢复到正常的生活。出于对医生的完全信任，他不再担心："我一次也没有动摇过我的信念，我做了一个正确的选择。我信任这个医生，当他告诉我我可以做到，我就相信我能做到。当然我渴望康复，但也不惧怕死亡。在他的手里，我知道我一切都会没事的。"

考虑到弗兰克的年纪和最近的身体状况，他的家人并没有像他这样有信心。这时，彼得已经从洛杉矶回来。惠普尔手术定在6月25日这个星期六进行，前一天的晚上，就像他们此前做过千百次的那样，全家围坐在安息日的桌前。那天晚上的仪式具有多重的意义。坐在桌子上首位置的弗兰克听从医嘱不能吃东西，他端详每一个人的脸，心想不可能有比这更多的爱和支持了。

那一天清晨，医院的员工看着雪莉、戴维、彼得和史蒂文陪伴着弗兰克从走道进入他的私人病房并一直到他被医生们带走。然后全家去犹太教堂，在那里，彼得带领大家进行早间的祈祷。教堂里每一个参加祈祷的人都知道弗兰克身体不好，此时所有家里人更是团结一心为他祈祷。

由于在9个小时的手术结束之前不会有任何消息，全家人回到了派珀角的房子里等待电话铃响。"我真的很担心，我们不愿在手术台上就失去他。"戴维说，"等待令人神经紧绷。看来开始还不错，因为医院没有很早打来电话就说明医生没有开刀后又迅速缝合，他们已经把手术进行下去了。"最后，大约下午6点30分，电话响了。手术成功，弗兰克还要安睡一天，一切正常。

第19章
一个程序化的决定

当弗兰克从漫长的麻醉中醒过来时,他产生了幻觉。当家人到重症监护室看望他时,弗兰克愤怒地抱怨医院并没有治好他。"没有人在这里做任何事情,护士做的就是把枕头从这里搬到那里。不要付钱,我没有好转。"他向儿子命令道。

当他把注意力全部集中在手术上时,却没有为术后做准备。他需要插管3周,其间不能吃,不能喝,从未经历过这么长时间无法掌控自己的身体和活动,弗兰克竭力反抗。他有自己的护理人员,尽管他的鼻子、嘴巴、腹腔和手臂都插着管子,并被告知不能使用电话,但他还是抓起手机打了几个电话。他没几天就脱去了医院的病服,穿上了自己的套装和鞋子。

在夜晚,他不能活动,也不能阅读。就像一个被困在床上的囚徒,他完全被抛在了与世隔绝的世界里,进入了漫漫长夜的黑暗世界。有时候他感到很失落,并怀疑对抗疾病的意义。但清晨总是会来到,随着医院业务喧闹的开始,阳光也会射进窗内。

从窗外望去，弗兰克可以看到坐落在悉尼 CBD（中央商务区）的悉尼塔。这个时候，西田的霓虹标志已经安装在上面，在夜晚闪闪发光，史蒂文坐在他的旁边。"爸爸，你看那。"他指着天际线上发着闪闪红光的"西田"大字。令史蒂文失望的是，他的父亲反应迟缓，即使自己开创的事业成了这个城市的地标也不能唤起他内心的喜悦。

只有直系亲属获准探望，他们从洛杉矶和纽约赶了回来。因为洛伊家族仍想控制弗兰克的治疗并参与所有决定，他们决定要有人不分昼夜都陪在他的身边，尽可能听到和看到所发生的一切。史蒂文一天要来几次，雪莉也是。戴维实际上也是如此。

弗兰克继续冲破着一个个的束缚，三周后他们让他第一次吃固体食物——一片白面包做的普通三明治，而他已经准备好回家。当医务人员劝说他留下时，他坚持要走，说他有一大堆紧急的业务要处理。外科医生哈吉吉曾经警告大家弗兰克会是一个难对付的病人，但私下发现他是自己所遇到的"可能最容易"对付的病人。"他很聪明，他想治愈，他咨询建议并 100% 遵从。事实上治疗进行得很好。"弗兰克在心理上要比他的实际年龄年轻 20 多岁，这对治疗很有帮助，因为他做得好，哈吉吉同意他提前出院，自己可以到他家里进行后续治疗。

弗兰克想在家里恢复一周，然后参加一个并没有被延期的两天会议。会议的议题已经困扰了他好多年，现在是该结束的时候了。他不会接受再改期的任何建议。

所要讨论的议题萌发于 10 多年前的列支敦士登，这个问题此后不断地给他和周围的人造成巨大的困扰。在 20 世纪 90 年代，列支敦士登的一位名为海因里希·基伯尔（Heinrich Kieber）的居民离开这个国家去旅行。他在澳大利亚度过了一段时间并喜欢上了这个国家。1995 年，他突然出现在了巴塞罗那并卷入了一个涉及一桩价值 50 万

1943年，洛伊全家在布达佩斯合影。从左至右：弗兰克的姐姐伊迪丝、母亲伊洛娜、哥哥约翰、弗兰克（身着校服）、大哥亚历克斯和父亲雨果

洛伊家族保存的一张雨果·洛伊摄于1942年的照片

1948年，17岁的弗兰克成为以色列军队的一名士兵

2010 年，悉尼，弗兰克和雪莉摄于雪莉 75 岁生日聚会

2009年，史蒂文和朱迪的女儿里娜的成年礼上全家合影。后排从左至右：弗兰克、乔希、诺亚、雪莉、马戈、戴维、西蒙内特、丹尼尔、雅基、本杰明、乔纳、史蒂文、朱迪、皮特、珍妮。前排：卡罗琳、阿梅莉亚、克劳迪娅、里娜

弗兰克在以色列建立的社交圈，摄于特拉维夫。从左至右：前政治顾问约拉姆、前总理奥尔默特、著名医学教授博莱克、国际商人阿尔弗雷德和拉米

2013年，弗兰克·洛伊因"数十年的领导力和对犹太人的无限关怀"而被授予"纳迪夫"称号，以色列时任总统西蒙·佩雷斯向他祝贺

停在比克瑙砾石站台旁的货车，这个站台是1944年的春天为了加快屠杀匈牙利犹太人的步伐而特别建造的。远处的"死亡之门"清晰可见

2010年4月，弗兰克和他的大哥亚历克斯在比克瑙举行的他们的父亲雨果·洛伊的悼念仪式上诵读祈祷辞

弗兰克的蓝色祈祷带，躺在车厢内代替他父亲的那个被撕碎了的祈祷带。以色列联合呼吁组织的总干事格雷格·马塞尔见证了弗兰克关上了沉重的车厢门

2014年11月，弗兰克与德国总理安格拉·默克尔在洛伊讲堂交谈，默克尔做了她在澳大利亚的首次公开演讲

2013年，悉尼市政厅，洛伊研究所10周年的洛伊讲座上，弗兰克和刚发完言的新闻集团负责人鲁伯特·默多克交谈

2013年6月，悉尼奥林匹克公园，澳大利亚队战胜伊拉克队获得进军2014巴西世界杯资格后，弗兰克·洛伊向球员们表示祝贺

2015年，悉尼，当澳大利亚队打进制胜球击败韩国队获得亚洲杯时，兴奋不已的弗兰克·洛伊。从左至右：阿曼足协主席和总裁哈立德·哈马德、亚足联主席谢赫·萨尔曼·本·易卜拉欣·哈里发、弗兰克·洛伊、皮特·科斯格罗夫总督爵士和科斯格罗夫夫人

2015年5月，墨尔本，A联赛总决赛后，弗兰克正要给墨尔本胜利队颁发奖杯时从台上摔下

倒地几分钟后，在护理人员的帮助下，弗兰克爬起来并回到台上将奖杯颁发给墨尔本胜利队的队长马克·米利甘。他头上还留有绿草的印记

2008年，在全球金融危机的阴影笼罩下，西田伦敦购物中心逆势开业，改变了伦敦的零售景观，为欧洲购物中心树立了全新标杆

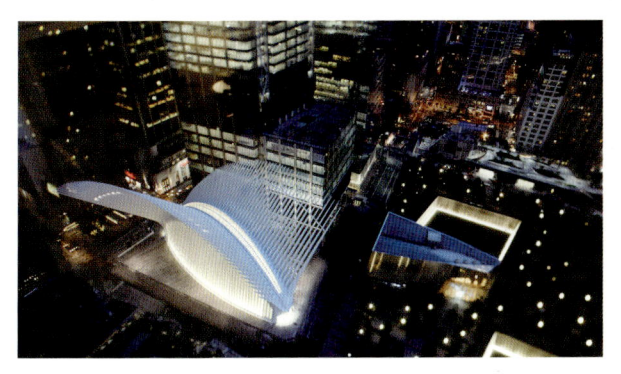

在"9·11"恐怖袭击废墟上重建的世界贸易中心内的西田世贸中心商场，成了曼哈顿最吸引眼球的新地标

坐落在世界"时尚之都"的西田米兰将成为意大利最大的零售和休闲目标地

2017年12月8日，温莎城堡，由于对英国经济所做出的突出贡献，弗兰克·洛伊接受伊丽莎白一世女王授予他大英帝国骑士学士的头衔

澳元的公寓的房地产欺诈案件。几年后他出现在阿根廷，他声称自己因为巴塞罗那公寓的事情被人绑架了。

到 1999 年，他被释放并回到了列支敦士登的家里。作为一个电脑程序员，他的技能特别有市场需求，因为这个大公国的银行都忙于将他们的记录数据化以符合欧洲的应用程序。基伯尔在 LGT 获得了一份工作，LGT 是公国里最大的一家由王室拥有的银行。他的工作是将它的 1400 份纸质记录转换成电子数据文件。

就像他后来解释的，他负责处理所有客户的文件，以确保文件都被正确地扫描。除了银行正式的记录外，还包括大量的内部文件，如手写的票据、备忘录、评论和电话交谈记录。在做这份工作的过程中，他发现了一个机会。他静静地把银行所有的文件做了一个副本。到 2002 年 12 月，他私下带着这些副本离开了银行。

第二年，基伯尔因在巴塞罗那面临指控而写信给列支敦士登的王子和 LGT 的主席寻求帮助。他提到他获取了 LGT 银行的客户数据，并威胁如果没有得到帮助他将泄露这些数据。王子将这件事情交给了列支敦士登的首席检察官，检察官认为这是企图勒索，并回应将以盗窃和胁迫罪起诉基伯尔。最后，基伯尔被判监禁 4 年。

但是在上诉时，基伯尔又发现 LGT 资助了他的辩护。最后，他同意销毁所窃取的数据，他的刑期改为 12 个月的缓刑，他自由了。LGT 以为案子结束了，但基伯尔做了一个副本的副本。这些资料被锁在了瑞士银行的保险柜里。

在 2005 年，基伯尔开始尝试倒卖这些信息，并且他把目标锁定在了德国。这是一个很好的目标，因为德国人一直尝试说服列支敦士登能够公开数以亿万欧元计的德国资金在该国的详情。基伯尔联系了德国秘密服务机构——联邦情报局（BND）并表示愿意提供材料给它。

他很想回到澳大利亚，并且作为交易的一个部分，他想让德国联邦情报局安排他以一个新的身份到澳大利亚居住。

谈判进行得很缓慢，最后到2006年，德国联邦情报局见了基伯尔。据报道，不久之后，澳大利亚税务办公室（ATO）的高官也见了他，他被邀请到澳大利亚。根据媒体报道，到2007年5月，ATO相信他们掌握了20位澳大利亚人在列支敦士登拥有账户的大量细节。

据说德国政府为基伯尔支付了420万欧元从而获取了关于德国投资人的信息时，澳大利亚当局公开否认为类似信息支付过任何费用。但基伯尔确实获得了到澳大利亚旅行的签证，并且ATO也被报道与其税收协定的合作伙伴分享了基伯尔的材料，包括美国的国税局（IRS）。所有这一切都是暗中进行的。

2007年7月，弗兰克出乎意料地收到了来自ATO要求说明关于他海外活动的信息的公函。整个家族都要接受"风险评估"并及时提供相关信息。弗兰克说ATO提出了大量的问题，并于2007年10月将洛伊家族的风险评估升级为财务审计。关注的是一笔存在列支敦士登LGT银行的6800万美元资金。这些资金来自出售洛伊家族所持有的美国购物中心。

接受审计是一种折磨，在77岁的时候，弗兰克发现自己需要和税务机构进行长期交涉。"这些都是我和ATO之间的问题，还要加上会计人员和律师们，我也吸收了我的儿子戴维一起加入。他和我为了这些问题花了数不清的白天和夜晚。我感到压力重重，但我又相信事情不会无法应付，总是会有机会的。"他说。

根据媒体报道，10月，弗兰克的律师给ATO写信陈述列支敦士登的资产已经于2001年结清，剩余的部分已经"捐赠给以色列的慈善事业"。信中说"没有任何部分进入弗兰克本人、任何家族成员或任何私人控制的企业"。

弗兰克说，目前在列支敦士登的资金没有问题，它来自之前的税后收入并且 ATO 知道列支敦士登的资金拥有购物中心资产。但是，问题的产生是因为 ATO 并没有被告知这笔钱转到了以色列的慈善基金，所以对于这笔资金是否应该纳税产生了不同的意见。

弗兰克的律师与 ATO 交涉并审议了列支敦士登的资金结构。资金是放在列支敦士登的独特的混合基金里面的。律师辩论道，在澳大利亚的法律中，这个基金可以被视为一个公司而不是一个信托，这就意味着不需要纳税，除非这笔资金被分配。而且，由于这笔资金最终被划归到了一个慈善基金，所以律师认为弗兰克不需要纳税。这就变成了一场漫长而艰巨的辩论。

几乎同时，这个家庭知道了住在洛杉矶的彼得也受到了当地税务主管机构的注意。就在 2007 年 10 月的晚些时候，他收到了美国国税局的通知，其账户需接受抽查。这是多么的巧合，彼得和他的父亲同时被调查，或者还有一些更险恶的事情正在发生？

尽管税务调查可能会造成紧张气氛和令人困扰，但也会有漫长的静止期，这时一切都变得很安静，问题看上去已经沉寂了。这就是洛伊们的情况，一直到 2008 年 2 月，基伯尔的活动引发全球震动之前什么都没有发生。

一切开始于德国的爆炸性新闻。随着媒体聚光灯的转向，德国税务当局"袭击"了十余家涉嫌使用列支敦士登账户的著名商人的办公室。这也引起了全球的关注，英国、西班牙和法国也开始调查它们的居民。列支敦士登银行系统的面纱被揭开，公国政府无法制止类似的行动。

德国媒体报道的几个星期后，澳大利亚当局宣布 20 个涉及列支敦士登的类似案件正在调查之中。同时，美国国税局宣布它正在对 100 个纳税人采取行动。

在被这些消息打扰的同时，弗兰克的心中还有许多其他事情。全球金融危机正在发生，而西田在4个国家运营其业务，他正在处理这场危机带给每一个市场的不同影响。当澳大利亚和新西兰的市场还能勉力支撑时，美国市场已经开始下滑，英国市场也是如此。他在担心即将开业的投入17亿英镑的西田伦敦购物中心，这也是欧洲最大的市区购物中心，看来它将在经济衰退降临这个城市的时候开业。

2008年6月，弗兰克和他的儿子们在悉尼花了4天的时间与ATO进行正式对话。彼得从美国飞过来自愿加入会谈。一切似乎都在有序进行，弗兰克和雪莉去了欧洲，开始了他们一贯的欧洲夏日假期。

2008年7月，他们已经在其位于地中海的游船上了。弗兰克在假日里也忘不了工作，他一般会花部分时间和他的私人助理在书房一起处理必要的事务，然后到甲板上和客人们共享海上时光。尽管他不可避免地受到税务问题的困扰，但他说自己并没有将此放在心上——直到电话铃响。

是彼得打来的，他告诉父亲，他被叫到了华盛顿接受参议院某下属委员会关于美国公民和公司使用避税天堂事情的质询。弗兰克感到肠胃痉挛——一件不好的事情正在发生的前兆，很多事情闪过他的脑海。这会影响西田的美国业务吗？那可是花了30年才成长起来的呀。这会伤及彼得或他个人吗？

彼得解释这个委员会是由一群参议员驱使，他们宣称每年有1000亿美元的收入通过避税天堂从美国财政部流了出去。在过去4年左右的时间里，这个委员会对避税天堂做了深入的调查。在形式上，这是一个隶属于参议院国土安全和国家事务委员会的次级委员会。这个委员会引入了《禁止滥用避税港法案》，这个最近的调查是他们为获得国会通过而采取的政治行为之一。现在彼得被要求在7月17日之前抵达华盛顿接受质询。

弗兰克静静地听着。他不知所措。他很快理解了参议院的调查与美国国税局及澳大利亚税务办公室没有关系。当德国当局在2008年2月展开了它们令人震惊的"袭击"行动后，这些美国的参议员也在看。事实是，"袭击"引发了他们调查基伯尔的材料，看一下有什么内容可以帮助他们实现其政治目的。参议员的"磨盘"里确实得到了更多的"谷物"，当德国"袭击"发生后，一位来自瑞银集团（UBS）的见证者走到前台并揭露了在瑞士银行操作的秘密细节。这个委员会随即也把瑞银集团列入调查之中。

经过几个月的调查后，他们将其发现编制成了一份114页的关注美国人滥用海外银行保密法的报告。材料的出炉产生了轰动效应并预定于7月16日星期三通过媒体发布——正好在听证会开始前的一天。

当这件事发生时，彼得正好之前有海外旅行的商务安排，这与他到华盛顿出席听证会的日期相冲突。当他的代表提出派一位了解列支敦士登资金结构的人向参议院汇报时，这个要求遭到了参议院方面的拒绝。

这时，弗兰克和雪莉正在船上招待四五对朋友，由于装得若无其事，弗兰克索性向他们解释有紧急的事情要处理，他将缺席一天时间。朋友的到来会使他感到轻松，因为他们可以帮助他释放压力。大家一起吃饭，有时候还一起上岸，但是当其他人开始休息、看电影或睡觉时，弗兰克来到了自己的书房。身在欧洲的弗兰克要与在澳大利亚和美国的顾问一起工作，几乎就是没有睡觉的可能了。

当参议院的报告7月16日公布时，消息很快就传遍了全世界。弗兰克的名字也出现在几个被点到名字的人当中。据彭博新闻社报道，美国的立法当局指责他把钱藏在列支敦士登。美国立法当局称他设立了一个秘密的列支敦士登账号，将至少6800万美元藏在那里以逃避税收征管。星期四一早，澳大利亚的报纸转载了同样的故事。它们报道洛伊家族正在接受美国参议院的调查，因为他们涉嫌使用"复杂的网络金融交易和在世界上异国避税地的空壳公司"藏匿资金。

弗兰克从他的船上发出了一则媒体声明并拒绝所有采访。澳大利亚第二富豪且拥有估计63亿美元财富的弗兰克，成了部分美国参议员为获得更大利益而展开的公开点名批评的宣传活动中的牺牲品。这也对弗兰克造成了巨大的压力，他要明确地维护自己的名誉。这是他第一次遭遇华盛顿式的调查，他对此没有准备。他过去习惯于澳大利亚联邦调查委员会的模式，在那里，人们先被问询然后才公开发现的问题，现在却是报告先发出然后才提问。"感觉就是参议院的调查人先开枪，然后才准备提问。"他说。

参议员们从列支敦士登的数据中选择了7个案例。彼得·洛伊也被包括在内，因为在他的案例中使用了一个之前调查者们没有看到过的机制——使用美国公司来作为列支敦士登基金中受益人的名字。报告描述了这个基金有复杂的5个公司的所有权关系，但最终的所有人是洛伊家族信托。这家名为贝弗利帕克（Beverly Park）的美国公司注册在特拉华州，洛伊家族成员是它的股东，彼得作为美国公民担任它的总裁和董事。

报告非常尖刻。尽管没有具体说明洛伊家族的实际逃税行为，就像报告说的，他们用贝弗利帕克掩盖其身份。对此，弗兰克非常不解：自己如何能利用他的儿子作为总裁和董事的贝弗利帕克公司来掩盖与家庭的联系？澳大利亚税务当局知道这是LFG的一个部分。弗兰克说这个报告未做任何调查核实就把文件中的一些信息作为事实对外公开，这是非常不负责任的行为。

尽管报告从来没有说过列支敦士登的资金非法或来源可疑，但弗兰克相信这是暗示。他说资金的来源在公开的招股书中都有披露，他们没有必要掩盖它，"资金转移和管理的复杂内部程序是LGT银行不可分割的组成部分。这是LGT管理它的账户的方式，也没有必要和它的客户商议这些需要涉及的复杂步骤"。

但是当弗兰克继续阅读报告后，他发现已经不可能挽回报告所造成的损害，"这个报告给公众造成的印象是所有这些离岸交易都是可疑的，是为了用于避税。事实是，它们也可以用于合法交易，这就是我们的资金使用方式，并没有资金进入洛伊家族任何一位成员的口袋"。

没有人质疑洛伊家族投资LGT的事实，这在正式的银行文件中都很清楚。关于家族企图隐藏资金的情况是从非正式的银行材料中推测的，通过LGT员工的交流，包括手写的票据、说明、备忘录和电话记录。美国的调查者根据这些材料罗织了一个双方共谋的幕后故事，并推断洛伊家族想向税务当局隐藏资产。

调查者认定：对于基金的存在和洛伊们在LGT的关系，这个家族为了保密而采用了特殊的处理方法。他们认为这种方法的目的是在家族及其资产与基金两者间保持距离。他们引用了一个内部的备忘录："洛伊们认定他们从没想过到列支敦士登或瑞士旅行，从而与这些公司发生联系。"

调查者看到的是所有的非正式材料，而整个家族却没有办法知道，因此那些材料的真实性受到了洛伊们及其律师的质疑。弗兰克提了很多问题：所有的票据都被准确地翻译了吗？调查者是否有选择地使用了？相关人员是否被访问过？

就像根据"避税天堂的银行和美国税收准则"这一报告所做的全球媒体头条报道，听证会的前一天也是全球媒体的重要报道时点。听证小组的负责人、参议员卡尔·莱文（Carl Levin）解释了大约50个在全球运作的避税天堂,实际上是"进行着与美国和诚实勤劳的美国人的经济战争"。

由于一些参议员让自己家族的业务卷入了华盛顿的政治旋涡,弗兰克几乎无法入睡。他相信自己的家人掉入了一个陷阱,以服务于某些参议员的政治利益,他们对此毫无办法。他的家族作为税务欺骗的一个主要案例被提出,而且他没有机会申辩,只能应对。"我一生都在和逆境搏斗,我学会了如何处理。我将它放在心里,生活中的其他事情一如往常。对外界来说,我并没有显得很有压力,但是在我私下的时间、在晚上或是我独自一人的时候,我让它释放出来。这就是我尝试处理情绪影响的方法。"

彼得被参议员瞄上引起了他父亲极度的不安。他最不愿意看到的就是让彼得和他的家族面对美国的税务争议。彼得曾经为其父亲在电视业务上巨大的投资失败而背过黑锅,经过数年,这种指责也正确地转移到了弗兰克身上,彼得的角色被遗忘了。现在他又站在了舆论的风口浪尖上。"事实是,他被卷入其中却不清楚里面的很多事情。"弗兰克说,"他是贝弗利帕克这家没有任何商业活动的公司的总裁和董事。这家公司实际上只是一家地产持有机构,在洛杉矶有一套别墅,在纽约有一套公寓。"

计划的华盛顿听证会开始之前,彼得在欧洲,他来到了他父亲的船上详细讨论这些问题。他这样一个天生幽默诙谐的人不得不面对一个非常严肃的问题。当两人坐下讨论应对方案的时候,弗兰克也没有感到轻松。彼得习惯于承受压力,但这次大大地超出了他之前所经历过的任何事情。父子俩的讨论聚焦于他是否应该回答委员会向他提出的问题。他是否应该"采纳第五修正案"?——根据美国宪法第五修正案,他在听证会上可以保持沉默,因为他的回答可能使本来无辜的自己受到牵连。这个特权可以成为罪犯的庇护所，也可以是无辜者的安全港，但是引用这一修正案本身并不能证明自己的清白。由于对自己的诚信记录非常自信，所以彼得不想启用第五修正案。

尽管彼得已经参加了在悉尼的ATO听证会，在面对誓言的情况下，他当时已被问及关于列支敦士登资产的问题，但他还是很担心美国的委员会已经预告做出了裁决。因为该委员会的报告已经在全世界散发，裁决也已经有效地通过。尽管如此，他还是想利用这个机会挽回他自己和家庭的名声。

但律师们的看法却不同，这并不是彼得的强项。由于这个委员会已经显示了他们并不打算理会自然判决的规则，律师们认为这个委员会还企图控制公众的审查过程，所以彼得根本就没有机会为自己申诉。此外，彼得也并不足够熟悉和了解基金的详情或情况的复杂性。彼得不认同他们的看法并宣称他可以尽快熟悉。

"彼得虽然就这个案子展开了有力的辩驳，"弗兰克说，"但是，在委员会的面前，他需要讲清很多复杂的问题，而我认为他并没有足够的力量这样做。到现在，我们也听到了很多说法称这些委员采用的是星室法庭[1]方式。我很为彼得担心。"

尽管反对彼得的意见都得到认真的审议，但辩论来回拉锯，直到他的首席律师罗伯特·贝内特（Robert Bennett）强烈反对这个建议并提出警告才结束了这场辩论。贝内特因为在莫妮卡·莱温斯基（Monica Lewinsky）丑闻中为克林顿总统辩护而声名鹊起。他说对于事实更正后的记录，不管多么重要，通常没有人关注，也不会有什么效果。这

---

1 星室法庭（Star Chamber）是15至17世纪英国最高司法机构。它成立于1487年，因其位于威斯敏斯特王宫中一个屋顶有星形装饰的大厅而得名。英国资产阶级革命前，它是专制王权用于迫害清教徒的工具。革命爆发后，长期议会通过决议予以取缔和关闭。——编者注

一切已经不可能发生改变。

彼得不知所措了，如果接受质询他将承担被指责的风险，而如果采用第五条款他也会受到指责。大家的一致观点促使他采用第五条款。他以沉重的心情接受了建议并下船回家。随后，他和他的妻子贾宁一道从美国的家里飞到华盛顿。"彼得在和他并没有关系的一些问题上受到最严厉的攻击。"贾宁说，"我真的不知道发生了什么，彼得只是和这些问题沾了点边。引用第五条款对他来说是一件很糟糕的事情。"在华盛顿的听证室，彼得的脸并没有过多的情绪变化。但是，一则消息报道他的肩上似乎承担了整个世界的重量，而另一则报道说他看上去不会被击倒，各种说法都有。当委员会向他提问时，他表示抱歉并根据他的律师团的建议礼貌地拒绝回答。他出席听证会，但几分钟就结束了。

彼得接受质询成了国际舆论的头条新闻，事后这个委员会几乎也没有什么需要他继续做的事情。但是美国国税局还有些事情，他们要看一下彼得和洛伊家族在美国是否还有任何欠税。"这是一个困难的时刻。"贾宁·洛伊说，"我们卷入了我们无法控制的旋涡，但是我们必须一起承受，我们知道我们必须把握分寸，因为人们会认为这件事非常严重。当你看到你的名字突然出现在报纸上，你的住址也被公开，这是一种很离奇的感受。"朋友们发邮件询问发生了什么，彼得和贾宁得回信做出解释。

后来，彼得执行了一个任务。他想要弄清情况，并在2008年10月开始了漫长的诉讼，要求拿到委员会调查人员所使用的文件和记录。彼得宣称他们依据不完整和"很可能不真实"的信息，他需要亲自看一下这些资料。弗兰克被要求向参议院调查小组提交书面信息，不过要等这个小组公布了其发现之后。有人建议弗兰克不要这样做，所以他拒绝提交书面申请。

在华盛顿，洛伊家族被无端卷入了一场政治旋涡，而他们已无力控制这一局面。这是他们之前从未遇到过的难以驾驭的事件。在悉尼，整个过程就完全不一样了。

这并不是洛伊们第一次和ATO打交道解决争议。他们曾于1995年解决过一笔2500万美元的争议，税务人员对于解决方案和最终数额遭到泄露表示不满。媒体有一种猜测认为目前的税负纠纷和之前的这次争议有联系。

根据弗兰克所说，审计是正式和秘密地进行的。经过数年的调查后，由于案子的复杂性，有人建议最好的解决方案或许是进行调解。弗兰克同意了，ATO委派了一位独立的调解员，并且听证会定在2011年的7月26—27日。

然而后来，弗兰克生病了并于2011年6月底住院做癌症大手术。术后，他需要住院4个星期才能恢复，但是为了出席调解会，他成功地说服了医生，3个星期就出院了。"调解牵涉了如此多的人员——两套律师班子、一位调解员、税务官员和相关员工，如果另外选择一个大家都可以聚在一起的日子，那就意味着调解会延迟很长一段时间。我们被这个问题困扰已经很长时间了，现在机会出现在了面前，我们就要抓住它。"弗兰克说。

由于他不能走路，也不能久坐，所以有人劝他不要出席调解会了。"如果我病了会怎样？参与调解并不会杀死我，如果有什么东西可以置我于死地，那就是我的疾病。"这是他标准的回答。但是他必须全力以赴并全神贯注地参与。"我除了身体以外没有别的问题，无论他们怎么做，我的医生都已经告诉我我会活下去。我并不是很肯定，但是很想了解这件事情，如果可能的话，我要在世时亲自搞清楚这件事情，而不是在我被疾病吞没之前还不知道这究竟是怎么回事。"

7月26日，弗兰克在家人帮助下穿好衣服乘车来到了城里的调解地点。他被人搀扶着下了车，踏上几个台阶后进入了大堂，为了确保他能够坚持两天，在旁边的酒店订了一个套房，这样在调解的空隙他就可以躺下休息。

由于洛伊们还没有收到税务部门的分析文件，所以这将不是一次传统的调解。这只基金是一个混合体，如同一头圆滚滚的肥猪，并不契合澳大利亚税法的方洞。澳大利亚的一套法律适用于外国的公司，另一套则适用于外国的信托，但是洛伊家族的列支敦士登的基金包含了两套法律的部分特征。

据报道，ATO 在向美国参议院调查小组提交的文件中没有提到这部分内容，因为他们知道这会遭遇一个困境：将澳大利亚的税法用于类似列支敦士登基金这样的非典型法律机体。"这些混合机体具有普通信托法和公司法的双重特点，他们并不非常适合反避税的税务条款。"媒体如此报道，"在立法人员和审判人员对这个问题做出澄清后，ATO 才能继续根据这些混合体的特征逐个进行判断。"弗兰克被告知这就是情况发生变化的原因，这些类型的混合体不可能再被使用。

澳大利亚高等法院前法官迈克尔·麦克休被 ATO 指派为调停官，而且也得到了弗兰克的认可。有人提出"新奇的法律问题并不能用之前的法律判例来解决"，弗兰克的律师和 ATO 就这个观点展开辩论，但谁都不能说服另一方改变观点。不过，他们还是同意了讨论罚金的问题。这里没有任何国际惯例可循，无论是法律依据还是草率的案例。弗兰克说："我必须做出决定。这个官司可以一路打到最高法院，之前没有这样的先例，更不可能不承认调解方案。"

他决定接受并支付包括税、罚金和利息在内的款项，但是必须签署一份保密协议并且不得外露任何信息。

当被问及他为什么会接受时，他回答这是一个程序化的决定。他已经生病并希望有一张干净的桌子。"法律诉讼是一件耗费人力和物力的事情，时间一长对方方面面都会造成影响。我认识到这个争议解决过程还可以走上10年，但我已经80岁了，剩下的时间都非常宝贵。考虑到我目前的疾病，我不知道我还能有多少时间可以自由支配。所以这件事情必须快速解决，更何况是关于我家庭的财务情况，我觉得也是值得让步的。当我们并不能从那些钱中获益时，我想把我剩下的时间放在更有收效的事情上。"

当文件准备完毕，洛伊们签了字。弗兰克直接回到床上进行庆祝。戴维在经历了这么多年与此事有关的困扰后也备感轻松，事情终于解决了。"这是一个复杂、困难和耗尽情感的事情。"他说，"从我们的观点来看，整件事是一个技术问题。"戴维和弗兰克承受了税务调查的压力，彼得也被卷入其中，尽管史蒂文知道这件事情，但他并不是当事人。

在美国，一些技术问题仍待解决。美国税务局花了6~8周接受了彼得没有欠税的事实。他在美国税务局做证并且获得了赦免。但是只有当他收到了美国"不起诉"的公文说明他之前的报税没有问题时，整个家族才感觉真的是一块石头落地了。

华盛顿的经历给弗兰克带来了直接的负面影响。他对自然正义的概念变得很感兴趣，在华盛顿特区这样一个地方，正义怎么能够在一个正常的调查程序中缺位呢？"这就是一个政治伎俩，为了一部分人的政治目的，并不尊重个人的隐私。作为一个家族，我们被无端地污蔑，但当最后都清楚了我们没有罪行的时候，整件事就无声无息地过去了。自然正义在哪里？"他问道。

关于基伯尔，尽管他的泄露引发了对于避税天堂披露规则的国际革命，他在2007年年初便消失在人们的视野中。他后来被《澳大利亚金融评论报》发现用一系列的假名字居住在澳大利亚黄金海岸，正等待出庭为一个和洛伊家族无关的税务案件做证。在他不在的日子里，他的老东家 LGT 重新被命名为 Fiduco Treuhand 然后被出售。如果基伯尔返回他的老家列支敦士登，他将面临被逮捕的命运。报纸报道一些匿名人士出价 1000 万美元的赏金要他的人头。有些人说他是一个贼，也有人说他是属于告密者一类的角色。

到 2011 年结束的时候，参议院的那个委员会也失去了对洛伊家族的兴趣。美国国税局也认定没有欠税，ATO 拿到了它的支票，案子就此结束。

一旦税务问题得到解决，弗兰克开始恢复健康。他一天吃四五顿便餐。哈吉吉一天来看他两次，一直观察他的身体恢复情况，并看到他有时可以工作几个小时。然后在 8 月末，手术后正好两个月时，弗兰克打开邮件收到了好消息。他的治疗结果被发送到哈佛和斯坦福进行分析，两地的专家都给他出具了一份健康证明。

几个星期后，他前往伦敦参加斯特拉特福西田购物中心的开业，项目就位于 2012 年伦敦奥运会的场馆区。由于他的刀口还是新伤，哈吉吉不容许他一次连续飞行 8 个小时以上，所以他必须在途中停留两次，每一次至少要逗留几天。

对于这样的一个开业，弗兰克通常都会早到一会儿与一些宾客和普通工作人员握手，和店主交谈并享受这个时光。这一次，他径直走到台上。当他站在伦敦市长鲍里斯·约翰逊（Boris Johnson）身旁为中心剪彩时，在大量的观众当中没有人能够想象这位 80 岁的老人刚刚经历的事情。肾上腺素驱使他活力满满地面对一大堆电视镜头，接受采访并和人们握手。当他的这些工作一结束，他和雪莉立刻离开，直接回到了酒店。他疲倦地躺到了床上。雪莉为他盖好薄被，当他熟睡后，她坐在他的身边开始阅读。

足球的事情

第20章
一个电话

当弗兰克在20世纪80年代末"砰"地关上参与澳大利亚足球的大门而转身离开后,他无法想象自己还会回去。当时,他受够了并且相信这项运动不会有未来。这是一个由少数族裔把控的独立王国,除非把它拆除并融入主流运动,不然澳大利亚足球就不会兴旺。像之前的其他人一样,弗兰克也曾经尝试改变它,但这些种族渊源是如此顽固不化,改变根本就不可能。出于无能为力的沮丧和愤怒,弗兰克不想和当地的主管及体育政客再有任何联系。

但是他对足球的热爱依然强烈。他仍然观看国家队的比赛,并且如果进行的是一项重要比赛,即使身在国外他也要观看。足球——不可避免地维系着他对父亲的记忆——是他生命的一部分。孩提时代,他会拉着父亲的手走过养马场观看他们的球队在临时场地上踢球。这些外出玩耍的经历构成了弗兰克儿童时代最欢快的记忆。后来,他将这种对足球的热爱复制到了他的儿子身上。弗兰克的孩子们是穿着足球服长大的——史蒂文睡觉时也穿着球衣——足球是这个家庭延绵不断的话题。

整个20世纪90年代的澳大利亚足球都在挣扎之中，而且只要一遇到危机，弗兰克的名字就会被提起。他可以帮助振兴澳大利亚足球吗？他没有兴趣，也从不回应。当有人直接找弗兰克时，他会在礼貌地倾听后予以拒绝。"我已经清楚地和这项工作做了了断了。我一般不会轻易放弃，但是我一旦这么做了，那就到此为止了！"他解释道。

2001年，在他不知情的情况下，一个将促使弗兰克重新全权掌控澳大利亚足球并释放他的足球热情的行动开始了。在他治下的时代，英式足球（soccer）——或者按他所称的足球将在国内、地区和国际范围内发生变革。在国内，弗兰克将重新塑造这个国家的足球构架；在地区层面，他将重新定位澳大利亚足球作为亚洲的一部分；而在国际舞台上，澳大利亚足球队将为他们连续三届进入世界杯决赛圈而战斗。

从商业角度来说，他从事足球事业就像他从事西田的事业一样。当弗兰克接手的时候，澳大利亚足球一年的收入仅有1000万澳元，入不敷出。10年后，澳大利亚足球的收入达到1亿澳元且有盈余。但是这对弗兰克来说仍然不够好，尽管他也实现了使足球成为澳大利亚主流运动的目标，但他对没能超过主要竞争项目英式橄榄球和澳式橄榄球始终耿耿于怀。如果澳大利亚足球的收入能够达到2亿澳元，他就会更加舒心。

使弗兰克回归的过程开始于2001年年初，那时澳大利亚足球又陷入了一次危机。这个国家的足球运动机构没有可行的制度，没有组织，没有管理，没有资金，也没有前景，已经不能发挥其应有的功能。还有最新的指控称，主管机构在派送澳大利亚球员赴海外踢球过程中发生了腐败行为。澳大利亚足球界一片混乱。

那年4月，热心人士发起了一个电邮运动，发信给堪培拉的政治家们，对足球运动的危险状态进行投诉。这也是澳大利亚有史以来传递到首都的关于体育运动的一次最大规模的公众请愿活动。问题很快引起参议院的重视，参议院决定对足球管理机构进行调查。不久就有热心人给弗兰克打电话。他听到后依然拒绝提供帮助，说足球界的政客们太毒。

那年年末，伊恩·克诺普（Ian Knop）这位受人尊敬的企业家和自由党的宣传家勇敢地承担了澳大利亚足协主席的职务。经过多年的混乱管理，澳大利亚足协已经功能尽失，陷入破产境地。克诺普要求政府给予财政支持，政府的回复是：澳大利亚足协可以获得救助资金，条件是它必须提交一份完整的调查报告。虽然之前有关部门进行过几次调查，但这次不一样，调查不仅要揭露过去的黑暗，还要分析这一运动的治理、营运和构架，以及通过制订的"大蓝图"计划所要达到的拯救目标。

调查报告对澳大利亚足协的整个董事会没有任何褒奖之词，一些董事会成员表示非常愤怒。"我对他们的刻薄和愤怒一点也不感到吃惊。"戴维·克劳福德（David Crawford）这位毕马威会计师事务所（KPMG）的前主席和该调查报告的负责人说道，"因为我有着30多年和混乱公司打交道的专业经验，所以我还是比较能够适应那种情况的。"为了制止无端的野蛮指控，他坚持要求所有的对于调查的口头回答都必须同时进行书面呈报。在所有收回的230条意见中，没有一条关于澳大利亚足协的正面评论。

随着调查的进行，一个新的关于这项运动的构架开始显现。克劳福德很清楚必须有一个资深的、既能够做事又热爱足球的人来实施这个变革。他之前见过弗兰克，所以又约见了他，表面上看是要向他请教。

我想，如果我的方式正确，弗兰克也许会感兴趣。他知道调查正在进行中，并且了解得比他所透露的更多，但是他给我的印象是他乐见这项运动的成功。尽管我也想到了他也许是这个位置的可能人选，但是我如果那个时候就向他提出显然不妥当。

虽然弗兰克巧妙地隐藏了自己对足球的热爱，但是他"不出山"的态度依然坚决。他可以愉快地和克劳福德交谈，却并不参与任何事务。但是，他同意考虑一下这些问题，然后几周后再见一下。克劳福德相信他在弗兰克身上看到了一线希望，但是他不准备在下一次会面时就匆忙提出。在他看来，弗兰克将是最适合的人选，"因为他对足球有发自内心的热爱，还有过去的协作和把人纳入麾下的能力"。

在之后的一次会议上，克劳福德也带上了马克·彼得斯（Mark Peters），后者是澳大利亚运动委员会的首席执行官和调查委员会的成员。彼得斯一直在推进调查，他说和弗兰克坐在一张桌子上，他能够感到弗兰克未曾言表的对这项运动做出承诺时的紧张情绪。"弗兰克面无表情地坐着，意志坚定而且不承诺什么，但是房间里有一种感觉，一种热情并未释放和事情并未了结的感觉。"

当调查接近尾声的时候，人们"惊呼"这个国家的足球事业将迎来转机并为此"叫好"。也有观点认为，运动的本质毕竟也是生意，光有热忱和感情还是不够的。要注入商业技能方可走上成功之路。彼得斯解释道："弗兰克就是我们真正需要的人。他会带来难以置信的良好声誉，从一个工人阶级的孩子成长为一代商业巨子，他能赢得全体董事会成员的尊重。当我们在政府内讨论弗兰克担任这一工作的可能性时，人们都会惊呼'哇！'他就在商业社会摸爬滚打；他可以进门、坐下并共同承担目标——这就是关键。"唯一的问题是，弗兰克并没有向彼得斯表示他对这个工作特别有兴趣。

澳大利亚长期以来一直都对足球有弥赛亚情结，人们不断地找寻一个公众人物以带领它走向未来的辉煌。前澳大利亚广播公司的负责人戴维·希尔（David Hill）尝试过，前州长内维尔·莱恩（Neville Wran）、尼克·格雷纳（Nick Greiner）和杰夫·肯尼特（Jeff Kennett）都尝试过，但是没有人可以为这项运动的命运带来真正的改观。问题是为什么澳大利亚政府要关心这项需要补贴的足球运动，特别是这个国家还有极具影响力的橄榄球赛事，包括本土成长的澳式橄榄球。这里有令人信服的理由：从国内讲，足球在初级和业余层面拥有最广泛的群众基础，有超过100万的澳大利亚人踢足球。足球具有弘扬民族精神的潜力，为年轻人打开一扇代表他们的国家成为时代英雄的门。

此外，考虑到澳大利亚多元文化的特征，足球的振兴可以成为一个受大众欢迎的政治举动。足球是全球范围内最流行的赛事，可以给予澳大利亚找准在国际上的定位的机会。这项运动的状态也反映了这一事实，即国际足联（FIFA）这个掌控国际足球事务的组织，拥有比联合国还要多的会员数量。

对弗兰克的邀请需要谨慎行事，然而又势在必行。不仅是克劳福德，还有澳大利亚足球的传奇人物约翰尼·沃伦（Johnny Warren），而且弗兰克还听说，总理霍华德也希望他能接过这项工作。当他听说霍华德很关心这件事的时候，他回答道："行，那就让他直接来和我说吧。"话刚出口，他就意识到自己提出了一个多么危险的要求：如果总理真的亲自找他，他将很难拒绝。弗兰克决定不再想这件事情，直到霍华德真的找他。几天后，电话响了，弗兰克的秘书告诉他是总理办公室打来的。

通过电话后，弗兰克长时间地坐在那里仰望星空。掌管澳大利亚足协意味着什么？又能获得怎样的成就？对于 72 岁的他来说，是否需要承担这样的责任？尽管自己一时还没有满意的答案，但是他发现自己已经不能置身事外。

戴维·克劳福德确信，弗兰克·洛伊将全权负责推进澳大利亚足协所需要的这一艰难改革，而且他无疑是最好的人选。当弗兰克最终同意接受这个过渡时期的领导位置的时候，克劳福德开玩笑地说他是以其特有的方式应征为国家服务。2003 年 4 月初，一份来自霍华德的信件放在了他的桌子上，信中说如果弗兰克能够接受这项领导工作的话，他会获得霍华德的全力支持。

之前只是用心关注，现在弗兰克必须用脑思考了。那些请他出山的人将要看到一个行事独立的弗兰克，这可能并不是他们预想和欢迎的。如果他们将操纵杆交给他，他会接过，但是一切只能在他的条件下进行：他不会为这个位置参加竞选，他需要资金，并且他会在老的董事会成员全部离开后才将自己的想法付诸行动。这个时候，伊恩·克诺普辞去澳大利亚足协主席，由雷默·诺加罗托（Remo Nogarotto）担任临时主席直到政府宣布足协的新管理层。

一直到 4 月初克劳福德的报告放到桌面之前，关于弗兰克的任命的所有细节都是保密的。报告列出了 59 条对足球运动的激进的改革建议。彼得斯回忆了随后的新闻发布会："我们坐下开始说'这就是报告，这里有建议，现在的董事会必须辞职并由弗兰克领导的一个过渡董事会接管。'你可以看到人们在议论'哇！弗兰克·洛伊！'"

澳大利亚的足球事业几乎已万事俱备，唯独缺少一个致力于以快速的巨变震惊整个足球界的高等级的固定服务机构。在幕后，弗兰克正在思考临时董事会 5 个成员中的两位人选：罗恩·沃克

（Ron Walker），一位杰出的因为管理体育赛事而成名的澳大利亚商人，也是自由党的司库和墨尔本的前市长；约翰·辛格尔顿（John Singleton），一位公认的媒体大佬、广播人、体育迷和企业家。他们因没有足球方面的资历而任职将成为弗兰克不因循守旧的一个鲜明标志。他们的任命获得了巨大的关注，一家媒体描述这个新三人组合构成了"A字三角团队"。

在媒体见面会上，弗兰克解释了他准备参与这个过渡董事会的工作，就是为了表达他们要驱动澳大利亚足球运动实施重大改革的目的。他说："现在将由澳大利亚足球界的所有利益相关者做出决定，他们是否能够全身心地支持拟议的改革和我的参与。"当大多数的足球团体都在为克劳福德的报告叫好的时候，却有几位澳大利亚足协的董事反对这个报告，并拒绝为新的任命让路。他们认为报告对他们来说极为不公平，他们被不公平地报道，而且他们所有的努力都被认为一无是处。

他们甚至觉得他们当中的某些人也许应该占据三个空缺的临时董事中的一席，但是弗兰克听后根本不予讨论。他接受这个工作的条件之一就是要从一张白纸开始。他不想要任何包袱并且已经说得很清楚，将由他自己选择新的董事会成员。最终，一些前董事会成员同意辞职，但还有四位顽固坚持，他们愤愤不平地延缓了移交工作，弗兰克完全接手他们的工作耗费了三个月之久。在此期间，弗兰克始终对公众保持沉默。

人们担心如果僵局持续下去，弗兰克会离开，但是他没有，他也没有选择被动等待僵局被打破。他5月给霍华德写信指出，关键的条件一定要得到满足，然后他和临时董事会才能做出领导这个改革进程的最终承诺。他需要保证克劳福德调查报告的建议要得到拥护，由他选择的新董事会替代现有的董事会，并且新的董事会将不受现任澳大利亚足协的任何相关债务与责任的困扰和束缚。最后，也是最重要的，他需要确保未来三年实施克劳福德改革所需要的资金全部到位。

克劳福德曾经警告，如果调查报告的建议得不到实施，那么230万澳元的联邦资金就会很危险。弗兰克告诉霍华德，他预期未来三年需要1000万澳元用以聘请好的员工，构建教练队伍和寻求商业赞助。霍华德说1000万澳元是一个很大的数字，政府只能在完成了尽职调查并确定澳大利亚足协的真实财务状况后才能考虑提供资金的额度。现任足协的几位愤愤不平的官员拒绝交出财务报告。内部人士认为这是好事，否则，其中的真实情况很可能会挫伤弗兰克的热情。确实，当审计人员最终检查报告时发现，新董事会面临着一场财务灾难。

虽然弗兰克对外保持沉默，但私下他在努力工作。他任命了罗宾·格雷厄姆（Robin Graham）这位具有财务背景的津巴布韦人作为特别代表穿梭于国内各地搜集各个州的足球情况。在整个与澳大利亚体育委员会的漫长谈判过程中及弗兰克最终被正式任命为澳大利亚足协主席期间，格雷厄姆成了弗兰克走遍全国的双腿。弗兰克也在不停地打电话，其中一个他最早打去电话的人是弗兰克·法里纳（Frank Farina）——澳大利亚国家队的教练。"请告诉我，你有多少工作人员？"回答使他倒吸一口冷气。"没有，就我一个人，但是有比赛的时候我会临时加人。"后来，在弗兰克治下，光澳大利亚国家队就雇用了四十多个人。

弗兰克开始填补其他潜在的董事位置。对于副主席，他需要一个具备优秀的财务和管理技能的人。他给他的好朋友戴维·冈斯基打电话，戴维建议他只要找到布莱恩·施瓦茨（Brian Schwarts）就行了，施瓦茨是安永会计师事务所的首席执行官。弗兰克虽然此前通过业务认识施瓦茨，但不知道他也是个"足球狂"，并且愿意为足球竭尽所能。

施瓦茨早年在安永工作期间有几个西田的朋友，并尝试为他的公司争取过西田的业务。"偶尔他们也会给我一些小活儿干干。"他说。随着时间的推移，业务也多了起来，直到有一天施瓦茨敲了弗兰克的门问他安永是否有机会做西田的审计工作。弗兰克解释道，格林伍德·查洛纳（Greenwood Challoner）一直是西田的审计机构而且西田也依然保持对这家公司的忠诚。几年后，当德勤购买了这家公司后，施瓦茨再次敲门："我想你的'忠诚'一定不会适用于德勤吧！"他的说法是对的。西田的审计工作开放招标，安永成功中标，不久安永就承担了西田的全部审计工作。

当2003年弗兰克给施瓦茨打电话试探他关于加入临时董事会担任副主席的意见时，施瓦茨毫不犹豫地接受了邀请。其实他也不太清楚里面的情况。弗兰克和施瓦茨开始一起工作后几乎立刻就成了非常高效的一对搭档。"我们有互补的技能，很快就组建了高效的团队。"弗兰克说。

在这个阶段，他们没有设施，只有想法和计划，需要人手。几天后，理查德·约翰逊（Richard Johnson）这位注册会计师走进了他们的视野，他和他的家人刚好从伦敦的船上下来正要找工作。在英国的时候，约翰逊是安达信的会计师，后来调到全球最大的体育营销公司IMG（国际管理集团）。现在来到悉尼，他正在联系他之前安达信的老同事，其中一位就在安永。

约翰逊坐在安永的会议室里喝着咖啡并介绍他的体育背景，这时他的朋友说："你应该和布赖恩·施瓦茨谈一下，因为他不久就要成为足协的副主席。"施瓦茨很快就加入了他们的谈话。"你就是我们所需要的人。"他说。第二天，约翰逊就坐在了弗兰克桌子的对面。这一切发生得很快。

但是，当弗兰克叫他担任首席财务官的时候，约翰逊有些怀疑，因为他知道澳大利亚足协深陷危机。"原谅我，你并没有真的给我一份工作！"他对弗兰克说。

"行，这是个细节问题。如果在我没有成为主席这种不太可能发生的情况下，你可以来我公司为我工作，或者布莱恩也会给你一份工作。"弗兰克回答道。

几天后，施瓦茨问约翰逊他是否介意同时担任代理首席执行官。约翰逊回答因为实际上还根本没有管理团队，所以他想在最初的几个星期里做所有的工作。

与弗兰克和施瓦茨肩并肩的工作给了约翰逊在澳大利亚人面前一个特别的展示机会，也打破了他对年龄的成见。弗兰克永不衰竭的旺盛精力和对未来的洞察对他来说都是新的发现。当弗兰克专注足球的时候，没有任何东西可以分散他的注意力。他坚韧、要强、不接受"不"的回答。在他看来一切皆有可能。他非常擅长"把对的人拉上车"。

对于第四个过渡董事席位，弗兰克想找一个真正懂足球的人。这个人应该了解足球的管理，理解这个国际游戏，对体育充满热情并具有商业头脑。这是一个很高的要求。他选择了菲利普·沃兰斯基（Phillip Wolanski），一位他认识了几十年的成功的地产开发商。菲利普也是弗兰克的儿子戴维的好朋友并且精通足球。"他有很好的人际关系开拓能力和足球知识，而且也精通政策设计与新文化的构建。他也了解国外教练市场和足球领域大部分的事情。他符合要求。"弗兰克说。

对于最后一个董事席位，弗兰克需要法律专业人士。他打电话给澳大利亚奥委会主席约翰·科茨（John Coates），后者推荐他联系苏珊娜·威廉斯（Suzanne Williams），她曾经是悉尼奥组委的法律顾问和秘书，为悉尼奥运会服务了 5 年，也是国际人才招聘企业光辉国际（Korn Ferry International）的高级合伙人。"她没有足球经验，但她拥有大公司工作背景和人力资源的专业技能，我想她一定可以做出卓越的贡献。"弗兰克说。她很高兴能加入足协董事会。

当董事会的构架基本搭建完成的时候，一个尚待解决的大问题是由谁来管理每天日常的足球业务。作为西田的执行主席，弗兰克不能亲自担任这个角色。他需要一个出色的首席执行官，当环视足球界的时候，弗兰克并没有发现既很懂足球又有管理能力的人。他必须找到一位可靠的体育运动管理人，为此他开始在国际范围内搜寻。他也给科茨打电话看他是否有任何建议。他还真有。澳式橄榄球的首席执行官约翰·奥尼尔（John O'Neil）如何？

在自传《一个游戏的奥尼尔》（It's Only a Game）中，奥尼尔描述了弗兰克找到他的过程。2003 年 7 月 3 日，他接到了戴维·洛伊的电话。他们在此之前关系就很好，因为奥尼尔在担任州银行执行董事的时候，戴维也是董事会的成员。戴维向奥尼尔解释他的父亲已经同意出任澳大利亚足协主席的职务，想约奥尼尔喝杯咖啡：

> 弗兰克的动机也许是想找一名足球观众，像我这样一个土生土长的澳大利亚人且正在紧张地备战世界杯的橄榄球联盟的经理，应该并不是他最初的人选。我的处理办法也非常简单：你永远不能拒绝像弗兰克·洛伊这样有影响力的人的邀请。

两天后，奥尼尔和弗兰克在西田总部见面。弗兰克说他即将担任足协主席的工作，希望奥尼尔来运营它，而他自己则打算做一个非执行主席。他表扬了奥尼尔作为运动管理者的能力，并解释他们共同的朋友科茨建议他们碰一下面。虽然感到惊讶和受宠若惊，但奥尼尔回答在那个时点出任首席执行官是不可能的：

"为什么？"

"我正在忙世界杯。"

"那是什么？"

弗兰克真的不知道橄榄球联盟的"盛宴"就将在3个月后到来。尽管他理解我正在做的事情的重要性，他拒绝接受否定的回答……他面带笑容，并且非常礼貌地说他将与我保持联系，尝试说服我改变主意。这是我第一次近距离地看见弗兰克的坚定面庞。

在弗兰克离开澳大利亚将要去欧洲去度常规假日之前，他问科茨是否可以安排引荐国际足联主席赛普·布拉特（Sepp Blatter），或者预约在苏黎世与他共进午餐。"由于这是我第一次踏进足球的国际舞台，我在这个世界谁都不认识，所以我决定从头开始。"弗兰克说道。科茨是通过国际奥委会认识布拉特的，如果他能加入这次会面就一定会有帮助。从那时起，科茨就成了弗兰克在国际体育政治中的顾问，在此过程中，两人成了好朋友。

在2003年，布拉特名声很好，尽管有一些关于他的行为的非议，但是他的慷慨和捐赠行为很轻易地就掩盖了它们。布拉特大半生从事足球运动，所以他对足球的各个方面都了如指掌。他也知道一些澳大利亚的事情，因为他女儿曾经在澳大利亚工作过几年，布拉特去澳大利亚看过她。直觉告诉弗兰克，布拉特能够帮助澳大利亚的足球事业。

第 21 章
推陈出新

车子盘山而上驶向国际足联位于瑞士的总部，弗兰克回头看了一下苏黎世湖。尽管他出于业务需要经常到这个城市出差，但这是第一次为了足球来到这里，也是第一次到访国际足联所在的老式建筑。他不会来这个迷人的建筑太多次，因为几年后，国际足联总部将搬到一座壮丽的由玻璃和钢筋构造的建筑里，以适应国际足联日益增长的国际影响力。当地人把这个新建筑称为"地下摩天大楼"，因为它的大多数行政办公室都是在地下的。

赛普·布拉特已经看过了弗兰克·洛伊的简历，据说他们见面不到 10 秒就相谈甚欢。布拉特说："我们进行了直接的沟通，实际上我们的交谈可以说非常坦诚，就像兄弟间的对话。我们个头差不多，微笑、伸出手臂……对于国际足联这个机构来说，这是一个很好的变化。突然间，有一位个性鲜明而又充满魅力的成员国足协主席出现在我们面前，这位在他的国家的足球圈内获得广泛认可的主席，无论是左派还是右派、政府还是公众都拥戴他。"弗兰克代表了新一代的足球领导人。尽管许多足协依然由传统人物领导，布拉特相信随着各国经济、文化和政治影响力的上升，这些足协需要由企业家来领导。

对弗兰克来说，午餐的气氛非常融洽，他发现布拉特也是兴致盎然。"科茨也在场，我们都很高兴。我的计划是建立关系并尽可能地了解更多。我们谈到了澳大利亚足球所需要的专业技能，我说今后还要找他听取他对重新构建澳大利亚足球的建议。"然后弗兰克就回到了他停泊在摩纳哥的船上。这次旅程使他制定了一个新的掌控澳大利亚足球的时间表。同时，他知道自己将无偿和自由地贡献他的时间，自己买单，包括他自己用于服务足球运动的出行、住宿和招待的费用。

那个星期的晚些时候，7月12日周六的晚上在悉尼召开了一个特别的股东大会，任命弗兰克为处于困境中的澳大利亚足协新任主席。第二天布拉特发表声明称弗兰克是这项工作的最好人选。"弗兰克·洛伊主席是南半球最值得信赖的掌舵澳大利亚足球的人，并将领导澳大利亚足球走向未来的成功。"弗兰克通过摩纳哥的视频连线召开了一个新闻发布会，说他高兴地被确认为澳大利亚足协主席，虽然自己面临的任务是艰巨的，但并不是没有可能完成。他回答了记者们的问题，并强调足球在国内和国际成功的基础是需要一个强大的国家联赛。

弗兰克坐下后便开始思考眼前要做的事情，大量艰巨的工作已经降临到他的身上。当旧的组织结构取消后，一切都要从头开始，并且需要一砖一瓦地建设。白天他还有西田执行主席的工作，所以他的工作时间不得不延长，工作能力也需要提升。

当他回到澳大利亚后，就要正式组建董事会。当政府说想委派一个代表到董事会时，弗兰克回答："我想我就是你们的代表！"不过他改变了策略，说只要这个人能够承担一个董事所应履行的全部职责，他就欢迎政府委派的代表。不过，大家随后意识到：从法律上讲，一个政府的委派人也表明了澳大利亚足协的责任将回归政府。因此，接纳政府代表的想法就被搁置了。

弗兰克的五位董事的位置设计涵盖了五个方面的专业。辛格尔顿提供营销技能，沃克关注政府关系和重大赛事，施瓦茨贡献管理和财务技能，沃兰斯基带来足球的专业知识，威廉斯负责法律事务。"弗兰克将担任这个小型交响乐队的指挥。"施瓦茨说，"那个时候，我们没有管理团队，合同都不可持续，花销显然入不敷出。弗兰克在完成他白天在西田的工作后每周要为足协工作30个小时，当我介入后，我做得一点也不少。"

一个最急迫的问题就是资金。施瓦茨发现自己如此密集地和弗兰克一起工作，也就有机会近距离观察他的做事方法。除了发现弗兰克的首要关注点总是现金的产出和现金流以外，施瓦茨还发现他对业务驾轻就熟，能准确观察到传统业务的价值，对细节给予充分的关注，而且对周边的工作人员也会报以应有的尊重。"他对细节的关注非同寻常。对于像他这样层级的人，既能把控大局，又能钻研细节，他对战略事无巨细。对于任何与数字相关的场合都要深究并逐个核对所有的数字。"

合理分配时间是弗兰克的标志之一。20世纪50年代，当他和约翰·桑德斯开始创业的时候，他们开了一个杂食店，同时辅营地产业务。弗兰克一分钟之前还在系着白围裙照顾顾客，然后马上又西装革履地坐在律师或银行家的桌子前面。一个交易价值6便士，而另一个则涉及1万英镑。两个生意都是重要的，从中他知道了小生意和大生意各自的价值。

与此同时，与堪培拉政府当局的谈判变得困难。约翰逊做的商业计划显示1000万澳元不够用，需要另外追加500万澳元，运动委员会犹豫了。用体育的语言来描绘提供1500万澳元资金，不仅仅是指球出界了，而且根本就是看不见球了。委员会竭尽所能准备了1000万澳元——这已经是分给一项单项运动的空前巨大的经费，不可能再加了。弗兰克决不让步，缺了这个数工作无法完成。最后，电台主持人也是运动委员会的副主席艾伦·琼斯（Alan Jones）介入，他提出的"划拨加贷款"方案可以使资金到位，这似乎是一个好的办法。

在墨尔本召开的确定最终构架的会议上，总理约翰·霍华德、体育部长罗德·肯普（Rod Kemp）、沃克、弗兰克及其他几位在坐下之前就开始了洽谈，方案是1100万澳元的拨款和400万澳元的贷款。这时，弗兰克转向总理。他想以尽可能好的方式表述一个认真的观点："约翰，你当然知道我会拿出这400万澳元的贷款，但是这一定是有去无回的。"大家一阵大笑。8年后这笔贷款被免除。

接下来的事情就不那么好笑了，弗兰克拒绝接受一个限制性的条款，即1500万澳元的资金只能在一位由政府指定的代表被邀请参加董事会的情况下才能发放。弗兰克出于原则坚决反对，他不会在被他人监管的情况下工作。如果政府想把澳大利亚足球的未来委托给他的董事会，那么就至少要信任这个董事会并赋予其独立自主的地位。在与体育部长激烈的交涉中，弗兰克谈到了辞职。他说他可以暂时代管一下这个位置，直到政府找到另外的人选。于是体育部长不再坚持。

大量的工作接踵而至。从前的那家公共事业机构必须关闭，新的机构将按不同的路径运营。律师和接管方被邀请来参与旧组织的关闭，同时更多的律师和公共关系专家被邀请创建新的构架。每一个人都在努力拯救澳大利亚足协的资产，摒弃现有合同并免除它的债务。弗兰克拉来了很多专业人士帮助，比如企业破产顾问马克斯·唐纳利

（Max Donnelly）和清盘机构富理诚（Ferrier Hodgson），这些公司的时间付出都是没有报酬的，也有公司是以很低的费率在提供服务。理查德·约翰逊对弗兰克的做法印象深刻。"我记得一天下午坐在他的办公室，他拿起电话打给了澳大利亚航空的玛格丽特·杰克逊（Margaret Jackson），然后又打给了澳大利亚电信的鲍勃·曼斯菲尔德（Bob Mansfield）问他们是否有兴趣支持新的企业。"

他们迅速地解决或清理了之前的商业安排。就像彼得斯预计的和约翰逊看到的，弗兰克能够调度澳大利亚商业的顶层资源，分享他对这一运动的远见，树立对未来的信心并说服这些公司以现有的商业权利放弃这些合同。他与澳大利亚 7 频道的主席克里·斯托克斯（Kerry Stokes）达成一个交易，容许这个网络顺利地退出。弗兰克的做法也是很合理的。赞助商被缠在这么一项失败的运动里，对它们来说，保留这些旧的合同也是没有价值的。"我给克里打电话并告诉他'你有一个赞助国家队的合约，数量大约是 50 万澳元。我们需要撕毁它。这个对你毫无价值，而对于我们又是不够的。我们就让它到此为止吧。'他说'行'"。在与玛格丽特·杰克逊讨论时，弗兰克解释了为什么这家国家航空运输公司应该放弃它的权利。澳大利亚航空此举的回报是后来获得了一个主赞助商的合同，享有 10 年的赛事冠名权。

弗兰克非常善于提要求的名声在外。他可以使你感觉不到所提要求的分量，而是让你觉得能在这件事上给他帮助会很荣幸。但是他也从不直截了当地反对。罗宾·格雷厄姆记得罗恩·沃克在几乎没有事先通知的情况下应弗兰克的要求去新西兰参加一个大洋洲足联的会议。"他在那里度过了一整个非正常的周末。我几乎不能相信弗兰克星期四给他打电话并说'罗恩，你周六做什么，因为恐怕我需要你去'——不；他没有这样说'我恐怕'，他说'你必须去新西兰'。弗兰克从不过度客气。"

随着前任澳大利亚足协班子的清盘，弗兰克成了这个新的澳大利亚足球协会（ASA）的主席。现在他和施瓦茨走得很近，施瓦茨与他分担工作并经常要代表他开展一些活动。"我发现他是一个很勤奋也很正派的人，特别是他在没有和我充分商议之前，不会做任何决定。"弗兰克说。他们开始引入更多的专业人才。前外交官罗恩·哈维（Ron Harvey）成了澳大利亚足协的"国际大使"，由其修复和国际足联及大洋洲足联的关系。伊恩·弗里克伯格（Ian Frykerg）这位曾经帮助改变了全球体育电视场景的体育权利谈判人，被留下担任为国内联赛开发商业转播机会的顾问。捷克籍教练约瑟夫·文格洛斯（Jozef Venglos）博士，一位技术开发专家和前澳大利亚国家队的教练，被聘为国家队和其他高级别球队的顾问。

但是依然没有首席执行官。弗兰克听说奥尼尔在橄榄球联盟的前途可能并不像大家所看到的那样确定。他又拿起了电话。奥尼尔虽然也感到他的工作有点不稳，但是如果能够等到橄榄球世界杯结束后讨论这个变动会更好。弗兰克有些失望，但是他必须推进，他也找了两三位澳大利亚和海外的体育管理者，不过也都是无功而返。

几周后，在橄榄球世界杯决赛举行的前一天，约翰·科茨邀请奥尼尔共进午餐。根据奥尼尔的自传，这是一个为欢迎国际奥委会主席雅克·罗格（Jacques Rogge）到访的私人宴请。这是 2003 年的 11 月 21 日，港口风和日丽，8 个人围坐在悉尼皇家游艇俱乐部的一张桌子旁。其中一位就是弗兰克。"是事先计划的吗？"奥尼尔在想，"我不知道，但是弗兰克在场有点巧合，而且就坐在我的旁边。"

弗兰克抓住约翰·奥尼尔的手说："约翰，我的澳大利亚足协首席执行官的位置还空着呢，依然开放，我希望你来担任。橄榄球世界杯明天就要结束了,怎么样?你之前告诉我等待——我是一个有耐心的人。"

奥尼尔承诺在12月12日澳大利亚橄榄球董事会后做出决定。终于有点等不及了,弗兰克11月27日打电话提醒奥尼尔他的承诺,12月3日他又打了电话。12月13日,周六的早上,奥尼尔那天的第一个电话是弗兰克从洛杉矶打来的。"约翰,怎么样?你现在可以自由谈判了吗?"

"是的,弗兰克,我可以了。"

到2003年年底,澳大利亚足球协会的股东们的情绪在高涨。他们可以预期的改变正在发生,特别是对于资不抵债的本土联赛。虽然有着巨大的热情和承诺,但NSL没有协调管理和市场营销,也没有电视报道或资金来源。为了实现在国内踢球的乐趣,球员们要忍受恶劣的条件。现在,信心正在稳步回升,作为大家建立互信的标志,澳大利亚职业球员联盟和球员们同意放弃新足协的历史欠账100多万澳元。根据罗斯·索利(Ross Solly)的《射门》(*Shoot Out*)一书提到的,他们知道与新的管理机构交涉也会面临挑战,但是他们相信新的足协是真正可以谈业务而不是玩政治的地方。

澳大利亚职业球员联盟起草了一份希望清单和足球计划。很多人都将离开,只有精英可以留下。它计划组建8~10支球队,这样就可以抓住球迷的感情和心理。更好的模式是一个英格兰式的澳大利亚超级联赛。

克劳福德的报告建议国内联赛应该和澳大利亚足协全部分离并独立,弗兰克陈述理由反对这个建议,因为几乎肯定没有人能够成功地组织这个联赛,筹集到足够的资金并且使其得以高效地运作起来。"所以我准备把它归在澳大利亚足协的羽翼下。我给克劳福德打电话问他是否这样想过,他说他准备了这个报告,如果我想改变,也可以,这一切取决于我。"

弗兰克直奔澳大利亚职业球员联盟和他们进行公开的对话。他听了职业球员联盟方面的陈述并决定对澳大利亚足协进行一个独立的调查。于是他邀请哈克队的前主席安德鲁·凯梅尼(Andrew Kemeny),负责对 NSL 做一个新的审议。尽管缺乏成功经历和主赞助商,也没有电视合作伙伴,但凯梅尼发现 NSL 还是有很大的可塑性。这更多是来自会员和捐助人的热情与承诺,而不是一个成功的商业俱乐部的运营模式。确实,仅在过去的三个赛季,NSL 就巨亏 5200 万澳元。鉴于此,凯梅尼建议需要进行激进的改革并坚定地推行新的商业模式。

2004 年 4 月,NSL 将不复存在。"放血疗法"迅速进行。NSL 的 13 支队伍都将终止运营,取而代之的是一个由 10 支队伍组成的新的联赛。如果要加入,一支球队必须先支付 100 万澳元,还需要有 200 万澳元的资本金、不低于 350 万澳元的年度运营预算和 150 万澳元的工资上限。对于这样的资金要求,所有利益相关方都惊叹不已。

不久后,弗兰克要求澳大利亚足协在财务上支持那些想参加新联赛的俱乐部。他希望通过商业赞助和销售实况转播权来实现这一点。这项工作将交给新的首席执行官约翰·奥尼尔,他将于 2004 年 3 月上任。奥尼尔到来后没过多久就接管了这项工作。

尽管奥尼尔并不掩饰他对足球有限的了解,但他还是被弗兰克认为是一个花钱请来的"奖品"。他在 8 年掌舵澳大利亚橄榄球联盟期间使其营收提升了 8 倍,并且通过筹划 2003 年的橄榄球世界杯赚取了 4500 万澳元的利润。但是奥尼尔很快就和弗兰克的执着发生了碰撞。当奥尼尔着手新的国内联赛工作时,他发现自己越来越对联赛的财务的可持续性感到担心。他错误地认为这是可以谈判的,当他把自己做的一个分析新的国家联赛的优劣势的报告交给了弗兰克时,报告被弗兰克直接无礼地扔进了垃圾桶。

对弗兰克来说,没有国家联赛是不可想象的,他从来就不想听任何怀疑的意见。足球俱乐部是整个运动的前沿阵地,奥尼尔应该从头开始。他做到了,在接下来的三个月里他建设了一个强大的管理团队,大多数照搬了橄榄球联盟的做法。这又导致了人们议论说懂足球的专业人士被冷落了。

像"应该设立多少支球队最理想"和"多少支球队是可能的"这类问题有很多讨论。洛伊请辛格尔顿一起商议。辛格尔顿从弗兰克的办公室给特别节目广播事业局的一位足球人士打电话咨询。这位人士建议联赛应该是每一个主要城市组建一支队伍,加上一支来自新西兰的队伍组成 7 支球队。为组成 8 支球队,最后一支可以从其他城市竞价最高的队伍中选取。这看上去视乎是一个很棒的主意。

奥尼尔开始筹划构建 A 联赛的基础,这样的命名是参照日本的 J 联赛和韩国的 K 联赛。每个城市一支球队的概念,将排除那些完全由少数族裔球员组成的队伍。各民族的球迷将从同一个大门进入。戈斯福德市的中央海岸队占据了第 8 支球队的位置。俱乐部都将有一个 20 名常规球员的名册和一个 120 万澳元的工资帽。每一个俱乐部容许有一名招牌球员,他的薪酬可以不受工资帽限制。

奥尼尔和福克斯体育频道签订了一份合同,每周四场实况转播覆盖 8 支球队,由福克斯体育频道承担所有的制作成本并为第一赛季支付 50 万澳元的权利费。这样的曝光度也使得赞助商的投资成为可能。第一个走进 A 联赛大门的是韩国汽车制造商现代,它是足球世界范围的一个主赞助商,特别支持整个亚洲的赛事。这个联赛将冠名为 HAL

或现代A联赛。由此，澳大利亚足协旗下的俱乐部和新的A联赛终于可以在2005年8月正式开球。

为保证悉尼有一支标杆性的强队，弗兰克家族购买了悉尼FC的股份。此举引发争议，人们抱怨最高管理机构中本该不偏不倚的主席拥有一支球队的股份是不对的。弗兰克承认有利益冲突，但辩称情况特殊："我们把悉尼FC的资金凑到一起，发现根本不够设定的参赛门槛，所以我填补了空额。我并不真的想要这个利益，而是如果没有悉尼，联赛就不能成长。而且，我已经做了明确说明——将不参与它的管理。"人们还是继续反对。随着时间的推移，洛伊家族的股份降低到了残值的比例，并且没有任何权利。

联赛被少数大佬所拥有的格局最后被多文化的所有权所替代，A联赛在全国范围得到了转播。开始的几年，一场比赛通常吸引10000~15000人观看。"新的足球"（new football）代表了新的澳大利亚，叫它（英式）足球没有问题，但是"世界体育运动领域"包括国际足联都是使用"足球"（Football）作为专用术语。考虑到语言的力量，2004年年末，澳大利亚（英式）足球协会（Australian Soccer Association）的董事会决定改名为澳大利亚足球联盟（Football Federation of Austrilia）。这是一个大胆的举措，使得澳大利亚有了4个以"足球"命名的赛事。

2005年A联赛正式开球时，开幕赛是悉尼FC对阵墨尔本胜利。弗兰克坐在包厢内，眼里闪烁着泪花。到场人数比之前买票的多了很多，2.5万名观众花了很长时间才坐定。史蒂文，就在他父亲的旁边，说他们几乎不能相信体育场居然能爆满。当前曼联前锋德怀特·约克（Dwight Yorke）为A联赛开球时，整个体育场欢呼了。他是悉尼FC的招牌外援，那个赛季，他和球队一直打进了决赛。

第一个赛季大获成功。最后的决赛体育场观众爆棚，还有 25 万人通过直播在家观看了比赛。但联赛也有它脆弱的一面，需要通过几个赛季的时间才能够重拾过去的热情并形成新的足球文化。当这些发生的时候，这个运动正在区域间和国际上发生结构性的变化。

弗兰克的梦想是有一天澳大利亚能够融入亚洲。考虑到澳大利亚长期被亚洲拒之门外的历史，人们认为他确实是在做梦。

第22章
融入亚洲

当弗兰克·洛伊于2004年去敲亚洲足球大门的时候,他在亚太地区并不为人所熟悉。当一些人知道澳大利亚足球的新力量正在崛起的时候,也不能引起他们太大的兴趣,因为澳大利亚属于一个不同的集团:大洋洲,国际足联的6个联盟中最小的一个。只要澳大利亚留在那里,亚洲人其实并不关心。

澳大利亚位于大洋洲,因为它的地理位置,只能和新西兰及几个太平洋岛国进行比赛。澳大利亚若要寻求突破,最合理的位置就是北上,到更强大一些的亚洲足球联合会(简称亚足联,英文缩写为AFC)去。澳大利亚之前敲过几次门,但是亚足联从来就没有真正讨论过,更别说邀请它加入了。

由于地域辽阔,亚足联从中东一直延伸到日本。亚足联下属46个会员组织代表了全球半数以上的人口,具有非常大的文化和宗教差异,也是国际足联所有联盟中潜力最大的。关心澳大利亚足球融入亚洲事业的人们猜测,弗兰克的政府授权加上他的财富和事业的成功会给亚洲一个好印象，还有其他一些事情也能帮助打破平衡。亚洲一些有影响的足球经纪人发现了弗兰克身上的黎凡特[1]文化特质，也欢迎他的加入。

大家对于澳大利亚足球加入亚洲可以带来的明显价值早有共识，但是当弗兰克2003年打算掌控澳大利亚足球时，布拉特曾写信催促他与大洋洲足联加强合作并把它做强。他尝试了。"把大洋洲足联打造为世界的舞台上一个更有效的联盟是我们共同的利益。"他告诉媒体，"大洋洲足联的主要成员就是澳大利亚和新西兰，然后再加上几个岛国。我们的目标是完全不一样的，我们需要建立连接彼此的桥梁。"几个月后，大洋洲足联并不能给澳大利亚提供一个合适的发展平台和空间这一事实变得明朗，而且差距永远无法填补。弗兰克毫不掩饰他对南太平洋足球政客们的失望。

澳大利亚曾经好几次试图加入亚足联。1960年，它开始尝试但是被连续拒绝了。到1966年，它放弃了尝试并努力建设大洋洲足联。但是6年后的1972年，澳大利亚从大洋洲足联退出并再次尝试向亚洲示好。但还是被拒绝了，所以到1978年，澳大利亚又回到大洋洲。这次的返回一点也不令人奇怪，因为澳大利亚就像新西兰一样都被认为是来自另一个大陆的盎格鲁–撒克逊人的国家。

弗兰克紧接着的一次会见布拉特是2004年年中在苏黎世，他解释了大洋洲的足球事业没有进展，并且澳大利亚需要融入亚洲。布拉特听后，建议他立刻派人到北京参加亚足联的会议并观看亚洲杯的决赛。布拉特吃不准澳大利亚是否能够加入亚洲，但是也许可以一起组织一些赛事。弗兰克拿起电话给约翰·奥尼尔布置了下一个任务：到

---

[1] 黎凡特是一个不精确的历史地理名称，意指地中海东岸部分区域。——编者注

北京工人体育场。"这是我们亚洲事务的开始。"他说道。

奥尼尔也准备好了要与亚洲进行一段"浪漫恋爱"。他担任足协首席执行官才几个月的时候就参加了大洋洲版本的亚洲杯赛事——国家杯。在阿德莱德为期一周的这项赛事只有6个国家参赛。澳大利亚国家队也参加了——还召回了几乎所有在欧洲踢球的澳大利亚球员参加——但几乎没有一个强劲的对手。观看所有比赛的观众人数不到3万，没有直播合同，没有收入，也没有赞助。结果是财务亏损25万澳元，钱都打了水漂，没有带来任何收益。

在《一个游戏的奥尼尔》一书中，奥尼尔描述他观看亚洲杯开幕式就像在"通往大马士革的路上"。北京工人体育场坐满了8.5万名观众，他可以看到自己所追求目标实现后的景象。使他吃惊的是坐在VIP包厢中的面孔。"这里一定有200多人，并且他们代表了这么多的肤色、种族和宗教。为什么我们不在其中？这是一项真正的世界运动。亚洲顶级的16支队伍都参与了，这才是一个巨大的庆典。我坐在那里想着在阿德莱德的国家杯比赛的惨淡景象，无论怎样和此刻都是永远不能相提并论的。"

奥尼尔见了亚足联的主席默罕默德·本·哈曼（Mohammed bin Hammam），他们交谈了关于澳大利亚足球的困境。尽管还没有可以供澳大利亚参考的变换联盟的案例，但奥尼尔离开北京的时候，就在想这个想法还貌似有点道理。

统计数据也是非常令人羡慕。亚洲杯赛事通过国际转播吸引了超过10亿人观看，决赛更是被传送到120个国家，仅亚洲的观看人数就达到4.5亿，成为亚洲体育史上最大的单个电视转播赛事。融入亚洲将极大地改变澳大利亚在国际上的体育运动环境。

同时，弗兰克发现2004年的雅典奥运会是一个可以展示澳大利亚的机会。他将他的游船"伊洛娜号"停泊在希腊比雷埃夫斯（Piraeus）港距离奥运会场馆几千米外的地方，做好了招待国际体育管理精英的计划。在科茨的帮助下，他邀请了国际奥委会中与足球相关的一些成员，他们当中很多同时也是国际足联的成员。由于布拉特是主要宾客，弗兰克请国际足联的秘书帮助编制了一份嘉宾名册，并且暗暗地吃惊有那么多官员都接受了邀请。这个时间的邀请有点不一般，大家对此也都很好奇。

74米长的"伊洛娜号"整洁优雅，后甲板上即使容纳100多人同时进餐也依然非常舒适。"午餐是一个突破。"弗兰克说，"我结交了很多朋友，建立了很多好的关系，大家都接受了这位准备为足球事业而努力工作的澳大利亚人。"当客人们正在享受午宴的欢悦和品尝精美的澳大利亚红酒时，弗兰克站起身来，带着他典型的优雅加随意的混合风格，在欢迎大家之前，他幽默地提醒大家其实是没有真正的免费午餐的。澳大利亚有抱负，需要不时地得到大量的协助，他会找他的客人们寻求帮助。布拉特发表了一个极尽赞美之词的答谢发言，大家都表示赞同，这使午宴的主人整个下午都焕发着喜气洋洋的神态。弗兰克回忆这个事件时称为澳大利亚足球非正式地进入国际足联。

带有目的的社交往往是一件要求很高的工作。在奥运会举办期间，弗兰克特别注意与尽可能多的国际足联代表及亚足联成员开展个人互动。尽管他不停地工作，他的魅力也能使他左右逢源，但他的直率并不总能击中要点，特别对于一些亚洲文化。很多时候人们还是要面对现实的。

当弗兰克和奥尼尔收到了出席那年12月在吉隆坡（Kuala Lumpur）举行的亚足联颁奖晚会的邀请时，他们兴奋地接受了。两人提前一天飞抵吉隆坡，并在机场受到了和国家元首一样的安保待遇。

当晚，弗兰克会见了哈曼，那时他作为亚足联的主席掌握着最高的权力。这也是他们的第一次会面，哈曼了解会议的议程，但除了知道弗兰克是澳大利亚足协新的领导之外，并不了解他的其他情况。他说："但是从我第一眼看到他，我们就像两位相识多年的老朋友，那个晚上我们无话不谈。也许这就是弗兰克的强项，他能够在谈话对象不经意的情况下进入他的内心。他在那里的时候，我自己在想：我认识这个人，我喜欢这个人，并且我要和他一起做事。"

如果没有当初澳大利亚的主动，也就不会有如今亚洲的邀请，但是一旦事情被放到桌面上，双方共同的获益马上就显现了。澳大利亚有强大的经济、富裕的市场，非常利于赛事的转播，并且澳大利亚有丰富的体育专业经验可以带给亚洲，特别是裁判员和管理者的水准。另外，这个国家有世界级的选手和深厚的体育文化。有超过50万的青少年业余选手，澳大利亚懂得如何为培训年轻人建造体育设施，并知道如何鼓励他们参与。澳大利亚还能够通过给亚足联以另一个半球的地域提供季节性优势，使赛事在所有季节都能够举行。

对澳大利亚来说，面对全球最大和成长最快的足球市场，加入亚洲只有好处。亚足联的会员资格可以使澳大利亚进入高水准的联赛，为澳大利亚提供高水准的赛事并迫使它提高竞技水平，也可以为世界杯的资格赛提供更好的路径。而且，如果澳大利亚成功了，融入亚洲也会促进其足球运动员更好地努力备战。但是在弗兰克看来，眼前依然还有三个挑战：澳大利亚必须获得参加亚足联的邀请，必须获得国际足联的支持，并且能够从大洋洲足联体面地退出。

在吉隆坡的第二个晚上，颁奖晚宴开始之前，弗兰克和奥尼尔被哈曼邀请到他接待特殊客人的房间里。"弗兰克和我被介绍给阿拉伯王子和亚洲地区的其他足球领导人时就像溜溜球一样不断起身站立，然后坐下。"奥尼尔写道,"我对弗兰克更加敬佩了。他可以做一个优秀的中东谈判使者。"

在正式晚宴进行的时候,弗兰克被安排坐在主桌,而且就坐在哈曼的左手边。这个充满希望的迹象令人鼓舞。在发言中,哈曼欢迎两位澳大利亚的客人,并且令所有人吃惊的是,他接下来的发言都是围绕澳大利亚展开的,并述说了澳大利亚加入亚洲足球将是多么美妙的事。虽然没有用语言明确欢迎,但他亲自铺下了一条欢迎的红地毯。"我们被他们如此善意的好客方式震惊了。"奥尼尔写道,"宴会后,我们甚至还被意料之外地护送回到了弗兰克的飞机旁。十多位阿拉伯人,大多数都是上流社会的成员,兴致勃勃地观看着弗兰克的飞机。"他们把这两位澳大利亚人称为"弗兰奇和约翰奇二人组",这是高潮。在9个小时的回家之路上,弗兰克和奥尼尔用米德尔顿的爱尔兰威士忌相互举杯。

在飞机起飞前,弗兰克邀请哈曼访问澳大利亚,并承诺安排参观位于堪培拉的澳大利亚体育学院和其他设施。氛围充满善意,双方营造的关系具有政治意义并且是澳大利亚进入亚洲的关键。两位都同意要继续保持个人联系。

在另外一些场合,他们也有可能被认为是敌人。哈曼作为一个虔诚的卡塔尔伊斯兰教信徒,人们一定不会相信他能和一个犹太人建立这样的关系。但是哈曼并不这样看。"我的大多数跟随者都是阿拉伯人,我们并不认为宗教差异是一个障碍。"他解释道,"我们可以有不同的政治诉求,但尊重其他人的宗教信仰是我们的文化的一部分。我从不认为这是一个问题,他也一样。"当被问到他们的关系时,弗兰克表示很大程度上取决于人们相见时的情景。"当我还在以色列军队的时候,若遇到像他这样的人,在战斗中我们会相互射击。但是我见到他是在一个完全不同的环境中，我们成了好朋友。"他们这样的良好关系还要保持4年之久。

同时，弗兰克开始在亚洲区域内建立广泛的关系。2005年年初他开始了一人执行任务。对他来说，最有效的就是面对面的沟通，他每到一地都希望会见尽可能多的人。代表一个西方国家前去打交道通常并没有文化障碍，而且弗兰克的处事方式往往可以使事情进展迅速。他经常会跳过烦琐的礼节，直接给那些重要人物亲自打电话，就好像这个人是他的老朋友一样。

哈曼并没有期望这些："中东的人经常认为西方人比较冷漠和正式。弗兰克不是这样的人，他会拿起电话并无限度地表示他的友谊，或者分享他的想法和经验，中东人的热情也流淌在他的血液中。如果没有他的个性、特征和友谊，我想事情不会这么顺利。他平易近人，具有深厚的财务知识和大公司背景，但是当他和你交谈时，你并不会感到这些。当人们知道了他的商业背景后都会感到惊奇。"

当他即将和弗兰克会面时，亚足联副主席曼尼拉·费尔南多（Manilal Fernando）做了一些准备工作。他给移民到澳大利亚做糕点师的兄弟打电话问道："这个弗兰克究竟是谁？"对方的回答使他想象自己将要与一位大人物会面。当低调谦虚的弗兰克走进来时，费尔南多在想"这是谁"。

费尔南多，他代表斯里兰卡的足球，是一位在哈曼身后推动澳大利亚融入亚洲足球界的关键人物。他欣赏弗兰克的随和、不傲慢和有远见。"弗兰克是一个饱经风霜的人。在我的岛国，老练的打鱼人无须动用科学知识，他们对大海有天生的嗅觉。弗兰克是一个足球的开拓者，能够看到未来。我们正处于一个更好的时代，和他这样的人在一起，我们可以向他学习很多，当然，他也在向亚洲学习。无论我同意或不同意，我都坦率地和他讲。他用词不多，但是你可以信赖他所说的。"费尔南多希望看到弗兰克进入亚足联的执委会，但是70岁的年龄限制将他挡在了外面——他对此也不抱幻想。他认为弗兰克关注更多的还是澳大利亚的利益，而且"他就像带领澳大利亚融入亚洲的教父"。

国际足联的规定允许一个联盟的会员"在特殊情况下"可以获得地理上属于另一个联盟的会员资格，现在就将由澳大利亚来开创这个先例。奥尼尔集合了一支团队，开始为了这个目标一起工作，弗兰克同时在幕后穿梭于欧洲、亚洲和澳大利亚之间，加深与苏黎世的关系，松绑与大洋洲的联系并强化与亚足联的合作。

尽管澳大利亚认为自己的离开对大洋洲足球而言是好事，因为比赛也可以更旗鼓相当，但是即将面对的分离对大洋洲足联也是一个沉重打击。如果新西兰也如法炮制，那么这个小联盟的存在就会有问题了。布拉特的经验告诉他，这个变动不会对大洋洲足联有利。最后，澳大利亚给了大洋洲足联一个将支持它的保证。这也将有助于捅破从大洋洲离开的玻璃天花板。除了世界杯外，大洋洲球队将自动获得进入全球各级赛事的资格：17岁以下、20岁以下、女子世界杯和奥运会。澳大利亚倾向于获得这些位置，但是它既然已经离开，联盟内的其他会员就拥有了更好的机会。

足球的确在新西兰得到了蓬勃发展，包括在国际上。通过参加澳大利亚A联赛，新西兰球队也获得了更多的比赛机会，同时也帮助了国家队的发展。2010年，这两支全部由白人选手组成的国家队参加了在南非的世界杯。而在改换门庭之前，新西兰或澳大利亚只有一支队伍可以进入世界杯最后的决赛阶段，但是那一年两支队伍都历史性地进入了。

澳大利亚已经做好了进入亚洲的准备，但是还需要等待时机，按部就班地进行。并不是所有亚足联的会员都欢迎澳大利亚，一些国家据说还积极地游说反对澳大利亚成为亚足联会员。但自从哈曼见过弗兰克后，他说对于这个提议不可避免会有一些意见。接下来就是一个遵循程序的问题了。在此期间，对弗兰克来说打电话询问也没有什么不正常："情况如何，我们可以加快进程吗？"尽管他对于缓慢的进度有些不耐烦，但转变正在有条不紊地发生，弗兰克也就释然了。

2005年3月亚足联执委会以无记名投票的方式通过了澳大利亚的加入，最后要等待国际足联的批准。到4月份，大洋洲足联为澳大利亚的离开开了"绿灯"并送去了最好的祝福。9月份，弗兰克在摩洛哥参加了亚足联正式欢迎澳大利亚加入的仪式。仪式在马拉喀什古城的一个帐篷里举行，只见弗兰克将一面折叠的澳大利亚国旗交给哈曼。两个男人互相亲吻，并以兄弟相称。"我从心底里由衷地感谢你把澳大利亚带入亚足联。"弗兰克说话时抑制着感情。当澳大利亚国旗与45个其他亚足联成员的会旗一起飘扬的时候，弗兰克激动不已。

在澳大利亚国内，这一成就获得了热烈的掌声。《悉尼先驱晨报》足球记者迈克尔·科克里尔（Michael Cockerill）钦佩地评论道："一个犹太人说服了一个拥有全球最多穆斯林人口的地区，让一个盎格鲁-撒克逊人的国家加入亚洲。"他认为这一成就实现了几代足球管理人想做而没有做到的，是弗兰克给澳大利亚足球运动永恒的礼物。

前总理保罗·基廷的观察也引起了反响。他说虽然澳大利亚的历史与欧洲联系，但它的地理位置又与亚洲联系，现在更是如此。基廷曾经鼓励发展新的亚洲关系。谈论"足球外交"的也随之而来，描述足球作为一个有效的工具，承载着澳大利亚的各种不同利益，以贸易、政治、艺术和文化的方式进入亚洲。人们谈论着澳大利亚代表亚洲足球的新形势，因为它如果能够获得参加世界杯决赛阶段比赛的资格，这正是它变更联盟后所需要去做的。

洛伊国际政策研究所决定独立地探索史上从未有过的这种与亚洲的体育关系对澳大利亚意味着什么。2005年10月，在马拉喀什的正式加入仪式之后，洛伊国际政策研究所召开了一个研讨会，会集了各方面的专家讨论这个议题，从足球界人士到外交政策评论员，从体育管理人员到地区专家。他们梳理了亚足联成员通过拓宽和加深与澳大利亚的联系可以获得的机会——前提当然是他们可以抓住机会。这些主题撰文然后被登载在叫作《足球外交》（Football Diplomacy）的简明出版物上，由研究员安东尼·布巴洛（Anthony Bubalo）撰写。对于新关系下的商业潜力和它对旅游业的带动是很明显的，人们饶有兴趣地谈论，但还是缺乏量化的影响。

多年来，澳大利亚已与亚洲国家的领导人建立了双边联系，但是从一个普遍的维度来讲总是有所缺失。现在有机会加强人民与人民之间的联系，提供多个社会间的普通话题的对话。当球迷对自己的队伍充满热情的时候，他们也会分享各自对这项运动及其球员的欣赏和关注，而这些球员通常跨越了国家和文化的界限。鉴于此，足球能够提供一个更加广泛和贴近基层的参与度，这在过去的很长时间里是大量缺失的。以澳大利亚人心目中的体育为中心，发展与澳大利亚有着同样的体育热情的地区邻国的关系，可以改变澳大利亚人的本土观念，就像亚洲的社群也可以消除他们的成见一样。

巴布洛的文章建议，这里也有机会更直接地利用足球作为外交政策的工具。历史上也有很多这方面的先例，从纳粹德国徒劳地企图利用1936年的柏林奥运会显示其种族优势，到美国使用乒乓外交打破了与中国的外交坚冰。而澳大利亚已经和周边国家有了很好的关系，从休闲到运动的距离并不需要破冰船，每一个体育场馆都可以成为外交的论坛，这里商人和政治精英可以在共同的背景下发展交流。

在亚洲，基于对普罗大众的承诺在每一个国家都会引起极大兴趣。《澳大利亚金融评论报》的安德鲁·克拉克（Andrew Clark）提到这"也许是自第二次世界大战后澳大利亚重要的外交胜利之一，甚至可以和澳大利亚发起的创建亚太经合组织（APEC）及由农产品出口国组成的凯恩斯集团相提并论"。克拉克说道，使这一事件更具突出意义的是，这件事从设想、计划、策略到执行都不是由政治家甚至也不是政府官员完成的，而是一位相信自己本能和直觉的移民。

其他评论员劝诫澳大利亚的商业要向足球学习。"亚洲世纪"已经开始，但是澳大利亚并没有融入其中。澳大利亚统计文件显示，2004年的澳大利亚海外投资中，中国的比例只占其全部海外投资比例的0.15%。尽管双方存在贸易关系，但是澳大利亚商品和服务没有真正占据亚洲市场。弗兰克走向亚洲的战略颇具先见之明，而这也获得了公众的肯定。

澳大利亚足球已经沉睡了很长时间了。在2004年5月之前，国家队已经有超过30个月没有露面了。融入亚洲可以提升它的曝光度。人们预测从2006年到2009年的三年期间，国家队要参加至少18场国内和海外的比赛，与其他亚洲队伍争夺亚洲杯、世界杯参赛资格和更多的赛事——如果他们能够获得资格的话。还有更多A联赛的赛事、女子足球和青少年足球的比赛。

到2005年12月，弗兰克·洛伊回到了吉隆坡。这时距他第一次会见哈曼正好满一年的时间，他也清楚澳大利亚在亚足联的位置。亚足联有4个区域，澳大利亚被分在东南亚区。在对联盟的发言中，弗兰克表达了他的谢意并预测这将扩大足球在澳大利亚的受关注度。

当时澳大利亚已经通过战胜南美劲旅乌拉圭获得了世界杯的参赛资格，并因此引起了全球的注意。在这场比赛之前有观点认为，澳大利亚正在利用亚洲作为一个容易但可能并不太合适的路径获取世界杯决赛阶段的参赛资格。这场胜利传递了不同的信号，使一些亚足联的国家担心这个有能力的新成员可能有一天问鼎亚洲杯。这种担忧证明是有根据的。之前，大洋洲有半个席位，需要和南美的球队争夺另外半个席位。现在随着改变其所属联盟，南美的半个席位移到了亚足联，大洋洲将和亚洲争夺这半个席位。这个规则后来又改变了。

当澳大利亚足球加入亚洲的正式文件还墨迹未干的时候，弗兰克已经开始关注澳大利亚举办下一届亚洲杯的可能。这项比赛每四年举办一次，而袋鼠军团将于2007年开始他们的首次亚洲杯征程，他想到了让他们2011年在本土打亚洲杯。当发现卡塔尔已经计划要举办那届亚洲杯时，他想最好不要盲目申办。"我想赢得战争而不是战役，所以我决定为了2015年亚洲杯先按兵不动。"他没有想到他在未来的道路上要和卡塔尔发生更大规模的战斗。

他做到了，而且还锁定了2007年的亚足联会议和颁奖典礼在悉尼举行。这年11月，他以极大的荣耀招待他新的亚洲足球大家庭的伙伴，也展示了澳大利亚人的慷慨好客。总理霍华德那个月输掉了大选，后来他称弗兰克让足球融入亚洲的举措是一个极富远见的决定和极具意义的成就。"尽管弗兰克的过去对他影响很大，但他总是思考未来之路，下一步怎么走。"霍华德说。

会议后的几个月，澳大利亚国家队在2007年亚洲杯亮相，当他们作为夺冠热门排成一排时自己也信心满满，但马上就明白了这个新家庭的竞争是多么的激烈。他们在四分之一决赛时被日本队淘汰出局。

蓝色武士给了他们一个值得送上敬意的教训。袋鼠军团接受了教训，当他们接下来回到世界杯决赛阶段资格赛场的时候发现又要和日本队角逐，这一次他们获得了胜利，并成了参加 2010 年世界杯的亚洲种子球队。

对澳大利亚足球来说，融入亚洲是一个公认的成功举措。足球作者莱斯·默里（Les Murray）把这称为洛伊改革的最重要的成就。

第 23 章
澳大利亚惊雷

2005 年，弗兰克来到了德国。他在纽伦堡观看澳大利亚国家队参加联合会杯的比赛，这一赛事在世界杯的前一年举行。

澳大利亚国家队因为之前获得了大洋洲的冠军而获得参赛资格，但是这次他们力不从心。弗兰克坐在纽伦堡体育场双手抱头。球队刚刚又输掉了第二场比赛，他很害怕这件事会对他的足球改革事业造成不利影响。在未来的 5 个月，袋鼠军团将面临两场关键的比赛以获得世界杯的参赛资格。他们的对手将是乌拉圭队，南美排名第 5 的劲旅，以当时袋鼠军团在德国的糟糕表现，他不敢有任何指望。

史蒂文和他在一起，父子俩走在回去的街道上，尽管对失败闷闷不乐，弗兰克的心思已经转移到如何解决这个问题上面。他说现在正是撤换国家队主教练弗兰克·法里纳的时候。史蒂文大吃一惊道："这可是一个很大的决定，因为这意味着几乎需要立刻找到一个新的主教练并开始工作，以使得队伍在 5 个月内做好迎战强敌的准备。"尽管看上去几乎不可能，但更换主教练将被证明是一个绝妙高招。

当他们一起旅行的时候，通常是为了业务，处于压力之下也就没有兴趣旅游观光。现在，他们有些时间，所以想浏览一下这个城市，于是决定去集会中心这个曾经不可一世的纳粹秀场看一下。这里场地开阔，规模巨大。当弗兰克站在当年希特勒向党徒们讲话的地方时，他眼前浮现了排列整齐的党卫军方阵和中间带有恐怖十字符号的红、黑、白色线条的旗帜飘扬的场景，他耳中仿佛听到了亢奋的音乐，伴随头顶上飞机的轰鸣和地上坦克的行进，彰显了德意志的威风。但是当他睁眼一看，眼前不过就是一个再平常不过的蜿蜒回旋的汽车赛道。他感觉不对，因为这里并没有被作为法西斯的失败象征而被保留下来。

现在的弗兰克想看更多，于是他们去了法院，在这里，盟国的法官在1945年到1946年期间主持了对22名主要纳粹战犯的听证会，就是人们所说的纽伦堡审判。弗兰克完全沉浸于其中。尽管这是他亲身经历的历史，但他内心在挣扎地思考。"我就是不理解这段历史为什么会发生，而且是如此的疯狂和如此的错误，带来这样大的破坏。站在中间的这个人怎么能够造成这么多的人间惨剧呢？"他欣慰的是，此时他不是独自一人，史蒂文站在他的旁边使他略感安慰。

当两人驾车穿行在城里的时候，他们谈到了足球。弗兰克·法里纳在动荡的6年中担任澳大利亚国家队的主教练。弗兰克谈到了他前年和一位外籍主教练接触，并在暗暗地争取他。当时是通过西田的荷兰银行投资人，也是一位坚定的足球支持者介绍的。他推荐了古斯·希丁克（Guus Hiddink），并安排弗兰克和他本人及他的经纪人在阿姆斯特丹的机场休息室见面。弗兰克事先做了功课，然后在机场见面后，三个人共进晚餐，但是弗兰克忘了买单。"我一吃完就走开了。这件事变成了我和希丁克之前一个长时间的笑话，经纪人说他把这当作一笔欠款。我们的讨论在继续，但是我知道我们雇不起希丁克，他的经纪人谈论的薪酬是好几百万的数字，最后我们也没有保持联系。"

袋鼠军团又接连在第三场和第四场的联合会杯比赛中吃了败仗，弗兰克、奥尼尔和沃兰斯基讨论了形势，在他们回到澳大利亚后，法里纳被告知主席已经对他失去了信心。他的离开在2005年7月被描述为"双赢分手"，但每一个人都明白这意味着什么。法里纳理性地告诉媒体，一旦失去了主席的支持，"一切就都无法挽回了"。他体面地退出。

同时，弗兰克紧张地寻找替代人选。"我面试了其他教练，也去了国外，但是没有进展。我急了，于是又和希丁克的经纪人联络。这次，奥尼尔和我一起参加谈判。我们两个人的关系有些不畅，因为我没有放权造成了两个人的工作有些相互干涉，几乎到了反目成仇的地步。但是，在我们有能力支付希丁克的薪酬并重启谈判方面，我俩达成了一致。奥尼尔最终和他们谈妥，签约希丁克。"

作为足球界的一位著名人物，希丁克教练以善于改革而著称。在韩国实施足球改革，把韩国男足国家队带进2002年世界杯半决赛后，他的地位更是呈火箭之势上升。韩国队还从来没有在世界杯决赛阶段赢过一场比赛，但在希丁克的调教下，他们接连击败意大利、西班牙和葡萄牙。希丁克成了国家英雄，他的画像在韩国到处可见，甚至出现在了邮票上，他的雕像也已揭幕，他的自传已卖出50万册。他也是第一个被授予永久荣誉韩国公民的外国人。希丁克被任命为澳大利亚男足主教练给他带来了即时声望。什么？人们问道，这个奇人会为澳大利亚效力吗？

当希丁克第一次在荷兰的系列训练中见到澳大利亚队的时候，他将其形容为"一群流浪汉"，穿戴着杂乱无章的帽子、拖鞋、短裤和中裤。根据媒体报道，在球场上他们相互撞击、喊叫和咒骂。在30分钟的自由时间过后，希丁克叫停了他们并告诉他们要安静，只有在某一个团队队员遇到困难时才能喊叫。但是他对澳大利亚队员100%的投入很欣赏，他注意到了在他们投入热情的过程中，战术纪律经常被忘却。他们需要头脑和肌肉之间的平衡，并且很快就使他们踢起了荷兰的"全攻全守型"足球，即球员们保持不断交换位置，并从球队整体着想。球员们对这种新的踢法表现出了极大的兴趣，他们按希丁克的要求去做，直到符合要求。他带领袋鼠军团达到了这样好的状态，以至一年后，一家报纸报道说他们在德国的世界杯上已经不再是一支拼凑的队伍。在心理层面，这位新教练激发了团队活力，重建了士气并获得了选手们的完全信任。当他们出现在场地上的时候，团队精神达到了顶点。

随着与乌拉圭队的资格赛的不断临近，弗兰克变得有些焦虑。世界杯决赛赛场也就剩下了两场的距离。澳大利亚自1974年以来还从未获得过决赛阶段的参赛资格，现在就在眼前了，弗兰克神经高度紧绷。每一个决定似乎都关系重大，甚至包括个人的。

2005年年底，弗兰克刚刚结束了一个很长的商务旅行回到家，这时澳大利亚国家队正要出发去南美参加第一场比赛。他非常疲劳，自己也在对是否要重新打包一起去做思想斗争。他74岁的身体也许可以支撑另一个长途飞行，但是他的精神是否可以承受？比赛的意义实在重大，他担心输给乌拉圭队，加上身体的疲劳，有可能压垮他。但是他的存在可以提振士气，特别是在失败是一个大概率事件的情况下。乌拉圭队无疑是一支更强的球队。

是的，他决定去。他打电话给他的机长准备飞机。然后史蒂文恳求他："爸爸，请不要去，这对你不好。你不需要这样做。"弗兰克动摇了，但是当球队于星期五起飞后，他坐立不安地再次打电话给机长。他想他可以周六去，然后周一回。飞机准备好了，但是经过一个不眠的夜晚，他又改变主意了。他很早就起床，然后取消了飞行。周六上午，他取而代之去了犹太教堂为球队祝福，然后整个周末都在紧张的心情中度过。当乌拉圭队以 1∶0 获胜时，在悉尼失望的情绪还是比较容易克制的。

对于接下来回到主场的比赛，弗兰克和奥尼尔为自己的球员创造了一点便利。他们没有对外宣布，租了一架澳航的飞机，以尽可能最好的条件把球队从遥远的南美带回家。这样的花费非常昂贵，但意义重大。当乌拉圭人仍在体育场欢呼的时候，袋鼠军团已匆匆地赶到了机场。他们立刻飞回家，飞机上配备了按摩师、特别的餐食和体力恢复的安排。一切都是为了确保他们以最佳的状态回到家，希望可以使球队在悉尼主场的比赛中更具竞争力。当乌拉圭人听说了飞机的事情，他们想搭便机，但被澳大利亚足协拒绝。他们必须乘坐长途客运飞机，很多选手还要龟缩在经济舱内。没有特别的照顾，他们将带着时差疲劳地到达客场。

弗兰克一度认为，重拾人们对足球已经失去的巨大热情不再可能。30 年前，他的生活与哈克足球队的命运同起同落。现在是 2005 年 11 月，奖励实在巨大，曝光度也很大，包括公众的参与也是空前高涨。从财务上讲，这两场比赛对整个运动的回报太关键了。世界杯决赛阶段的参赛资格将获得国际足联给澳大利亚的 1000 万美元的资金注入。为了获得这一资格，澳大利亚必须进两球并且不能失球。

在 2005 年 11 月 16 日的夜晚，当他和全家驱车去悉尼的澳大利亚电信体育场观看这场决定生死的战役时，弗兰克给自己设定了条件。史蒂文回忆，在面包车上的对话是这样的：

"我们进两球是不是不可想象？"弗兰克问道。

"有可能。"有人回答。

"呀，但是这不可能的。"另外一个观点。

"但是也并非完全不可能？"

就这样，一直到家人同意这是可能的，但澳大利亚确实胜算不大。戴维、史蒂文和雪莉站在弗兰克一边，还有一些孙子孙女也支持弗兰克。彼得和西田的员工在伦敦通过电视观看，他还不时地给父亲打电话，弗兰克的孙子丹尼尔也从纽约打电话不断询问。

弗兰克后来说道，他进入包厢时的预感变成了现实，比赛进行的时间越长，他的信心就越大。"我们的队伍更敏捷、更协调。我们的球员们看上去更有激情，而且不像拉美人那样容易情绪波动。"还是非常担心的弗兰克看了一下坐在他前面的奥尼尔，"他是如此的紧张以致我还要担心他"。他自己也有点紧张，并且不断问戴维怎么想。戴维回应了一句："这难道不是一件好事吗？"

上半场，澳大利亚队领先一球。他如此强烈地不安，以致都不能和包厢里的其他重要客人交流。他需要空气和酒精。

下半场，乌拉圭人看上去有些疲劳了。比赛越深入，澳大利亚人就表现得越顽强。随着体育场 8.2 万名观众助威声一浪高过一浪，加上还有 800 万正在澳大利亚各处通过电视观看的人们，弗兰克觉得他正处在宇宙的中心。

当加时赛结束的哨音响起的时候，记分牌显示的依然是澳大利亚队以 1∶0 领先。由于乌拉圭队在主场 1∶0 击败澳大利亚，所以双方打平，需要通过点球来决定胜负。当队员们排成一排准备互罚点球的时候，整个体育场的气氛凝固了。大家屏住呼吸，弗兰克承受着如此巨大的压力，他后来说到这个时候，如果有任何人用一根针轻点一下，他立刻就会爆炸。

澳大利亚队的英雄守门员马克·施瓦泽（Mark Schwarzer）扑出了两个点球，这几乎就是不可思议的。然后距离午夜还有一刻钟的时候，澳大利亚队的勇士约翰·阿洛伊西（John Aloisi）静静地走上前去把球放好。从坐在那里祈祷上帝的球迷到场地上的官员，电信体育场从来没有过比这更安静的时刻了。当他代表澳大利亚队罚进了制胜的点球后，整个观众席"爆炸"了。就像足球记者杰西·芬克在他的《6月的15天》（Fifteen Days in June）一书中描述的：

> 场地上的吵闹声是如此的巨大和奇异，就好像我把自己的耳朵靠在飞机发动机的旁边。看台上人浪舞动，色彩斑斓，就像鲜花盛开的油菜田……人们的相互击掌到处飞舞，成年男人们相互拥抱亲吻。澳大利亚的长笛独奏乐曲《男人在工作》弥漫在晚春的夜空中，伴随着烟火、黄绸带和所有的垃圾丢弃物……我们做到了！我们最终进入了世界杯，那可是地球上最大的运动项目，经历了32年痛苦的等待之后。

那些打电话给电视台的人几乎不能控制他们自己："终于获胜啦！终于成功啦！"他们哭了。胜利使大家陶醉在团结和成功的欢乐氛围中。"我们是了不起的澳大利亚人。"他们告诉观看他们的人们，"这是一支属于我们澳大利亚每一个社区的队伍，这是我们的队伍。"袋鼠军团没有获得过去的8届世界杯决赛阶段的参赛资格，现在这个魔咒终于被打破了。

每一个在澳大利亚的人都能够听到惊雷。弗兰克边走边叫地走向球场中央，分享着欢乐的时刻。史蒂文和他的孩子也跑进了球场中央,史蒂文弯下腰拾起了一片小草坪留作纪念。在化妆间,弗兰克收到了兴奋的霍华德打来的电话,他正在海外参加一个总理级别的商务活动,但还是设法通过一块小小闪烁的屏幕观看了比赛。戴维和史蒂文在体育场的停车区等待弗兰克,他们边摇头边不断地喊道:"他真是太激动了,也不怕有什么意外。"回家的路非常拥挤,车行驶得也很缓慢,但弗兰克毫不介意,他感觉自己正在"起飞"。

第二天,他扔掉了之前为媒体准备的比赛失利发言稿,以他的方式幸福地站在悉尼多梅的公众集会上,面对自发聚集的数以千计的支持者即兴发言。整个国家和他在一起,报纸一片欢腾并第一次围绕足球这项热情奔放的运动刊登专题文章以示庆祝。足球热在澳大利亚全国蔓延,数百万人深受感染。沉睡中的澳大利亚运动巨人终于苏醒了。

阿洛伊西的射门立刻成了这个国家的足球运动崛起的标志时刻,被列为澳大利亚体育历史中十个最重要的时刻之一。另外的尖峰时刻包括板球运动员唐纳德·布拉德曼爵士(Sir Donald Bradman)于1930年在英国海丁利(Headingley)的334次不出局,田径运动员凯西·弗里曼(Cathy Freeman)在2000年悉尼奥运会400米栏的胜利,澳大利亚二号帆船在1983年美洲杯上的胜利,以及2011年卡德尔·埃文斯(Cadel Evans)成为环法自行车赛的第一个澳大利亚人冠军。

弗兰克成了一个民族英雄。当他观看下一场本地足球赛事的时候,人们环绕着他的车吟唱:"弗兰奇!弗兰奇!弗兰奇!"胜利将他毫无保留地暴露在公众中,他不能够再悄悄地溜进郊外的一个咖啡厅而不被注意。因为足球的性质,人们接近他不再紧张。如果他们看到他在车上,人们会轻敲他的车窗;不管他在国外哪里,澳大利亚人会认出他并上前和他交谈。

在后来对胜利的详尽分析中，有人说弗兰克聘用外国教练使袋鼠军团最后才得以进军2006年德国世界杯是一个绝妙高招。他们在去德国的旅途中，袋鼠军团在荷兰做了短暂停留，希丁克安排他们与荷兰国家队进行了一场友谊赛。这次他们又令自己和别人都吃惊地获得了胜利。

在世界杯上，澳大利亚被分在与巴西、克罗地亚和日本一组。袋鼠军团的第一场比赛是2006年6月12日在凯泽斯劳滕对阵日本队，他们知道有数以百万计的球迷在家熬夜观看比赛。

在生意场上，弗兰克扑克牌式的面部表情使你什么也看不出来，但是到了足球场上，这种历练而成的情绪控制就消散得无影无踪。韩国足协主席郑梦准（Chung Mong Joon）博士第一次与弗兰克和雪莉坐在凯泽斯劳滕的包厢内时感到非常吃惊。当韩国和日本的官员坐在那里保持一种尊重而安静地看球时，弗兰克站在那里，还一边叫喊。"他是我听到的最深沉的声音，他的能量就要爆炸了——他的声音控制了整个体育场。"郑梦准说，"我的印象是，这正是澳大利亚人，高大、狂野和直率。"

日本队在比赛进行到26分钟的时候率先破门了，弗兰克很抑郁，害怕袋鼠军团崩溃并担心澳大利亚队再也进不了世界杯。在下半场即将结束的时候，这种不断迫近的失望简直令人难以忍受。他站起身在不大的包厢内来回走动。当他坐下时，蒂姆·卡希尔（Tim Cahill）进球了。"弗兰克变得疯狂了。"雪莉说。他勉强让自己平静下来，这时卡希尔又进了第二个球。弗兰克从座位上蹦了起来，想拥抱每一个人。三分钟后，约翰·阿洛伊西为澳大利亚队打进锁定胜局的一球，使比分定格为3∶1，弗兰克此刻就像在天堂一般。

在世界杯期间，洛伊家族一大家人将他们的基地设在停靠在撒丁岛的"伊洛娜号"上。对每一场比赛，他们会一起飞去飞回。比赛当中的时间就是家庭的活动时间，他们在甲板上放松并享受着地中海的夏日。在赢得对日本队的胜利后，"伊洛娜号"上的气氛实在是不能再好了。

尽管弗兰克心情愉快，但他想要更多。对他来说，不言而喻的就是远见、努力和适当的资源，一些看上去显然不可能的事情也可以变为现实。就在6月18日对阵巴西之前，当他在慕尼黑的一个广场从拥挤的球迷中走过时，他想象着何时在悉尼马丁广场上演同样的场景。为什么不呢？这个私下的时刻也点燃了后来将要举行的耗费巨资的由澳大利亚申办世界杯的活动。当然在那时，这还只是他自己的想法。

尽管袋鼠军团在接下来对巴西队的比赛中失利，接着却依靠战平克罗地亚队奇迹般地进入下一轮。他们到德国之前的世界排名是第49位。现在在希丁克的带领下进入了世界杯的16强，一个晚上的时间，他们成了令国家骄傲的源泉。但是要进入世界杯的前8强，他们要面对老牌强队意大利队。

调查显示，在国内有670万澳大利亚人在凌晨的1点到3点观看了这场比赛的实况直播。这就是说，这个国家每3个人当中就有1人是在电视机前面熬夜看球。超出大家预期的是，澳大利亚在比赛过程中始终紧咬意大利，比赛进行得快速而又令人激动，当下半场意大利一名球员被罚下场的时候，澳大利亚的出线机会就像股票一样大涨。

袋鼠军团正在向伟大的边缘挺进，但在最后几分钟，一个有争议的点球判给了意大利队，并且他们的球员也罚进了。澳大利亚队已经没有时间追回比分，当结束的哨音吹响后，整个国家都在心痛地震颤。每一个人都很受伤，尽管弗兰克还能勉强说话，他看到了机会。在经历了世界杯的动荡之后，顶级教练都比较自由。之前就已经知道德国世界杯后希丁克将离开澳大利亚国家队，转而担任俄罗斯的国家队主教练。尽管他并不指望重塑希丁克的魔力，但弗兰克此时的心态还是倾向再找另外一位荷兰教练。

到现在，奥尼尔也是身心俱疲。除了足球工作外，他也需要休息并处理一些个人事情。但就像他在他的自传中写到的，弗兰克的战鼓声并没有停止，他不容许奥尼尔休息。

奥尼尔不同意弗兰克关于教练的观点。为节约起见，他认为更好的方式是在未来几年聘用一位本土教练，然后再在 2010 年南非世界杯的资格赛期间聘请一位国际大牌教练。弗兰克想在整个四年的周期都要保证明星质量，最终作为主席的他赢了。而这激发了弗兰克和奥尼尔两人之间的紧张关系，接下来的整整一年中，这种紧张关系还在不断恶化。他们是一个高度有效的团队，但是奥尼尔的合同也到了需要重新谈判的时候。

回到澳大利亚，奥尼尔在堪培拉国家新闻俱乐部发言，向国家报告了最新的情况。他解释道"新的足球"其实只有 30 个月的时间，尽管足球的生存问题尚未解决，但是担忧却在不断增长。这是一个由主赞助商支撑的 6000 万澳元的生意，并在 2003 年后以每年接近 100% 的比例增长。这与老的足球困境相比已有天壤之别。尽管国家队在德国的失利依然让人感到难受，但是澳大利亚运动巨人已经苏醒了。奥尼尔指出，这样一个沉睡了如此之久的庞然大物需要时间重新集结，并且对足球的重新改造也许需要 10 年的时间。"在我们可以宣称攻下象征新足球的城堡之前，还有大量的工作需要完成。"尽管奥尼尔一直为澳大利亚足球的成功而勤勉地努力，但是他不会再有足够的时间带领大家跨越壕沟上的吊桥了。

　　作为两个大男人，弗兰克和奥尼尔都想掌控一些实权，但是，就像大家都看到的，弗兰克不是一个肯放手的主席，而奥尼尔也明白了他自己就是一个高级打工者。首席执行官的角色在其他联盟就相当于一个秘书长，权力有限。由于弗兰克没有退居幕后的打算，奥尼尔建议让自己担任澳大利亚足协的执行副主席并占据一个董事席位。

　　"尽管他做了优秀的工作，但我没有准备放权给任何首席执行官。我想保持董事会的权威不受限制，做它所需要做的事情。"弗兰克说，"尽管奥尼尔和我尝试了其他解决方案，但我们没有达成一致。两个人之间的紧张关系使我们双方的工作变得很困难，所以我们决定最好的办法是他不再更新他的合同。虽然我对他的离开感到不高兴，但是高兴的是我们后来的关系保持得很好。"

　　对于新足球来说，一件很大的事情就是弗兰克和奥尼尔在8月分手的消息占据了新闻的头版，报纸惋惜这对优秀伙伴走到了尽头。在新闻发布会上，75岁的弗兰克和55岁的奥尼尔并排坐在一起，淡化了他们之间的矛盾。

　　到2006年11月初，弗兰克与一位新人肩并肩地坐在一起，他是39岁的本·巴克利（Ben Buckley）。弗兰克向媒体介绍他是新的首席执行官。这位前北墨尔本澳式橄榄球选手离开了他在该运动联盟的第二把手的管理位置，现在代表了被描述为最好的新一代运动的管理者。"他给我的印象很好。他公正、勤奋，就像吹进了一股春风。"弗兰克说。

　　还有大量的事情要做，振兴澳大利亚足球的工作远没有结束。弗兰克自己的任期经选举又延长了4年。等任期届满，他将进入80岁，大家都寄希望于在新的董事会领导下，能看到足球有一个更加坚实的基础。他想把足球制度化，这样就可以邀请专业人士来管理和运营。他也想看到袋鼠军团的世界排名上升到前十名。如果澳大利亚可以在其他运动上取得这样的成绩，为什么足球不能？

在澳大利亚国内，世界杯也为足球这项运动带来了意外的收益。这里有国际足联给予的进入前16名队伍的奖金，有更好的赞助交易的承诺和与福克斯体育关于年度转播权的一个大额合同。但是，在澳大利亚所有4个以"足球"命名的赛事中，并不是所有的人都满意新足球的成功。《悉尼先驱晨报》头条发文宣称（英式）足球对国家财政而言是"净亏损"，并抱怨是4个以"足球"命名的赛事中资金负担最重的，纳税人并没有获益，而且这个运动依然亏欠联邦政府好几百万澳元。

"但是，与投入资金复兴足球相比，政府有哪个其他项目获得了更大的反响？"弗兰克作为回应反问道，"我们在德国的表现不但提振了国家精神，而且给了我们新的国际存在感。这对于澳大利亚'品牌'在国际上的意义是不可估量的。"足球在澳大利亚成为一项主流的可持续的运动的10年路程才刚刚开始了几年。

尽管足球爆炸性地进入了公众的视线，但是开始几年的那种势头已经不可持续。重建足球的工作不容有失，但大量单调乏味的工作都是在公众视线之外进行的。尽管足球会时不时地激发一阵辉煌，但总的来说，公众对它的激情已经回落了。

袋鼠军团在2007年7月的亚洲杯四分之一决赛中痛苦而尴尬地出局了，这对于提振信心与关注更是雪上加霜。这届亚洲杯由印度尼西亚、马来西亚、泰国和越南共同主办，袋鼠军团被认为夺冠热门而进入比赛，但是对于亚洲的潮湿、炎热、拥挤和混乱环境，他们没有任何准备。球队完全不了解这些条件会怎样地削弱他们的战斗力，而且临到比赛时才知道需要如何适应和训练才能使他们保持在巅峰状态。到最后一场比赛，他们浑身湿透，精疲力竭。队伍也开始老化，袋鼠军团的黄金一代不时被比喻为"变灰的一代"。但是至少失败使这项运动的管理层再次清醒，同时也促使球队必须全力以赴准备亚洲的下一项重大资格赛事，即2010年南非世界杯。

然而，澳大利亚足协的首要任务是要扭转亏损的局面。尽管2006年度和2007年度的累计亏损达到1100万澳元，但是弗兰克并不担心，在他50年的商业生涯中，他不知道多少次地从财务低谷中走出，并且他已经做好了下一个世界杯周期的业务计划，预计现金流会转正并可以实现盈利。

其他人猜测弗兰克是否会把他自己的钱放到这个运动里。很多人认为因为他已经支持了那么多的事业，从医学研究到智库，没有理由不帮助足球吧。他解释道，用他自己的钱来影响这个运动是不健康的。如果他与足球有财务的关联，当他表现不好时，替换他都会变得很勉强。所以他宁愿以他的能力尽力而为，即便受到评判，并且在这个方面他愿意贡献自己的一切。他做到了，但是他继续用自己的钱支付足球的业务活动而几乎不占用澳大利亚足协的成本。足球一直占据着他的脑海，出于自身职责的需要，他不断地进行战略思考和未来数年的提前规划。私底下，他正在收集两件大事的信息：亚洲杯和国际足联的世界杯。他的梦想是安排这两大赛事都在澳大利亚的土地上举行。

但眼前首先要考虑的事情是确保袋鼠军团进入2010年的南非世界杯。澳大利亚公众对足球的认知已经发生了很大的变化，以至他们都想当然地认为他们的队伍应该获得晋级资格。事实上，人们恐怕要失望了，袋鼠军团的排名已经跌至世界第 48 位，球队也没有一个固定的主教练，所以改善工作变得非常急迫和艰巨。

格雷厄姆·阿诺德（Graham Arnold）自希丁克离开后担任国家队的主教练并于 2007 年 7 月亚洲杯后退位，快速寻找替代者的工作正在紧锣密鼓地进行。弗兰克想找另一位名教头带领袋鼠军团参加与中国、伊拉克、卡塔尔的世界杯亚洲区预选赛，并给他们定下的条件是要在阿拉伯的夏天活下去，那里白天的温度可以达到 50 摄氏度。弗兰克想到了一个主教练的合适人选：迪克·艾德沃卡特（Dick Advocaat），荷兰著名教练。在简短的追逐和谈判之后，艾德沃卡特和澳大利亚足协签订了一份合同，但随后就违约了。他决定继续留在俄罗斯，那边的足球队可以支付更高的薪水。这是一个动荡的时间，为补偿损失，澳大利亚足协起诉了艾德沃卡特。最终，200 万美元的补偿稍微减轻了弗兰克的失望之情。

时间已经剩下不多了，到 2007 年年底，报纸开始恳求澳大利亚足协赶在圣诞节前找到新的主教练。沃兰斯基在幕后做了大量的工作，现在他和弗兰克还有巴克利正在新加坡面试另外一位来自荷兰某足球学校的教练。几天后，皮姆·维尔贝克（Pim Verbeek）和媒体见面。虽然他并不是每个人期待中的超级明星——大多数的澳大利亚人也没有听说过他，但是他是一位具有 25 年足球工作经验的荷兰人。他也与希丁克和艾德沃卡特一起在韩国工作过。公众对荷兰教练的喜爱度依然很强，维尔贝克承诺会提供更多的"荷兰理念"，这也是很多人喜欢听的。新年来临之前，他走马上任，任务也非常清楚——把澳大利亚国家队带到南非。

幸运的是，他做到了，很快还剩两场比赛。队伍正处在巅峰状态，9 场比赛仅失一球。尽管通过亚洲的资格赛征程艰难，但这也为袋鼠军团提供了难得的练兵机会。整个国家都喜气洋洋,在那一时刻,维尔贝克成了澳大利亚的英雄。蒂姆·卡希尔——澳大利亚著名中场球员——很喜欢在他的麾下踢球,并说他给了这支球队一个"俱乐部式"的感觉,这是他之前所从来未体验过的国际级的水准。此前的希丁克还是有些专横并且有些难以捉摸,但和维尔贝克的交流则很顺畅,球员们很清楚自己的站位。他和每一个成员谈话,卡希尔特别提到了他的"诚实和信任"。

整个国家对袋鼠军团充满热情并给予全部的希望。评论员谈论道关于这项运动的一切都改变了。新的语言被使用,足球运动员变得更加聪明,思维也发生了跳跃,教练方法也进步了,并且澳大利亚有了适应自身特点的踢法,这些都将提升竞争力。

当队伍出发去南非的时候,有一种期待是他们可以通过变"魔术"取得理想成绩,但是现实非常残酷。袋鼠军团的征程以对抗德国队开始,德国队当时状态正佳。曾三次赢得世界杯的德国队由一群年轻、快速和球技精湛的球员组成。相比之下,袋鼠军团看上去老旧和疲惫。他们似乎已经耗尽体力。维尔贝克最后一分钟改变了比赛计划,当他们以一个奇怪的战略使自己挣扎不堪时,他们被德国队踢进4球。甚至卡希尔还被罚下场——澳大利亚队仅剩10人应战,输得很惨。在剩下的大部分比赛时间里,1万名飞到南非的球迷坐在那里鸦雀无声。弗兰克坐在包厢里双手抱头。后来,他吞咽下了耻辱走上前去和队伍讲话。

他们需要重振士气,5天后在与加纳队的比赛中,球队又复活了。但是当哈里·科维尔(Harry Kewell)被罚下后,他们在场上再次变为10人。比赛结束,双方1:1打平,袋鼠军团深陷困境。为了抓住渺茫的晋级机会,他们必须赢得下一场比赛,而且还需要足够的进球数来弥补他们和德国人比赛的惨败。他们鼓足精神，虽然最终以 2∶1 战胜了塞尔维亚队，但是净胜球数不足以使他们晋级，他们不得不收拾行李回家。

球队一片混乱，球迷非常失望，对维尔贝克的信心消失殆尽。他必须承担主要责任，但幸运的是，他的合同期正好和澳大利亚足球的世界杯希望同时结束。弗兰克对失败感到困惑："我们阔步跨入南非，但是一到世界舞台，期望更进一步就变得不现实。我们积累和德国世界杯一样的积分，尽管可能从一些相关的比较找到一些安慰，但这个比赛就是以结果为导向的，在最后，人们并不在乎感情，在乎的就是赢或输。"

当洛伊家族打包行李的时候，弗兰克看着地平线。前面还有两个机会：澳大利亚将竞争世界杯的主办权和 2011 年就要举行的亚洲杯。大家已经没有时间悲伤了。

第 24 章
遥远的奖品

在弗兰克掌管澳大利亚足球之前，这个国家从来也没有人考虑过要竞标国际足联的世界杯的主办权。这是世界上最大的体育赛事，主张申办这一赛事也反映了他对澳大利亚不可动摇的信心，弗兰克相信澳大利亚是可以赢得这个权利的。对于有人批评说这个国家还没有准备好在这个层级与其他国家竞争，他指出澳大利亚已经主办了奥运会和英联邦运动会，而且这个国家已经在游泳、板球和网球等运动领域居于世界领先地位，为什么足球不行？

一直到他重建足球运动，澳大利亚依然没有持续的管理机构、信用和实现举办世界杯梦想的资金。在他接受任命之前的 10 年间，澳大利亚足球联合会有过 8 位主席、2 位总裁和 6 位首席执行官，并接受过 5 次调查。

在弗兰克宣布他想申办世界杯的打算之前，他已经在幕后静静地做了大量工作，包括建立各种必要的关系和打好基础。他成为国际足联总部的一个熟悉的到访者，也经常进出位于吉隆坡的亚足联总部。他不管任何时候因为业务出差，只要那里有足球会议，时间适合他都会参加，即使是在机场休息室的几个小时的会面。他在执行一个本不该由个人承担的任务。国际足联在历史上第一次将两届世界杯——2018年和2022年主办国的申办事宜同时举行，这显然是为了产生更好的收入来源。

弗兰克在正式公开宣布申办之前必须确认两件事情。由于澳大利亚是亚洲大家庭的最新成员，所以他的第一件事需要知道中国是否也会成为其中的一个竞争者。如果是这样的话，澳大利亚加入申办的意义就不大。但是他如何知道中国的想法？当时中国正专注于举办2008年的北京奥运会，并没有关于世界杯申办方面的任何表态。

几路调查同时展开，澳大利亚新任总理陆克文也在帮助了解。他曾经是派驻中国的外交官，也会说汉语。陆克文正计划对北京进行正式访问。弗兰克请陆克文帮助了解中国是否打算申办其中的一届世界杯。从各方面收到反馈后，他确定中国不会申办。

第二件事是要确保澳大利亚能够得到亚洲的支持。这个时候有观点认为，日本和韩国都有意申办。尽管它们在2002年联合举办了第十七届世界杯，但是它们现在想独立申办，由于离它们上一次举办的时间太近，弗兰克认为它们不会成为主要竞争对手，特别是澳大利亚还从未举办过世界杯，是世界足坛的新生力量。印度尼西亚表示了它可能申办的兴趣，但是人们感觉在申办的路上它不会走得太远。

在亚洲，由于没有其他任何国家有什么申办的表示，看上去澳大利亚会得到亚洲的支持，而且在和亚足联主席默罕默德·本·哈曼的讨论中也确认了这个情况。弗兰克仔细地倾听并经过几轮讨论后认定亚足联的主席会支持澳大利亚。

这是澳大利亚决定申办的基础：它可以依赖亚足联主席的投票，

并且大洋洲也公开表示支持澳大利亚。"我们需要至少另外三张选票通过第一轮，然后我们会通过自己的努力和亚足联的支持进一步提升竞争力。"弗兰克说。

由于没有世界杯申办选票角逐方面的经验，澳大利亚需要帮助。弗兰克就如何游说各国以获得支持向布拉特寻求建议，布拉特推荐了彼得·哈吉塔（Peter Hargitay），一位有瑞士－匈牙利背景的男士，他在2002—2007年担任布拉特的顾问。本·哈曼也认可了这个推荐。这对弗兰克足够利好，之后他进行了咨询。哈吉塔看上去对国际足联的运作轻车熟路，似乎可以引导弗兰克应对复杂的国际足球政治。由于在澳大利亚没有相同背景的人，哈吉塔被聘为澳大利亚足协的顾问。

本·哈曼觉得澳大利亚也应该聘请德国商人费多尔·拉德曼（Fedor Radmann），他和国际足联维持着很好的关系，而且与欧洲和非洲的足联也走得很近。拉德曼是2006年德国世界杯和2010年南非世界杯申办团队的成员。弗兰克在他作为德国2006年世界杯举办前期的友好访问团成员到访悉尼时见过他，访问团走访了所有获得世界杯决赛阶段参赛资格的国家。拉德曼对于申办程序的内部细节有深入的了解，重要的是他和弗朗茨·贝肯鲍尔（Franz Beckenbauer）关系很近，贝肯鲍尔作为德国足球的一代名宿也有一张选票，这对澳大利亚会有利。经过多次协商，拉德曼也被聘为顾问。

每一个想竞争世界杯主办权的国家都必须递交一份内容庞杂的标书。帮助德国和南非获得主办资格的标书就是由拉德曼的一位关系紧密的合伙人编制的。现在的一个可能就是，再由安德烈亚斯·阿博德（Andreas Abold）为澳大利亚编制标书，弗兰克喜欢这个想法并邀请他来到澳大利亚。阿博德及时到来了，随后跟进的就是一场激烈的谈判。他想要 300 万美元完成这个标书，并且如果澳大利亚觉得价格太高，他将为另一个申办者提供服务，也许是俄罗斯。由于标书是申办过程中的一个关键要素，弗兰克同意了这个价格。拉德曼说他希望钱可以支付到阿博德那里，这对澳大利亚足协没有什么不同。

在弗兰克清单上的另一项任务是提升澳大利亚作为一个足球新生势力的影响力。他不懈地努力来建立方方面面的关系，并出席亚足联和国际足联的会议。在本·哈曼的帮助下，他锁定了悉尼作为 2007 年亚足联会议和颁奖晚宴的举办地。很多亚洲足球大家庭的成员在此之前还没有访问过悉尼，这是一个展示澳大利亚的好机会。

然后弗兰克又找了布拉特，希望 2008 年的国际足联大会由悉尼承办。所有的权力掮客参加，这样的年度大会代表了国际足球领域掌权人士的大汇聚，也是展示澳大利亚的良机。布拉特答应了弗兰克的要求。正值秋天的悉尼以它最宜人的气候迎接 2500 多位代表和记者，他们陶醉于会议举办地的天气、港口和歌剧院。

现在，澳大利亚将要申办世界杯主办权这件事已经是众所周知。这和陆克文的国家建设愿景及他要锁定联合国安全理事会席位的国际政治目标相吻合。陆克文热情地支持这次申办，并在歌剧院举行的一个社交活动上和布拉特像老朋友一样交谈，他对会议也非常着迷。陆克文也加入了弗兰克和本·哈曼的和谐的洽谈。在宽泛的讨论中，本·哈曼希望通过陆克文得到澳大利亚对他掌管的亚洲足球项目的帮助。"展望亚洲"（Vision Asia）项目旨在全面提升亚洲足球各个层级和场上场下的水准，大家感觉非常好。会议结束时，本·哈曼承诺亚洲支持澳大利亚的申办。

友好的氛围在弗兰克位于悉尼东区派珀角的家宴中继续，在沿着被海浪不断拍打的海港边缘的平台之上，60 多位来自国际足联的官员、合伙人和理事正享受着弗兰克的热情款待。这一切都源于弗兰克自己对事业的投入。

晚间，在欢迎客人的时候，弗兰克提到了澳大利亚将申办 2018 年或 2022 年的世界杯主办权。布拉特和善地回应并暗示 2018 年并不是一个好时机。在交谈中，大家有个感觉，即 2018 年的主办权将会分配给欧洲，澳大利亚可能应该更好地准备 2022 年的申办。弗兰克听得很清楚，他知道距离澳大利亚可能会转移到只申办 2022 年的目标还有时间，他不想轻易放弃 2018 年的申办权。"你永远不知道事情最后的结果会怎样，我们就是不想太早地放弃我们的第一选择。"他解释道，"如果我们两个都能够获得支持，我们可以把这种支持从这一个移到另一个并巩固我们在申办角逐中的位置。"

但是这一年还没有结束，情况就发生了变化。人们开始知道另外一个 2022 年的亚洲竞争对手出现了。这就是卡塔尔，本·哈曼的祖国，他现在正承受着巨大的压力。一天晚上在吉隆坡，他建议和弗兰克共进晚餐。他们坐下不久后，两人隔着桌子对视："弗兰克，卡塔尔正在申办，我必须为我的祖国工作。"

弗兰克知道卡塔尔正在参与，不过就像每一个人认为的那样：卡塔尔并不是一个真正的对手。但是他还是决定记住不再与本·哈曼讨论澳大利亚的计划，因为现在他们已经站在对立的阵营。"当然本·哈曼这个时候对他的国家赢得这场角逐并没有抱太大的期望，但是他说支持国家是他的责任。"弗兰克观察到，"我没有告诉他他的责任是支持一个亚洲国家，因为他是亚足联的主席，而不是卡塔尔。这些话在我的嘴边几次想说出去，但是我知道是没有用的，因为考虑到卡塔尔的体制，让他拒绝支持卡塔尔是不可思议的。"

那个时候，没有人认为这个只有不到 50 万人口的小国可能会赢。

除了像气候、规模、禁酒、对妇女的限制和它很少的人口，卡塔尔并没有足球文化。他怎么可能赢过像美国、澳大利亚、日本和韩国这样的竞争对手？问题是每一个人的思维都局限于传统。从另一个不同的高度看，卡塔尔按人均计算是世界上最富有的国家，所以这个竞争对手并非完全不值一提。

卡塔尔是一个绝对的君主制国家，最后的一次立法选举还是1970年的事情，而后的当权者并不受国内任何监督。卡塔尔也是新闻服务机构半岛电视台的家，相当于中东的CNN（美国有线电视新闻网），以揭露中东乃至全世界的黑暗面而闻名。卡塔尔的埃米尔是半岛电视台的拥有者并源源不断地为其提供资金，世界舆论对这家新闻机构的主要批评意见是从不报道自己国家的事情。在半岛电视台1996年成立以前，卡塔尔即使在中东的知名度也都很低。半岛电视台给卡塔尔带来了国际存在感，也为它带来了声誉、权力和影响。对于一个小国如何提高自己的地位和影响，卡塔尔开创了一个绝对成功的先例。

同时在澳大利亚国内，弗兰克开始为资金游说。2008年12月，陆克文宣布申办世界杯将耗资4560万澳元之多。足球界一片欢腾。现在澳大利亚足协有了资金向前推进。尽管工作已经开始了一年多，但是正式宣布获胜者还要等到两年后的2010年12月。

在公开场合，弗兰克控制着期望并强调能够参与的好处。2009年年中，申办活动在堪培拉议会大厦正式启动后，弗兰克在国家新闻俱乐部发言时说道："即使在最不好的情况下——没有获得2018年或2022年的世界杯主办权，申办依然能够留下一笔值得人们回忆的遗产。"它可以将澳大利亚置于世界足球政治的聚光灯下，澳大利亚也将史无前例地在国际足球的舞台上被世人看见和听到。对澳大利亚来说，现在正是抬起头并成为这个世界性运动的一个组成部分的时候。

"在足球世界谨小慎微将使你寸步难行,旁观别人为获得最大的奖励而争斗从来就不是一个好选择。"他说,"而且无论如何,袖手旁观也并不存在于我的基因中。"

他描述了在国际足球界,澳大利亚已经获得的声誉,就在上次的德国世界杯,中立的支持者总是为勇敢的澳大利亚队欢呼。澳大利亚人踢出了激情的崭新足球,并撼动了世界上最好的队伍。当然,当最后一分钟输给意大利时,弗兰克的心几乎都碎了——意大利最后获得那届世界杯的冠军。但是后来他说道:"当我缓过来后,我还是可以得到一些安慰,事实是我们在世界舞台上展示了自己,我们要把这种表现在国内和国际发扬光大。"

到现在,澳大利亚足协在国际足球的管理层也有了一席之地,也有高级成员在吉隆坡和苏黎世的委员会中服务。澳大利亚人莫亚·多德女士被选为亚足联的副主席。弗兰克自己被任命为国际足联世界杯委员会的委员。他想要这个位置,是因为这可以为他创造与这个委员会成员交往的机会,其中有很多还是最有权力的24人执委会的成员,他们将决定哪个国家可以赢得2018年或2022年世界杯的主办权。

当弗兰克在国际舞台为推广澳大利亚足球紧张战斗的时候,他同时还要与国内另一批人开战。在澳大利亚国内,也是以足球定义的(橄榄球)赛事联盟看着澳大利亚足球的崛起没有太多兴奋,并且他们不欣赏陆克文对与之竞争的赛事的慷慨支持。在电视画面上看到陆克文、弗兰克和布拉特在苏黎世国际足联的总部的足球场上踢球,他们并不感到愉悦。

如果澳大利亚申办成功,估计将要留下价值28亿澳元的设施遗产,可以供好几代人在接下来的所有赛事中使用。观察到这一块诱人的蛋糕,其他运动项目也试图利用这一机会通过打压足球的良好态势来改善自己的处境，并尝试获得更多的政府承诺。其中澳式橄榄球职业联盟（AFL）特别激进，它认为这个国际运动的兴起会以牺牲橄榄球的利益为代价，而 AFL 一直是一个令澳大利亚人骄傲的代表性运动。AFL 嘴上也说支持申办，但在视线外一直在限制申办。"这是很棘手的问题。"弗兰克说，"我们本来就不足以打动、影响和激励国际足联执委会的这些决策者，所以一直要到苏黎世、伦敦或他们所在的任何地方去努力说服他们，但不幸的是我们在国内还有一条战线。"

一位评论员却从另一个角度评述道，AFL 的把戏也可以被看作一种称赞，因为如果是再早 5 年，澳大利亚足球要申办世界杯的想法一定会让其捧腹大笑的。但是私底下，还是担心其他运动项目组织者会把使用体育场的计划复杂化，使得澳大利亚足协不能满足所有的申办技术要求。关于体育场的争议也会引起国外媒体的负面报道。

这还不只是负面报道的唯一来源。澳大利亚的媒体对于攻击国家举措的报道从不会感到不安。10 年前，澳大利亚媒体就引发了悉尼在申办奥运会期间的风暴，现在又在谴责世界杯。媒体感到了一些不太恰当的事情正在发生，申办所使用的大量纳税人的钱的方式受到严重批评。媒体指责澳大利亚足协在自身财务状况不佳的情况下花费重金于那些名声有问题的外国顾问身上，从而以诱惑的方式获取帮助。

这些指责的始作俑者是位于墨尔本的《时代》杂志。为了回击这些指责，澳大利亚足协起诉《时代》杂志诽谤。对弗兰克来说，这些无情的攻击非常令人气愤：

> 媒体抓住了这些问题喋喋不休，这也耗费和分散了大量的精力，因为它们的每项指责都要受到公众的关注。小事情会变成大问题。事实是，我们给予国际足联执委会的

袖扣一样大小的不值一提的小礼物也变成了罪状，即使这是准则允许的。所有这些造成了很大的困扰，尽管国际足联也有评审和审计。澳大利亚足协和澳大利亚政府最终证明我们的支出是恰当的。

为了赢得主办权，澳大利亚足协必须竭力促成整个国家支持申办活动，而其他申办国家则获得了本国媒体的无条件支持，弗兰克知道澳大利亚的媒体是一个需要克服的挑战。本地媒体不仅攻击澳大利亚足协，而且也攻击国际足联的执委会成员，而这些人士弗兰克连恳求都还来不及呢。

第 25 章
全线开战

当卡塔尔加入申办世界杯的竞争后，它有一个优势一开始没有立即体现出来。根据规则，所有国家都必须通过本国的足协进行申办，这就设定了主办权的竞争实际上是在足协的层面进行，而不是国家对国家的层面进行。这就需要每一个特定的足协说服它自己的政府支持它的申办，这可以最大限度地确保竞争是在体育的领地而不是世界政治的范围内进行。

卡塔尔有一个独特的优势。这个小国家除了外来工作人员外，自己本国的居民不到 30 万人，所以它的足协和政府几乎没有什么真正的区别。它的申办是由卡塔尔埃米尔的儿子谢赫·默罕默德·本·哈马德（Sheikh Mohammed bin Hamad）负责，就是一个由本·哈曼全力配合的最直接的国家事务。就像弗兰克解释的，"表面上是由卡塔尔足协负责，但实际上包含了王室家族的利益、财富和亚足联主席王·哈曼的影响力"。

有政府的全部参与和支持，这实际上就是卡塔尔举全国之力的一个申办竞标,所以它实际上是一个在政治和商业领域的双线运作,比相对较小的足协高出了好多层级,这就等同于国家和公司的竞争。卡塔尔可以利用国家的权力、资金和关系拉选票,而不是它的足协尝试获得其他足协的支持。卡塔尔是政府与政府之间的谈判,确定商业合同并把选票作为其中交易的一个条件。这种政治上的交易形式在之前的国际足联并没有出现过,一开始也是由于这是个新鲜事物而没有引起警惕。

而像澳大利亚、英国和美国这样的国家,政府的参与度就要低很多。他们还是以传统的模式工作,利用像克林顿总统、查尔斯王子和陆克文总理这样的领导人物摆一些姿态,制造一些舆论。这些人物不能参与谈判,因为国际足联有明确的规定,不能以政治影响足球。而卡塔尔用比足球管理者高太多级别的王室人员运作整个申办活动,整个玩法已经绝对不在一个层级了。

最具代表性的一个例子就是前法国球星米歇尔·普拉蒂尼(Michel Platini),他也是欧足联(UEFA)的主席。美国和澳大利亚都想得到他手中那张 2022 年的选票,弗兰克记得他在这两个国家的代表面前说的,他不会承诺偏向任何一方。"但有一件他可以确定的事是,他在任何情况下都不会投给卡塔尔。最后,他投给了卡塔尔并在之后承认他确实那样做了!"弗兰克说。

媒体报道普拉蒂尼投票给卡塔尔的动机不是一个秘密。根据《卫报》报道,法国总统想叫卡塔尔增加订购 5 架空中客车 380 型飞机。另外一家英国报纸《每日邮报》则提到,在卡塔尔的申办宣布获胜之后,普拉蒂尼立刻提议将比赛改到冬季进行,以避免海湾地区夏季平常 50 摄氏度的高温。"你不觉得奇怪吗?一个人支持一个他明知道有严重缺陷的计划,然后又在投票之后建议改变至关重要的比赛时间？"不仅媒体提出这样的疑问，而且读者也感到非常奇怪。

并不只是普拉蒂尼一个人建议将赛期改到冬季的。德国足球名宿弗朗茨·贝肯鲍尔也提出了同样的建议。据媒体报道，法国、德国等都卷入了这起与卡塔尔的国家层面的引导选票流向的交易中。

当卡塔尔展开上层的政府公关的时候，谴责也指向了卡塔尔的地下工作，主要是购买选票。在卡塔尔获胜后，一位告密者站出来透露，大量的资金进入了两位非洲执委会成员的口袋里。新闻机构阿拉伯电视台指出：这一指控可以使国际足联取消卡塔尔所获得的2022年世界杯的主办权并重新投票。媒体也报道了卡塔尔足协否认了所有有关其行贿的指控，并说这些都是永远得不到证实的假消息。不久，这位告密者的指责已在全球家喻户晓，但她很快收回了指控，并解释说她是受到不满驱使、误导和编造了这些指责。

在澳大利亚，报纸也在挑刺儿。大多数的注意力都集中在澳大利亚足协的行为，而不是针对弗兰克个人，但是这也令他感到不舒服。他后来解释道，自己保持澳大利亚足协和整个申办过程的清廉的承诺从来就没有动摇过：

> 在我掌管期间，有一件事我是非常坚定的，就是我不会使用任何不恰当的行为。尽管很多次遇到这样的提议，但我都毫不动摇。我非常谨慎小心地不给澳大利亚带来耻辱。今天这个社会已经没有什么可以成为秘密，但如果我们采用不当的伎俩获得胜利，迟早会大白于天下的，所有的努力和信誉都将前功尽弃。

与国内其他赛事的内斗也会给国外造成澳大利亚的申办缺乏支持的印象。国内也有以"足球"命名的赛事，它们也并不是要阻止弗兰克的申办，而是要为它们自己获取尽可能多的利益。如果足球获益，它们的赛事也将获益。它们不仅要为自己失去主体育场的使用或赛事的安排受到干扰得到补偿，而且也要让它们未来的利益能够在可以使申办得以推进的协议中得到保障。为此，它们提出：如果澳大利亚赢得申办，澳大利亚政府将给予额外资金，而且这笔资金的额度要与其他赛事进行建设性的讨论，以便它们也能获得同等待遇。而且，这样的条款在最后一分钟被放进合同。

冲在最前面的 AFL，就一个体育场的问题与政府展开对峙。申办世界杯的澳大利亚必须保证提供 12 个特殊规格的体育场。经过与各级政府和各类体育组织的复杂的谈判，12 个体育场的问题终于解决了。然后，原定用于颁发奖杯的球场墨尔本阿提哈德·达克兰体育场退出承办世界杯比赛，被重新安排给了 AFL。没有了这个球场，申办标书就是无效的。这让弗兰克措手不及，"当然，竞争对手一定会用一切可能的手段战胜我们，我们对此有心理准备。但是我们没有想到，会在国内遭遇这么大的困难，而且我们国外的竞争对手会利用我们国内的争斗来攻击我们"。

体育场问题被一拖再拖，而关键的最后申办期限正在不断逼近。到时，包括澳大利亚在内的申办国的内容详尽的标书必须在苏黎世的一个仪式上亲自提交。这本显示申办国能满足国际足联各式各样要求的 760 页的标书需要耗时一年多才能完成。仪式正在临近，突然间，澳大利亚只有 11 个体育场了。

这份标书也包括了很多合同附件，详细约定了联邦和地方政府、举办城市、体育场和无数个其他组织的权利与义务，现在这份标书不完整了。弗兰克推迟了他抵达苏黎世的行程，在没有获得解决方案之前他不会出发，标书就在他的包里。由于他非常渴望能够抵达苏黎世以平息关于澳大利亚申办有问题的谣传,所以一份完整合格的标书变得至关重要。

当有人看到政府有迹象能保证12个体育场时便建议弗兰克先飞出去,然后标书修改后通过快递寄给他。弗兰克不同意,因为关系实在重大。标书是由澳大利亚足协控制的,而作为主席,他是负责人。他告诉政府他不会提交一份不完整的文件,而且如果体育场的标准不能完全达标,他将退出申办。接着上演了一出11个小时的戏剧,从堪培拉到悉尼之间的电话热线一直不断。弗兰克的威胁传到了几个大人物那里,他们意识到申办已经到了最为紧要的时刻。为避免危机,政府同意如果澳大利亚中标,政府将保证提供12个体育场。标书才得以最终完成。

当弗兰克于2010年5月最后抵达悉尼机场时,机长终于可以带着放松的心情欢迎他的到来。过去的三天里,他不断地改变收起起落架的时间,然后又放下继续推迟。飞机已经等待了70个小时,并不断地更换飞行员。现在他们终于要起飞了。

标书及时送达,并且国际足联的评判委员会称这份标书在技术上是完美的,但是澳大利亚的媒体继续对标书和其他的事情吹毛求疵。他们质疑标书的制作成本就像质疑弗兰克聘请的外国顾问一样花费无度。《时代》挖掘了更多的关于哈吉塔的背景,并做了更多的报道,包括20世纪90年代两次涉嫌贩卖可卡因,但最终都被判无罪而释放。他们还引用了美国法院1997年关于指控他涉嫌卷入一起匈牙利的证券欺诈案的文件,并对他的135万美元的收入和潜在的高达254万美元申办成功报酬提出质疑。

费多尔·拉德曼也在他们的调查范围内。《时代》报道他在2000年涉嫌一起据说是向国际足联执委会提供财务诱导,以使他们支持德国申办 2006 世界杯的案件。还有在 2003 年，他因涉嫌利益冲突的丑闻而被强制退出德国世界杯组委会。通过介绍阿博德制作申办标书，拉德曼可以获得 349 万美元的费用，外加可能的 399 万美元的申办成功报酬。

哈吉塔和拉德曼都否认指责，但是从未有任何关于阿博德的指控。

媒体对澳大利亚足协的指责性报道连绵不断。其中的一个集中在 2008 年，国际足联官员访问悉尼时他们的妻子获赠的帕斯帕雷珍珠项链。尽管相互交换不太大的礼品是国际足球界的一个礼节，媒体认为这是诱导支持。国际足联并不认为这是一种诱导，弗兰克也解释道，他们送出这些礼品是在收到政府申办的资金之前。"无论如何，每一个人都得到了一个，这怎么会是诱导？"他问道。

媒体还指责澳大利亚足协为帮助牙买加足球而提供了太多的资金，虽然实际上并不是帮助牙买加的。但是，媒体也正确地指出：澳大利亚足协是按计划协助中北美洲及加勒比海足协，以帮助其管理机构的权力延伸至特立尼达和多巴哥。澳大利亚足协在为自己辩护时解释道，它根据招标程序的含蓄规定陷入了一个两难的境地：一方面准则规定一个足联不能通过交换利益获得投标的好处；另一方面，同样的准则又要求投标人通过足球方面的捐赠支持社会发展。

2009 年 12 月，还有一年时间，澳大利亚足协的申办团队来到了南非的开普敦，参加在那里举行的由各申办方报告各自的准备成果并向公众开放的媒体展示会。对澳大利亚团队的成员来说，参加这样的会议是第一次，也是一个大开眼界的机会。国际足联租下了位于开普敦会议中心旁边的顶级酒店，在此期间，这个区域就变成了足球的皇家大院。

当布拉特进来的时候，摩托车队整齐排列，警车中间开道，安全保卫的措施及整个长街的管制，完全适合接待美国总统。布拉特就像一个王子，国际足联就是这么认为的，并给予了他足够的敬意。

国际足联是如此的富有和等级分明并如此细心地对此加以维护，不管它到哪里，都能创造一个属于自己的世界。就像航行在海上的一艘巨大的远洋班轮，整个轮船就是自己的宇宙，具有分明的地位等级与相关的程式和习俗。国际足联在酒店设立了国际足联会所，这个楼层只有重要的理事才能进入。根据《国际先驱论坛报》的描述，对于所有的男性理事，有一个男士会所供他们享受丰盛晚餐，此外，每天还有500美元的现金津贴和发给他们的妻子或女朋友的250美元。加上其他福利、工资和奖金，一个执委会委员一年可以收获高达30万美元。奢华和娇宠在国际足联的精英家庭成员中形成了一种氛围，使他们都以高贵自尊。他们的出行就像外交官并受到严格的安全保卫。

他们也都穿着一身优雅的制服。在南非的活动，所有重要委员会的官员和成员都穿着特制的瑞士西服，并配以合体领带和衬衣。这个风格的装束可以突显他们的精英身份，以便于在拥挤的室内相互识别。他们的外衣有FIFA 4个字母并以蓝色镶嵌在他们的上衣口袋上。

弗兰克穿着这样的制服在院内穿行，一个会议接着一个会议，从咖啡厅到餐厅不停地谈话、说服、劝诱和谈判。当澳大利亚代表团的其他成员经过12个小时这样的工作后，已经尽显疲态，弗兰克还在不断推动，时差不会减慢他争取选票的努力。这个时候澳大利亚还在同时竞争2018年和2022年世界杯的举办权。

澳大利亚的申办受到一个被称为A团队的核心小组的监督，这个小组一年开十次会议分析最新的动态。在开普敦，他们聚集在弗兰克套房的餐厅内，根据一定的准则进行例行的选票计算，而这要从政治上判断哪些人明确表示他不会给你投票。围桌而坐的有本·巴克利、布莱恩·施瓦茨、彼得·哈吉塔、费多尔·拉德曼、菲利普·沃兰斯基和弗兰克。弗兰克已经打定主意不申办2018年的主办权有一段时间了，但依然还留在竞争的队伍里。

在开普敦，一些无法预料的事情发生了。本·哈曼在没有通知澳大利亚并且也不顾友谊和双方"热情"的过去的情况下，宣布亚足联将只支持卡塔尔申办2022年的世界杯。澳大利亚措手不及，弗兰克留在2018年的竞争者中的所有优势一下子就烟消云散。没有亚足联的支持，他将如同严重残废一般。

当弗兰克退出了2018年竞争的那一天，欧洲表示了感谢，澳大利亚收到了善意作为仅有的成果，在那个时间这种善意似乎是重要的。澳大利亚的战略是集中精力在第一轮和第二轮存活下来，然后在最后一轮获得更多的支持。因为有两届世界杯可以申办，所以这当中可以有很多讨价还价的交易——这个时候，善意可能有所帮助。

但是卡塔尔的竞争地位正在上升。2010年4月，距离正式投票还有8个月的时间，布拉特认同了中东举办世界杯的想法："阿拉伯世界值得举办一届世界杯。他们有22个国家，但此前没有任何机会举办这种比赛。"3个月后，本·哈曼——依然是亚足联的主席——正式抛弃作为亚足联主席的责任而公开支持其祖国的申办。"我有一张选票，坦率地说，我将投给卡塔尔。如果卡塔尔不在竞争行列，我会投给另一个亚洲国家。"他说。卡塔尔也证明了自己有能力举办世界杯这样的大赛，它已经举办了1998年的亚洲杯、国际足联的1995年U20世界杯和即将举办的2011亚洲杯。

到2010年7月底，国际足联的评审委员会在澳大利亚评定了澳大利亚举办世界杯的能力。与其他申办国家相比，澳大利亚在技术上被认定为最好的国家之一。在委员会的关于卡塔尔的报告中提到，由于世界杯的时间定在6月和7月，正好是中东地区一年中最热的月份，这种给运动员、官员、国际足联大家庭及观众带来的潜在身体的风险应该给予考虑。

当这个报告公布后，看上去澳大利亚将获得亚洲的支持。一切仿佛都在轨道上，除了国内媒体继续的一些负面报道造成的侵蚀效应，整个申办团队暗暗地自信一切正常。后来人们发现，24位将要投票决定最终胜利者的执委会委员当中，许多人从不收集这类技术报告，即便有人送给他们，很多人也都不看。

在苏黎世，澳大利亚人同样付出了巨大努力，他们给执委会的汇报也在紧密进行中。每一个申办国家按顺序请出他们的名人，展示他们的宣传片并做一到两个发言，然而澳大利亚的视频并没有展现出其应有的自豪感。通过咨询阿博德，澳大利亚的申办影片聘请了海外的之前为其他国家成功制作申办影片的制作人，但是他们对现代澳大利亚缺乏洞察。他们制作的视频展现了一个疲惫和陈旧的澳大利亚形象，并没有抓住国家的精神、胆识、多元化和独特的幽默。只剩下11个小时的时间，菲利普·诺伊斯（Phillip Noyce）被请来重新制作和挽救宣传片。尽管诺伊斯作为澳大利亚最成功的制片人，曾经导演了像《爱国者游戏》《安静的美国人》及大受欢迎的《漫漫回家路》等一系列作品，但由于时间所剩不多，他能在现有的片子中做的挽救工作很有限，只是概括性地对澳大利亚的汇报稿做了一些一般性的修改。

当澳大利亚在苏黎世的汇报片在国内播放后，人们大为不快。就像一个批评提到的，"对关于澳大利亚足球的叙述完全缺失"。影片成了一件难堪的事情，但也是一个深刻的教训，即在关于聘请外国人制作那些象征国家灵魂一样微妙和宝贵的作品时的风险。文化现实的缺失造成了文不对题的结果。就像这么多的程序，其实就是国际足联的强制性的门面装饰的一部分，本质都没有区别。与技术报告和昂贵的标书一样，其实只要在框里打钩就行了。就像任何政客都知道的，有用的只有一样——选票的数量。

第 26 章
"这不是最终结果"

如果在苏黎世有一个最理想的密谋之处，它就是历史悠久的巴尔拉克酒店。这家酒店坐落于苏黎世湖的私人花园，周边被阿尔卑斯山环抱。这个圣母院式的瑞士酒店代表了权力和特权，是足球政客们传统的聚会地。

2010年年底，尽管到了国际足联揭晓2018年和2022年世界杯申办结果的时候，酒店已经客满，但当人们三三两两地聚集或暗地里做交易的时候，酒店的接待室依然能够保持安静。只有高级官员才可以住在这个酒店，他们的随从被安排住在湖周围稍远处的现代酒店。

尽管苏黎世已经到处都是记者，但国际足联强大的"机器"对媒体人员有着严格的控制。在投票日的前几天，保密工作显得尤其重要，私家的巴尔拉克酒店具有严格的限制。所以记者们只能露宿在对面的人行道上，他们的长焦镜头熟练地对准酒店的前院。当深色玻璃的奔驰车队开进来的时候，走出来的有穿着富贵耀眼的酋长，他们的长袍镶嵌着金线，还有国家元首、首相、总统或王子。

当代表英格兰参加申办活动的威廉王子抵达时，他就住在角上的一个套房，楼下正好就是弗兰克·洛伊住的房间。众人对英格兰代表团的兴趣高涨，倒不只是因为王子，而是因为以足球贵族形象出现的大卫·贝克汉姆（David Beckham）、伦敦市长鲍里斯·约翰逊和英国首相戴维·卡梅伦（David Cameron）也都在场。足球吸引了上流阶层的精英人士，在酒店的电梯和沙龙里，任何大人物都可以看到。尽管有亲切的问候和点头致意，没有人想做过度的交流。正值严冬，偶尔有参与申办过程的小群体为确保沟通的私密性而不顾大雪站在花园中交谈。

澳大利亚代表团把他们的"作战室"设在了位于山坡上可以俯瞰城市的苏黎伯格酒店，弗兰克一天当中会数次往返于其中。距投票日还有三天的时候，弗兰克描述澳大利亚代表团的心情是"略有期待的谨慎乐观"。大家一致认为尽管美国对于申办2022年的世界杯具有领跑优势，但澳大利亚紧随其后，差距并不大。而且在5个申办的候选国中，其中三个——美国、日本和韩国之前已经举办过了世界杯赛事。卡塔尔和澳大利亚还是一块处女地，不过，由于海湾夏天特别炎热的天气，澳大利亚看上去胜券在握。

同一天的晚上，在有20多位澳大利亚人聚集的多尔德大酒店的晚宴上，弗兰克谈到了为什么足球对他是如此重要。足球与他对父亲所珍藏的记忆有着直接的联系，并有一种把他带回和父亲在一起的日子里的感觉。他说得如此动情，以至有人听着潸然泪下，他们也理解为什么赢得这个主办权对于他的意义是如此重大，甚至他还提到了自己也不敢肯定他是否能够活着看到世界杯在澳大利亚举办。

最后几天，苏黎世到处都是新闻发布会、采访、互相联络的朋友聚会及不太友好的谈判。A团队利用全天的空隙聚集在弗兰克的套房内分析最新的消息和反复研判数据。如果他们需要平静，只要透过窗外看一下下面宁静的湖泊。

大洋洲代表雷纳德·特玛里（Reynald Temarii）因为出售选票的指控接受调查而被剥夺投票权，这一情况对澳大利亚是一个巨大的打击，他是被英国《星期日时报》的卧底抓到的。澳大利亚希望另一位大洋洲的代表可以代替他的位置并进行投票。

为此，特玛里必须接受对他的暂停投票权并且不能上诉。澳大利亚热切地希望他能够配合，澳大利亚足协和他之间的电话打疯了。他承诺接受停职调查，并宣布他支持澳大利亚，一个新闻发布会也安排好了。但是特玛里始终没有露面，而是飞到了吉隆坡。澳大利亚猜测自己被欺骗了，并给马来西亚首都所有五星级酒店打电话，努力搜寻他的踪迹。"在尝试询问了几个酒店后，我们的团队打电话到文华酒店，好！他在那里。"弗兰克说道，"但是已经太晚了，我们锁定大洋洲选票的机会已经没有了。"

后来《星期日时报》报道，有文件显示本·哈曼为特玛里支付了机票和酒店的费用，还为特玛里提供了一辆配备司机的轿车。《星期日时报》提到所有的费用都是由本·哈曼的凯目科（Kemco）建筑公司负责并从他女儿名下的账号支付，付款名目的简单说明就是"业务推广"。该时报还透露了本·哈曼后来一共支付了30多万欧元的费用，还是利用她女儿的账号，支付给一个在瑞士的私人调查公司，其中大多数费用应该是用于为特玛里支付他对于暂停调查进行辩护的"法律"费用。

另外一位非洲的具有投票权的执委会委员在《星期日时报》的调查披露后也被停职接受调查。通常，所有24位国际足联执委会的委员享有投票权，如果需要的话，布拉特还有一张选票。现在只有22

位委员有资格在 12 月 2 日投票。

还有 24 个小时就要投票了，澳大利亚的申办团队焦躁不安。12 月 1 日星期三的早上，戴维和史蒂文·洛伊分别飞了过来。"我们特地飞到苏黎世，要在这一天和父亲在一起。"史蒂文说，"这将是一个伟大的日子或者一个悲伤的日子，无论如何我们将在一起。"那天下午，两兄弟发现自己挤在轿车的后排，中间坐着超级模特埃拉·麦克弗森（Elle Macpherson）。他们是一个小车队的一部分，正把澳大利亚代表团带入国际足联的总部。由于大家都非常看重最终陈述，所以澳大利亚总督昆廷·布赖斯（Quentin Bryce）和联邦体育部长马克·阿尔比布（Mark Arbib）都特地飞了过来。

澳大利亚在申办的技术指标上非常过硬，但是有人担心由于其所处时区的关系会对赛事电视收入产生影响，特别是对于欧洲和美洲。据报道，亚洲和大洋洲需要增加大量的收入以抵消可能产生的损失。澳大利亚以艾意凯咨询（L.E.K）和普华永道的报告回应，针对所担心问题的分析显示，收入会非常可观而与时区没有关系，并且基于亚洲的观众规模，转播的潜在收入巨大。

当麦肯锡咨询公司编制的一份报告发布后，引起了澳大利亚团队的一阵紧张。这份报告告诉国际足联，澳大利亚在 5 个申办 2022 年世界杯的国家中收入增长的潜力最弱，在票房、电视和媒体权利、赞助商、接待能力及特许商品的销售方面都是最弱的。弗兰克叫团队和媒体保持冷静："麦肯锡的家伙并不投票。他们不是这个业务中的决定因素——这里有太多的决定因素。"

最后一天的剩余时间并没有什么波澜不惊，除了网上赌注的热门发生了变化。澳大利亚的赌注之前一直略微领先美国，但现在在澳大利亚的体育博彩网站上已经不再领先。新的资金都下注给了卡塔尔，使它一跃超过澳大利亚和美国成了领跑者。"我们接纳了很多澳大利亚的爱国赌注，但是兑现的前景和来自卡塔尔的大量资金成了我们最大的障碍。"澳大利亚博彩告诉其他媒体。

第二天早上，弗兰克醒来后有了一种不祥的预感。他感到一些东西正在转变成为反对澳大利亚的力量，但是他没有对外表示。投票就要在那天下午举行，尽管上午依然繁忙，但时间过得很慢。弗兰克很担心，他的肠胃痉挛告诉他澳大利亚已经被出卖了。但是他还是和每一个人交谈，在镜头面前讲话，并穿着下午参加活动的服装。

宣布2018年和2022年世界杯主办国的会议在苏黎世会展中心举行。据说这是瑞士土地上有史以来最大的媒体报道事件，70家电视台在会展中心进行实况转播，还有1000名来自全球各地的记者。瑞士的精准时刻得到了淋漓尽致的展现，因为每一个国家都给出了一个确切预期到达的时间表——精确到每一分钟——从哪里到达，然后从车里走出，又去哪里。每一个机会都不错过，司仪官确保按照计划进行，没有任何偏差。

在会议中心内部，媒体进入一个方向，国际代表团则进入另一个方向，到一个指定的巨大而奢华的大厅，那里每一个国家都被带到一个放置了舒适的沙发和方便的座椅的开放空间，在大厅中央的桌子上放着丰盛的餐食和饮品。

不久，大厅里面就坐满了足球巨星、表演艺术家和政客。整个空间挤满了奥斯卡获奖演员、国家领导人、亿万富翁和更多名人的脸庞，数都数不过来。每一个人都在预期下一步他们将被礼貌地带入旁边的礼堂坐下。他们等待时的焦急心情显而易见。仪式看上去要有一些延迟，弗兰克静静地等待，他的胃正在痉挛，他正在控制自己准备接受最坏的结果。

当进入礼堂的信号给出的时候,每一个人都知道"斧头"已经全部落下,除了两个竞争国家。当澳大利亚代表团进入的时候,弗兰克最担心的事情得到了确认。"经过执委会成员身边的时候,当我朝其中的一些'朋友'看过去时,他们没有正面回看我,我知道我们出局了。"

在代表团的座位后面有一个屏障,屏障后面是记者的海洋。当澳大利亚代表团坐下后,弗兰克的预感得到了证实。一位澳大利亚电视台的记者冲到了屏障旁边,靠着屏障,眼里闪着泪水告诉自己祖国的代表团卡塔尔赢得了 2022 年世界杯的主办权,他说半岛电视台已经收到了这条消息正在准备播出。这很奇怪,因为距离下午正式宣布还有 20 分钟,而且先是宣布 2018 年的申办结果,然后还要等 20 分钟后才轮到宣布 2022 年的申办结果。半岛电视台似乎比每一个人都提前了 40 分钟就已知道结果。

布拉特这位会多种语言、自信和光鲜的国际足联的王子,挥舞着装有 2018 年胜利者的信封走上了舞台。"我们有 4 个申办 2018 年世界杯的竞争者,但是只能有一个赢家,"他笑了一笑,"三家竞争的协会必须回家,'多么可惜啊'。但是,我们必须说足球并不只是为了胜利,足球同时也是一所生活的学校,在那里你要学会失败。这并不容易。"然后他郑重地打开信封,并宣布俄罗斯获得了胜利。

英格兰代表团——被认为的热门候选——感到震惊。它在第一轮就被淘汰了,除了自己的一票外,他们仅获得了一票。他们花费了 1500 万英镑的申办活动导致了一个耻辱的失败。其他竞争 2018 年的申办方荷兰和比利时、西班牙和葡萄牙同样被打败了。而俄罗斯则脱颖而出,他们的游说获得了成功,而国际足联也开拓了新的市场。

然后就到了 2022 年主办权的宣布时间。到这个时候,消息已经在 VIP(贵宾)座位区传开,所以宣布时尽管已经不令人惊奇,但听到他们的国家名字的时候,卡塔尔代表团的成员还是从座位上蹦了起来。澳大利亚人瘫倒在座位上,而美国人脸色苍白。日本和韩国的失望度相对较低,因为他们不久前联合举办过世界杯,本就知道他们的机会不大。布拉特说,世界杯还从未在东欧和中东举办过,现在它向新的土地进军了。"所以当我们谈到足球的发展时,我是一个快乐的主席。"

澳大利亚的"朋友们"违背了他们的诺言,使得澳大利亚第一轮就被排除在外,只获得了22张选票中的一张,这几乎令人难以相信。澳大利亚的计划是以至少5票在第一轮存活下来,然后在下一轮从落选的竞争者中争取选票。确定了第一轮的4到5张选票后,更便于将大量的游说工作集中在后几轮。后来,对于那仅有的一张选票有两个可能:一种说法是布拉特投了澳大利亚;另一种说法是贝肯鲍尔,他曾经说澳大利亚的标书完美,也许他真将票投给了澳大利亚。但是哪一个都不重要了,因为卡塔尔的领先幅度太大,他们在第一轮获得了11票。后来听说卡塔尔对它第一轮没有过半数也表示失望,有人并没有兑现卡塔尔人前去游说时许下的诺言。

同时,在控制住失败的震惊后,弗兰克带着他的澳大利亚团队到旁边的一个房间安慰他们,结果却发现每一个人都想安慰他。"他们和我握手、拥抱和亲吻。这是我们之间多么可贵的情谊啊,因为如果你赢了,站在高处会很容易。"然后他转身面对澳大利亚媒体,在那里,他看到了更不一般的团结。这时还不是反思的时间,也没有尖刻的问题。他引用了一句他后来再次使用的话:"太阳明天还将照耀,我还会在那里沐浴阳光⋯⋯这场战役我们失败了,但还有更多的战场等待我们去获胜。"

体育精神教导人们如何面对失败是再清楚不过的,澳大利亚国家队队长卢卡斯·尼尔（Lucas Neill）走到前面，面对即将离去的人们。"等一下，"他说，"我有话要说。"清晰而富于哲理，他谈到了工作已经完成，谈到了澳大利亚足球从遥远的过去走到了今天。然后他向主席表示感谢。尽管他并没有说任何新的东西，但是他讲话的时机和话语非常应景。人们离开时感觉好了一些，似乎好像最终还是获得了什么。

尽管弗兰克命令他的团队遵守纪律，咽下痛苦，不要公开抱怨卡塔尔或国际足联投票系统的缺陷，哈吉塔还是尴尬地打破了束缚。他告诉媒体，澳大利亚的申办太干净，澳大利亚没有耍滑头，那些将其从投标过程中尽早地清除出去的阴谋也没有得逞，其他国家受到的限制相对较少。英格兰申办团队的塞巴斯蒂安·科（Sebastian Coe）说，国际足联应该改变它的投票程序。前美国国家队的埃里克·温纳尔达（Eric Wynalda）说，卡塔尔"购买了世界杯"。美国申办团队负责人苏尼尔·古拉蒂（Sunil Gulati）评论整个过程不是比技术优势，"是政治，是友谊和关系，是联盟，也是谋略"。

几天后，弗兰克回到了悉尼，准备在澳大利亚足协总部举行一个媒体发布会。"我准备面对现实，陈述事实。"他说，"到那个时间，虽然痛苦还没有消退，但是承认失败是我应该做的事情。"在他进入之前，房间里的气氛几乎是敌对的。从失败的震惊中平复的时间已经足够，媒体需要答案，他们也感受到了怨愤。在他们等待的时候，大家都在随意地猜测哪个足协领导将离开。澳大利亚足协的首席执行官本·巴克利的合同就要到期了，感觉是他一定会离开。

弗兰克从对所发生事情承担全部的责任开始，说没有哪个领导要离开并确认巴克利将留任："我对他有信心，他工作非常努力，他把全部生命投入了工作，每天、每周、每月。"弗兰克扭转了房间里的气氛。他的生活经历告诉他这个故事并没有结束：他告诉大家这并不是关于这件事情的最终结论。

澳大利亚申办标书的残壳已经堆在那里几周了。尽管标书在技术上被认定为最好的，但一致的意见是澳大利亚还是一个新手，政治上也比较弱，没有什么影响。它加入亚洲足协的时间还不足以长到可以获得忠诚度，在国际足联执委会里也没有人脉，任何可能来自大洋洲的支持也被蚕食了。"我们很天真。"戴维·洛伊说，"当卡塔尔进入竞争后，我们应该意识到已经不可能赢了。我们怎么可能有任何机会与一个没有资金限制和管制模糊的主权国家抗衡。"史蒂文也有类似的观点："我们在抵达那里之前就已经输了。这不是一场公平的战斗，事后我们应该认识到这点。"

弗兰克·洛伊意识到就所有的准备和分析而言，鉴于已经发生的，澳大利亚绝对没有任何机会可以战胜卡塔尔。"国内的战斗、国外的游说、宴请、公关、活动、顾问、旅行、营销——最后，没有一件事可以改变结果。"

对弗兰克的两个儿子来说，最泄气的事情是看到他们的父亲始终以信任行事并期望得到信任作为回报，但结果太让人失望了。"父亲承担了极高的风险，完成了其他人不可能做到的事情。他亲自承担这个极为艰巨的任务，并在全世界范围内公开遭遇窘迫。"史蒂文说，他随后看到了他的父亲控制自己并承担了责任。"但是，因为他相信这场失败并不公平，他不会释怀。他不能。他会继续前行，除非他做错过什么。"

第 27 章
我的责任

国际足联历来就丑闻不断,但这次由于卡塔尔具有争议的申办成功所引起的公愤是空前的。关于腐败的指责几乎同时从好几个来源爆出,致使国际足联长时间都没有摆脱困局。即使是 4 年后,针对这个足球国际管控机构及其主席的质疑声依然没有平息。

弗兰克面对着这样的结果也没有平静过。尽管他继续前行,但是失败一直让他耿耿于怀。屏蔽争议的噪声,他对申办过程中的管理工作进行了自我解剖,并在事后反思哪些环节应该采取不同的行动。无论他怎样做,都不会改变最终的结果。但是它可以改变对澳大利亚的冲击程度,国家本可以输得更有尊严。

卡塔尔胜选的几个月后,英国议会对由其引发的行贿指责进行了调查。这涉及前英国足协主席戴维·特利斯曼(David Triesman),指其通过交换以获得中北美及加勒比足联主席杰克·沃纳(Jack Warner)的选票,要求用 400 万美元为他的国家建设一个教育中心。另一个指控针对巴拉圭的尼克拉斯·里奥(Nicolás Léoz),想要一个爵士头衔作为交换选票的条件。两个人都否认指控。

在另一项指控中，两位《星期日时报》的记者做证他们从一个告密者那里得知，象牙海岸的雅克·阿努玛（Jacques Anouma）和喀麦隆的伊萨·哈亚图（Issa Hayatou）各自得到了150万美元，以此作为他们投票给卡塔尔的报酬。但是两个人也都否认这件事。

阴谋论的说法也冒了出来。一个流行的说法是本·哈曼与布拉特之间达成了一个黑色交易，本·哈曼想竞选下一届国际足联主席，而布拉特也想通过选举连任国际足联主席。一个猜测是以卡塔尔获得主办权作为回报，本·哈曼将支持布拉特的连任；但另一种说法是在卡塔尔锁定了主办权后本·哈曼改变了注意，决定自己竞选国际足联主席，结果是布拉特又转过来反对他，腐败问题由此爆出，本·哈曼不得不退出。

没有任何证据能证实这种猜测，但是到了2011年5月，冲突达到了顶点，这时本·哈曼在被指控为了他的竞选向25位国际足联官员行贿后退出了竞选。当这些指责浮出水面后，本·哈曼和沃纳被国际足联暂停行使权力。沃纳向国际足联反击，公开表示它的秘书长杰罗姆·瓦尔克（Jerome Valcke）在一个邮件中告诉他卡塔尔购买了2022年世界杯的主办权。他出示了那个邮件，人们倒吸一口冷气。瓦尔克解释说，他的意思仅是指卡塔尔"利用经济实力进行游说并获得支持"。

指责接连不断，一个接着一个，没有人知道真相，但是每一个人都在怀疑申办过程有猫腻。面对不断增加的压力，国际足联在其道德委员会的主持下开启了自我调查，调查由前美国地方检察官迈克尔·加西亚（Michael Garcia）主持。据说如果发现确切证据，那么2022年世界杯的申办活动将重新举行。

卡塔尔震惊了世界。在申办的准备中，它数十亿美元的预算被许多人认为是不切实际的，考虑到这个国家保守的社会风俗和足球文化的缺失，承办这样的世界大赛就更被认为不可能。卡塔尔是自乌拉圭1930年世界杯后最小的主办国家，它计划利用太阳能技术给比赛场地降温并建设新的设施。

当关于将赛事推迟到北半球的冬天的对话开始时，卡塔尔的胜利才勉强被确认。一开始也就几个人建议，后来布拉特也支持了这个想法。2013年，弗兰克对此发表了看法。由于所有的申办都是以欧洲的夏季为基础的，所以他要求国际足联做一个原则决定，即"如果赛事要移到卡塔尔的冬天，就应向其他申办国做出补偿，因为它们都投入了数以百万计的资金和国家声誉，而且申办的是按常规在夏季举行的世界杯，而不是在冬天举行"。他还建议开展一个"透明的调查"来分析对所有联赛（包括澳大利亚的A联赛）的影响并拿出一个"同意给予受影响的地区适当补偿"的方案。他的评论上了全球报纸的头条，国际足联很快采取行动，将他的要求压制下去并说没有国家可以期待补偿。国际足联还声称，在申办合同中印有小字，说明了国际足联拥有自由裁决并做出改变的权力。

到现在，国际足联的名誉严重受损。最严厉的批评来自英格兰，2013年，布拉特在那里做了一个特别发言以维护他的诚实。"我做了什么？为什么会变成这样？"他在牛津大学的礼堂里这样问道，声辩他已经变成了替罪羊。他说他并不是一个依附于运动的"无情的吸血寄生虫"。然后为博取同情，他特别谈到他的生命从诞生起就一直充满艰辛，甚至还是一个无助的孩子的时候，他就遭人嫌弃："我的祖母恁恿我的母亲让我离开。"尽管如此，在77岁的年龄，他依然在为2015年第5次竞选铺路，虽然之前他发誓不再竞选。

2014年年初，又一个丑闻爆发了。国际足联巴西籍执委的10岁女儿的账户上存入了 200 万英镑。她的父亲里卡多·特谢拉（Ricardo Teixeria）是负责选择 2018 年和 2022 年世界杯主办国的 22 位执委会委员当中的一位。报纸报道，资金是通过前巴塞罗那俱乐部的主席支付的，而巴塞罗那俱乐部由卡塔尔航空公司赞助。当围绕卡塔尔的丑闻爆发时，牵涉到的各方都否认有任何不当行为。前巴塞罗那俱乐部主席的代理律师发表一个声明，解释付给特谢拉女儿的资金和卡塔尔申办世界杯没有关系，并且那位主席没有付给特谢拉任何交换他的选票的资金。

2014 年年中，英国媒体又扔下了一颗"炸弹"。伦敦的《星期日时报》发表了一个 11 页的关于申办过程的报告，第一页的大标题是《阴谋购买世界杯》，并记录了数以百万计的英镑如何支付到国际足联官员那里以支持卡塔尔申办世界杯。文章是由该报的洞察团队（Insight Team）编写，这个团队是一个具有半个世纪历史的调查机构。

这个团队获得了进入"国际足联文件库"的通道，里面存有上百万的邮件、文字信息、谈话记录、酒店记录、银行收据、航班信息和其他显示卡塔尔深度活动的资料。文件显示了本·哈曼如何操作十笔行贿资金并支付给在世界各地的官员，以此获得他们对卡塔尔的巨大的支持。文件显示，他通过他女儿的账户给人付钱。还有证据显示，本·哈曼通过泰国的国际足联执委沃拉威·马库蒂（Worawi Makudi）安排了卡塔尔政府的会议，以推动一个对泰国来说价值数千万美元的天然气协议。为什么足球官员要联络天然气的协议，没有人能拿出证据予以解释。本·哈曼和马库蒂依然保持了他们的清白。

报纸在接下来的数周继续披露新的证据，但是这似乎并没有引起国际足联指定的调查官迈克尔·加西亚的任何动兴趣。尤其令人费解的是，加西亚显然接受了卡塔尔坚持的本·哈曼没有与他们的申办产生联系的说法。对一个理性的观察者来说，证据已经非常明显地显示了本·哈曼就是整个卡塔尔竞选活动的中心人物。

这当然也是弗兰克·洛伊的意见。他已经在2014年4月的一个正式会面中告诉加西亚，本·哈曼亲自告诉他，他必须收回支持澳大利亚的承诺并为卡塔尔工作。他阅读了媒体关于加西亚调查团队认定本·哈曼和卡塔尔申办团队无关的报道，然后写信给加西亚谈到下面的内容：

> 鉴于媒体怀疑本·哈曼先生的角色，我觉得有义务让你知晓在我们的会见中没有提到的信息，以进一步确认本·哈曼先生作为卡塔尔申办的代表确实在非常积极和努力地工作。至少有两位国际足联的执委会委员在不同时间告诉我，他们在第一轮不会投澳大利亚，但是在卡塔尔出局的情况下，会把他们的第二次投票投给澳大利亚。他们告诉我，这是和本·哈曼先生商量好的部分策略，并且本·哈曼本人也同意他们告诉我这些。
>
> 在国际足联的官员当中，本·哈曼为卡塔尔申办世界杯组委员工作是一个尽人皆知并普遍接受的事实，在为2022年世界杯主办权投票前的大约两年的时间里，他过于明显地在国际足联的各种会议和场合不断地进行游说和拉选票。

加西亚的办公室确认收到了信函，但也是弗兰克最后一次听到他们对这件事的回复。他依然尊重加西亚，相信他作为一个独立调查人能够真诚地执行他的调查，但是受制于他的调查权限。

加西亚在2014年9月将350页的报告及附有好几千页的附属资料提交给国际足联，然而报告内容并没有公开。尽管这让很多人吃惊，但这符合法定程序。作为国际足联道德委员会调查组的负责人,加西亚的义务是只能将他的报告交给裁决小组的负责人、德国前法官汉斯-乔基姆·埃克特(Hans-Joachim Eckert)。然后将由埃克特和他的裁决小组决定如何采取行动,如果有后续行动的话。

鉴于公众对于报告的兴趣,加西亚支持尽可能地公开报告,除了略去可能的敏感或暴露身份的信息。2014年10月加西亚在半遮半掩的情况下,重申需要更大的透明度,并且提到国际足联的调查和评判过程都是在"大多数人看不见和听不到的情况下"运作的。他描述到目前的过程更像"一个情报机构的日常工作流程,而不像是一个服务于公众的国际体育组织的道德规范过程,并且这是一件受公众密切监督的事情。"

面对公众越来越多的要求更大透明度的呼声,埃克特的裁决小组于2014年11月公布了所谓42页的加西亚关键发现的概要报告。令世界惊奇的是,这份报告读上去就像一个对不同申办团队中各层级的错误行为进行复述的大杂烩,报告并没有给出任何证据或针对加西亚所发现的事情的清楚说明。

但是报告为卡塔尔和俄罗斯开脱,使得它们可以继续承办世界杯,还指出英国和澳大利亚侵蚀了申办活动的正义性。批评者指责这份概要是一份洗白报告,而加西亚描述它"内容不全"并且"歪曲了事实和结论",不久后他就辞职了。

当弗兰克坐在桌前阅读这份概要时,他更加明白是怎么回事了。加西亚被任命后不久,弗兰克和他的顾问马克·瑞安(Mark Ryan)就在纽约告诉了他自己所了解的关于申办的情况。他们坦诚并且轻松,后来澳大利亚足协团队回答了所有的问题,并提供了与申办有关的往来文件和邮件记录,其他大多数申办国家提供得都很少。后来他们得知俄罗斯销毁了它的申办团队所使用的电脑；而卡塔尔拒绝与加西亚在纽约或伦敦见面，会面不得不被安排在中间地带阿曼，本·哈曼和其他关键人物都拒绝配合。弗兰克做了如下解释：

> 我们在悉尼和纽约见加西亚及他的助手时，我们是自己去的，没有律师的保护，因为我们问心无愧。我们直接坐下并问道："你们想知道什么？"我们配合地给了他我们的全部文件。他将文件放在了报告里。据我所知，英格兰也是全力配合的。我想，这就是埃克特的概要如此颠倒是非的原因，简直令人难以置信。我对加西亚也有几分同情。事后一想，没有人能够真正探明事情的真相，一直到我们看了加西亚的全部报告后，才知道这依然是一个秘密。

弗兰克认识到，对加西亚如此坦诚其实很天真，也促使他从自我批评的角度反思整个过程。他对整个计划的贯彻是满意的。潜在的竞争对手给予了考虑，中国确认没有参加申办，并且也获得了亚足联和澳大利亚政府的支持。他相信他也获得了布拉特的支持。

但是尽管计划听上去不错，但他承认在执行过程中出现了错误步骤。与其由自己领导申办活动，倒不如创建一个特别的管理机构来做这件事，就像他后来做得非常成功的2015年亚洲杯。尽管这样的反思已经不能改变最终的结果，但是他非常自责。

> 我过去50年的通常做法是我亲自做计划，而且经常会很详细，我身边会有和我很接近的高级人员和我外聘的专家顾问。他们组成了我的团队，并且我鼓励开放、监督和建议。我的力量就在于这种深入和密集的咨询，当我确信

了，我会勇往直前或选择放弃。然而，在这件事情上，我却没有这样做。我没有遵从我自己做事的程序，我的错误就是我想我可以自己做这件事而不需要监督。

我太想澳大利亚获胜，所以尽管我周围也有一批人，但我还是习惯于发号施令和独自做决定。我绝对没有努力做我过去认为应该做的事情，事后发现自己也许是因为太痴迷。

他的另一个反思是关于他雇用的两个外国顾问。作为国际足球政治圈内的一个新手，他看在面子上采纳了布拉特和本·哈曼的建议，所以当他们两位都推荐的时候，他相信了他们并聘用了哈吉塔。莱斯·默里——澳大利亚著名的足球主持人也给予哈吉塔高度的评价。

另一位不同寻常的顾问拉德曼是由本·哈曼推荐的。没有对这两位顾问的背景做调查——这与他通常的做事方法并不相符——弗兰克就稍显草率地接受了他们。雇用他们也对弗兰克本人造成了伤害。

从一开始弗兰克就定下了一个澳大利亚要干净申办的基本规则，无论何时都不容许他的澳大利亚足协团队和顾问违反国际足联的任何规定。问题是顾问被媒体认为太过昂贵，这影响了澳大利亚团队的声誉，而且他俩在足球圈内的关系和影响力最终也是一无所获。

弗兰克也认识到了他在和中北美洲及加勒比海足联打交道时的失误，导致该组织的主席杰克·沃纳和澳大利亚足协被指责涉嫌腐败。

在整个申办过程中，澳大利亚团队非常注意国际足联的规定，即每一个申办国家要体现对足球和社区项目的承诺，特别是帮助发展中国家。所以，只要哪个地方有可能，团队就会寻找契机支援并与澳大利亚政府的国际援助行动相配合。最后成就了十多个大小不等的援助项目，主要分布在亚洲和非洲。除了中北美洲及加勒比海足协是一个例外，其他都没有出现争议。

陆克文想要澳大利亚成为联合国安理会理事国的愿望，与弗兰克澳大利亚申办世界杯的想法几乎同时萌生。陆克文安排了6000万澳元以帮助加勒比海地区，弗兰克希望能够吸引其中的部分资金。他想把这笔钱用于中北美洲和及加勒比海足联的足球训练中心的建设。澳大利亚足协的官员也到了加勒比海进行尽职调查，一位工程顾问也准备了可行性调查报告，然后决定申请一笔50万美元的资金完成这项工作。同时，澳大利亚政府的官员也到了加勒比海，但是他们不看好这个项目的前景并决定不提供资金支持。这时，弗兰克相信他失误了。

当员工告诉我这件事的时候，我问我们的财务是否可以从澳大利亚足协的资金中支付。当他们说我们可以的时候，我就说："行，那就付吧。"我们自己提供了这笔资金，如果我们没有这样做的话，这笔钱会更好地用在别的地方。

我仅仅是接受了政府不准备做这件事的消息。通常我会打电话亲自问一下政府方面究竟是什么问题，但是我没有。事后想一下，如果我亲自听到了这个情况，我也许就不会继续这样做了，但是钱已经付了出去。这个在通常程序中发生的失误就是因为我被对胜利的渴望蒙住了双眼。

我们给中北美洲及加勒比海足联写了一封信，里面附上了一张支票并要求开具收据。我们然后跟进要求对方收款银行提供收据。收据如期到达，显示资金被划进了中北美洲及加勒比海足联的账号。我们曾不止一次地想到支票可能会落在任何别的地方，而不是中北美洲及加勒比海足联的账户里。我们无法知道沃纳后来被指控将钱放到了他的个人口袋里。

在写这本书的时候，调查仍在进行。

但是，使弗兰克最痛苦的反思还是知道卡塔尔决定加入世界杯申办时自己判断失误。他一开始和所有人的普遍看法一样：卡塔尔不会在这条路上走得太远。

> 没有进行关键的调查。我本可以召集半打第三方人士一起，他们熟悉该地区及其政治情况，并辩论一下这个威胁到底有多大。我生活中的其他活动都是这样做的，但这次我没有。检讨过去的事情，如果我们能够了解卡塔尔会像一个主权国家一样申办，而不仅仅以一个足协的力量进行申办，这样就可能有外部机会促使我们做出改变。

弗兰克相信赢得世界杯的主办权可以使澳大利亚足球的发展加快20年。申办成功不仅需要投入大笔资金，而且主办世界杯这一大赛可以使澳大利亚足球运动的面貌焕然一新。就像可以获得胜利的荣耀一样，弗兰克也必须承担失败的痛苦。

> 当我们从苏黎世回来后，媒体认为本·巴克利应该被解雇，这样做将是最不公平的事情。媒体指责我庇护他，然而我没有。我知道这不是他的错。我要承担责任，而且我不会找替罪羊。

第 28 章
澳大利亚 A 联赛

　　起初，弗兰克希望澳大利亚 A 联赛每场比赛的观众规模可以达到 5000 人。后来，当观众人数翻倍并且经常是预设人数的 3 倍的时候，他又不满意了。2014 年年初，当 5.2 万名观众坐在布里斯班体育场观看布里斯班狮吼队和西悉尼流浪者队的总决赛时，他对观众人数才感到满意，但禁不住细看，看台上还有一些空位。他几乎不会对自己有真正满足的时候。当比赛结束后媒体对这个运动从多么遥远的过去走来及它的未来走向一片称赞时，他却在暗暗地着急。A 联赛已经走过了 9 个年头，规模也大了很多，但还是不能比肩其他同样以足球（橄榄球）命名的赛事。总决赛吸引大批观众是让人欣喜，但是如果 A 联赛场均可以吸引 2 万人，那才能让他感到舒心。

　　但是几天后，一封来自澳大利亚广告大师约翰·辛格尔顿的信函放在他的桌上的时候，他放声大笑了。辛格尔顿也是 2003 年弗兰克重建后的澳大利亚足协的首批董事之一。

尊敬的弗兰克：

就在几年前，谁曾想到会像今天这样？

没有团队，

没有电视，

没有赞助，

没有希望。

现在，在布里斯班一个被卖掉的建筑里（国家橄榄球联盟的中心场地）……

……你把外国佬的球变成了我们社会生活的一个部分……

永远的爱和敬意，

你的流淌着澳大利亚血液的老伙伴，

约翰

附言：感谢上帝让你搞砸了十频道，不然我真会把你当成天才了。

辛格尔顿的信把弗兰克带回了20世纪50年代的初期，那时的足球都是分散的，而且是不同族群的球队之间的对抗。"一周又一周的比赛，就像第三次世界大战在欧洲过来的不同部落间发生。"他说，"足球完全是脱离主流运动的，甚至一些比赛的术语也都是用的外国话。澳大利亚人是不参与这项运动的。"虽然他个人并不反对这种少数族裔间的竞争，但是他知道这会阻碍真正的足球运动的发展。

当他在2003年开始掌管澳大利亚足球的时候，他决心改变这个现状。他的时机来得正是时候：澳大利亚拒绝种族歧视，拥抱多元文化，已经成了全球文化分布最多元的国家之一。无论从哪里来，人们都将鼓励他们在共同拥有的澳大利亚国家的标志下弘扬传统。尽管各族群有时也会爆发冲突，但是人们求同存异的意愿更加强烈。这正是脱胎换骨地改造"旧足球"的理想时机，弗兰克知道如果拒绝了这个机会，很多的热情就会消失。一个全新的足球文化需要时间来培育。

在发展"旧足球"长期的艰苦岁月里，各族群一直在运作它们自己的俱乐部，它们对这个日渐衰落的联赛一直保持忠诚。当新的A联赛于2005年8月出世的时候，它们当中的大多数都选择了拥抱它。A联赛的创立被澳大利亚广播公司（ABC）的记者戴维·马克（David Mark）描述为"可以说是对澳大利亚足球的过去的最大突破——过去的足球运动带有族群分割、政治恶斗和种族暴力的色彩"。在新的联赛的8个俱乐部当中，有4个直接就是从旧的俱乐部转过来的：它们是珀斯、纽卡斯尔、阿德莱德和一个来自新西兰的俱乐部。还有布里斯班的球队也是一样，之前也在旧的联赛里踢过一阵子。

当各族群球队依然存在于一些二级和三级的州级比赛中的时候，国家层面的"外国佬的球"没有了，新的部落制将取而代之。现在培养起来的忠诚度不是过去相互打仗的欧洲国家，也不是充斥着球场暴力的族群球队，而是围绕当代的澳大利亚城市的共同身份，这也使得A联赛成了这个国家足球的脸面。

2005年11月，袋鼠军团进入世界杯这件事极大地提振了A联赛，带来了前所未有的足球热，并且在之后几年中势头一直不减。A联赛的第一个赛季获得了极大的成功，4.2万球迷现场观看了2006年3月悉尼FC队和中央海岸水手队的总决赛。

一个新的转播协议引起震动。对于A联赛首个赛季的转播权，澳大利亚足协成功地解除了与福克斯体育共计50万澳元的合同。现在的世界杯、即将举行的亚冠赛事和成功的A联赛等系列比赛给予澳大利亚足协更多谈判的砝码。随后，一个每年1.2亿澳元跨度为7年的转播协议被正式签订。

第二个赛季也取得了成功，A联赛再次受到了袋鼠军团晋级世界杯决赛阶段第二轮比赛的提振，也产生了许多第一。两支A联赛的球队进入2007年亚冠联赛。变化如此之大和迅速，以致当人们陶醉于对足球喜爱的热情中时有失清醒。来到亚洲赛场的两支球队也是过于自信，在不熟悉的地方和不熟悉的环境中的表现只能说是差强人意。两支球队早早出局也使A联赛更清醒，下一赛季，准备更为充分的阿德莱德联队进入了亚冠联赛的决赛。

足球是一项年轻并深受人们喜爱的运动。2009年，两支新的队伍从昆士兰州加入，使联赛的俱乐部总数上升到10家。增长看上去不会停止。2010年，墨尔本又有两支球队加入，使这个国家的运动之都有了激动人心的德比大战。

到现在，联赛有了好的体育场、福克斯体育的固定转播和一些不菲的企业赞助。弗兰克会尽可能多地观看A联赛，一头白发是他的突出特征，无论他到哪儿都立刻会被观众认出。他很少情况下是独自看球，如果时间允许的话，他喜欢和他的一个儿子一起看球。否则，他也要和一些懂专业的人坐在一起，其实不只是看球，而是看组织运营。他从来不会一个人在那里享受比赛，而是不断地找寻改善赛事组织运营水平的机会。

但是新足球经过6年的运营后，最初的热情开始消退。从事了几十年业务的弗兰克懂得周期的道理，并能够感到这种正在经历的改变。足球已经不能唤起澳大利亚人新的激情，它失去了光环，人们也不再为他们的表现感到骄傲。在澳大利亚颜面扫地地失去了2022年世界杯的主办权之后,每一个人都希望可以在2011年年初的亚洲杯上赢回荣誉,但是袋鼠军团最终只获得了亚军。澳大利亚足球到了他掌控以来的低谷。在他80岁的时候,他也曾自问为什么不退位,为什么不去过退休后的平静生活。

但是,弗兰克能够感到这个周期还没有到达它的最低点,而且当这个最低点来到时,他预期会在A联赛中首先有所体现。这个时候有媒体评论道,因为弗兰克把他主要的注意力都放在世界杯的申办和国际足球方面,所以A联赛被疏忽了。当弗兰克注意到了批评意见后,他表示接受并挽起了袖口。没有一个成功和深受大众喜爱的国家联赛,国家就不能实现使足球成为主流运动的目标,他知道自己该做什么。

A联赛成长迅速——有人说太快了——以致其内部出现了裂痕。人们对俱乐部和澳大利亚足协的商业生存能力提出质疑。然后,来自昆士兰州的一家新俱乐部北昆士兰狂暴队破产了。人们尝试以社区拥有的模式拯救它,但是能提供支持的力量太薄弱了,而且球员们的实力也不济。

坏消息还在不断传来。另一支昆士兰的新球队黄金海岸联队没有观众并且财务紧张。在给俱乐部投入了数百万澳元之后,它的传奇东家克莱夫·帕尔默(Clive Palmer,矿业巨头)向澳大利亚足协抱怨,足协没有做任何事情帮助他的俱乐部实现可持续运营,然后就开始违反俱乐部的参与协议。还有更过分的,他任命了一个年仅17岁的球员任队长并炒掉了主教练,然后把球衣上的广告条幅替换为"言论自由"的标语。

当帕尔默的球队表现尚可之时,俱乐部本该按合同要求与当地社区互动并建立起融洽的关系,以便获得社区的支持。"但是帕尔默坐在他的俱乐部之上横加干涉和指挥。"弗兰克说。

当澳大利亚足协努力尝试将这家俱乐部留在联赛里的时候,另一件令人头痛的事情发生了,另一位富豪、煤矿大亨内森·廷克勒（Nathan Tinkler）非常生气地听说他为纽卡斯尔喷气机队在 2010 年支付的总资金数要高于其他大多数俱乐部的投入。他认为他被多收了钱,并提出要求修改协议。而实际情况是其他俱乐部多年前就进入了联赛并且已经成型,而他是购买一家已经比较成熟的俱乐部。

到了这个时候,俱乐部也纷纷要求对于运作 A 联赛有更大的话语权。也许相较于足球的任何其他事项,在这点上,弗兰克是最不为所动的。澳大利亚唯一的模式就是现在的样子,由一个独立的董事会监督从草根足球队到国家队（包括 A 联赛）的所有事宜。有一点很清楚,即从这个运动的经济角度考虑,澳大利亚不能支持一个分离的国家联赛。大多数的俱乐部如果没有澳大利亚足协（和政府）的财务支持就不能生存,而且黄金海岸联队和纽卡斯尔喷气机队的情况显示,即使是亿万富翁拥有的俱乐部也会陷入困境而需要政府机构的保护。

弗兰克理念的基础是为整个国家运营足球运动。特权阶层,特别是在俱乐部层面的,会不可避免地从基层耗费资源,并使得过去几十年破坏足球生长的政治内斗死灰复燃,也会把俱乐部的利益置于国家队之上。弗兰克不断指出像英格兰队在国际比赛中连续的不尽如人意的表现,提醒人们俱乐部为了追求财务回报,不惜牺牲足球运动的整体健康和可持续发展的危险。"如果足球变成了那个样子,我们过去取得的所有成功都将前功尽弃。"他说。

在此期间,帕尔默和廷克勒联手,在施瓦茨主持的俱乐部会议上对澳大利亚足协展开了猛烈的攻击。弗兰克虽然没有参加那次会议,但是他后来惊奇地看到,两个人把一个提议放到了他的面前。问他是否愿意加入他们的财团以控制A联赛。"他们提议筹集2000万澳元的资金，以此让澳大利亚足协将A联赛的控制权转让给财团。但是，即便他们愿意支付2亿澳元的资金，我也不会放弃控制权。"弗兰克说。

弗兰克任期内的低点终于来临。在经历了反对势力对澳大利亚足协长达10天的攻击后，弗兰克决定反击。在墨尔本的一个足球人士参加的正式午宴上，他告诫帕尔默不要做出头鸟，并驳回了廷克勒所谓在收购纽卡斯尔喷气机队时受到误导的索赔要求。他说A联赛独立就是灾难，过去看到过这个模式的失败结局。在一个精心准备的发言中，他提到有人对澳大利亚足协的不尊重到了令人吃惊的程度。

然后他调转枪口对准了帕尔默。他说："至少可以说黄金海岸联队的一个巨大失败是与当地社区脱离了联系，无法吸引球迷到球场为球队助威。"过了一会儿他又强调："帕尔默的蔑视对联赛整体造成了不利影响。"在2012年3月的一个新闻发布会上，他宣布黄金海岸联队因为违约其A联赛参赛资格将被取消。帕尔默要求取消禁令，但遭到拒绝。

澳大利亚足协和廷克勒达成一个协议，因为纽卡斯尔是一个足球强市，澳大利亚足协不能失去这支球队，所以把它留在联赛中是澳大利亚足球的优先事项。（但即便这样，2015年5月，廷克勒还是将球队置于放任自流的状态，以促使澳大利亚足协取消其参赛资格并接管俱乐部。）

随着帕尔默撤资，黄金海岸联队在澳大利亚足协的托管下踢球。到赛季结束的时候，它就解散了，为A联赛留下了一个潜在的只有9支球队的不可持续的构架。A联赛官方急切地需要补充另一支球队以满足10支球队的转播要求。一支新的符合要求的队伍必须尽快被创建和组织起来，10月份就必须到位——6个月要完成这个任务看上去似乎不太可能。

弗兰克不再去听外界的批评，并用西田的办法处理问题。他使用了他50年来在生意场上屡试不爽的"危机路径"方法，为此召集了一小队经理人。每一个人都被分配负责一个区域寻找可能的参赛球队并举行每周例会，由他主持、汇报一周的进展和下周的任务。在会议之间有很多非正式的讨论，各个团队互相帮助。弗兰克控制着进程，有巴克利、施瓦茨、沃兰斯基、凯利、澳大利亚足协的法律和业务负责人乔·赛莱特（Jo Setright）及澳大利亚足协董事约瑟夫·希利（Joseph Healy）——一位曾经代表苏格兰青年队踢球的国际职业银行家。"我们将破釜沉舟，直到实现目标。"弗兰克说。

在推进这个任务的过程中，弗兰克发现联邦政府有一笔用于足球发展的拨款，澳大利亚足协可以使用其中的400万澳元作为建立俱乐部的种子基金，目标是在澳大利亚的足球心脏地区悉尼西部建立一支球队。在旧的联赛中，那里有很多球队，也有两支球队几个月前就想参加A联赛，但是没有成功。每一个人都知道那个地区多么渴望拥有自己的球队。

4月份，巴克利确认有一支队伍。他和吉拉德总理一起宣布政府已经同意拨付一笔800万澳元的联邦资金以帮助西悉尼地区各个层级的足球发展，包括500万澳元给澳大利亚足协，其中100万澳元将用于女子足球，400万澳元用于西部郊区；其余300万澳元资金用于重新开发新南威尔士州的足球总部。

又一次遇到了好时机。当清算帕尔默的黄金海岸联队的合同还墨迹未干的时候，一个关于新的俱乐部的合同已经签署。不久，莱尔·戈尔曼（Lyall Gorman）这位A联赛前负责人被任命为代表澳大利亚足协的新俱乐部的领导人。因为西悉尼是一个具有深厚底蕴的多文化地区，所以以一个正确的构架来充分激发当地人的热情至关重要。在沃兰斯基的指导下，三位主教练的候选人名单被提交到澳大利亚足协。足协经过权衡，觉得前澳大利亚国家队队员托尼·波波维奇（Tony Popovic）是可行的人选并找到了他，他毫不犹豫地接受了邀请，西悉尼也是他的家乡。为了接受这份工作，托尼必须提前解除他作为英超水晶宫俱乐部助理教练的工作。

这是一个高强度的创新性项目，大家为了建设基础设施、团队和文化，每周都需要开会。项目进行过程中的乐观情绪和热情，淹没了那些持续批评队伍建设太快的声音。这个时间进度和它的竞争赛事的对手大西悉尼巨人橄榄球队形成鲜明对比，它们是在参加比赛前两年就着手招募人员。戈尔曼告诉媒体，他自己也被方方面面爆发的热情所震惊。"我们不断地收到运动经理、足球运动员和俱乐部——本土和海外的加入申请，而且每天都有。他们为我们提供了大量的选手，筛选工作非常巨大。"戈尔曼发现自己既要管理好各方面的期望，但他还是告诫自己罗马不是一天建成的，热情由此被激发出来。

通过这个俱乐部，当地长期被抑制的足球热情得到了释放。就像一个得克萨斯人在勘探石油，突然间一束"黑色黄金"从光秃秃的大地上一飞冲天，这标志着巨额的财富就在眼前。这是澳大利亚最新的也是最老的俱乐部，反映了西悉尼地区久远的足球历史。并且，它的名字——西悉尼流浪者俱乐部让人们联想到了国王学校和北帕拉马塔流浪者1880年在新南威尔士州举行的一场澳大利亚历史上最早的足球比赛。

弗兰克对悉尼的西部也是情有独钟，其购物中心业务的发祥地也反映在了西田的名字上（西部的田地）。在成为澳大利亚人的早期，他在悉尼西郊度过的时光要比其他任何地方都多。当西田总部搬到城里之后，他在享受与家人亲密相处的同时，也一直怀念着西部的社区。

他对新的俱乐部有一种特殊的情怀,在初期这家俱乐部也是由澳大利亚足协全权拥有。直到在找到私人买家之前,弗兰克把它当成自己的俱乐部。区域中的数万居民也把俱乐部看成是他们自己的。在俱乐部成立的过程中,澳大利亚足协在当地巧妙地举办了一系列社区活动,并邀请居民帮助选择俱乐部的名字和颜色,网上征询也同时展开。当地居民也可以对俱乐部的文化和足球风格提出建议。在弗兰克的指导下,澳大利亚足协并不只是建设一家足球俱乐部,而是在打造一笔社区资产。

弗兰克的礼物就是他能够想别人认为不可想象的事情并把它们融入自己的事业之中的能力,最终甚至连怀疑者也会心悦诚服。尽管有风险,但他相信自己的判断,整个项目开始向前推进,西悉尼流浪者俱乐部的上升轨迹是前所未有的。它于2012年4月成立,也是第一批以"西悉尼"称呼自己的载体之一,当地居民非常认同。6个月后,这支快速组建而成的队伍出现在绿茵场上开始了它的创纪录的处子赛季。流浪者队进入了最终的总决赛并成了A联赛中的一支具有统治力的生力军,同时也获得了亚洲冠军联赛的参赛资格。

俱乐部的"黑金"是它的球迷基础。当地热情高涨的支持者在现场观看比赛的景象非常壮观,每一场比赛人们成群结队地涌入球场,尤其是涌入南看台的死忠球迷更是声势浩大,他们穿着红黑相间的球衣,这种色调也代表了球队的颜色。比赛日,帕拉马塔球场附近的街道被装饰得色彩缤纷,仿佛真的变成了"流浪者"的城市。球迷对于会员的需求也是空前高涨,在下一个赛季开赛前的一个月,俱乐部的1.6万张会员卡就早早售罄。

A联赛的上升周期需要新的能量。在看到了流浪者队成功组建之后，本·巴克利宣布他将离任。他成为澳大利亚足协的首席执行官已经有6年了，经历了世界杯申办的动荡及其之后的纷纷扰扰，现在他已经准备好离开。就像他的前任约翰·奥尼尔是从竞争赛事英式橄榄球联盟过来的一样，巴克利也是从一个更大竞争对手澳式足球联盟过来的。当他于2006年上任时，弗兰克称赞他是"最好的新一代澳大利亚体育运动管理者"。尽管没有足球背景，但他谙熟错综复杂的体育赛事转播市场，破纪录的澳式足球联盟的电视转播合同是由他牵头签下的，他因此而受到赞誉。

在离开之前，巴克利想要确定好下一个转播合同，以便为下一个阶段足球的成长提供稳定的财务支持。与首席财务官约翰·凯利一起，他与福克斯体育和SBS广播公司谈定了一个总额达1.6亿澳元、为期4年的合同。对于这笔每年高达4000万澳元的赞助资金，你可以与澳大利亚足协一路走来所经历的惨状对比一下。巴克利离职后作为一位足球的朋友而离开并加入福克斯体育担任执行董事。"在我们之间没有任何遗留问题，我们愉快地分手。是时候做出改变了，巴克利的合同即将到期，双方同意做一个自然的结束。"弗兰克说。

巴克利与弗兰克非常近距离的工作既有挑战，也有获益。弗兰克或对他周围的人的要求很高，或使他们精疲力竭。只要他想，任何时候都会给你打电话，提出别人认为不可能但又不脱离实际的要求。尽管出于忠诚和自我保护，但弗兰克对他们很严厉，而且不理会休息时间的概念。不过，大家还是因为在他身边而受益，并且看见了他创造的一个个奇迹背后的艰辛。在他掌管澳大利亚足球期间，弗兰克比他团队内的任何一位成员都大数十岁——他们还有什么理由抱怨他所设定的工作节奏呢？

弗兰克在2003年被任命为澳大利亚足协主席并被认为是一个非执行的角色，但实际情况从来就不是这样。开始的时候他要负责全部的执行控制工作，参与行政管理团队的建设，做出各种决定并运营具体业务。当第一任首席执行官约翰·奥尼尔上任的时候，他发现自己的空间要比预想的小。他和弗兰克之间所形成的创造性的快节奏工作状态成就了一个个高效的产出，在一起工作的三年里，他们为把足球打造成澳大利亚的主流运动奠定了很好的基础。尽管奥尼尔对自己的离职用词礼貌，但他的离开就是因为他和弗兰克这两位高管未能和谐共事。

巴克利与这位积极的主席合作得更好，尽管此时澳大利亚足协开始步入正轨，构架已经形成，巴克利也能掌有更多的实权。在巴克利离开之前，他提到了戴维·盖洛普（David Gallop）是替代戈尔曼成为A联赛负责人的可能人选，此时澳大利亚足球的蓝图也已经形成。足球的职业化是一个漫长的过程，按计划有序推进即可，弗兰克也做好了从管理角色中脱身的准备。在2012年11月被任命为CEO时，盖洛普拥有了更大的自主权。

具有像大象一样超强的记忆力——不仅对事实还包括细节——的弗兰克并不健忘，他之前找过盖洛普，能够感到在这个人身上他所喜欢的一些东西。这时盖洛普正在运营竞争运动英式橄榄球联赛。弗兰克一直注意观察其他赛事的领导能力，对盖洛普的印象是这个人并不依靠"旧式足球"的方式行事。尽管弗兰克是作为一个旧式足球的拥护者来到澳大利亚并且对于这项运动有着天然的热爱，但他还是希望找一位现代的专业人士来运营。

盖洛普离开英式橄榄球联盟引起了公众的巨大关注，弗兰克也在倾听大家的议论并开始思考两人见面的方式。他然后给新闻有限公司的主席约翰·哈蒂根（John Hartigan）和资深媒体人哈罗德·米切尔（Harold Mitchell）打电话，两个人都承诺安排引荐。但是双方的会面还要等待一个合适的日期，因为弗兰克即将动身前往伦敦参加2012

年奥运会。

巧合的是，盖洛普正好也在伦敦，两人就这样不期而遇了。他的正式角色是澳大利亚运动委员会的代主席。弗兰克不知道他也出席西田邀请的一个招待澳大利亚代表团的盛大聚会。"我看见他穿过房间而不等任何介绍，"弗兰克说，"我跑过去请他和我一起喝杯咖啡。"盖洛普同意了，并私下决定等一个月或者等他们都回到澳大利亚后再见面。但是当盖洛普和一个朋友提起这件事的时候，他朋友告诉他："如果弗兰克·洛伊请你喝一杯咖啡，你可不能等一个月！"

第二天，盖洛普成了停泊在金丝雀码头上的"伊洛娜号"的客人。他们交谈了很长时间。像巴克利曾经是一位澳式橄榄球的选手一样，盖洛普也是运动员出身，尽管他在板球上颇有天赋，但长大后，他成了一位英式足球的痴迷者，不过他坦承对澳大利亚的足球了解得不多。不过，2005年袋鼠军团对阵乌拉圭争夺世界杯决赛阶段参赛资格时，他就在现场，他告诉弗兰克当澳大利亚队进球的时候，他是如何像其他观众一样从座位上跳了起来。盖洛普回忆道："但是我很快坐下，因为我意识到了这是一个潜在的巨人——澳大利亚足球的苏醒。每一个参与这项运动的人都会知道，如果把它所有的优势（足球运动具有全球性特点，它不受地形、规模和性别限制，参与门槛低）集合在一起，这将对澳大利亚的运动图景产生冲击，尤其对英式橄榄球联盟可不是好事！"

盖洛普担任澳大利亚英式橄榄球联盟的首席执行官有十年时间了。在他看来，这项运动已经从之前超级联盟的挫折中恢复和复苏了。弗兰克认为盖洛普的这段经历对于A联赛的发展同样利好，很希望他担任这个职务。坐在甲板上，两个人谈得很好，第二天盖洛普打电话接受了这份工作。

虽然盖洛普需要与一位强势的主席打交道，但幸运的是两个人相处融洽。"我们很快就相互适应。"弗兰克说。对盖洛普来说这是一种很好的关系，"虽然他信任我的判断，但是他喜欢被充分告知，并且从不事后改变他的观点"。他对弗兰克的政治感悟能力感到非常吃惊。"如果他是一位象棋选手，他会成为冠军，因为他会比大多数的人提前看到两三步，这是我从未遇到过的。"

盖洛普将要运营的是一部已经功能完好的"机器"，年收入大约1亿澳元，还有盈余。这当中4000万澳元来自转播合同；另外2500万澳元来自赞助商，主要是现代汽车、澳大利亚航空、耐克、博彩公司泰博控股（TAB）、澳大利亚国家银行、西田和澳大利亚有线电视网；剩下的3500万澳元来自其他不同的渠道，包括A联赛的决赛门票、国家队的本土比赛、许可收入、衍生商品和政府资金。从各方面的报道来看，澳大利亚足协是一个相当幸福的家庭，每一个人都有一个共同的目标：足球要成为澳大利亚最大和最受欢迎的运动。

第 29 章
成功和继承

当弗兰克掌管澳大利亚足球最高职位的第十个年头来到的时候，他没有打开香槟酒庆祝。他更喜欢让这一刻静静地过去，但是他非常高兴地看到，足球最终还是和澳大利亚主流运动的观众联系在了一起。"万岁！现在我们可以讨论足球，而不是足球运动体系的建立。现在我们的重点工作是巩固、持续和成长。"他在达到这一里程碑的时候说道。澳大利亚足协在足球陷入低谷时诞生，一路走到现在有了合理的收入来源、稳定的观众和电视收视率。它的蓝图已经成型，而盖洛普也已经接受任命负责管理该项事业。

这并不代表所有的想法都已经付诸实施。要看到这一运动与21世纪的紧密联系还有大量的工作要做。弗兰克在2015年11月前，距他的主席任期结束还有两年的时间里为自己制订了一个非常紧凑的计划。要是再有10年的时间，让他把足球变为这片土地上最受欢迎的运动该多好啊！像其他竞争项目一样，他可以看到A联赛有16支队伍、更多的支持者，甚至签定了更大金额的转播合同。尽管他已经为他目前所占据的位置设定了期限，但有的时候他会不经意地闪现继续干下去的想法。尽管也有非常疲乏的日子，但一想到任期就要结束了，他就会感到一身轻松。

为未来制定战略是他的强项。他要准备播下种子，以确保在他离开以后很长的时间内这个国家的足球事业还能兴旺发展。他虽然也广泛咨询，但从不做记录。其他人罗列清单和记录笔记的时候，他在用头脑记忆。所有的问题在他的脑海中都是鲜活的，它们不断成长或改变，直至问题得到解决。

第一颗种子是女子足球。足球运动长时间都是以男人为中心的，现在是时候改变这一现状了。在2007年中国举办的国际足联的女足世界杯上，澳大利亚女子国家足球队首次跻身四分之一决赛。2008年，澳大利亚足协成立了西田女子足球联盟。与A联赛相比，它的转播权、资金和工资上限都有天大的差距。改变的时候到了，尽管挑战巨大，但收获也会同样巨大。弗兰克看到了在伦敦奥运会期间，8万人坐在体育场内观看女子足球决赛的场景。"时机已经成熟，一切就在于真正做出改变了。"他说。

除了商业和推广投入，这还需要进行认真的政治工作。在上任之初，他任命了莫亚·多德为澳大利亚足协的董事。莫亚是一位律师，也曾经担任澳大利亚女子足球队的副队长5年。她的亲身经历说明了女子足球运动是多么的艰难。很多情况下，女子足球比赛的资金是如此捉襟见肘，以致球员们不仅得靠自己把徽章缝制到参加国际比赛的运动服上，而且还要自己支付旅途费用。

多德是领导女子足球非常合适的人选。弗兰克帮助她进入了亚足联，她很快就成了副主席。然后亚足联又任命她担任以男人占主导的国际足联的执委会委员。在这个足球世界的最高权力舞台，她是唯一的澳大利亚人，并且是 27 位执委会委员当中的三位女性之一——尽管没有选举权。

另一颗重要种子是进一步加强澳大利亚足球与亚洲的关系。尽管加入亚洲足球大家庭是一个非常有意义的成就，但是弗兰克相信，澳大利亚还远没有将这个价值充分挖掘出来。"这里是我们的未来，欧洲和南美洲都太远，所以我们需要整合这一在亚洲颇受欢迎的运动并发挥其商业价值。与亚洲球队一起竞技，这是相互受益的。仅靠我们自己，什么都不会发生。"

足球缺乏深厚的文化底蕴是另一个需要改善的问题。虽然澳大利亚足协也开发了管理人员的专业成长培训计划，但是很可能需要另一个十年的时间，这种氛围才能够建立。新的足球学校将帮助实现这个计划。弗兰克预见到了每一个俱乐部必须开办一所学校，招募 40~50 位不同年龄段的球员，这样随着时间的推移，就可以每年为这项运动提供 400~500 各球员作为联赛的新鲜血液。这些草根球员可以进入 A 联赛，然后更有希望被招募到海外球队，这样就可以提供一个更大的高质量球员的选择范围，并从中组建国家队。发展壮大现有的由澳大利亚体育学院承办的足球学院，也可以帮助优秀的球员进入国家队。

在 10 年任期结束之前，弗兰克还想考察 A 联赛以便从中物色一位合适的国家队主教练。他的长远目标是培养一批澳大利亚本土的主教练，考虑到德国籍主教练霍尔格·奥西克（Holger Osieck）不尽如人意的表现，这个时间似乎也已经到来。奥西克完成了把队伍带进 2014 年巴西世界杯的任务，但是他也创下了球队以两个 0∶6 输给法国队和巴西队的耻辱。这样，他的主教练使命不得不结束，位置也空出来了。

弗兰克想要澳大利亚人做主教练的一个原因是，他发现那些好心的专家级外国主教练与澳大利亚实质上只是一种雇佣关系。"尽管招募一个被雇佣者并没有错——就像我们和许多国家都是这样做的——但是这里有冲突。他们的视线往往有局限，并且他们的任务经常就是把队伍带入下届世界杯。他们并不关心长远的目标，无论总体的发展计划还是足球后备人才的培养。"现在他想解决这些问题，并为足球打上一个澳大利亚的印记。"我们不能一生都做一个模仿者。我们需要向世界学习，然后立足于我们自己的双脚。"他说。

很显然，有三位潜在的本土教练可能担任这个工作。他们都是前国家队队员，也都是目前 A 联赛球队的主教练。最后，来自墨尔本胜利队的安格·波斯特科格鲁（Ange Postecoglou）接受了一个为期 5 年的任命。弗兰克激动地站在台上，在这里，最适合的国家队主教练知道了他的领导力，以及他对澳大利亚足球的热情和使命感。弗兰克个人对波斯特科格鲁的情绪管理能力、工作方式及他的感召力印象深刻。

波斯特科格鲁没有让大家失望。随着大多数"黄金一代"球员的离去，他带领着一支年轻的队伍来到了巴西世界杯，袋鼠军团被抽入了一个"死亡之组"。大家的期望并不高，但是袋鼠军团在巴西的表现还是引起了人们的注意。评论员说他们踢得赏心悦目而且十分投入，球风朴实而独特。但是，这并不足够，当小组赛结束后，他们还是坐上了回家的飞机。袋鼠军团并不是亚洲唯一遭遇惨败的球队，所有参赛的 4 支亚洲球队在小组赛结束后都没有获得一场胜利就打道回府了。

当媒体给国家队提出大量建议的时候，波斯特科格鲁回答说，他在世界杯赛场上的目标之一是要衡量袋鼠军团和最好的球队的差距，这点他做到了，他现在确切地知道了球队究竟是什么样的水平。波斯特科格鲁的下一个考验就是于 2015 年 1 月在家乡的土地上，在一大批满怀期待的观众（也包括坐在主席位置上的弗兰克）面前举行的亚洲杯。这项赛事也是向世人展示波斯特科格鲁指导下的袋鼠军团所取得的进步。

就像体育运动的管理已经变得专业化一样，足球也需要专业化的管理。是让弗兰克信任的助手菲利普·沃兰斯基离开的时候了，他将担任澳大利亚足协董事会成员和澳大利亚足球发展委员会主席，菲利普此前与国家队度过了很长一段亲密无间的岁月。他在与外国教练的配合中发挥了重要作用，帮助他们熟悉澳大利亚足球的历史和文化，协助他们与澳大利亚足协打交道。或亲力亲为，或在更衣室和场边，他能够使董事会随时了解国家队的发展动态。

对于一名董事会成员来说，这虽然是一个非正规的职位，但是在早期，弗兰克认为是很有必要的。沃兰斯基对所有的发展都给予了密切的关注，也是最早提醒主席应尽快更换奥西克的足协管理成员。弗兰克说道："菲利普把他自己贡献给了足球，和队伍一起进行密集的海外旅行并始终密切关注球队的动态。这是一份不寻常的工作，他表现得很好。我把他看作董事会的卫兵，也知道他为此承受了很多的指责。不过，卢克·卡瑟利（Luke Casserly）随后出任国家队的专职领队，他具有深厚的足球根基，分别在澳大利亚少年队、青年队、奥林匹克队和国家队踢过球，而且也在欧洲球队效力过。后来，波斯特科格鲁被任命为国家队主教练，而且他对澳大利亚足球也有深入了解。菲利普留下的空缺现在由专业管理团队填补，他也体面地接受了转岗。"

在很多方面，弗兰克从事足球的做法和他在西田开展业务是一样的。西田购物中心业务的一个强项是它分布在三个大陆上，当其中一个区域的业务下降的时候，其他两台"机器"运转正常以确保财务稳定。足球也是一样。一开始的时候，国家队是足球运动的财务引擎，但是当国家队成绩下降营收陷入低谷时，A联赛又兴起了并逐步拥有了号召力。到2014年，其中的两个俱乐部被成功出售。

足协托管了两年之后,西悉尼流浪者就找到了新的买家。此前,俱乐部发生了危机,澳大利亚足协虽然托管了它,但从未打算长期拥有它,所以俱乐部一直在寻找适合的好东家。俱乐部的成绩在出售后很快便有了火箭般的提升。差不多在同时,悉尼 FC 队签下了一名意大利传奇前锋亚历山德罗·德尔·皮耶罗(Alessandro Del Piero)。这两个俱乐部的运作再次点燃了公众对 A 联赛尚未完全激发出来的热情。

由 4 个男人组成的购买西悉尼流浪者的财团由保罗·莱德勒(Paul Lederer)领导,他和弗兰克的另外一个圈子很熟。保罗 10 岁来到澳大利亚,是弗兰克的至交安德鲁·莱德勒所喜爱的侄子。弗兰克和安德鲁曾经是足球兄弟,并且可以用匈牙利语闲谈、争论和生气,当然他俩很快就会忘记那些不愉快,继续一起运作哈克足球队。他们共同的背景和对这项运动的着迷使他们不可分割。

安德鲁曾持续管理澳大利亚国家队,但是他于 2004 年去世,留下了弗兰克在观看足球比赛时旁边无法填补的空位。安德鲁在经营他的企业普利莫肉食(Primo Smallgoods)的时候,弗兰克是见证者;当他把业务传给保罗,使保罗进入 BRW(《商业评议周刊》)富豪榜的时候,弗兰克也是见证者。尽管拥有这样的背景,但他们还是花了意想不到的很长时间才确定了流浪者队的价格。尽管超出了所有预期,但呈现的是一个得到各方面大力支持的俱乐部。弗兰克努力争取到了 1000 万澳元的价格。

另一个出售的俱乐部是墨尔本雄心。据报道,出售原因是它的东家不能或不愿意背负财务负担而继续营运下去。当消息爆出俱乐部的买家是英超俱乐部曼城时,整个足球界非常吃惊。曼城俱乐部花费 1100 万澳元购买了这家俱乐部 80% 的股份,并重新命名为墨尔本城队。关于球队的装束有一些议论,因为新老板坚持要求用天蓝色替代之前的红色。

天蓝色长期以来都是悉尼 FC 队的颜色。虽然两家俱乐部为此闹得不愉快，但最后悉尼 FC 保留了它在澳大利亚足坛独特的天蓝色球队标识。

当不愉快的问题解决之后，人们对墨尔本这支球队的新的所有权感到兴奋，希望这可以成为 A 联赛国际化的标志。它怎么可能不从曼城的全球性专业化运营中获益呢？这是全球最富有的俱乐部，曼城的东家是来自阿布扎比的曼苏尔酋长，经理来自西班牙，教练来自智利，球员来自世界各地。5 个月后，俱乐部宣布西班牙国家队历史最佳射手大卫·比利亚（David Villa）将代表更名后的墨尔本城队出场十次。他的到来对这个拥有新标志的球队产生了犹如火箭升空的助推作用，激发了与墨尔本胜利队的同城竞争热情。

回顾第一个赛季，A 联赛就建立了使用国际大牌球员的传统，以便通过明星效应吸引观众。"这些球员虽然是昂贵的投资，但是他们带来了赞誉和不一样的色彩。"弗兰克说，"他们对联赛来说是一个重要因子，拉动了观众看球并推动了比赛水平的提升。"前曼联队前锋德怀特·约克加盟初创的 A 联赛并为联赛的第一个赛季开球，这种明星效应大大地增加了联赛的观赏价值。澳大利亚足协很快就帮助他们获得了资助。

而在第十个赛季，人们希望比利亚能够为墨尔本做的就像德尔·皮耶罗为悉尼做过的那样。这就是明星效应，"皮耶罗们"成了 A 联赛球队的抢手货。可惜的是，比利亚只参加了 4 场比赛。

在澳大利亚，足球运动[1]内部始终存在巨大的差距。当 190 万澳大利亚人参与各个层级的足球运动的时候，另外三个橄榄球联盟（AFL、ARU、NFL）的总参与人数却仅为 160 万人，但这些职业球队常常为

---

[1] 这里的足球运动是指下文提到的三个橄榄球赛事和弗兰克领导的澳大利亚足协所组织的人们常说的足球赛事。——编者注

争夺观众而斗争。为什么人们喜欢参与踢球而不太喜欢看比赛呢？为了尝试解决这个问题，澳大利亚足协想到了一个新颖的建议——以英国的足总杯为原型筹建澳大利亚足协杯。

这是一项雄心勃勃的计划，可能涉及国内的 600 多家俱乐部，需要巨额的赞助。这一计划使各支球队不仅能在赛季之前保持比赛的活力，而且还能带来参与度和比赛气氛。草根和大腕将有平等的竞技机会，所有感觉被澳大利亚足协抛在一边的有勇气的次级俱乐部都将有机会展现它们自己的斗志。有些人害怕这样有可能会使旧的族裔争斗死灰复燃，但弗兰克并不担心。有一两家俱乐部希望通过这个平台宣传自己并为进入 A 联赛打下基础。它们是自豪和强大的队伍，弗兰克相信如果它们能够超越自己的族群忠诚，任何事情就都有可能发生。足协杯比赛在 2014 年正式开始，人们仿佛看见了大卫和歌利亚（David-and-Goliath）式的战斗。本特利果岭队，这支来自墨尔本南郊的由木匠、教师、学生和砖瓦工组成的队伍进入了半决赛。在决赛中，阿德莱德队在珀斯光荣体育场获得了奖杯。

使弗兰克晚上睡不着的依然是澳大利亚申办世界杯的失败。他把 2010 年 12 月苏黎世的耻辱定为自己 10 年足球生涯的最低点，并且至今依然难以接受。当被问起这件事的时候，他惯常的回答是还没有关于这个事情的最终结论。除此之外，他保持沉默。但是没有比他的睿智朋友安德鲁·莱德勒的话语更适用于他了："尽管弗兰克可能会受伤，但他绝不会退却。他不会像一只小蜗牛那样你一碰它就把头缩回去。哦，绝不！正相反，他会以之前三倍的力量重新崛起。"

他确实做了大量深入的调查，以努力了解究竟发生了什么？到 2014 年年底，看上去卡塔尔仍然保有举办 2022 年世界杯的资格，而且比赛时间将变更为北半球的冬季。"问题是谁来为这一切所造成的乱局买单？"弗兰克问道。

无论2022年世界杯这件事的结果如何，弗兰克已经在他的掌权期间将足球变成了一项伟大的事业。当2010年10月A联赛来到第10个赛季开始的时候，他充满乐观地出席了开幕式。自从他小心翼翼地启动A联赛，并站在麦克风前祈求观众去现场看球到现在，已经10年过去了。从那以后，联赛一路经历了俱乐部的消亡、再生和迁移这样大量的成长中的痛苦。现在他告诉观众，足球已经以稳定的步伐向前迈进，并且预测观众数量在未来10年即便达不到3倍也至少会是2倍。

戴维·盖洛普把这10年描述为足球的"黄金期"，这时A联赛已经成了大家关注的中心。弗兰克告诉所有在场的观众，足球受众将首次突破200万人的门槛；远期目标是每周66万的福克斯体育和SBS的电视观众，200万网络观众和100万社交媒体的粉丝，并且他预期将跨越10万会员的门槛。

从各种统计数据来看，A联赛的明星当属流浪者队，它在短时间内强势崛起，早早获得了超级杯的奖盘和两次A联赛总决赛的亚军。2014年它就进入了亚冠联赛的最后决赛，争取巨大荣誉的战役就在眼前。如果它能够击败强大并且资源充裕的沙特阿拉伯阿尔希拉尔队，它就将成为亚洲霸主，还能够收获170万澳元的奖金。

当流浪者队以微弱优势在他们简陋的西悉尼体育场的主场赢得首回合的胜利后，整个澳大利亚足球界都在庆祝。他们是在为澳大利亚踢球，那些A联赛的竞争赛事的俱乐部的支持者忘记了自己身份上的不同，也在背后支持他们。当时一场观众爆满的德比大战正在墨尔本进行，两队球迷的注意力全部转到了大屏幕上流浪者队对沙特球队比赛进球的瞬间。整个体育场欢呼雀跃。

当流浪者队员次回合带着澳大利亚足球的旗帜出现在利雅得的法

赫德国王体育场进行客场比赛的时候，全程都没有钟爱他们的呐喊助威的球迷的支持。只有 14 个人获得了签证，他们完全被淹没在了体育场内的 6.5 万名阿尔希拉尔队的球迷之中。这是一场充满争议的比赛：犯规不判，观众将激光射入澳大利亚守门员的眼睛，双方战平后还发生了一些骚乱。当欢呼的流浪者队站成一排举起奖杯的时候，整个体育场已经空空荡荡。

当阿尔希拉尔队声称王国遭到抢劫并要求调查的时候，流浪者队已回到悉尼机场享受了球迷摇滚明星般的欢迎。5000 多位球迷那天凌晨聚集在帕拉马塔市镇广场的大屏幕前观看了比赛，当比赛结束哨音吹响的时候，人们兴奋不已。一位把自己描述为一个"彻头彻尾的橄榄球球迷"的报纸记者写道，没有什么可以和那天早上在广场上看到的歇斯底里的场景相提并论。他想应该没有什么事情可以再超过它了，直到两天后，他在机场看见球迷"爬到墙上、吊在天花板上并从屋顶上叫喊，等待着他们的英雄的凯旋"。

这样的场景触动了那些与足球竞争的赛事参与者的神经。他们之前对足球并没有深入思考，而现在要重新认识一下了。不仅仅是因为它在全球的规模，而且这项运动正在和他们直接争夺屏幕前的观众。在此之前，像这样两场火爆的比赛同时进行的事情几乎是不可思议的。

足球点燃了澳大利亚人的激情。一位身为 AFL 的忠实拥趸的评论员也在墨尔本德比现场见证了那历史性的一幕，他写道，现场狂热的气氛、声响、色彩和激情使得 AFL 的比赛变成了鸡肋。"在我的职业生涯中，我参与了 1500 多次澳大利亚橄榄球的赛事，也有为数不多的 A 联赛的经历，但是星期六晚上的法赫德体育场的不同感觉是空前的，整个体育场欢腾了。"

2014 年 12 月，作为亚冠联赛的新科冠军，流浪者队作为 8 个国际俱乐部之一参加了在摩纳哥举行的国际足联的世界俱乐部冠军赛。被选为参与这一赛事的俱乐部不仅可以获得100万澳元的额外收入，还将有可能和皇家马德里这样的顶级俱乐部过招，但是它们第一场与非洲冠军塞蒂夫的比赛打成2∶2，但在随后的点球大战中以4∶5输了比赛。它们以第6的名次回到了悉尼。经历了前所未有的成功后，回到家里的它们状态下降，在A联赛的下一个赛季中表现不佳。

与此同时，澳大利亚足球迎来了它历史上一个最大的事件。2015年1月，它将举办亚洲杯这项亚洲地区最重要的比赛。当初弗兰克通过游说而获得了在澳大利亚的土地上首次举办这一杯赛的权利，这其实是一个庞大计划的一个部分。回到那时，他已经计划申办世界杯，并认为在这之前举办亚洲杯是一个很好的展示机会并能促使软硬件设施得到提升，营造积极申办的势头。他私下的计划是在2015年举办亚洲杯，然后在2018年或2022年举办世界杯。

随着亚洲杯的临近，大家对澳大利亚国家队也有担心。这支队伍正处于重建中，2014年仅胜了10场比赛中的1场，世界排名也掉到了第102位。不过，因为它在2011年的卡塔尔亚洲杯上获得亚军，所以袋鼠军团仍被认为是夺冠热门队伍。现在，日本队被认为是争夺冠军的最大热门。作为东道主，澳大利亚自动获得参赛资格，所以当被问起亚洲杯的前景时，弗兰克公开的回答谨慎小心，私下里他在祈祷。

他的祈祷得到了更多的报答，不仅是澳大利亚最终夺冠，而且这个国家举办了最成功的一届亚洲杯。人们一开始担心由于东道主不参加预选赛，球迷的热情尚未调动起来，所以当两支与澳大利亚人不相关的亚洲球队比赛时到体育场看球的观众会太少。整个赛事是否可能达到35万张门票的销售量以达到保本的需要？亚洲杯赛事的首席执行官迈克·布朗（Michael Brown）和他的组委会花了两年多的时间精心策划场下的活动，激发多文化社区的激情，弘扬自己的传统文化并降低门票价格。当中国队比赛时，穿着红色衣服的观众填满了体育场；当伊朗队比赛时，其他国家都一睹了澳大利亚国内伊朗移民的强大阵容。多元文化在这个舞台上得到了淋漓尽致的展现。一些新移民通过穿着他们原籍国球队的球衣和澳大利亚队球衣表达了他们的双重忠诚。

65万多张售出的门票为赛事带来了可观的盈利。在2005年世界杯资格赛战胜乌拉圭队后，澳大利亚注册球员的人数大幅增加。现在，由亚洲杯赛事带动的旅游和贸易活动对澳大利亚的外交、文化和商业利益均产生了连锁效应，公众对此也有了更高的预期。

但是最重要的是，澳大利亚人再次喜爱上了足球。在家乡观众的面前，球员们获得了大家的认可。在他们钟爱的球迷面前，在93年的澳大利亚足球历史中，他们第一次把亚洲冠军奖杯高高地举起。波斯特科格鲁成了球队的英雄，赢得了国家的尊敬。他在其上任后的短时间内完成了球队的新老交替并重塑球队。不久以后，国际足联新的排名出炉，澳大利亚排名第63位。波斯特科格鲁展望未来，2018年的俄罗斯世界杯就要到来。对他来说，亚洲杯只是一个开始。

对弗兰克来说，这是一个非常完美的告别仪式。他最小的孙子乔纳每一场国家队的比赛都会陪在他身边，并在决赛后陪他走进球队更衣室，在这里他们一起举起奖杯。这也使得弗兰克想起了他和乔纳的父亲史蒂文早年一起在哈克球队更衣室的场景。

他知道时间在流逝。2015年11月，他的任期就要届满，他已经做好了离开的准备。在过去的12个月，A联赛受欢迎程度的飙升、澳大利亚足协杯的创建、西悉尼流浪者队获得亚冠联赛的冠军和现在的国家队赢得亚洲杯，都是他领导能力的最好证明。他总是说2006年加入亚足联是改变游戏的时刻，为澳大利亚足球带来了成功。成功举办和赢得亚洲杯把足球运动在国内和亚太地区提升到了一个新的高度。在国内，所有的足球队员都十分投入，足球也俘获了全国球迷的心。"我一直期盼着这一刻的到来，当最后的哨音吹响的时候，我能够感到这个时刻已经来了。足球终于在这个国家扎根了。"弗兰克说。他能够感到足球在澳大利亚乃至亚洲泛起的涟漪。足球做到了政府所不能做到的事情，即建立起国家之间如此普遍的联系。这种把澳大利亚和亚洲如此紧密连接的纽带你无论怎样估计都不会过高。

已经经历了数月的全国范围的搜寻仍在进行中，以期找到新的澳大利亚足协主席接替弗兰克，还有新的董事来替换施瓦茨和沃兰斯基，他们都将和弗兰克一起退休。一个新的董事会任命委员会已经建立，由施瓦茨领导，该委员会与高级猎头亿康先达（Egon Zehnder）公司一起罗列一个短名单。最后，关于新董事会的组成将由各州的足球管理机构和A联赛俱乐部的代表决定。

到2014年年底，这个名单已经形成。尽管名字依然保密，但还是有消息说史蒂文·洛伊是一个可能的人选。从表面上看，他的商业信用、与政府良好的关系及他对于这项运动的热情，都是符合足协主席候选人资格的。但是，有些人说他的姓氏对他不利，又一位洛伊身居高位有任人唯亲之嫌。"这不取决于我。"他说，"任何人要做这个工作，首先是他想要做，然后是股东想要他做。当然他也要能够胜任这个工作。"

当被《澳大利亚金融评论报》问他自己怎么想的时候，史蒂文承认他确实被董事会任命委员会询问过，但是他回避道："我们都会看到如果当机会出现时，我内心也是期望扮演这个角色的，我也需要从个人的角度、家庭的角度和职业的角度思考。我确实对足球运动充满热情，如果有机会的话，我应该会考虑，但现在没有思考这个问题。"

当他离开的时候，弗兰克的目标是打造一个强大的管理平台，与其他职业体育项目一样，主席的工作并不应该像他本人任职时那样繁重。管理团队将在董事会的指导下开展工作。"新领导的作用将是保持前进的动力并不断加强，而不是从零打基础。我们不仅想要成为亚洲最好的，我们还要在世界足球的舞台上立足。"

当本书[1]在2015年5月出版时，国际足联一片狼藉。某天拂晓，它的一些尚在睡梦中的高级官员在苏黎世一家酒店中被捕，并且将被引渡到美国面对腐败的指控。美国还发出了进一步指控的警告。同时，瑞士当局启动了对于2018年和2022年世界杯申办的刑事诉讼。几天以后，国际足联按既定的计划在苏黎世选举主席，布拉特再次当选。[2]

---

1 此处是指本书的英文版。——编者注
2 布拉特在连任仅仅4天后迫于压力，于2015年6月4日宣布放弃国际足联主席职务。当年10月，因凡蒂诺当选新一任国际足联主席。——编者注

西田的事业

第 30 章
核　心

2000 年，西田的 87 个购物中心价值 200 亿澳元。

2015 年，西田品牌的 87 个购物中心价值 700 亿澳元。

其间到底发生了什么？

对弗兰克·洛伊来说，分享权力并不容易。在西田的第一个 25 年，他与别人分享权力，然后暗自庆幸他的联合创始人约翰·桑德斯的离去。从此，西田高层进入了由弗兰克独自做主的时代。当他从高位向下俯视三个正在成长的儿子时，他感觉自己在培育他们的同时，又能作为父亲骄傲地看到他们快速进步，甚至用不了多久他们就可以追上自己。放弃权力的确让弗兰克内心五味杂陈，但他期盼儿子们成长带来的快乐会削弱这种复杂的情感。

约翰·桑德斯于 20 世纪 80 年代中期离开后，西田继续向前发展，而且更加快速。弗兰克充分展示了他的才华，尽管他也广泛咨询各方意见，但是他的商务风格是独断的。他并没有想过他会占据高位如此之久，尽管在 1990 年他 60 岁的庆生晚宴上，他曾告诉记者他将在 65

岁退休。差不多也是在同一时间，他告诉信孚银行的罗布·弗格森他将在工作上更加包容，而弗格森认定弗兰克就是一个控制狂。弗格森大笑着表示这不可能，"我认为他就像悉尼大桥的建筑商一样要严谨地保证桥体两端完美合龙，而购物中心就是一个巨大的逻辑运用场合，他必须在每一个细节上确保交接双方能很好地衔接。他有绝对的控制权，他事必躬亲。其他公司完全不会像西田这样运作"。

但是弗兰克是认真的，弗格森自1994年开始担任了10年的西田董事，在此期间他看到了这种转变。"我看到了他对公司业务从严密的控制转而变为一定程度的放松，即使是在董事会的会议中，他的孩子也可以说'爸爸，这个不对'。"这是具有标志性的事件，他容许孩子们对他所说的进行辩论，因为他知道他们比自己之前所知道的要多很多。孩子们的成长需要更多自信，而父亲要给他们提供空间。

外界认为，弗兰克的儿子们享受着梦幻般的成长经历，并且会一帆风顺、毫无疑问地通向成功。他们拥有进入公司的优先权，但是一旦进到企业内部，他们的父亲对他们非常严厉。他用对自己的标准严格要求他的孩子们。他们发现自己经常处在需要非常努力才能做成事情的境地，而且经常会听到外人对他们介入公司事务的批评。

有一天，在戴维完成了大学的最终考试后，他和父亲坐在车里。"你打算在美国怎样开展工作？"弗兰克问道。这其实不是问题而是任命。时值1977年，西田在美国的康涅狄格州已经有了第一个购物中心，正由一位行事风格有些老套的澳大利亚职业经理人管理。这位经理人认为戴维太年轻而不能被委任为见习经理的职务，而且他们发生过冲突。经过了9个月不愉快的经历后，这位经理人回到了澳大利亚，为戴维留下了独立负责的空间。

戴维同时也担负起了发展西田美国业务的重任。他只要一听到哪里有出售购物中心的消息就会立刻飞到那里一探究竟。他不懈地努力工作，同时他的父亲希望他能够担当更多，包括为西田在美国的业务寻找一位新的首席执行官。

彼得也在弗兰克的计划之中。在结束了纽约和伦敦的投行工作后，他于1983年回到了家里负责西田的信托业务。这对他来说是一个艰难的曲线学习过程，但彼得却能够应对自如。弗兰克按鲁珀特·默多克的敦促和建议，让一个儿子参与电视业务。于是彼得又被安排负责电视部门的财务工作。然而，彼得对媒体行业一无所知，一些电视台的人认为老板的儿子不应该如此近距离涉足业务。彼得发现自己只能插手财务工作而对营运事务根本无从了解，也没有权力做任何决定。当十频道失败后，他有一段时间承受了本应由他父亲来承担的责任。

彼得带着他的家小到了洛杉矶并缩减业务规模。在担任过一个拥有1500名员工的电视公司的主管之后，随后他又负责领导一个只有15名员工的西田栢威廉（Westside Pavilion）购物中心的团队。

当史蒂文只有24岁的时候，他爸爸就把他从纽约的第一波士顿公司（First Boston Corporation）叫了出来并派到花园州广场（Garden State Plaza）担任总经理，这是一个西田刚刚在新泽西州购买的购物中心。虽然史蒂文在投行仅工作了两年并想在那里做更长的时间，但这由不得他。

1986年的某一天，当史蒂文走进新的办公室时，前任总经理的秘书看了他一眼后说"我不能做这个工作"，然后就离开了，之前的总经理已经60多岁了。史蒂文自己也发现他还没有准备好实现从曼哈顿的顶级财务公司到美国郊区购物中心的跨越。"对他没有容易的事情。"他父亲笑着说道。弗兰克1988年把史蒂文调回悉尼负责西田信托业务。工作极具挑战性，但是史蒂文说他的业务知识和经验都得到了快速提升。"这就是我父亲的工作方式，他不是推我们，而是拉我们。"

对于弗兰克和他的儿子们来说，不可避免的改变正在发生，而且这些变动在 1997 年正式迈出了第一步。戴维已经担任西田国际事务的执行董事达 10 年之久。现在他的另外两个兄弟也变成了执行董事。彼得负责美国的业务，史蒂文负责澳大利亚和新西兰的业务。西田的顶层一下子聚集了这么多的"洛伊"，就像一个评论员说的，就连橄榄球比赛时的并列争球与之相比也显得松散。

差不多这个时候，弗格森打电话告诉弗兰克有一位他不得不见的重要人物来到了悉尼。于是弗格森带了信孚银行（Banker Trust）人力资源的全球负责人马克·比勒尔在西田总部和弗兰克共进午餐。"在我们两个之间有一种惊人的默契。"弗兰克说，"我们相互激发，每当我能够感受到巨大力量的时候就是真正地理解了这个人，我要尝试让他来我的公司做事。"比勒尔很乐意担任西田的全球人力资源顾问，并且随着时间的推移，他帮助西田公司从一家家族企业变成了一个国际大公司。

比勒尔的热情以及他与弗兰克背景中的共同点拉近了两人的距离。他敢于直言的能力受到高度的赞赏。他预见西田的未来，并告诉弗兰克他应该开始逐渐隐退而让事情顺其自然地发展。对弗兰克来说最重要的就是继承的问题。"虽然我承认现实，但我也得接受继承是一个需要各个方面保持耐心的过程。这是一个缓慢而又不可避免，并且需要很多理解的过程。"他说。

2000 年，西田举行了上市 40 周年的庆典。作为全球最大的购物中心集团之一，西田的资产包括分布在澳大利亚、新西兰、美国和英国的 87 个购物中心，深受投资人的喜爱。西田 2000 年的年报将来自澳大利亚证券交易所的贺信作为标志，祝贺西田的成长和稳定并提到了令人羡慕的市场发展数据。信中特别提到，"一份在 1960 年用 1000 澳元买入的西田股票在今天价值大约 1.09 亿澳元（如果将全部的分红和其他利得继续投入了西田的股票中）"。这令弗兰克非常欣喜，因为他认为可以让别人与他一起致富是成功最有意义的一个方面。

当 20 世纪结束的时候，6 位男士组成了西田的核心，4 位姓洛伊，另两位是财务总监斯蒂芬·约翰斯，他在财务和资本结构方面与弗兰克密切合作；还有理查德·格林，他和彼得共同经营美国的业务。但是数年后，其中的两位核心成员都离开了。

最先离开的是戴维。他 22 岁就加入了公司，后来他的兴趣发生了变化。他从来就不想拥有长子的特权，而是希望与他的兄弟保持平等。他现在更想做一些别的事情，并在 2000 年退出西田，开始负责打理家庭的私人财富。当他离开后，传统的继承模式在西田也随之而去了。这时彼得和史蒂文占据了戴维留下的空位，成了联合的执行董事。这与他们父亲当初的模式大相径庭，但早期的合伙模式已现雏形。

像这样的家族继承方式出现在一个公开上市公司中是不寻常的。西田自 1960 年上市以来，尽管在市场上颇具规模和实力，但一直到 20 世纪末，西田一直就是一个由家族控制的上市公司。到了 2000 年，西田急切地希望变化。公司需要拓展以满足现代治理结构的需要，而且由于公司成长如此之快，也需要纳入更多的管理人员填补空缺。比勒尔加入董事会，而他面对的挑战就是在引入公司治理结构的同时保持创业精神的延续。弗兰克开始更多地谈论"西田大家庭"并将更多的人员纳入公司的核心圈子。

在过去，一些具有雄心壮志的管理人员离开了公司，是因为他们看到在自己的职业生涯中有这么多的"洛伊"挡路。现在一个更激进的股东结构也已经开始显现。虽然这些股东也同意西田的成功缘于弗兰克的领导，但按照他们的理解，弗兰克和他的家族的收益回报已经过多了。

尽管西田属于数以千万计的股东，但一个共同的认知是弗兰克才是西田的灵魂。媒体一直用"弗兰克·洛伊的西田"描述西田，这也有点像悉尼人生活习惯的一个组成部分，人们说"去西田"就等同于"去购物"。后来当公司建设类似小型城市的大型购物中心时，城市规划者会谈论"西田效应"，就是描述人们被购物街区吸引会超过海滩或其他自然景观的现象。

应该从两个方面剖析西田：消费群体看到的是繁荣的购物中心，投资群体看到的是支撑它们的资本结构；运营团队是要顾及这些实体资产的有序运转并始终处于行业的前沿，而财务团队关注的则是通过不断调整资本结构以确保购物中心业主始终具有最好的持有模式。虽然弗兰克具有长期运营购物中心方面的经验，但他真正的兴趣还是在财务结构的资本运作方面："条件在不断变化，因为我们一直在成长，开发购物中心需要大量的资金，而且资本结构需要根据新的形势不断调整。我们一直在为我们的运营寻找新的投资方式——我们高度务实而且可能是在这个方面做得最好的。"他为公司看不到的"财务大脑"和看到的购物中心感到同样的骄傲。

当戴维离开后，运营和财务由他的两个兄弟负责。尽管他们都已经涉及业务的各个方面，但每一个人的工作重心还是不一样的。史蒂文关注的是通过对现有购物中心的改造，通过更加完善的管理使西田在业内始终保持领先优势，并建设新的购物中心以获得尽可能好的经营成果；而彼得关注的是西田的财务结构和投资活动。

像他父亲一样的聪慧和坚韧，史蒂文想驱动西田整个全球资产包的改变。这需要长时间和长距离的旅行，以及对细节一丝不苟的关注。他很少显露出压力，保持了高标准的商业礼仪和自我控制。他的办公室就在他父亲的旁边，每天要相互进出打招呼多次，但大家都很注意当有会议进行的时候尽量不要打扰对方，当然这点弗兰克要比他的儿子做得差点。

彼得的同事对他的印象是永不歇息、财务天才和品貌兼优。他在洛杉矶担任西田美国业务的最高代表，他负责财务，也负责美国业务的运营。他不能每天见到他父亲，但大多数的时候他们至少每天通话一次。弗兰克每天黎明醒来后会直奔书房拨打他早上的第一个电话，而且总是打给彼得并且常常打扰了他的午餐。

2002年，斯蒂芬·约翰斯从集团财务总监的位置上退休，西田的核心圈少了一位成员。他自1970年还是一个年轻人的时候就开始在西田工作，现在也想有一些变化。他的角色如此完整和重要，以致核心圈用了一些时间才调整和适应了他的离开并重回正轨。幸运的是，彼得已经准备好并能够填补空缺，并且与他父亲在财务战略和资本结构方面也有了更密切的合作。数年后，彼得·艾伦（Peter Allen）在建立了西田的英国业务后从伦敦回到了悉尼。他担任了首席财务官并成为斯蒂芬·约翰斯的最终替代者，他也踏上了通向集团核心圈的道路。

对于职位及其暗含的权力的苛求，使得弗兰克在他对管理环境感到舒适之前一直都不会停息。他事必躬亲，一直到其他人结束或回家仍不停止。彼得和史蒂文也都被委派了不同的角色，各自负责一个业务区域，他们也深陷业务细节中。有他们的父亲做榜样，他们的控制欲毫不逊色。

他们从小与父亲形影不离，一起祈祷、一起工作、一起扬帆并一起看了数千小时的足球，他们多多少少也被他们的父亲内化了。他们知道在大多数的情况下父亲会怎样想、怎样说和怎样去做。他们不必迎合父亲。与父亲一样，他们在面对外人时也会坚持自己的主张，人们往往会不知所措。有一次，一位记者问彼得有这样一位极具权威的父亲是什么感觉，彼得反问道："你为什么不问他有这样强势的儿子是什么感觉？"

西田顶层的权力在父亲和孩子们之间开始呈现三角分化，有些时候弗兰克也必须约束自己或稍稍倾斜。因为总是要放眼未来，他能够看到这种三人共治的形式并相信，相较于面对分享权力所带来的个人困境，这种分享最终会产生更大的效果，但是完全的分享还需要数年时间。同时，他将继续制定公司的战略并且广泛咨询。由于这些决定的具体执行将根据项目发生地分别由彼得或史蒂文负责，尽管他的儿子们现在也介入他之前的决策事务，但他们还只是拥有他的部分权力。

埃利奥特·鲁桑纳（Elliott Rusanow）在20世纪90年代后期辞掉信孚银行的基金管理工作后加入西田。考虑到他的姑父弗兰克是一个如此令人敬仰的导师，薪酬的损失也不重要了。几年后他也获得了高级职位并自然地进入公司核心圈子。从他的角度近距离观察姑父和表兄弟之间的互动，他说就像是看一场足球比赛。

> 尽管他们相互之间都很尊重，但结果比他们每一个人带到场地的东西都更重要。他们之间的亲属关系与对成功的渴求相比是不重要的。虽然他们之间有很多的冲突，但不是对想法的控制。大家的一个共识就是最好的主意不是某一个人拥有的。在公司内发生的事情并不带入他们的私人生活中。这里没有亲吻和安抚，因为大家也没有不开心。

如果有什么不开心，他们会把它咽下去。当他们在私人生活的范围中遇到伤感情的事情时，他们会暂停，但是在公司业务交往中他们从来没有暂停。在一次交易听证会后，弗兰克对一个儿子说："行，我知道我让你不开心了，但你也让我不开心了，而且我们都知道这不会是最后一次。"

在西田内部有一种信任的文化，这源自弗兰克和他的儿子们并向下传导。这种信念创造了容许颠覆性思维的优异环境，也确实是弗兰克鼓励他们这样做的。他身边聚集了一批敢于挑战正统和讲真话的人。对于高级经理人，弗兰克期望他们做"忠诚的反对者"。由于没有人是全知全能的，他们应鼓励和容许大家提出各种不同意见，即使这些观点可能与领导的观点相左。大家都有一个共识：不管说什么都是对事不对人。

在洛伊们看来，1990年加入西田负责公司公共事务的马克·瑞安经典地诠释了这一概念。这位前总理保罗·基廷的顾问从不惧怕直言不讳。"他接受公司内的级别差异但总是直抒己见，而且从不考虑自己的意见是否会与我或其他人的想法有冲突。这使他在核心圈内变得极有价值。"弗兰克说。六七年后瑞安的能力和忠诚可靠使他进入了西田的魔力内核。

还有两位将要进入核心圈的成员。2002年西蒙·图克森作为法律顾问加入公司，几年后在西田正好工作了十年的迈克尔·古特曼（Michael Gutman）也接近了核心圈。新的协同效应在高管层中显现，对于弗兰克来说，挑战在于如何对他们的新想法兼容并包的同时，保持头脑清醒并依靠本能继续领导公司。

第31章
梦想成真

2000年正好是弗兰克·洛伊从事购物中心事业的第40个年头。这些年来，他常常停下脚步回看自己所走过的不可思议的路程。1959年，西田在悉尼的西郊做了第一个小型店铺集合体的项目，他和约翰·桑德斯的基本工作就是收取租金和提供物业服务。"但是我们有一个优势，我们懂得如何契合客户的需求。"弗兰克说。他们两位站在杂食店的柜台后面，目标就是尽可能多地销售商品给每一位消费者，他们深谙与人们的互动交流及创造好的购物环境的重要性。

随着时间的推移，他们的购物中心规模日益扩大。约翰和弗兰克就像东道主一样，努力为顾客打造舒适和便利的购物环境。仅仅让人们购物然后离开还不够，他们要留住顾客，因此他们学习乡村或城镇的广场的模式，为顾客提供了聚会和休息的空间。他们开发美食广场并引入电影院，就是为了让顾客流连忘返。他们试图在郊区建设小型的"西田世界"。

世界变得越来越复杂，西田的业务也是一样。就像冰山能看到的只是水面上隆起的一角，水下那个支撑并驱动西田成长的财务大脑，消费者是看不见的。

回首往事，弗兰克眼里的西田从不缺乏创新和适应能力。他还记得当初面对电视购物的挑战，他请了麦肯锡咨询公司来确定这种新型购物模式的威胁大小，并据此制定西田的对策。虽然电视购物从来就没有成为西田真正的竞争对手，但是互联网购物在 20 世纪 90 年代带来了新的困扰。西田打造了一个互联网购物中心，但发现太过超前，所以又关掉了，这比史蒂文·洛伊在大数据时代打造功能强大的西田实验室早了 10 年。

2000 年，弗兰克跨越"横沟"[1]，购买了之前由其管理的 10 个购物中心并将新西兰的业务并入西田的资产包，然后他向北凝视，憧憬着有一天可以进入伦敦市场。

在西田此前的 40 年间，弗兰克一直都在孕育着他的个人梦想，到了 2000 年他终于梦想成真。这个梦想就是一台最好的商业机器，受一份由来已久的感情依恋驱动。

孩提时代就对英国印象深刻的弗兰克总是想要在那里找到一个位置，尤其是伦敦。每一次出差伦敦，他总能听到那令他感到舒适的口音，这个自幼就深种于脑海的口音。那时他在被占领的布达佩斯和一群伙伴围坐在收音机前等待 BBC（英国广播公司）的广播，广播里不断地重复驱逐犹太人的消息并号召匈牙利人民以人道主义的名义抵制驱逐行径。没有别人会在犹太人的地方谈论人道主义，正因为这一点，弗兰克的心里对英国一直怀有好感。

确实，当他后来发现自己被英国人关在塞浦路斯的临时集中营时，他为英国人表现出的人道主义感到安慰："我们不怕他们，因为

---

[1] 横沟（the ditch），澳大利亚人对横跨在澳大利亚和新西兰之间的塔斯曼海的俗称。——编者注

他们不会像纳粹那样残忍，也不用担心他们会站在瞭望台上向我们射击。他们并没有敌意，我们知道他们只是在认真地执行任务。"这个集中营里的英国军官发布和执行命令时脸上透露出的一脸正气使弗兰克永远不能忘记。

在弗兰克和约翰·桑德斯创业的早期，他们经常坐在共用的悉尼办公室谈论神秘的伦敦，想象着如何把那些站在长风呼啸的大街上的购物者请进一个可以不受天气影响的购物中心建筑内。他们在20世纪70年代虽曾尝试通过收购进入英国市场，但由于石油引发的经济危机而收手。80年代后期，两个人分手后，桑德斯不再鼓励弗兰克向伦敦市场进军。弗兰克也没有太多时间考虑英国业务，不过他还是坚持自己的愿望并最终将西田的美国购物中心业务在伦敦证券市场上市，但由于市场走势不佳很快就私有化了。弗兰克1989年离开伦敦，不过他一刻也没有忘记伦敦。

20世纪90年代中期，由于担任《每日邮报》和通用信托集团的董事，弗兰克得以经常造访伦敦。在董事会召开之前，他都会提前几天到伦敦寻找建立购物中心的机会。但是，英国缺少购物中心是吸引弗兰克的地方，也是潜在的商机，不过也使得寻找合适的大型购物中心作为登陆点变得更加困难。1996年，伦敦西部终于出现了机会，白城的谢菲尔德布什（Shepherd's Bush in White City）地区一个庞大的开发项目启动了。

这是两位英国开发商埃利奥特·伯纳德（Elliott Bernerd）和戈弗雷·布拉德曼（Godfrey Bradman）的心血之作。他们一起收购了一块曾经有污染的工业用地并将之平整，这里近年曾经是灰狗赛道[1]和一

---

1 灰狗（greyhound）即格雷伊猎犬。在英国，每年会举行这类猎犬参与的比赛，灰狗比赛已有200余年的历史，至今仍非常流行。灰狗赛道即为此用。——编者注

条铁路支线。这是一个典型的棕地[1]地块开发项目，他们要以现代的城市概念，依托购物中心打造一个繁荣兴旺的枢纽。

弗兰克一听到这个消息就带着西田购物中心的授权找到伯纳德，提出一起办一个合资企业。但由于对方要价太高，谈判太困难，最后双方没有达成协议。弗兰克放弃后决定继续观察，等待峰回路转的时机。

在他后来到英国的访问中，他经常与在伦敦花旗银行工作的澳大利亚人彼得·艾伦见面。那时的弗兰克正在为花旗对西田美国公司债务重组的事情生气。不过，由于花旗也很想重建和西田的关系，所以艾伦成为最理想的负责这项工作的人选。艾伦的任务就是要在英国或欧洲其他地区找到一个投资地产公司的机会，这正好也是弗兰克正在寻找的。艾伦在当地的地产公司当中找了一圈，也认识了几个主要开发商。那时，花旗银行很不愿意与其中的一些开发商打交道，即使打交道也会小心翼翼。艾伦会把这些情况告诉弗兰克，他们的关系之所以很融洽，大概主要是因为澳大利亚人在海外的乡情缘故吧。

不久，艾伦就成了一位游移的西田经理人，他在悉尼办公，但要寻找进入欧洲市场的机会。这使他需要经常举家迁移，而且他们的家具总是要比他和家人晚到几个月。直到1998年，该项事业仍然毫无进展，但弗兰克认识到唯一可以在英国站住脚的办法，就是要把一个全职经理人放在当地去发现机会。就像西田在美国所做的，他想从一个现成的购物中心开始，最好是一个购物中心供给不足的零食市场。改造一个现有的购物中心，公司不需要再去了解人口情况和培养新的消费习惯，只要把产品结构进行正确的调整就能吸引人们到来。

---

[1] 棕地（brownfield site）即毒地，是指曾从事有毒有害物质生产或贮存的工业用地。——编者注

艾伦被派到英国在一间服务式公寓开设了一个"没有装饰"的西田公司。代表一个人们从没听过的公司开展业务其实是很困难的，尽管他同时会把一本介绍西田在澳大利亚和美国的市场地位的图书放在一起，但还是不能引起别人的兴趣。这段时间他一直与弗兰克保持联系，而弗兰克总是坚定地鼓励他。"我们从自己所做的工作中知道这个市场是可以赚钱的，弗兰克给我信心，说机会一定就在那里。"艾伦说。虽然弗兰克的乐观给人以信心，但也会造成困扰。他会经常设法利用自己的个人关系帮忙，通常这些人都要比跟艾伦打交道的人明显高出一个层级，这会把事情复杂化，使艾伦的工作失去方向。但是在此期间，艾伦也开始了解弗兰克能最大化发挥人员效用的能力。他不仅是鼓励，同时也会制定很高的目标，员工可能获得的成功甚至是本人都不敢想象的。

1999年6月，当艾伦正在敲击英国房地产机构大门的时候，弗兰克正好在以色列享受常规的年中假，通常他会在以色列的特拉维夫希尔顿酒店租一个套房，在这里他和妻子雪莉会进行丰富的社交活动。他们很喜欢以色列。弗兰克可以轻松地用希伯来语和朋友们高谈中东的政治局势几个小时。他和埃胡德·巴拉克关系很好，一到以色列不久，他就到巴拉克的办公室祝贺他新近当选总理。办公室的门开着，微笑的巴拉克正与英国人迈克尔·利维（Michael Levy）在一起，利维是英国上议院的一位勋爵。彼此认识的他们相互交流了一阵后，英国人就离开了。

等弗兰克回到希尔顿数小时后，迈克尔·利维也做好了他的计划，他打电话给雪莉安排了一个社交活动。出于好奇，弗兰克接受了邀请。会谈非常愉快，其后的会议也适时跟进。弗兰克也曾经到伦敦看望过他，在另一个场合，利维碰巧到法国南部成了弗兰克船上的客人。很显然，利维在英国的很多人脉关系可以帮助西田发现业务机会和潜在合伙人。尽管他从未涉足地产开发，但他认识许多商界人士和与商界有深厚关系的犹太人，他也是英国首相托尼·布莱尔的朋友、网球搭档和顾问。

几星期后，利维作为西田的顾问开始为集团引荐一些伦敦地产界人士。在其后利维和艾伦共事的两年半时间里，艾伦并不认为利维特别有用。"利维是总理的好朋友而且很健谈，但是他对地产业务缺乏理解。他认为他的角色使敲门变得容易，但在某些时候会产生负面效果，影响我正在做的事情。当我正在为达成某些目标而推进时，他会插进来直接冲到上面。每两个月我们都要开会，我会告诉他我们正在做的事情，而他总是希望自己可以扮演一个推进的角色。他也喜欢问这问那。"最后发生的诸多争议都是由于这个咨询方式而不是实际的业务导致的。

2000年前夕，艾伦的发掘工作开始有所收获：在伦敦北面大约200公里的一个相对富裕的城市诺丁汉，一个购物中心的进入机会出现了。布洛德马什购物中心（Broadmarsh Centre）位于城市腹地，紧邻火车站，还建有公交换乘站，正好到了需要改造的时候。赫尔墨斯（Hermes）作为英国的一个主流基金管理机构，过去几年一直都在寻找合资伙伴重新开发这个中心。

这是西田进入英国的机会，史蒂文领导了这个项目的投标。他从澳大利亚和美国抽调人员组织了一个团队和艾伦一起工作。史蒂文说："公司开足马力准备给赫尔墨斯报价。"西田还要阻截其他4个竞争对手，其中包括同样来自澳大利亚的兰德利思公司。兰德利思在英国很有名，通过和赫尔墨斯及其他机构合作，新开了受到高度褒奖的蓝水（Blue Water）购物中心，一个位于肯特郡的购物休闲目标地。但是兰德利思在苏格兰邓迪开发的项目却没有得到什么好评,这就给西田留下了切入的机会。

史蒂文的团队为了最终的"漂亮竞赛"不懈努力,他们认为自己应该可以使赫尔墨斯信服。为了更加稳固西田的地位,史蒂文和艾伦说服了赫尔墨斯主席理查德·哈罗德(Richard Harrold)及另一位公司高管与他们共进晚餐。艾伦选了一个顶级餐厅,得知哈罗德喜欢葡萄酒,他点了两瓶价值600英镑的产于1990年的奔富格兰许(Penfolds Grange)。"史蒂文十分不满点这么贵的酒,后来还威胁如果得不到这笔生意就要我买单——但是我们赢了!"艾伦说。西田通过高价竞标并答应给予赫尔墨斯认股权使得交易增加了吸引力。2000年2月14日,西田正式中标,从不过度庆祝的弗兰克这时感到万分欣喜,因为他的梦想就要开始实现了。

对于在英国的第一个项目,弗兰克要求公司全力以赴并要做到超越自己。在只有艾伦及其助手的一个服务式办公室的基础上,又增加了新近从澳大利亚调过来的开发主管彼得·米勒,毕竟突然间面临大量的工作,大量的人员需求,项目运转实属不易。作为一个在英国没有评级的外来公司,西田想找到一个愿意将其纳入客户名单的有名望的英国法律顾问都很困难。但是,这个困难最终还是在伦敦工作的澳大利亚律师以西田的地位和能力担保才得以克服。

几个月后,另外一笔包含9个购物中心的交易进入了西田的视线。这笔交易可以帮助西田树立在英国市场的地位,但是弗兰克发出一个警告,他让大家要小心不要做兰德利思:虽然有一个好的项目开局,却因为第二个项目失败而失去信誉。西田的新交易是和英国的一个主流开发商MEPC成立一个合资公司,以购买分布在英国顶级区位的9个资产包。交易成功后,9个购物中心被收购,其中的3个因为增长潜力很小又很快被出售了。这对西田来说是一个巨大的提升，从2000年1月开始到当年年底，西田已经掌控了包含7个购物中心在内价值21亿澳元的英国资产包。

当西田急切地尝试扩大业务规模的时候，也遇到了旧的壁垒。因为在英国没有历史记录，西田作为雇主并不被当地人认可，招募专业的经理人员也就更加困难。由于缺乏足够的信赖，当地人始终和公司保持着一段距离，要说服他们加入公司需要花费很多时间。为了减轻压力，西田的多位职业经理人从澳大利亚、美国和新西兰赶了过来。除了伸出援手，这些经理人也把西田的文化注入新的办公室。他们凭借已有的市场技能和经验，加上新市场的经理人对当地市场的深度了解，构成了西田异地繁殖的全球化战略特征。任何时候，西田都保持了30位外派经理人在遥远的商业帝国工作。

当西田正在开始建设其新的英国业务的时候，大西洋彼岸发生的事情动摇了整个市场。2001年9月11日，美国世界贸易中心大厦的恐怖袭击事件震惊全球，而西田恰好于6周前买下了世界贸易中心大厦的商场。弗兰克告诉股东在这个动荡时刻保持坚强比什么都重要，但私下里他也在担心美国和英国的投资到底会遭受多大影响。在这个新的不确定的全球环境中，他是否已经过度投资？他是否已经把西田置于一个危险的境地？

几个月后，当他打开报纸发现自己已经处在了新的争议中心，这时担忧变成了愤怒。事关迈克尔·利维伯爵，众所周知，他是英国工党的一位主要集资人和托尼·布莱尔的中东使者。媒体指责他这样背景的人介入西田事务是不妥的，并声称弗兰克在三年的时间内向他支付了至少25万英镑（67万美元）作为所谓的"现金换通路"和"现金换外交政策"的报酬。

报道指出，利维伯爵安排了西田的代表访问唐宁街 10 号，会见了重要的政府官员和大臣以影响地产的开发。弗兰克反驳道，西田和英国政府部门的任何会见都是根据正常业务程序由西田自己安排进行的。他坚决地否认了向利维支付任何酬金以换取英国对中东事务施加影响的说法。回到悉尼，在处理这一争议的年度大会上，弗兰克说道："进入一个新市场是一个艰难的过程。我不能只是来到纽约的肯尼迪机场、伦敦的希斯罗机场或荷兰首都的阿姆斯特丹机场，然后挂一条横幅告诉大家'我们要买购物中心'，然后坐等报价。这样的事情是不会发生的。"

他说，公司花了数年时间了解新市场，培育关系和与建立潜在联系，以期有一天可以为西田创造机会。为此，西田也投入了大量的资金，给这个庞大的顾问、咨询师和银行家群体支付报酬，但是并不是所有的投入都能成功的。"利维伯爵只是其中的一个顾问，我们希望他可以为我们发现商业机会。"

媒体最后失去了兴趣，但是 4 年后，利维又回到报纸头条，他被指控"用现金交换贵族地位"。他否认了所有对其不道德行为的指责，也始终没有提及西田。弗兰克作为冷静的旁观者说道："我完全放心，因为他从来没有要求我向工党捐资，也没有说过要给我骑士头衔。" 2007 年 7 月，经调查，有关当局最终宣布他不会因为所谓现金换荣誉而被起诉。

这时候，弗兰克得知埃利奥特·伯纳德正陷入困境，他的白城地块可能会重回市场。伯纳德原本想借助 21 世纪初的互联网兴起之势打造一个"技术地产"项目，以服务于 IT（信息技术）和通信公司。互联网泡沫破裂，给他留下了巨额的亏损。更加麻烦的是，他还要开始和下巴的肿瘤做斗争。

弗兰克带着彼得·艾伦第二次造访。这次双方的讨论达成要点，弗兰克和伯纳德握手同意了一个公平直接的协议，即西田将拥有白城项目的一半所有权，同时负责开发和管理地块上的购物中心。但是和谐的握手之举并没有延续到谈判的最后。尽管他们在原则上确定了价格，但对于在合作中双方的权利义务没能达成一致。协议仅仅处于一个友好商议的阶段，由于西田并没有投入太多，弗兰克决定离开。他知道白城项目即将发生的变化，他选择等待。

第 32 章
美国波涛

20 世纪 80 年代中期，在加勒比海的一艘游轮上，弗兰克·洛伊坐在半圆的赌桌旁与一个名为诺曼·哈科（Norman Hascoe）的美国人交谈。哈科和弗兰克很快就发现了彼此的许多共同点，除了年龄相仿，他们都是商业成功人士，并且对以色列拥有共同的热情。哈科这位具有企业家精神的工程师和他的生物化学家妻子苏珊妮（Suzanne），与弗兰克夫妇有着天生的亲近感，于是他们两对夫妻一起度过了余下的航程。

当弗兰克再次来到纽约的时候，哈科把他介绍给自己的朋友拉里·西尔弗斯坦（Larry Silverstein），他们年龄相仿、志趣相投，三人经常在一起吃饭。弗兰克在纽约的公园大道买了一套公寓，也是和拉里在一个楼里。弗兰克觉得认识这样的朋友很幸运，他的纽约行程也收获颇丰。作为地产开发和投资商西尔弗斯坦物业公司的总裁，拉里是信息的源泉，特别熟悉关于纽约的地产情况。他也是弗兰克心中即将在纽约证券交易所上市的西田美国公司董事会董事的理想人选，1997 年，拉里愉快地接受了邀请。弗兰克和拉里的友好关系逐日升温，但你很难想象他们的合作将难以为继。

在互联网方兴未艾的20世纪90年代后期，美国的零售市场也开始升温，到2000年更是热火朝天，零售商们以不可思议的速度拓展，一些大品牌在美国一年之内就新开了几百家店铺。他们需要空间来安置这些商店，购物中心向他们张开了双臂。在西田内部，说得最多的词语就是"增长、增长、增长"。购物中心的初始回报有9~10个百分点，尽管融资成本也很高，但还是有较大的利润空间。

西田美国公司想扩大它的投资规模，成为这个市场的主流参与者，但是受制于它的资本结构，其资本额不足以收购更多的购物中心。当时的澳大利亚成了资本最好的来源，需要从那里输出资本来驱动美国的业务。为了达到这个目的，资本重组迫在眉睫。

西田对于大的结构重组并不陌生，这源于它的成长模式。虽然并不是每一次尝试都会成功，但西田主动应对变化的意愿曾经帮助它成功度过了极端困难的时刻。西田自1977年购买了第一家美国的购物中心开始，在接下来的20年间进行了5次变革：1988年，西田的美国业务在英国证券市场上市；1989年把美国的业务私有化；但到了1993年，西田又把美国的业务买了回来；3年后，西田美国信托在澳大利亚完成上市；1997年，西田美国公司在纽约证券交易所上市。

现在是时候酝酿第6次变革了。2001年，西田美国公司因为表现低于预期而退市，股份由西田美国信托买回，这使西田美国公司变成了澳大利亚业务的一个子公司。

有了更多的资本，弗兰克、彼得·洛伊和理查德·格林都在寻找机会。就在这时，世界贸易中心进入他们的视线。20世纪80年代后期的股灾使世界贸易中心的生意很差，并且大量商铺空置。2001年出于降低成本的需要，纽约和新泽西港务局决定以99年的租期出租世界贸易中心大楼。当中标者消失后,排在后面竞标的拉里·西尔弗斯坦及其合伙人赢得了机会,整个项目的租金是32亿美元。拉里和弗兰克商讨这个交易,弗兰克也理所当然地对其中的零售空间很感兴趣。西尔弗斯坦公司把弗兰克当作一个合伙人,由西田出资4.2亿美元租下世界贸易中心大厦中的4万平方米的零售空间。拉里和弗兰克是在2001年7月底握手成交的,他们获得了各自的战利品。这被形容为纽约有史以来最贵的交易。

弗兰克想把这个购物中心打造成行业标杆,但6个星期后这项宏大的计划就戛然而止了。在美国历史上最恐怖的袭击中,世界贸易中心大厦塌陷,2753人遇难,9月11日这个日子深深地刻在了美国人的心中。遇难者中也包括了一位西田的经理人。同一天还发生了其他袭击事件,没人知道接下来还会发生什么。纽约的商务生活停止了,民航全部停飞,国际股票市场都在下跌。全球震惊了。

尽管弗兰克向西田股东保证在这个项目中西田是全额保险的,投资评估机构仍将西田的预期价值下调了5个百分点。整个世界贸易中心大厦有一张保单,西田也能够分享其中的一部分。尽管索赔仍存在争议,但弗兰克担心的并不只是保险的问题,他更担心袭击带来的长期潜在影响。

摧毁的世界贸易中心大厦地块被称为"归零地",也被看作一块圣地。整个国家沉浸在悲愤中,弗兰克和史蒂文很快意识到了,没有人愿意听到来自澳大利亚的关于这个话题的声音,毕竟西田的份额太小,他们在这个地块将如何处理的争论中几乎没有发言权。所以,他们与拥有这个地块的港务局达成协议,同意不参与讨论,前提是当所有问题得到解决并重新开始建设时,西田对零售空间具有第一选择权。

2003年12月,西田宣布以稍高于4.2亿美元的价格将西田在世界贸易中心的份额出售给港务局。同时西田预付了100万美元用以保留经营场址重建时的第一选择权。作为一个英明的策略，西田同意为这些经营场址提供免费的零售咨询服务。

"做出出售决定是基于很大的现实因素考虑的。"弗兰克说，"复杂的善后工作已经消耗了我们太多的精力，而我们的生活还要继续。我们的份额没有大到足以影响全局，西田只是善后过程中需要被处理的一个小问题。另外，我们也不想纠缠在如何重建的争议中，这些问题用了10年的时间才得到解决。"

当问题得到解决后，西田被重新邀请了回来，弗兰克也因此付出了个人的代价。在关于如何重新规划尽可能好的办公建筑时，拉里和弗兰克的意见严重相左，西尔弗斯坦公司不能认识到弗兰克和史蒂文所建议的零售空间的重要性。尽管弗兰克尝试讲述他的观点，但没人理会。"仅凭双方有限的灵活性和容忍度就可以做到，但他们就是无法理解我们所说的概念，他们就是对巨大的商机视而不见。"弗兰克说。西田团队没有人能够说服西尔弗斯坦公司理解创造一个位于都市中心的零售枢纽会给项目带来多大的价值。

弗兰克最后也没有得到他想要的空间，而且和拉里的关系也恶化到了需要考虑诉诸法律解决的地步。虽然世界贸易中心地块的重大价值使得他们一直搁置争议，但是友谊已经不复存在。"在那之后尽管我们见面还保持客气，但之前拥有的一切已经荡然无存了。"弗兰克说。

西田有很大一部分业务的发展是通过弗兰克的私人关系建立的，他一手建立了这些关系并格外费心地加以维护。他会安排一个计划外的飞行，晚一天再走或早上4点就起床，就为了拜访客户，如果这样做能维护双方的关系。"建立客户间的良好个人关系总是重要的，因为你在了解对方的基础上可以预知对方的反应。"弗兰克说，"但这也有好有坏。"这些关系最终都要服从于商业现实。"你对业务和股东的责任高于一切。就像和拉里发生了不开心的事情，关系就破裂了。但最终这都是生意，要理解这都是双方的商业责任而且冲突就发生在这里，就像买卖双方的矛盾归根结底就是价格的问题。"

2011年，世界贸易中心已经准备好迎接西田回去，根据预测，每天穿行这个交通枢纽的人流量将达到20万~40万，而拟建的西田购物中心就在这个枢纽旁边，还包括大量的游客及曼哈顿下城不断增加的也有购物需求的居民。在彼得领导的谈判下，西田于2011年从港务局购买了一半的购物中心空间，并在2013年年底购买了另一半，总价14亿美元。弗兰克对交易感到满意，但对于空间的限制一直耿耿于怀，"我一直想不通为什么如此缺乏远见，想想就心痛。"数年后他还这样说。

回到2001年，除了最初在世界贸易中心的权益，西田通过并购美国两个主要的购物中心资产包扩大了在美国的零售空间。一个是簿册上的购买，另一个则卷入了冲突。

彼得领导了与理查德·E. 雅各布斯集团（Richard E. Jacobs Group）的簿册购买谈判，并以14.5亿澳元的价格购买了9个购物中心。冲突是与洛当科（Rodamco）发生的，它是一只全球最大的地产投资基金，并且也是西田的"老朋友"。自20世纪90年代早期起，西田一直与这个荷兰巨头有着良好的合作，最初在澳大利亚，然后在美国。弗兰克也很努力地发展和维护着与这个重要客户的关系，他在欧洲的时候会不时访问或者在地中海的船上招待他们。

1999年，洛当科对其国际资产包进行了根本性的重组并按地域划分为4个区域，各区域都要向荷兰总部汇报。由于澳大利亚没有归入这4个区域内，所以西田购买了它的悉尼资产。这发生在21世纪初，那时双方关系很好。

第32章 美国波涛

但是洛当科北美公司（Rodamco North America，缩写为 RNA）经营业绩不佳，管理层和股东互不满意，RNA 的大股东之一 ABP（荷兰公务员养老基金）想退出。弗兰克和彼得正好都和 ABP 关系很好，并于 2001 年购买了其 25% 的股份。他们宣称的计划是要利用这些股份控制 RNA 购物中心的管理层。

ABP 担心，荷兰企业可能会因为把控制权转移到西田这个第三方而遭到批评。为了保护股东利益，ABP 坚持西田的战略计划要确切地显示出它将如何能够比美国现任管理层创造更好的价值。

现任管理层不想让西田进入进而控制自己。他们竭力要保住自己的地位并做了一系列反对西田的辩解，特别指出西田作为管理者会吞噬掉太多的利润。西田反驳道，它是根据市场的价格收费的，并且指出这些 RNA 购物中心表现不佳就是因为没有得到充分的开发。

这个战场就在荷兰，所以弗兰克在阿姆斯特丹设立了总部，办公地选在了环境舒适且可以俯视阿姆斯特尔河的阿姆斯特尔酒店。接下来的 6 个月，他和彼得及其他一些主管在荷兰、美国与澳大利亚之间奔波。这个充满古典魅力的酒店设施相对落后，西田占用了酒店的会议室并安装了高速网络、电话和视频会议设施。当时，由于 2001 年"9·11"恐怖袭击事件的缘故，国际旅行停止了，西田的管理人员是酒店中仅有的客人。

就在购买了 25% 的 ABP 股份后，弗兰克和并购团队整整两周都待在酒店里和投资人见面。当他们回家休息的时候，埃利奥特负责留守。他们离开后不久就听到了 RNA 的管理层新发了 25% 的新股给其新成立的基金，这些"幽灵股"将稀释掉西田的控股地位。

形势变得很糟。埃利奥特打电话给弗兰克，他几乎不敢相信。其他主管也不能相信，这样一来他们必须重新打包飞往荷兰。几天后，队伍重新在酒店集合，包括当地的律师和顾问。如果在澳大利亚，弗兰克可以申请一道禁令，但荷兰的法律系统是不一样的。在成功走过第一轮法律程序后，西田被告知进入下一轮——这一过程中要任命三位专业的陪审员——需要三个月时间，同时西田的控股地位仍将被抵消。

当团队试图解决这个问题时，新的战线又拉开了。他们被告知RNA的美国管理层在纽约设立了一个尽职调查室，他们公开了簿册尝试吸引白衣骑士[1]或套出一个更好的报价，但他们不允许西田进入调查室，弗兰克又回到了荷兰的法院。RNA否认有这样的尽职调查室，法院裁定此类调查必须是一个开放的过程，不容许闭门操作。尽管如此，RNA继续在纽约暗度陈仓。

阿姆斯特尔酒店的灯光彻夜通明，团队夜以继日地在商定应对策略。来自两个不同事务所的律师们都到场了，并对如何最好地向前推进发表了不同的观点。这也导致了弗兰克和彼得之间的充分讨论。一名来自荷兰某事务所的优秀的公司法律顾问建议西田应该等待延期进行的法律程序。弗兰克想同意他的建议，但彼得想采纳来自美国最大国际并购公司的一名法律顾问的意见。他认为RNA开设尽职调查室的行动加上荷兰漫长的法律程序将会增加竞标的风险。虽然过程令人担忧，但大家最终还是达成了一致，形成了一个切实可行的解决方案。彼得将飞回美国与潜在的竞标者——两家美国地产公司西蒙（Simon）集团和劳斯（Rouse）集团进行谈判并同意与它们合作。

同时，弗兰克决定在荷兰召开股东大会告知股东他这边的情况。经过几近疯狂的准备工作，正当大会要开始的时候，RNA在鹿特丹召

---

1 白衣骑士（white knight）指在敌意并购发生时作为第三方的目标公司的友好人士或公司，它可以解救目标公司或驱逐敌意收购者。——编者注

集它自己的股东会议，导致弗兰克的会议空场。

在鹿特丹会议那天上午，西田的团队在其律师办公室进行了对策讨论并制订了一个新的"战斗计划"，包括如何与西蒙和劳斯合作，这两家都很想分一杯 RNA 的羹。计划是将 35 个购物中心分成三份，谈好价格然后提交。文件都放在弗兰克的黑皮包内，西田团队然后向鹿特丹出发。

鹿特丹音乐厅的 RNA 股东会并没有发布新的信息，然后弗兰克和西田团队奔赴机场飞回家。埃利奥特留在荷兰，他想放松一下并好好休息一晚，然而 30 分钟之后他的电话响了，他确认是弗兰克的声音。"埃利奥特，我的包不见了。"他在机场想让埃利奥特回到鹿特丹去找包。

埃利奥特租了一辆车并于晚上 8 点 30 分抵达音乐厅。他跑进去发现一场音乐会还在进行中，要到晚上 10 点结束。他利用这个时间检查了所有他可以在前厅看到的垃圾桶，包括周围街道上的，但并没有找到包。当演出结束后，他仔细搜寻了音乐厅，但也没有任何发现。弗兰克从飞机上数次打来电话，他叫埃利奥特问一下音乐厅什么时候清运垃圾，以及把垃圾卸到了哪里。第二天早上 5 点，在睡了几个小时之后，埃利奥特又匆忙赶回鹿特丹检查垃圾桶——还是没有发现。

弗兰克没有睡觉，他指示埃利奥特到鹿特丹的警察局报案，然后到音乐厅去查看闭路电视监控系统。早上 8 点保安来了，他们花了数小时查看录像带。"我们看见弗兰克进来的时候手臂夹着包，出去的时候没有带包。"埃利奥特说。寻找行动结束，沮丧的埃利奥特倒在了回阿姆斯特丹的车里。等他到达时，保安打来电话："我想我们找到包了！"车子立即掉头赶回去，这时埃利奥特精神振奋起来，但是保安拿的包和弗兰克的软皮包一点也不像。汽车再次掉头，等埃利奥特几经折腾回到酒店时已经是下午 5 点了。唯一让他感到高兴的就是那天下午 3 点，他本来计划要参加一个电话会议，然而此时他可以直接睡觉了。这时电话响了，会议延迟到他回来再开。

丢失的"战斗计划"一直没有被找到。也许是有人喜欢那个包，把东西丢弃后只带走了包。在 12 月份阴冷的一周中，团队回到了阿姆斯特尔酒店仔细地审议 RNA 的资产包，决定哪些是他们想要的。弗兰克看着这个购物中心说："我们必须把这个拿下。"彼得对于给潜在的合伙人应该留下什么很清楚，他对弗兰克说："爸爸，对不起，这个有问题。"他们分配好资产包后，彼得被派回美国去实施计划。他与西蒙和劳斯的谈判顺利达成协议，一个以 105 亿澳元购买 RNA 资产包的标价项目启动了。

RNA 同意了这个价格，但要求不要指责过去的错误做法，比如发行"幽灵股"和开设尽职调查室。尽管一些意外延缓了交易，但西田最终还是在 2002 年 3 月以 45 亿澳元的价格购得了 40% 的 RNA 资产包。这笔交易增加了 14 个购物中心，使西田在美国的购物中心总数变为 61 个——成了仅次于西蒙集团的全美第二大购物中心运营商。弗兰克满脸笑容地告诉股东："我们已经做得很好并真正地进入了美国主流购物中心行业。"

RNA 交易也给了西田深刻的教训。西田只是购买了部分 RNA 的资产，因为它担心没有足够的资本购买全部资产。结果表明，西田能够通过西田美国信托获得更多它所需要的融资。关键的教训就是，如果西田把西田美国信托、西田信托和西田控股的资产负债表合并，就完全可以仅靠一己之力一击制胜，独自达成交易。

第 33 章
"星室法庭"

当交易进行的时候，那些第一次看到洛伊们的经理人总是会感到吃惊。虽然父子间的日常互动通常没有什么特别的地方，但在争议激烈的时候，所有的界限都消失了。尽管他们的互动经常火药味十足，但也是有默契的：解决问题的目标高于一切。

对此，2002年加入西田的法律顾问西蒙·图克森印象深刻。他在一家澳大利亚律师事务所的安静氛围中成长，后来又在一家同样安静的老牌中国公司的高级职位上工作了一段时间。在接受了西田的职位邀请后，他把自己在新加坡的所有家当打包，当集装箱还在运往澳大利亚的途中时，他们一家人已在西班牙度假。这时他的电话响了，是史蒂文·洛伊打给他的，告诉他大家都要到伦敦集合讨论一只英国的批发基金。尽管图克森还没有正式报到，但是他们希望他立刻参加会议。有点吃惊的图克森虽然同意了，但解释称在旅行中没有合适的衣服。"哦，再买一套吧，零售商也是要活下去的。"史蒂文如此回答。

当图克森穿着他的新西装和吱吱作响的皮鞋出现在伦敦时，他的穿着就像要接受洗礼那样正式。弗兰克、彼得、史蒂文和其他几个人，正准备和两组也是坐飞机赶来的银行投资人会面。第一组进来时带着敬意和礼貌，提供了一本80页的会议资料。彼得说："我只有一个问题，翻到第62页，这个数据代表什么？"银行家们很好地解释了问题，然后不到20分钟就离开了。图克森有点同情他们："这些从澳大利亚飞过来的银行家还没有坐定就出去了。"另一组也重复了同样的模式。等他们一离开，屋子里都是西田的人，大家也就不拘礼节了。

西田的首席财务官还站在白板前尚未讲完他的重点时，洛伊父子却已经毫无拘束了。他们相互之间反驳、辩论、喊叫，边敲桌子边交谈着，以至图克森都不知道应该看哪边。"我的职业生涯中还没有见过如此激烈的争论场面，我坐在那里想我到这里来究竟是为了什么。真是疯了。"会议结束的时候，众人对争论的事情达成了一致，洛伊们相互间拥抱、亲吻后都各自愉快地离去。"这时我意识到，这对他们来说太普通了，并没有任何不开心的情绪延续，我想他们对于业务上的事情一定有一些基本的家庭规则。"他们对于事业充满热情，也形成了一种复杂的技巧来对事业生活和家庭生活的情感进行隔离。"

弗兰克此时位于他权力的顶点，他老练又坚强，然而不久他就卷入了一场并购澳大利亚一个主流购物中心的"战争"。事情开始于2003年3月，一个周一的中午，埃利奥特接到一个电话，他被告知竞争对手森特罗（Centro）刚购买了AMP（安保集团，澳大利亚最大的寿险公司）零售信托19.9%的股权。这是一个重要的消息，如果有购物中心要出售，西田都希望知晓。西田大多数的购物中心都是从草图开始自己建设的，所以它非常想买进一些现成的购物中心。埃利奥特打电话告诉就在不远处的弗兰克，然后通知史蒂文，他的船还在霍克斯伯里河（Hawkesbury River）上，需要数小时航行才能到达。到下午

3点多钟，西田的高管团队已经会集在公司总部的会议桌前，彼得通过视频从洛杉矶参会，商议该如何采取对策。

那天晚上，史蒂文去见了AMP，并表示会向其提供西田友善的服务。他也告诉了兰德利思。"但是第二天，我们形成了一个统一的意见，即我们必须获得控制权。"史蒂文说道，"几天后，我们准备了一份完整的分析报告交给了董事会。到星期四下午，我们购入了16%的股份；到星期五，又增加到了19.9%。"这是一个巨大的收获，考虑到这是AMP拥有20%的股份和森特罗拥有了另外19.9%的股份的情况下。

西田也经常受到出价过高的批评。"我们愿意支付这么多是因为我们很了解这些资产，我们也知道这些顶级资产过去被管理得很糟糕。我们对自己有信心多支付一些资金，以便获得控制权并最后达到我们想要的目标。"史蒂文说。

历史上的AMP就是澳大利亚的一家顶级地产公司，与西田也保持着长期稳定的关系，两家公司相互尊重，弗兰克从来不会挑起这样的进攻。但是一旦对方的资产可以交易，弗兰克就沉不住气了。他知道AMP不会赢，而他一定要超越其他竞争对手。

当时，哈米什·道格拉斯（Hamish Douglass）只有30岁出头，他代表了负责与西田交易的德意志银行，将在收购AMP零售信托的战略制定中担任重要角色。他也记得弗兰克主持会议的房间里坐满了律师、合伙人、银行家和顾问。尽管弗兰克一向的风格是不喜欢太招摇，但有他在的场合，他就会掌控一切，这渐渐地被称为"星室法庭"，主要是因为他审问式的提问方式。"我之前从来没有看到过任何人这样行事。"哈米什说，"年龄从来就不是障碍，弗兰克会围绕桌子逐个问每一个人的意见，他也会随意地问西田的下级人员、合作律师和高级主管的意见。他喜欢多样化的意见并用诙谐的话语延续这样的气氛。突然，5天后，他说'行，这就是我们要做的'。他就是有这样的能力来吸收和归纳各种观点，然后做出决定，把每个人都紧锁在他的身后。我还从没有看到过这样工作的领导者。"

但是哈米什得到了一个深刻的教训。2003年5月18日这个星期日的清晨，他放在枕边的手机响了。"哈米什！"那边传来了弗兰克的吼声，"我很担心有人会在下周又给出一个报价，所以我想明天完成这笔交易。"

哈米什简直不能相信他所听到的。在并购的世界，这几乎是不可能实现的：连报价都还没有给出，而他现在试图在第二天出价的同时完成交易。作为回应，哈米什立刻开始逐条说明这样做内在的复杂性，弗兰克不耐烦地直接打断："哈米什，我打电话不是要你告诉我问题在哪里，而是要你告诉我答案在哪儿。我下午五点再给你电话。"

哈米什看了一下他的手表：早上八点零五分。虽然他和家人本准备在当天去棕榈滩度假，但放弃周末对于投行工作人员来说是司空见惯的事情。他开车到了办公室。"弗兰克说五点不是开玩笑的，他说的并不是'哈米什，尽你最大努力看你能做什么'，这几乎就是一道指令。不像我的其他客户，他们不谩骂、不咆哮，也不挂断电话，他降低声调说得非常清楚，'我们会找到解决方案的'。"哈米什说，"与弗兰克打交道，你会很快碰到石头，一旦他下定决心就是一块潜在的硬石。这不是冒进，而是一个一定会找到办法的不可妥协和不能动摇的信念。"

团队立刻在德意志银行集合，哈米什给大家解释了问题的严重性。如果是其他客户提出这样的要求，他会告诉团队他们正在艾丽斯的仙境乐园，并说服客户不要这样做。"但是，因为弗兰克的成功，并且他认为这是可行的，所以大家都要想一下，一定有办法解决。而且相信你们也不愿意让他失望。"

团队立即开始了工作。"这迫使我们在法律范围内，根据我们的实际情况，充分地发挥想象，如何才能加快步伐。当下午五点电话再响的时候，我们做出一个可以提交的方案。我们不能承诺这个方法一定可行，但是我们找到了一个应对的办法。"哈米什说。这种速度像闪电一样惊人：德意志银行的首席交易员拿到了全部的股票，并在2003年5月20日星期二的上午，西田信托宣布以19亿澳元的报价收购了AMP购物中心信托。"如果没有弗兰克的决断和催促，这件事就不会发生，他的发散思维和他的信念使这成为可能。"哈米什说。

消息一经发布，大家发现西田的报价是优于森特罗的。作为战略的一个组成部分，也是预先消除潜在的竞争担忧，西田同意卖给森特罗三笔资产换取其退出竞争，一笔来自AMP，其他两笔来自西田现有的资产包。

看到西田支付了如此高的价格，投行再次对此心生疑问。对于西田总是出高价的评论再次引发了，而对此你总是能够听到弗兰克如出一辙的回答："当我们购买一笔资产时，我并不理会我们付出多少，我看到的是我们可以从中获得什么。从表面上看，我们常常支付了过高的价格，但是在目前的价格之外，我们购买的是其他人看不到的潜力。"他的得意之作就是位于新泽西的花园州广场，那里在收购前只有一层零售空间，下面是一个蓄水池和卡车卸货平台，西田知道可以把这个地方转化为另一层零售空间。竞标非常激烈，当西田中标后，有人说澳大利亚人支付如此的高价简直是疯了。而事实是西田购买了双倍的零售空间，并且可以很快发掘出这个购物中心的全部潜在价值。

当弗兰克制定AMP的收购战略时，史蒂文全程负责实施。交易导致了AMP和西田之间复杂的业务交接，包括一些仍然由AMP完全控股的合资企业。焦虑的顾问们催促西田进行结构调整，弗兰克告诉他们不要着急，随着时间的推移，这项工作一定会做的。一个月后，澳大利亚竞争和消费者委员会决定不干涉这项交易，因为交易所带来的管理权的分配不会缺乏竞争力。

2003年，马克·布卢姆（Mark Bloom）成为西田的代理首席财务官，他正好有机会目睹AMP的交易过程。和哈米什一样，马克也为人们眼中的"星室法庭"如今所具有的包容性和正确性感到震惊。整个过程既文明又鼓励创造性的思维。"会议以问题和机会作为切入点，每一个人不断发表意见并在每一个后续会议里加深理解。所有的选择都开放到最后一分钟，但是一旦决定做出将是不可动摇的。"

保持选项开放是弗兰克的标志，这需要持续不断的努力。通常，弗兰克要求一个交易有三种方案并尽可能保持这三个方案长期有效。对于律师来说，保持所有的选项长期有效是一个挑战，对财务部门也是一样。但这样做可以使西田更加灵活敏捷，如果有意外发生，公司可以从容应变。

然而，远离了会议室所培育的氛围，财务部门则是一个血汗工厂。激进的高强度分析文化创造了世界级的最佳实践，尽管过程会使人精疲力竭。地产和零售是公司的驱动器，而财务决定着公司的命运。财务部门每三个月要做一个非常详尽的五年预测，后来改为三年预测。这些"快照"保持了对预测的跟踪并帮助公司在必要时进行加速或减速的进程调整。很少有公司是以这样的方式管理的。"西田对收入的预测从未错过，因为我们一直关注未来并管理业务。"布卢姆说。因为高层的决策者需要恰当的数据支持，所以这种特质渗透了整个企业。

布卢姆来自南非，作为自由集团的财务总监，他曾为一个和弗兰克有很多相似点的人工作。这个人是唐尼·戈登（Donny Gordon）爵士，和弗兰克年纪相仿，也是犹太人，是南非最富有的人之一。作为一个保险产品、地产和购物中心的改革者，他非常成功地拓展了他的海外业务，特别是在英国市场。布卢姆很细心地学会了如何从他之前的老董事长的话语中发掘真正的价值，这一本领也正好为他在弗兰克手下工作奠定了基础，否则弗兰克一个看似平常的观察所包含的丰富内涵就会被轻易遗漏。

虽然他有很多要向弗兰克学习的地方，但有些事情如果不是和弗兰克在一起亲身经历是很难感受到的，其中之一就是弗兰克对业务的热情。在AMP交易的最后时刻，图克森也感受到了。在交易的最后一个夜晚，图克森去AMP总部签署法律文件。办公楼的灯已经关了，图克森沿着一个黑暗通道来到里间的会议室，法律文件都已经被放在桌上，只有律师还在工作。当图克森晚上11点回到西田公司时，这里仍旧灯火通明。弗兰克和高管团队正在等他，桌上还罕见地放着上等的麦芽威士忌。他们守在那里是对事情做了两手准备：或发生意外，或进展顺利。事实上，弗兰克回到家里等一个电话也是绝对没有问题的，但他通过戏剧化的交易、勇于担当和关键性的电话，不断地激流勇进。他深深地爱着西田。

弗兰克与AMP所建立的长期合作，要追溯到购物中心刚刚在富裕的悉尼东郊兴起之时，这里的邦迪枢纽处于交通要冲，它连接着城市、郊区和海滩。1994年，西田从AMP购买了位于邦迪枢纽的第一个项目并开始在那里成长壮大。10年后，在经历了地方议会的强烈反对及随后政府部门的干涉后，西田在此处打造了一个规模在悉尼前所未有的购物中心，由史蒂文和鲍勃·乔丹（Bob Jordan）领导——鲍勃那时是澳大利亚西田的首席运营官。邦迪枢纽购物中心的开业引起了轰动，因为在最初运营的几个月里，附近的购物街区的销售额因为这个巨无霸下降了30%。

西田邦迪枢纽购物中心变成了公司的第一个旗舰中心。"它改变了我们构建资产的全部方法。"史蒂文说，"我们重新对购物中心进行了设计和施工，这也是我们第一次在富裕的郊区建设的引入奢侈品零售商的购物中心。"在澳大利亚，西田一直被认为是一个大众品牌的购物中心，也从来没有引起过顶级时尚品牌的注意。现在西田的标识由红变黑，创造了一种"白金"的质感，把购物中心从社区层面推进到了社会层面，为此引入了精致的美食广场和代客泊车服务。

当弗兰克和史蒂文并肩走在西田邦迪枢纽购物中心的时候，弗兰克把这个商场称为游戏规则的改变者。"史蒂文延展了我做的事业。当他带我看商场的时候，他已经突破了新的高度，我们都知道这将是新一代标杆购物中心的开始。看着我的下一代创造的作品，我的自豪感更是油然而生。"

现在，在父亲的祝福下，史蒂文开始收集位于城市心脏地块的项目。他从AMP的中心大厦开始，然后收购了临近的帝国拱廊和空中花园，开始将它们整合成西田悉尼城，打造西田在澳大利亚最有价值的资产。"时间会告诉我们，西田邦迪枢纽购物中心和西田悉尼城不仅是我们的里程碑式的资产，而且在澳大利亚，我们一定会从它们身上获得比任何其他项目更大的收益。"史蒂文说。

第 34 章
快速转变

在 21 世纪的头几年里,彼得和史蒂文打算推动公司的巨变。开始,他们的父亲是反对的,但是,他们像其父亲一样锲而不舍并不厌其烦地说服他要广纳良言。

第一个激进的转变来自彼得。他多年来一直想重组西田的资本结构,不是针对个别项目,而是整个业务。他提出的想法虽然被财务部门挡了回来,但是在 2002 年与 RNA 的交易完成后,他变得更加坚定。这里有了一个观念改变的过程:西田发现自己站在了一块别人未曾拥有过的土地上。当西田买下了 RNA 主要资产的时候,它不相信仅凭自己的能力可以全部拿下,于是选择与另外两家联合进行资产交易。教训是如果西田能够重组它的结构并把它所有的资产融为一体,它就拥有足够大的资产负债表,从而完全可以凭借一己之力独享下一个巨大的机会。

通过这个教训和西田财务部门发生的转变,彼得的想法开始获得资金支持。他要把企业的三大业务——西田控股、西田信托和西田美国信托合并为一个整体，成为全球最大的购物中心企业中的一员。这是一个既富于进取精神又具有保护意义的举措，既可以创造一个巨大的资产负债表，以便于其在市场状况良好的时候进行并购；也创造了一个经济下行时的防范堡垒，一个巨大的整体要比各自为战的个体更能够抵御艰难时刻。

彼得首先在企业内部构思了这个想法，然后通过顾问的提炼和细化，又用了数月进行推广。他需要对弗兰克做很多的说服工作，因为这将使得家族掌控的股份从29%稀释到大约8%。彼得努力地推进这项工作，向家人解释家族并不需要如此大的控制权。他不断地重申合并的好处，并坚称这对公司来说是正确的战略改变。面对父亲的反对，他强调，相比于在一辆随时可能抛锚的小车上持有大份额股权颠簸，在一辆安全的大车上持有小额股权行驶要安全可行得多。经过长时间的辩论，他们家族终于达成一致：如果这对西田有利，那么它也一定对洛伊们有利。"控制权是重要的，但不是一切，成功才是一切。"弗兰克说。

合并还带来了一个潜在的好处：它可以克服集团内部的一个弱点。虽然西田控股占有40%的西田美国信托的股份，但它对西田信托完全没有控制权。由于它的收入主要来自这两个信托，所以西田控股对西田信托没有控制权被认为是一个软肋。2003年，一些私人资产公司和基金都想购买西田信托的物业，如果它们成功了，那么西田控股的收入将会大幅度减少。合并可以消除这样的可能性。弗兰克最终被说服，正式报告也得以被提交给董事会审议。

决定合并是一回事，但怎样做又是另一回事。如果西田提出一个交易方案，其他人很可能会提出一个反对方案来终止它。媒体提到了一个采用过的可能办法。报道指出，西田实际上雇用了国内所有投资银行，因而给各家造成冲突。如果有一方想反对西田，那么都没有多余的银行给它提供资金或代表它，这种情况是前所未有的。

不久，媒体透露购买街区的主意是彼得提出的，而且他的父亲也有魄力这样做。马修·格朗兹（Matthew Grounds）领导着澳大利亚的瑞银集团，他对于西田前后两次雇用所有投行的做法提出了不同的看法。他说西田通常选择一到两家其信任和可以依赖的公司，它们会给出关键的建议，然而临近结束时，洛伊们宣称又要引入几家，这并不是要造成它们之间的冲突，而是因为债务量巨大需要共同分担。对于所有参与债务重组的银行，西田也是真的想要回报它们的。进一步地，西田看每一个银行的价值取向也不一样，有的是看中它们拥有强大的判断能力，有的是看中它们在外汇市场的强大关系网，有的是看中它们处理美元债务的能力。"洛伊们就是在利用不同银行的不一样的能力。"格朗兹说。

当2004年4月这一合并第一次被宣布的时候，它是以公司结构重组的面目呈现的，而不是它的理念的改变，结构重组是为了驱动增长和创造长期价值。弗兰克在简报会上和大家分享了合并的好处。在回答了简报会上的一个复杂问题后，他转过身问站在他后面的西田团队："我回答得对吗？"他们热情地点头。一位记者注意到，儿子们表现出了对他们父亲的绝对信任。当彼得和史蒂文跟随着弗兰克走出简报会进入新闻发布会的时候，彼得拉住了史蒂文的手臂："我们站在下面（和记者在一起），他行的。"

2004年7月，三家公司合并组成西田集团，跨越澳大利亚、新西兰、美国和英国的资产总价值高达340亿澳元。当时很多人还不十分理解合并的意义，只是对于交易的规模表示惊叹。媒体像以往一样把这个战略归功于弗兰克，说他创造了一个海中怪物，然后它们看到了这个怪物给自己建造了一个巨大的海上储物箱。

合并在多个方面显示了它的意义，消除了弱点，迎合了市场，到那时，信托可以由内部的而不是外部的团队来管理。市场对西田提供给它们的这个合并的主体越来越喜欢。

如果弗兰克可以更早行动的话，他也许有机会通过发行无表决权股票来保持对合并主体的控制，就像鲁珀特·默多克在美国做的一样。默多克用优先无表决权股份作为收购货币，以保证真正的控制权依然掌握在他的家族手中。但是他在获得审批方面面临着与高层的战斗，而对洛伊们来说，复制这个模型看起来充满困难。合并才是问题的关键所在，他们不想引发控制权的争议而使注意力偏离主要的轨道。

一些评论员说这一合并是终结洛伊们的统治性地位的开端。有一位说弗兰克启动了自己出局的发动机，并告诫他经历了这么多年的不受限制地做决定之后，现在他要面对公司民主的挑战。他并没有被困扰，虽然王朝的元素没有了，但是家族在董事会的位置依然被保留。弗兰克不得不承认公司治理的压力日益增长，所以他卸下了西田薪酬委员会主席的职务。

谈到合并，一位专栏作家说，"规模看上去都对"，因为合并给西田提供了"巨大的身躯、市场的地位、并购的实力、成本的节约，可能还有超级的信用评级和对于规模的估值溢价"，并且还消除了一些令人烦恼的利益冲突。弗兰克那时73岁，身体强壮得像澳大利亚的桉树牛，对那些要挑战他的股东维权人士没有任何担忧。

当时，美国市场因为出现了很多大的出售交易而使市场过热，洛伊们把他们的心思放到了一个有着37个购物中心的特别的资产包上。这个资产包属于劳斯集团，一个曾经被赞誉为重塑美国景观的公司。

劳斯也是西田在 RNA 交易中的一个合作伙伴，在那次交易中获得了一些优质的购物中心。彼得了解这些购物中心，并且相信如果西田拥有它们就可以使自己在美国市场的发展到达另一个高度。他持续关注劳斯构建的资产包长达四年时间，他和他的父亲曾经拜访过劳斯的董事长，他们期待这些资产进入市场。

当西田还在忙于合并事宜的时候，这些资产被投放到市场进行交易。这对西田来说，时机并不是太好。尽职调查的时间只有六个星期，西田给自己下达这样的任务时，遇到了新的问题。除了购物中心之外，资产包还包括数千公顷的用于住宅开发的空地，这一部分估值为30亿美元。由于这不是西田的核心业务，西田邀请了一家投资银行来考虑是否可以将其剥离并出售。然而没有找到一个买家。西田重点关注的是购物中心，问题是西田能否或者说应该为此再迁就一点。例如，西田为购物中心准备支付90亿美元，但它是否能够在避免过度借贷的情况下将报价增加到120亿美元？还有人力资源的问题，因为此时所有的管理人员都在参与合并事宜。

弗兰克和彼得一直在商议，他们知道主要竞争对手普增房产公司（GGP）已经准备好了一大笔钱。弗兰克想起了他早年在悉尼拥有的大片没有产出的土地并告诫集团高层，这些土地有可能会变成西田沉重的负担。经过几轮惯常的密集咨询后，父子俩很不情愿地决定放弃这个交易，因为它实在太勉强也太贵了。他们为此等待了四年，但当机会真的来临的时候，他们必须表现出专业性。财务风险确实太高，于是在纽约投标大会前的那个晚上，西田退出了。大约在洛杉矶时间凌晨三点，彼得电话告知纽约方面，他和他的父亲都不会在第二天出席投标大会。"感觉就像输了世界杯的决赛，"彼得说，"但是最后的决断出于财务而不是感情。"

投资银行甚至不敢相信西田退出了。一直以来它们只有两个认真的竞标者，现在怎么办？第二天，GGP 被安置在一个房间，银行营造了西田就在另一个房间的假象。游戏开始了，银行人员看上去像是不断地在两个房间之间穿梭。当 GGP 被告知一个合理的价格已经被接受时，GGP 团队立刻打包准备走人，因为他们以为——以西田过度出价的名声——西田会赢。事实上，GGP 的首席执行官约翰·巴克斯鲍姆（John Bucksbaum）得知他是胜利者时是这样描述的："一加一等于三。"他同意支付大约 120 亿美元，而这比股票价格溢出 30%。

几年后，当金融危机来袭的时候，巴克斯鲍姆为此付出了惨痛的代价。他借入的短期资金引发了巨大内乱。2009 年年初，GGP 根据《美国破产法》第 11 章申请破产保护。弗兰克看着诉讼程序时想道："真是要感谢上帝的恩赐啊！"

在为自己与劳斯资产包失之交臂而感到失望的同时，弗兰克也意识到和劳斯负责人的关系破裂的后果。2004 年，弗兰克带着他的巨大的聚宝箱跨越大西洋，他要看看自己能够在那里做些什么，以实现他长期以来一直想进入伦敦市场的愿望，那里有大量的事情正等他去做。

40 多年来，弗兰克一直致力于从各个区域买入购物中心。他渴望达到 100 个的目标，而当这个目标实现后，他想得到更多，公司也得到了更多。到 2005 年，西田一共拥有 128 个购物中心。公式非常简单：更多的购物中心带来更多的消费者，消费者带来了更多的消费，从而促进了更多的增长。但是对所有资产了如指掌的史蒂文，发现这个公式已经不灵了，并且资本的投资回报要比公司持有的购物中心数量更加重要。

史蒂文开始驱动公司进行一个理性的转变，不能再执着于为了增长而增长的目的。史蒂文极力要让大家知道，不同于质量和回报俱佳的 A 级购物中心，B 级和 C 级购物中心已经失去了同样的增长潜力。人口的迁移、新的技术和其他因素使 B 级和 C 级购物中心的发展呈停滞甚至倒退之势，西田需要处置它们并把注意力集中在 A 级购物中心上面。弗兰克阻拦了这个动议，这实在令他厌恶。弗兰克一生的目标都是买入而不是卖出购物中心。"你想缩减业务规模，你疯了还是怎么啦？"弗兰克问道。然而，史蒂文的观点得到了大量的支持，经过和以往一样的辩论后，弗兰克理解并接受了这一观点，并和史蒂文站在了同一战线上。

根据公司新的理念，西田开始把目标定位在最好的市场，持有最好的购物中心。劣质资产将被剔除，只有优质资产才值得投资。这一转变带给大家的共识就是高质量的资产不仅能够产生更好的回报，还能够更好地抵御市场的波动。

这一转变与弗兰克数十年来植入公司的基本原则相吻合。一方面是通过地域分散的业务布局作为一个自然的缓冲，来抵消不同市场的变化冲击，这可以给予一个国家的零售业务以更大的灵活性，当另一个市场表现低迷时公司整体业绩不会受到太大的冲击。零售商的多样性也是一种保护措施。另一方面是通过长期租赁创造强健和稳定的现金流，从而使公司不受市场的短期波动影响，西田的商业模型的基础就在于短期的波动应该不影响长期的决策。

到 2006 年，美国购物中心的资产价格飙升，甚至一些效益很差的购物中心也可以卖出令人难以想象的高价。显然，由廉价的资本驱动的资产价格不会持久，当每一个人都在买进的时候，西田进入了一个积极的销售期。西田拥有 68 个美国购物中心，结合其新的理念，西田在接下来的两年出售了其中的 14 个。大多数都是对于发展具有挑战性的或是所在位置不佳的，比如购物中心供给过剩的中西部。对于一个具有挑战性的购物中心，如果出价合理，西田就可以转卖。

这期间西田通过出售资产、建立合资企业和发行股本共集资83亿澳元。西田延长了长期债务并发行普通股，包括2007年通过配股集资的30亿澳元。由于西田在开发上投入了巨资，所以它也需要通过这些举措来保持它的信用评级。

通过这些举措，西田这个庞然大物为自己确立了一个无比强大和稳定的定位。看着儿子们所实现的这些成就，弗兰克心里充满了作为父亲的喜悦和自豪。他说："我儿子们的创造精神令我备感骄傲。"

当2007年年底全球金融危机的狂风巨浪席卷整个市场的时候，西田岿然不动。在外界看来，这个公司似乎有着特别的先见之明。

# 第 35 章
烟灰缸

2004 年，西田成为国际购物中心行业的巨头，弗兰克前往伦敦寻找机会。他一直在等待白城的资产包重回谈判桌，这次运气站在了他这一边。埃利奥特·伯纳德——之前弗兰克和他就白城项目谈过两次——这次情况不是太好。在股东的压力下，他名下控股白城的公司被迫摘牌。

项目现在掌握在一个新的类似小联合国的财团手中，投资人来自英国、德国、以色列、沙特阿拉伯、澳大利亚，以及中国香港地区。可以预见的是，财团中的所有投资人都不太高兴，因为项目负债高达 16 亿英镑，而且各方也不能就如何处置不同的资产取得共识。当这些争执传到弗兰克的耳朵时，他开始谋划如何抓住机会。

从表面上看，这个财团无懈可击，大多数投资人拥有优先认股权，乍一看也没有什么缝隙可以让外面的人挤进去。弗兰克热忱地想要带头发动一次"袭击"，但这在西田内部并没有得到其他人认同。他们认为负债数字加起来不对，并且质疑，在陌生的国家为了这样一笔价值不确定的资产发动这么一场代价高昂的"战斗"是否明智。

弗兰克辩论道，数字只是等式的一个部分，另一个部分是远见。"数据会转为利好，因为环境会发生改变。"他说。高管们在分析了他的远见后，依然和他辩论，认为这场战役可能还没有开始就已经输掉了。以往，弗兰克通常会让步，但这次他不为所动。这是西田可以自此进入英国商业核心地带的重大机遇，并且他满怀热情地相信这是可以做到的。尽管他不能确切、清晰地阐述他的设想，但每个人都理解他经过半个多世纪历练而成的本能是不能被低估的。

经过激烈的辩论，弗兰克获得了胜利。西田一如既往地发扬传统特点，一旦决定做出，所有的人都全力支持，西田对外呈现的面貌是一个团结的整体。当弗兰克推动这笔交易的时候，史蒂文立刻接手并控制了地产方面的工作，彼得负责财务和交易方面的工作。现在的他们（也包括其他主管）都达成了一致，大家全力以赴并期待着这场热血的"战斗"。

弗兰克把总部设在伦敦克拉里奇酒店（Claridge's Hotel）的套房里。从那里，西田调查了对手。处在财团中心的难以对付的是出生于孟买的两兄弟——戴维·鲁本（David Reuben）和西蒙·鲁本（Simon Reuben），他们占有财团35%的股份。他们通过在俄罗斯从事金属贸易发了财，尽管他们和伯纳德认识也有数十年了，但从没有合作过。有一种观点认为，伯纳德虽然还拥有14%的股份，但他错误地认为两兄弟是"被动资本"。他们其实是被动的对立面，从雇用男管家到任命董事，什么事情都要管。据说兄弟俩很节俭，他们不满伯纳德铺张的业务主持风格，与伯纳德在很多方面产生冲突，关系很快就破裂了，据小道消息，双方可能还要打官司。弗兰克也没料到鲁本兄弟将会成为他事业最大的绊脚石。

在克拉里奇酒店安顿好之后,弗兰克打电话给贝尼·斯坦梅茨(Beny Steinmetz),贝尼是他在以色列认识的钻石、矿业和地产大亨,他拥有这个财团 5% 的股份。经过双方讨论后,贝尼决定支持西田的行动。"现在对我们来说,就是要得到其他 95% 的股份支持。"弗兰克微笑着对他的团队说。

他的下一个电话打给了约翰·罗伯茨(John Roberts),马蒂普莱克斯(Multiplex)公司的澳大利亚创始人,他拥有财团 7% 的股份。罗伯茨到克拉里奇酒店和弗兰克共进午餐,经过长时间的讨论且基于他们共同的背景,弗兰克决定直奔主题。罗伯茨有白城的施工合同,他坦承一直被财团内无休止的内斗所困扰,并说他并不在乎出售股份,只要他能够保有白城的施工合同就行。弗兰克提出了一个建议:两家能否联手共同获取一些资产,马蒂普莱克斯公司负责建设施工,而西田公司负责打理项目所有业务方面的事情。只要马蒂普莱克斯公司可以确保获得长期的施工合同,它并不需要拥有股份。这对罗伯茨也是有吸引力的,因为这代表着他拥有施工合同——他的核心业务。他离开时情绪高昂,并承诺会很快答复弗兰克。

事情看上去有希望了。当弗兰克一天后见到伯纳德时,他感觉伯纳德也有可能支持他。这是一个很简单的加法运算:5%+7%+14%=26%。西田正在通往成功的路上。

但此时,罗伯茨改变了主意。据传,他回去后和儿子们商量,儿子们说马蒂普莱克斯公司并不需要西田。没有通知弗兰克,罗伯茨自己先行动了。媒体传说,他对财团的所有资产出价 4.85 亿英镑,然后又加价到 5.15 亿英镑。

鲁本兄弟背地里与罗伯茨联手的事,不久就被披露出来。这使他们的合计控制比例可以达到 42%,他们认为自己获得了控股权。然而,西田通过对文件逐字逐句的研究发现，因为技术细则的原因，财团具有混合形态，所以在一定程度上它仍然是属于上市公司，这就使它有义务遵守收购条款。一旦马蒂普莱克斯出价，其他财团成员的优先认股权就丧失了，并且为外面的资金进入打开了半扇门。通过这一出价，马蒂普莱克斯实际上是把西田引了进来。

2004年9月的伦敦《电讯报》报道，5.15亿英镑的报价被拒绝了，财团期望西田可以给出更高的报价。这个期望终于变成现实：在没有获得大多数支持的情况下，西田提出了一个策略性的5.85亿英镑的竞标价格。这么做是为了看清财团内部的情况，也能够观察一下他们的站位。就像彼得·艾伦解释的："我们想看一下他们是否会分裂或捆绑在一起。我们知道他们不会接受这一价格，因为其中的一些股东非常想拥有这笔资产并由自己做下去。我们就是要迫使他们做出决定——尽力找到一个适合我们自己的空间。"

弗兰克已经能够看到可以争取的战利品并因此而更加坚定不移。就像艾伦观察到的："弗兰克并不关心其他人怎么做，他只在乎西田的成功。他不会失败，但这并不代表他会赢，也就是说如果他看到他确实赢不了，他会离开。"

陷入困境的财团现在的运转已严重失灵，所以它们请来了罗斯柴尔德银行来操作这笔交易。罗斯柴尔德银行要面对两个潜在的买家，内部的鲁本兄弟和马蒂普莱克斯，还有外部的西田。

罗斯柴尔德银行的工作是保证交易公平，最重要的是要防止财团内部的买家利用它们的大股东地位阻止外部的交易，从而便于它们自己以更低的价格锁定整笔资产。

罗斯柴尔德银行的罗伯特·雷涛（Robert Leitão）建议各方应该联合购买资产然后进行划分。当时，财团的负债已经高达21亿英镑。

经过多轮商议，西田承担其中的 12 亿英镑，而其余部分由鲁本兄弟和马蒂普莱克斯合力承担。这就促使了一个包括西田、马蒂普莱克斯和鲁本兄弟在内的新公司的成立。

经验告诉弗兰克，三方合作总是有危险的，他甚至能够预感到问题的发生，两方可以联合起来置另一方于困境。弗兰克坚持另外两方只能以一个步调行动。大家达成共识，一个新的叫作 R&M 的实体形成了。由于马蒂普莱克斯可以"讲澳大利亚语"，所以由它作为 R&M 的代表。

年轻人主导了谈判。约翰·罗伯茨的儿子安德鲁（Andrew）率领 R&M 的团队，彼得·洛伊和彼得·艾伦率领西田的团队。经过三个昼夜的紧张谈判，大家达成一个协议，允许西田方面一次性购买这些资产并立即进行系统性的拆分。实际的资产划分将在未来的 12 个月里完成，到时诸如财务和税务之类面上的问题一并得到解决。

通过这样的业务活动，艾伦对弗兰克的战略有了更多的认识：

> 他不介入日常的事务，但关注最后的战斗。他不为一些表面问题纠缠，就好像他是站在山坡上俯瞰下面的战斗。对于战斗团队来说，还是会产生困惑，因为他看起来并不理解他们所经历的一切。尽管如此，在最后阶段，你却会感到他坚定地站在你的背后。他有一个优势，就是当他认为可能的时候，其他对手就会离开。他的期望虽不现实，但又是可以实现的。

财团的拆分在那时看似很简单，却演变成没完没了的谈判。由于理解上的巨大差异，整个谈判花了五年才最终完成。西田给这个过程起了个绰号叫"薄片项目"，当拆分最终完成时，彼得·洛伊在汇报的时候做了一个两米高的、巨大的吉百利薄片巧克力。

对于资产的划分，有些是作为整体的，有些则是共享的。西田自己获得了三个独立拥有的购物中心，另有两个是与R&M共有，其中有一个是西田眼中的珍宝——白城。财团只拥有白城50%的股份，这个50%如今由西田和R&M各占25%。

各方也在伦敦东部的叫作斯特拉特福的地方获得了同样比例的一个综合体开发地块。西田拥有25%的股份，事后想想，这个分配简直就是一笔巨大的意外之财。

当交易宣布后，西田被讽刺为奥兹国的新魔术师，挤开另外两家大的澳大利亚公司兰德利思和马蒂普莱克斯，占据了项目的核心位置。几周后，英国杂志《地产周刊》热情地描述弗兰克，说他是"毫无疑问的最成功人士"，这个杂志之前也采访过他。不过文章也提到了令人惊奇的价格：比6个月之前收购伯纳德管理团队的价格高出了45%。

弗兰克已经习惯了这样的质疑并反唇相讥："人们可以说他们喜欢说的。那又怎么样？我们相信我们的付出是物有所值的。我对抓住了这样的机会异常兴奋。"西田从此在英国声名鹊起，甚至连来自英国的有着"魔术圈"（一些总部设在英国的全球顶级律师事务所）之称的大律师事务所都开始主动提供服务。五年前，西田给它们打电话从来没有收到回复，现在它们的合伙人却主动邀请西田的人共进午餐。

当西田介入到白城的内部事务之后，发现情况并不好。用西田的标准来衡量，无论是开发计划还是项目设计都很糟糕，西田想对它进行重大的改动。然而建议被阻止了，无论如何解释都没有进展。在最初的谈判中，大家都同意由西田负责开发和管理，马蒂普莱克斯负责施工。但是对于西田提出的任何项目改进建议，都需要得到R&M的批准。现在这些批准都杳无音信，西田的项目改进建议被阻止了。

当这些发生的时候，白城项目的另一半是由德国金融公司CGI

（Commerz Grundbesitz Investment）作为"被动资本"持有的。弗兰克想，这家公司应该可以成为左右目前争议的关键角色，于是指示他的经理悄悄地和 CGI 接触。好几个星期，西田都在争取 CGI，向其展示过去的成功案例并详细介绍西田对目前计划进行修改的建议。

同时，马蒂普莱克斯已经根据现有的计划开始白城的施工，这将使更改旧版设计的成本变得更加昂贵。弗兰克决定，与其一直等到不好的结果发生，不如直接采取行动。他策划了一个危机处理方案。私下里，CGI 被告知这个项目正在接近一个关键点，而且一旦错过了这个点，项目将彻底不可能实现赢利。施工必须立即停止并实施新的计划。

然后弗兰克和西蒙·鲁本安排了一个会议。他的目标是说服西蒙允许西田全权负责开发或者出售——这将对每一方都有益。西蒙独自一人来到了伯克利酒店，弗兰克已经坐在那里，这时正值上午九十点钟，他发现在弗兰克套房的起居室里还有两位西田的经理，他们是负责英国西田业务的迈克尔·古特曼和负责财务的埃利奥特·鲁桑纳。

在热情友好地打过招呼后，这几个男人围坐在一个咖啡桌前，桌上有一个又大又重的水晶烟灰缸。弗兰克首先从大家共同的利益讲起，然后解释为什么现在会产生分歧。在他看来，R&M 把白城项目当作一个短线的财务交易，而西田考虑的则是长期收益。西蒙表示不同意，然后弗兰克重申了他的观点并直白地说："你究竟想做什么？你们没有建造购物中心的专业经验，而我们有，你为什么不现在就把你的投资利润拿走？我们可以付给你。当然如果你想留下也可以，但是你要排除所有阻止我们实施改进的束缚。"

西蒙打断道："但是我们真的有专业经验！我们可以自己做！"说话时语气还是比较友善的，弗兰克解释道，西田在英国有 50 名专注于购物中心事务的专业人员，也有一直以来在美国和澳大利亚骄人的业绩，而鲁本兄弟的办公室就那么一点人，而且马蒂普莱克斯现在自身也遇到了大问题。这两方面是没有办法做比较的。"只要我们就专业性何在取得一致意见，解决方案自然就会有了。"他说。但无论弗兰克怎么说，西蒙都坚持他们具有同样的专业性。经过这样三到四轮的反复，弗兰克感到很恼怒。他从来没有进行过这样的谈判——西蒙真是顽固不化。

而后，大家又为一个细枝末节的话题而争论，西蒙争辩他在这个房间里受到不公平的对待。他变得蛮横，弗兰克也一样。谈判的气氛变得凝固而紧张。虽然不开心，但弗兰克还是把谈话拉回了正题。弗兰克已经到了失控和被激怒的极限，他请求道："西蒙，请听我说，就听一下。"

西蒙不理会。弗兰克愤怒到了极点，他于是将那个巴卡拉风格的烟灰缸举过头顶，然后猛地砸向了咖啡桌。整个房间变得出奇地安静。西蒙脸色都发白了，他随即从座位上弹了起来，接着就跑了。

弗兰克看着另外两位。"去追他，叫他回来。"他们说道。弗兰克冲到走廊喊西蒙。西蒙回过头来看了一下，然后顺着逃生楼梯跑下去了。弗兰克从铺着地毯的楼梯下去，当他到达大堂的时候，西蒙已经没影了。这是他们的最后一次见面。一段时间后，弗兰克试图恢复与西蒙礼节性的联系，但没有成功。在最后一次的强制性交易后，他们的关系彻底地破裂了。

当西田团队分析"烟灰缸会议"时，大家一致认为西蒙如此坚决说明鲁本两兄弟是真的想要退出，但是他们要通过这种坚持获得一个大价钱。说到底都是钱的问题。马蒂普莱克斯由于自身的问题也想找个理由退出，但它也经受不起以过低价格退出。

突然间，西田看上去可以独自拥有白城的一半，和 CGI 共享整个项目。这样西田就可以拥有自己的设计、自己的品牌和自己的管理，可以按照自己的风格行事。到这个节点，罗斯柴尔德银行又被聘用，雷涛也回来了。西田知道雷涛是唯一的可以与西蒙打交道的人。

从弗兰克第一次尝试分得白城一杯羹到现在已经 8 年过去了，他已经厌倦了等待。"白城项目可以倾我所有，用我全部的力量，但我坚定不移。我可能会在中途改变方向或者选择离开，但我不会失败。这个战利品实在太大了。"他说。

雷涛不停地穿梭于各方之间，到了 2005 年的 5 月，R&M 终于妥协，马蒂普莱克斯和鲁本兄弟一起愿意接受以 6500 万英镑的价格转让他们在白城的 25% 的股份。市场那时候很热，找钱也容易，并且这个价格对合并已有一年的西田公司也不算太高。

在签署这份合同的同一天，西田与 CGI 又签订了另一份合同，允许西田公司对白城项目重新设计、重新开发、使用西田品牌并由西田负责管理。雷涛见证了整个谈判过程，他对弗兰克的决断能力印象深刻："西田对这个地块的全部控制是这个购物中心可以得到开发的唯一途径。"

现在，史蒂文·洛伊将负责实施项目的开发，他和迈克尔·古特曼开始审议项目的施工。由于马蒂普莱克斯依然拥有白城项目的施工合同，他们两个知道后，达成了这一点也必须改变的共识。他们离开工地，直奔会议室同弗兰克、彼得·洛伊和彼得·艾伦一起商议。"除非我们控制一切，否则这个项目永远不会结束，我们也肯定耗不起。我们必须买下施工合同。"史蒂文说。这个关键的决定，给了西田很大的动力拿下并控制这个项目的最后一部分。

彼得·艾伦被委任负责解除与马蒂普莱克斯的合同的工作。马蒂普莱克斯在英国遇到了大麻烦，弗兰克想让它靠边站。艾伦还记得为了逼出最有利的合同买断价，大家坚持到最后一分钟的情景。

马蒂普莱克斯的经营受挫，也在试图从英国撤出。我们在企业层面严密地加以应对，尝试让它放弃施工合同。在澳大利亚，罗伯茨的儿子安德鲁将要递交结果的那个晚上，我们同意在凌晨的三四点钟签订它们的退出协议。这也可以使罗伯茨对外宣称他退出了白城项目并且没有遭受损失。

弗兰克得到了他的战利品。白城项目将模仿西田在悉尼的旗舰邦迪枢纽购物中心建设，并计划于3年后开业。史蒂文和迈克尔负责交付工作，他们知道一定要造出高于预期的项目，因为这个中心离海德公园东北角的大理石拱门只有3英里[1]，而且又是在一个富裕的商圈。"项目与这个星球上最重要的一个零售街区如此之近，就在伦敦的西部，那里有哈罗德、塞尔福里奇、哈维尼克、牛津街和邦德街。我们必须创造一个具有竞争力而且区别于传统流行街区的非凡项目。"史蒂文说，"很多人不看好这个项目，理由是伦敦人并不喜欢美国式的购物中心，他们不会在购物中心购物。我们放在那里的东西一定要让他们惊叹。"

---

1 3英里约合4.83千米。——编者注

第36章
奥林匹克的黄金机遇

西田在2004年获得了一笔并不太令人激动的小型资产。这是一块位于伦敦东部的空地,在未来的20~25年,这块地及其周边将被建成一个小卫星城。短期内政府在这里没有建造基础设施的计划,所以对于通常会在5~10年的时间里完成开发的西田来说,这个时间表并不那么诱人。

西田是在分割埃利奥特·伯纳德的资产包时获得了这个地块开发权的一部分股份。这些开发权由四家公司平等分享,西田发现自己处于一个有四个平等合伙人的财团中。关于地块大家知道的并不太多,只是估计它的股份价值500万英镑。如果英国通过申办成为2012年奥运会东道主的话,这块位于斯特拉特福的地将与计划建设奥运会场馆的区域相邻。但当时普遍的看法是,伦敦举办奥运会的机会很小或几乎没有。

这块土地属于伦敦政府所有,但伦敦和大陆铁路公司在20世纪90年代中期掌握了土地的控制权,那里本计划建设一个连接伦敦和欧洲大陆的新车站。在围绕车站的周边建设斯特拉特福城,一个总投资30亿英镑(后来变成了40亿英镑)由住宅、商业和零售组成的小城。西田的计划和兴趣只是局限在其中的零售街区。

2005年7月,伦敦震惊了世界,它战胜莫斯科、马德里、纽约和巴黎赢得了奥运会的主办权。然而,庆祝活动因为连环恐怖袭击而不得不大幅缩减。在消息宣布后的不到24个小时内,城市实施封锁,因为伦敦地铁的三次自杀式炸弹袭击与紧接着的公交车爆炸事件使英国人的所有欢乐情绪瞬间消失了。

当西田伦敦办公室恢复正常运作的时候,大家开始分析申办奥运会成功的意义。这个地块不仅紧邻奥运场地,甚至有一部分就在拟建的场馆区域内。这是一个立脚点,但在弗兰克的脑海里,他已经看见了在大片开发的奥林匹克城里飘扬着的西田旗帜。

这块地突然间被赋予了极大的政治意义,考虑到七年后就要举办奥运会,国家把这个地块的开发放到了最重要的位置。弗兰克热血沸腾,他完全忘了他已经74岁高龄。尽管在网球场上,他能够感到他的年纪渐老,但是在西田的事业上他完全不觉迟暮。那些在他身边的人知道他对目标不离不弃,了解他的意志从不会被时间消磨。确实,西田奥林匹克项目在伦敦的首席谈判官迈克尔·古特曼可以对此做证,弗兰克与他的电话从来就没有间断过。古特曼每天晚上的最后一件事情和每天早上的第一件事情都是与弗兰克通话。古特曼的妻子卡伦(Karen)后来形容她的丈夫"晚上睡觉和弗兰克在一起,早上起来也是"——曾有同样感受的,还包括许多其他西田高管的妻子。

但是,西田的紧迫感与财团内另一部分股东的无动于衷形成了鲜明对比。6个月过去了,却什么都没有发生,因为对于新的合伙人之间谁将要负责什么,没有任何清楚的界定。西田的新合伙人,包括马蒂普莱斯克、鲁本兄弟和开发公司斯坦霍普（Stanhope）。斯坦霍普公司不愿意为股份投入任何资金，它们拥有的股份都是通过之前的劳务换来的，这是财团的一个导火索。鲁本兄弟也想要斯坦霍普公司投入资金，但当它不能也不愿意投入资金时，鲁本兄弟也关紧了"水龙头"。由于斯坦霍普公司不提供资金支持，财团的工作就停滞了。

财团不能正常运作是西田承受不起的。如果不能正常运作和解决这个问题，财团就有被剥夺开发权的风险。弗兰克提出了一个临时解决方案：利用贷款并派西田高级经理组成一个团队使财团继续运转。事实显而易见，这个四方合伙的公司已经不可能及时完成奥林匹克级别的项目开发。

弗兰克当然想独自控制财团。他已经知道自己不可能和鲁本兄弟共事，他们难以捉摸并且深藏不露，据说两兄弟合作得很好，戴维作为贸易商，西蒙作为投资人。公众对他们知之甚少，但是据说他们对彼此的了解甚至到了可以相互为对方的句子填空的地步，而在生意上，他们从不会为任何生意支付高价。因为他们"允许"西田获得白城，所以他们也有一个没有明说的期望，即作为回报，西田应该让他们获得斯特拉特福城。这是异想天开。

2005年8月，当传统夏季假期来临，伦敦的办公室都关门了的时候，合伙人都要去度一个愉快的假期。在弗兰克地中海的船上，他继续着例行的假日生活，早上会待在他的书房，下午会到甲板上和客人在一起，也会偶尔打几个电话。"伊洛娜号"配备了全部的通信设备和一个专业助手，所以只要有业务会议他总能参加。

在那个假期里，他用了很多时间思考如何通过制造一个"事件"一劳永逸地解决斯特拉特福的所有主要问题。他曾经在白城通过制造一个危机事件使事情有了转机，于是这次他想用同样的方法。这样的事件可以是一次资金危机，而且即使弗兰克不介入也就要发生了，但是需要非常小心地操作，因为财团可能会承受因违反其义务而失去一切的风险。

对于西田来说，很重要的一件事就是克制自己的热情。它随时就要启动，如果它付出的努力越多，那么它创造的价值就会越大，同样，它就要为它买下这些合伙人的股份而支付更多。弗兰克猜想，鲁本兄弟不在的这个长假应该是个好机会，如果西田现在可以利用它的专业能力谋划这件事，那就可以实现其目标，而鲁本兄弟这时也很可能会坚决顶住任何收购的企图，因为地块的价值每天都在上涨。

假日里，财团的合伙人都听到了新的威胁，政府机构正在考虑强制性地收回这块土地。9月，当合伙人重新集结的时候，尽管面对这种威胁，大家还是不能就如何推进项目开发达成一致意见。弗兰克打电话给他的"特殊部队"准备进行危机处理。同时弗兰克还保持在处理事务的状态中，他问钱是怎么花的，并建议在哪些地方以及何时可以放缓节奏。彼得·艾伦观察着弗兰克的行动。

> 他厉害的地方是他知道在最后阶段他想要什么。他能够通过三维空间的想象得知做什么才能达到最后的结果。关于如何塑造合作模式有许多争议，也有大量紧迫的工作要做，但又不能操之过急。他与每一方打交道，建立良好的关系，表明他可以为大家做什么，表达它们可以为他做什么并给它们施加压力，这样正确的决定就可以做出了。

同月，弗兰克面见了伦敦市长肯·利文斯通（Ken Livingstone），后者是这场游戏中的重要人物。弗兰克向他展示了自己的资质和能力，并解释了西田可以开发这个购物中心和周边的一些区域，但是不想介入住宅和奥运村的其他项目的开发。弗兰克也展示了西田开发购物中心的能力和历史。回来的路上，他感觉这次会面非常有价值。"我想我的直截了当，以及我对西田的专长和界限的清晰表述打动了他。从那以后我们保持了良好的互动，彼此做出承诺，双方建立了良好的关系。"

当依然没有进展的时候，利文斯通担心这个项目可能会发生偏离并再次威胁要进行干预。如果财团不能与政府达成协议，他将启动一个强制购买命令。由于财团内部不能达成任何协议，所以与政府达成协议的前景更加渺茫。弗兰克都不能记得自己曾经身处这样一个运作如此失调的机构里。几个星期又过去了，事情还是毫无进展。

最后到11月，弗兰克终于使财团达成了一些共识，但他对于各方是否能坚守共识没有把握。大家就最后期限达成了一个决议，即谁错过了这个目标日期谁就自动丧失其权利。当外部的事情都理顺了，财团内部依然是一团糟。马蒂普莱斯克和斯坦霍普两方已经衰弱到了不足以阐明其主张的境地，而对决就在西田和鲁本兄弟之间展开。

在这个节点上，彼得·洛伊决定再次召回罗伯特·雷涛，他之前通过白城项目介入后与各方关系都保持得不错。这次的事情更加棘手，雷涛也尝到了斡旋于这两方的巨大压力，每一方都是坚决要买入而拒绝出售。他尝试了各种组合，但无论他怎样分割资产都无从推进："唯一的办法是采取对决！战术是制定一套规则，双方互相竞标，价高的投标者将获得胜利并要把价低的投标者的股份买入。"

政府这时也很焦急，并开始和雷涛合作。一旦"对决"的基础工作准备好，各方都要承诺同意这套规则并签署正式协议，24小时后就会有一个决议，但是就像雷涛解释的，事情并不这么简单。

有一种观点认为，他们虽然是卖方，但其声称自己是买方，这么做的目的是推高价格，这就是鲁本兄弟的谈判战术。

政府的各级官员也不喜欢被视为在选边站，或对谁是更好的开发商做出价值判断，但是私下里大家都在担心鲁本兄弟不是真正的开发商，规模更无法与西田相比。

也有人认为，如果鲁本兄弟获得地块的控制权，就会有一定程度的执行风险，对这个地块的开发水平也很可能达不到它作为伦敦奥运会大门而被人们期望的标准。

双方需要对决，因为他们不能达成协议，情况坏到他们甚至在对决的规则方面也不能达成一致。双方在细节方面争论不休，100多个小时过去了，弗兰克和西蒙·鲁本之间的互相攻击变得更加激烈。尽管年龄已让弗兰克成了一个沉稳老练的谈判者，但同时也使他变得更加具有攻击性，弗兰克也承认西蒙·鲁本是一个可以和他匹敌的对手。"西蒙是我所见到过的最不讲道理的商业对手！"他说。幸运的是，彼得·洛伊在处理大多数的计划运作时起到了缓冲作用。

一直到2006年年初，英国官方对这场争斗保持着谨慎的中立，肯·利文斯通这时打破了沉默。当被问到对这场争议的看法时，他的回应是，他不知道鲁本对留在项目里有多大诚意，然后令每一个人惊奇的是，他表扬了西田。

这引发了舆论的骚动，但是利文斯通并没有改变自己的态度。几天后，他公开批评鲁本兄弟，暗示他们正在破坏这个财团，甚至建议兄弟俩应该"去试试在阿亚图拉的领导下他们能不能干得更好"。当利文斯通被要求澄清鲁本兄弟该去哪里时，他说："回到伊朗，如果他们不喜欢这里的规划当局和我的管理。"但两兄弟不是伊朗人，他们出生在印度的伊拉克裔犹太人家庭，在英国长大，而现在已是有名的慈善家。

他们愤怒地回应市长的评论"完全不对"，并且他们仍然记着对斯特拉特福城的全部承诺。当被要求道歉的时候，利文斯通进一步地蔑视道："我应该诚挚地向伊朗人民道歉，因为我的话会让人们以为他们和鲁本兄弟这样的人有关系。"媒体争相报道，《泰晤士报》连篇累牍地刊文说肯·利文斯通是一个傻瓜。

弗兰克也在全力应战："我能够感到潜力巨大，也并不在乎这些噪声。购物中心是在我们的血液里流动的，这是一个不会再次出现的机会。尽管困难重重，但我相信我们会赢，而且我们需要为此付出巨大的代价。"西田也向伦敦和大陆铁路公司及奥组委咨询，它们一直保持中立。但是弗兰克能够感到它们是希望西田开发奥运地块中的购物中心部分的。"我们政策的一个标志就是和各级政府保持良好的关系，跨越党派。我们实事求是地陈述了我们能做什么，以及可以在哪里增加价值，这些内容不带任何夸张的成分。我相信我们的直率和坚定会使我们领先于其他人。"弗兰克说。

直到 2006 年的复活节，事情依然没有进展。这时马蒂普莱克斯已经明显深陷困境。它在温布利大球场的施工中出现问题已经有一段时间了，现在眼看就要再次违反借贷契约。整个球场的建设比计划延后了 8 个月，亏损 2 亿英镑。它继续作为斯特拉特福城的施工承包商候选人的机会已经消失了。

官方决定采取行动，以 2006 年 4 月 28 日作为最后拍卖的期限来解决这个争议。当这一天到来时，对决还是没有发生，一家律师事务所接到指示，终止这个财团的开发权。但是这个通知约定了 6 个星期的修订期，给了双方最后一次机会。鲁本兄弟立即宣称他们已经准备好对决。弗兰克毫不退缩，如此紧张的对决，也使西田的高管们精疲力竭，即使对于比弗兰克小 25 岁的古特曼也是一样，他说道：

> 在这一段紧张的时期，弗兰克的坚韧不可思议，而且他的精力也非常充沛。我没有办法跟上他的节奏。在最紧张之时，鲁本兄弟把我们逼到近乎疯狂的程度，我们曾想找一条可以避让的路，但弗兰克就像机器一样钉在那里，直到问题解决。他总是直面问题，直到把问题牢牢地钉在那里并予以解决。这是巨大的挑战，因为这对兄弟习惯于站在一个控制的地位并利用这个地位获取高额利润和赔偿比例。而弗兰克是他们所遇到的一个不能被击倒的对手。

伦敦奥运会筹建局的首席执行官戴维·希金斯（David Higgins）事后表示与财团的谈判令人疲惫，并且提到弗兰克对于西田获得这份合同发挥了关键作用。他在那里"竭尽全力"。多年前曾担任过兰德利思首席执行官的希金斯了解西田，也和弗兰克一起吃过饭。他也认识迈克尔·古特曼，因为后者早年也在兰德利思工作过。

在那个时点，希金斯认为这个争议不会得到解决，所以一直保持中立："我们不能选边站或尝试控制过程。双方的对决犹如俄罗斯轮盘赌，双方都想要这个地块，双方都可以获得贷款，并且双方都想以差不多的价格把对方买过去。"

第 37 章
改变战术

2006年5月,弗兰克的游船在众目睽睽之下开进了泰晤士河。这艘船也是弗兰克进行有关斯特拉特福的谈判和随袋鼠军团参加即将于次月在德国举行的世界杯的基地。他在伦敦花费了太多的时间,尽管每次都尝试下榻不同的酒店,但没有一个使他感到舒服。而在船上就像在家里一样。他了解船员,熟悉周围的环境,主舱室里有与悉尼家里一样的床和床单。他计划把游船停靠在泰晤士河的某个地方,悄悄地进入伦敦。

由于泰晤士河的潮汐和游船的尺寸所限,游船除了金丝雀码头外都不能安全地停泊,所以弗兰克一行完全暴露在工作于此的律师和银行家的视线里。西田伦敦办公室的高管不停地收到关于正在码头里发生的事情的即时评论。当"伊洛娜号"停泊的时候,西田办公室不断接到大量的短信和询问电话:"这是弗兰克的船吗?""弗兰克进城了?""站在甲板上的那位是谁?"还有关于"伊洛娜号"活动说明的实时报道,当后甲板打开,一架直升机升上来的时候,更多的人惊奇地描述着直升机的起飞。当直升机返回并降落到甲板上后，弗兰克走了出来，这时西田办公室的电话被打爆了。而弗兰克对此毫无察觉。

现在，雷涛草拟好了对决协议的一些条款。双方都将进入一个房间，每一方都要把自己的报价写在一张纸上。弗兰克想要双方同时写下价格，但鲁本兄弟想要西田先写，他们随后再做决定。弗兰克认为这太荒谬，把对决变成了认购。与此同时，弗兰克也认识到这一建议暴露了他们的真实意图。他们是金融交易商，不注重长线回报，追求低买高卖。离他们想把西田的股份买入还差得好远，弗兰克由此推断，他们显然希望西田买进自己的股份——不然他们早就会明确报出价格。

年初的时候，财团对所拥有的地块的开发权的估值每天都在上涨，现在随着期限的临近，而且有一切都泡汤的可能，估值正在不断下跌。随着几周后就要响起的"丧钟"，西田尝试安慰自己：反正这个股份的初始估值也就500万英镑。

在冲突中，弗兰克毫不示弱，并且也决不容许他团队里的任何人退缩。如果有人出现动摇，弗兰克会站在他们身边，支持他们坚定信心。对于个人生活，人们知道弗兰克会显示出脆弱的一面，但是对于事业，他从不软弱。

随着时间的流逝，弗兰克改变了战术。他令人吃惊地宣布他想出售股权。他其实是不想的，但他认为这样也许可以打开死结。与其自己报出一个价格，还不如等待对方把另一个价格放到台面上来。只要收到一个高价，弗兰克就会考虑它，但是什么都没有发生，没有人出价。

于是他改变了主意，表示他不再对出售股份感兴趣。"我想这个战术使他们感到害怕了。"弗兰克说。他私下预测鲁本兄弟俩不会出现在对决场上。果然，令所有人吃惊的是，还剩下最后一周的时候，兄弟俩回复了，他们想出售股权。

财团的使命到 2006 年 6 月 12 日的午夜就要结束，谈判也延长到最后一分钟，鲁本兄弟开出了一个高昂的价格。西田支付了 1.1 亿英镑拥有了鲁本兄弟和马蒂普莱克斯共同拥有的 50% 的股权。西田又支付斯坦霍普 3200 万英镑获得了它的那部分股权。从 500 万英镑的初始估值开始，西田一共为这个地块额外支付了 1.47 亿英镑。这是一笔巨额资金，但是经济正处于上升期，市场情绪乐观高涨。一如既往地，弗兰克购买的是潜力。"在这件事中，我比别人看得更远。"他说。

在 6 月 13 日的上午，西田宣布将全面掌控斯特拉特福城项目的开发。整个地块获得了建造一个 1300 万平方英尺[1]的综合体的许可，其中包括 200 万平方英尺[2]的零售设施。

对于雷涛来说，整个斯特拉特福就是一个关于弗兰克的故事。

> 他对这笔交易非常富有远见。弗兰克属于极其正直的一类人，然而他的坚定深深地打动了我。这是非同寻常的。同样不寻常的还有他的远见。对他来说，从来就没有是否为了今天的资产支付了正确价格的问题，而是眼前出现的是不是一个不可多得的获取资产的机会之类的问题。当你回想这个地块的总体经济情况时，西田用了大量的资金买入其他合伙人的股权。这并不在财务计划之内，是需要一定的勇气才可以做到的。

在交易完成一个星期后，伦敦市政府发布了一个关于调查利文斯通与鲁本兄弟相关行为的报告。报告的结论是，利文斯通没有滥用权力的行为。利文斯通的意图是传递一个清楚的信息，即政府当局

---

[1] 1300 万平方英尺约合 1207.7 平方千米。——编者注
[2] 200 万平方英尺约合 185.8 平方千米。——编者注

将根据它们的法律授权确保奥运成果和斯特拉特福顺利得到再开发。

一些人认为，利文斯通的表态对于鲁本兄弟做出的出售决定起到了一定作用。尽管获得了丰厚的赎金，但他们也确实曾想参与奥运会项目，并对失去这个机会感到失望。

弗兰克获得了这个战利品后，也想与鲁本兄弟修复关系，于是他打电话给戴维·鲁本。弗兰克问是否可以拜访他，戴维勉强答应了。"我去他的办公室希望重建友好关系。"弗兰克说，"我尝试着说这就是生意，和个人没有任何关系，也不是第三次世界大战，但是他不为所动。这就是他们双方的最终状态。"

2008年5月，当选举新一届伦敦市长的时候，利文斯通输给了他的对手——保守党的鲍里斯·约翰逊。约翰逊上任后，弗兰克和他约好了一次会面，西田掌门人再次展示了自己的能力和过往那些成功的记录。这次他还能够展示西田如何服务于伦敦——白城项目创造了一万个就业岗位，几个月后就要开业，而且斯特拉特福将进一步创造两万个就业岗位。

西田与政府打交道的策略使弗兰克能够很好地与利文斯通相处，同样也可以很好地与约翰逊相处。上了年纪后，弗兰克不管和谁打交道都很自在。他的白发和成功赋予他天然的权威，正如古特曼看到的，他可以和一群有影响的人坐在桌前一起讨论，说一些其他人不便直说的事情。古特曼说："当然，有些事只有主席可以提问或回避，但是他总是准备提出问题，他坦诚和直率地面对任何可以使西田获得成功的意见。"

西田用8年的时间在英国建立了一个优质的资产包，同样的事情在美国和澳大利亚却用了几十年。如果情况相反，假设有一个英国公司试图进入悉尼，西田一定会阻止它获得市场份额的。

第 37 章 改变战术

最后，西田拥有了略小于 1/3 的奥运地块。在就该地块相关的 30 项复杂协议完成谈判并签字之前，弗兰克同意先开始建设购物中心。这是一个充满信心的举动，因为西田还没有获得这个地块的永久业权。尽管西田确实有一份许可协议可作为保障措施，但希金斯认为这个行动很不一般。

> 西田在这一合作关系中投入的信任令人瞩目，它在正式以自己的名字获得永久业权之前便准备基于初始协议投入数亿英镑。这个不寻常的举动也被充分认可，在签署合同的前几天，我安排了弗兰克和史蒂文去了唐宁街 10 号，至此西田准备的投资规模也得到了认可。我记得在等待弗兰克到来时，史蒂文跨出车门对我说："您知道我们对这个项目所做的投入承诺是非比寻常的，而我们也将在很大程度上依靠政府兑现其对我们的承诺。"我记得我当时的回答："是的，这就是我们要到这里见首相的原因。"

当走进唐宁街 10 号的时候，弗兰克有一种敬畏感，不是因为他将要见到时任首相戈登·布朗（Gordon Brown），而是眼前的这座建筑就是活生生的历史。60 多年前，他在布达佩斯紧张地收听丘吉尔的广播讲话，现在他正走在这个伟人走过的同一个建筑空间里。那天早上，他参观了丘吉尔内阁的战时办公室，他的脑海里充满了对过去的回忆："我记得丘吉尔的广播讲话，我们把一切希望和期盼都寄托在他那里。当我走上楼梯经过肖像画的时候，我的脑海里浮现的都是当时的情景。而且，能够带着我的儿子史蒂文一起来更有意义。"引领弗兰克进入唐宁街 10 号的官员看见的是一位穿着西服的老人，而在弗兰克脑海里不时闪现的是他作为一个孩子又回到了布达佩斯的贫民区。

弗兰克预见了西田伦敦和西田斯特拉特福将成为英国最受欢迎的两个购物中心的情景，他已经迫不及待了。30多年过去了，西田终于在伦敦的商业生活中打上了自己的烙印，弗兰克在那里获得了自己的一席之地。

第 38 章
全球金融危机之后

2007年年底，金融危机正席卷全球，弗兰克却对此并不太担忧。他之前经历过多次经济下行，更何况这次还有彼得和史蒂文站在身边协助自己。此时的彼得和史蒂文都是40多岁，年富力强而且精通业务，和弗兰克在一起组成了一个强有力的领导团队。在董事会的引导下，他们努力带领公司冲破危机，走出低谷。

2004年三大业务板块合并后，西田股票的交易价约为15澳元，然后一直在涨，在金融危机之前达到了23澳元。人们过了一段时间才认识到这次危机的严重程度，这是自20世纪30年代的大萧条后全球最大的金融危机。大家最初都还以为这不过是美国发行次贷所引发的地产问题，主要是信用记录很差的人获得了太多的贷款。2007年中期，美国的房地产市场崩溃了，银行才发现自己陷入了流动性危机和信贷紧缩。

尽管债券市场深受冲击，但股票市场起初没有受到太大的影响。有一种观点，或者说更是一种希望：危机的影响将仅限于美国的房地产市场。2007年10月，西田投资3.4亿英镑的英国购物中心在德比郡开业，零售销售依然强劲。公司也在热切地期待着一年之后白城购物中心的开业。但是两个月后，当购物中心公司森特罗触礁倒闭后，澳大利亚的西田总部也意识到必须面对已经身处危机的现实。澳大利亚地产投资信托市场剧烈震荡。

经历过无数次萧条的弗兰克，现在正回首往事并总结西田度过的四次主要危机。1960年，在上市后的几个月里，西田就受到一次严峻的信贷紧缩的影响，紧接着就是建筑业的衰退。新公司在危难之际得到了它们的股票经纪人的救助，弗兰克、约翰与经纪人所建立的良好关系起到了关键的作用。他签字同意发行西田债券，当只有50%的债券被认购时，他用一张支票自己买下了剩余的50%债券。

20世纪70年代中期，西田也像所有其他公司一样受到了石油市场震荡的冲击。当时石油价格翻了两番，澳大利亚通胀率突破20%，银行票据通胀率冲到17%，短期货币市场的隔夜现金拆借利率高达25%。西田也从短期市场上吃了苦头，并学会了和它保持距离。

然后又到了1987年的股灾，这次对弗兰克的冲击最大。他之前做出过一些糟糕的决定，而现在信息明确。与其偏离核心业务，倒不如加强它。他认识到进入热门的媒体行业是灾难性的决定，最后不得不通过贴钱来脱手他的电视网络事业。

20世纪90年代后期的亚洲金融风暴蔓延到美国和澳大利亚地产市场，西田也未能幸免，并被迫从之前短暂进入的马来西亚市场退了出来。弗兰克得到的教训是不能在发展中的市场拓展。

每一段经历都有痛楚，但经历风雨后公司更加强大。每一次事件后，西田都会反思总结，看可以从中学到什么。现在弗兰克已经准备好了再次思考这些教训。

到 2008 年 1 月，全球经济明显处于危机中，但是西田资产的地理分布使它处于有利地位。西田在 4 个国家运营购物中心，各个国家有着自己的优势和劣势。当英国的地产价值下降的时候，澳大利亚的购物中心的租金收入增长强劲。大约 98% 的收入来自长期租赁，所以开始的时候公司并不太担心，也没有影响弗兰克的正常睡眠。

这场危机并没有使我晚上睡不着觉，但是我们感受到了压力。如果当初我们没有把三家公司合并，它们各自就会弱小很多，也许已经遭难。在我眼里看到的是一艘巨轮航行在波涛汹涌的大海中，不时地左右摇摆，但仍然继续前行。但我很担心家族的私有财富，不知道它会减少到什么程度。我和戴维密切合作保护洛伊家族的资产。

当投资银行贝尔斯登（Bear Stearns）公司于 2008 年 4 月在美国倒闭的时候，整个金融界都面面相觑、难以置信；2008 年 9 月，当雷曼兄弟公司以 6000 亿美元的资产根据《美国破产法》第 11 章申请破产保护的时候，全球金融系统都在颤抖，这是美国历史上规模最大的破产申请。

逆势而行的是弗兰克的战利品——西田伦敦购物中心即将在一个月后开业。这家购物中心是在市场状况良好的时候签订的租约，却要在经济显露颓势的伦敦开业。被"锁住"的西田对此没有选择。99% 的店铺已经租出去了，成百上千的人已经被雇用，购物中心这台机器已经启动，只等按下按钮。很多不了解前期工作已完全就绪的人，都会很惊奇地表示在这样一个可怕的经济衰退期，一个投资 16 亿英镑的购物中心居然即将开门营业。

就在开业之前，《伦敦标准晚报》告诫其伦敦西部的读者到附近去看一下,"一个星期后,你就将受到相当于中子弹威力的零售巨无霸的冲击,不过该区域内的物质将完好无损,但是方圆5英里[1]之内的所有有机的零售生活将被摧毁"。

开业的那天上午,细心的消费者可以看到四位洛伊站成一排,领口上挂着具有纪念意义的红罂粟花,穿着合身的黑西服,系银色领带,加上一头白发的弗兰克,看上去就像一幅繁荣的图画。你丝毫看不出他内心的忧虑。这就是他78岁生日后的第一周,尽管他能够感到自己的年岁在增大,但他大脑储存和思考问题的能力依然强大。他的儿子彼得刚刚成功通过了美国参议院对其的一个税务调查,这已经装在了他大脑中的一个"舱室"里,现在令人不安的还有正在澳大利亚进行的税务调查。对于弗兰克来说,庆祝活动很少是在无忧无虑的情况下进行的,总有一些事需要他操心,但是当伦敦市长鲍里斯·约翰逊和随行人员出现的时候,他跨步上前满怀热情地迎接他。

西田伦敦的开业颇受好评。一些人描述这是危机中的大不列颠群岛的唯一亮点,是对未来充满信心的表现。购物中心大量的玻璃曲线和灯光应用构成了迷人的景色,伦敦人被它深深地吸引着。一位评论员说这不是购物中心,而是黑暗中升起的一颗新的行星。它为从附近四个车站涌入的顾客提供了新奇和刺激,43公顷[2]内的所有商店、餐厅和其他设施到处都是人头攒动。还有乘公交赶来的人,而对于那些自己开车过来的伦敦人来说,能够如此方便地开进拥有4500个车位的停车场更是全新的体验。那一整天都下着蒙蒙细雨,但是媒体说伦敦刮起了风暴。新的西田成为报纸的头版新闻。尽管也有批评意见,

---

[1] 5英里约合8千米。——编者注

[2] 43公顷合0.43平方千米。——编者注

但大家一致认为西田伦敦是一个五星级的目的地，不仅可以购物还可以消遣。

弗兰克把西田伦敦称为公司开创性的购物中心。通过在人口如此稠密和繁忙的伦敦中心地带建造购物中心，公司看到了自身的冲击力。尽管西田伦敦的表现超出预期，并开始改变世界对西田的印象，但是金融危机的影响还是不能被忽视。

价值变化了，代表着西田的A级信用的评级不代表任何东西。如何进行再融资？"在正常的时候，我们不会过度利用杠杆——事实上我们一向谨慎保守，现在没有发行债券的市场机会，银行也都承受巨大的压力，就更难筹到贷款。"斯蒂芬·约翰斯说，"这对我们每一个在西田的人都是全新的经历。环顾一下周边那些运营非常好的公司，大家都在凝视现实，没有再融资的市场也不能获得新的债务。"唯一的选择就是股权融资，并且幸运的是，澳大利亚投资市场的流动性依然充足并且可以加以利用，许多顶级公司通过议价筹集股本。

在股市暴跌期间，西田的股价最低时每股只有8.8澳元。"其实，西田股票下跌的时候，集团的任何东西通常都没有改变，因为资产负债表没有改变，并且资产价值也没有下跌。但是现在所有的资产价值都受到了损害，我们都不想以任何勉强的价格出售它们。"约翰斯说。

为了填报损益账户，按财务标准的要求，公司需要对资产进行估值和再估值。"在正常的时候，当你的估值大幅度提升，每一个人都会忽视它，因为这不是真的利润，这是纸面利润。现在情况正好相反，我们的大量资产突然间贬值，也有报纸头条报道西田集团损失达数十亿，资方负债表上到处都是红字。这会影响我们的资产负债表的各项比例和信用评级公司对我们的看法，因此我们需要更多的股本，所以在2009年，全球金融危机最严重的时刻，西田以每股10.5澳元的价格进行股权融资。"约翰斯说。市场欣然接受了这些新股。

这时的西田压缩了所有大型新项目的开发计划，并开始储备现金。2009年年初，史蒂文·洛伊和迈克尔·古特曼分析了斯特拉特福项目并做出判断——在这样的环境下招商会很困难。"我们回到家告诉父亲，我们应该延缓开发，把开业向后推迟6个月，否则我们就必须以很高的空置率开业。"史蒂文说。尽管这一推迟花费了5000万英镑，但被证明是一个明智的决定。这笔费用也由于伦敦较长时间内低迷的建筑市场的成本降低而被抵消了，推迟也可以让西田在一个形势逐渐好转的过程中从容进行购物中心的招商。

有一种观点认为，由于澳大利亚经济比其他国家更加封闭，所以在全球金融危机期间所受影响较小。用世界标准衡量，澳大利亚以其谨慎的操作、两级政府的刺激计划、一个反应迅速的储备银行和丰富的资源确实做得相对不错。

到2009年年底，全球金融危机进入尾声，西田呈现出良好的态势。延迟新项目的开发使它有了80亿澳元的信用额度，西田已经准备好了面对从如此巨大的财务困境复苏后随之而来的机遇。这时彼得·洛伊又在开始思考如何调整公司的资本结构，以更好地适应未来的形势。

2010年看上去是值得庆祝的一年。这一年西田进入第50个年头，弗兰克年满80岁。也是在这一年，《商业评论周刊》富豪榜第一次宣布弗兰克是澳大利亚最富裕的人，身家高达50.4亿澳元，他长期稳坐全球最大的上市零售地产集团的头把交椅。2010年，他再次通过选举被续聘为澳大利亚管理学院董事会的董事，为期三年，他确信讲台——而不是与股东维权人士的争吵——可以带给他快乐。

当股东大会进行到了开放提问环节的时候，第一个提问的是自称为股东讲话的记者斯蒂芬·梅恩（Stephen Mayne），他首先祝贺弗兰克荣登富豪榜榜首，然后又大胆地问为什么登上榜首的过程会这么长？梅恩然后提到弗兰克、彼得和史蒂文一年一共拿走了3100万澳元的薪酬，其中弗兰克一人就拿了1500万澳元。他计算了一下，这相当于4万澳元一天，并建议现在应该是学习派克斯家族（皇冠赌场所有者）的时候了，洛伊家族应放弃或至少大幅度地降低薪酬。

弗兰克说梅恩提醒了他，其实自己也在年复一年地思考同样的问题。"为什么？"他问道，"为什么要把三个洛伊的收入加在一起？我们根本都没住在一起。"关于他的工资他很清楚："我不做无报酬的工作。我知道我可以承担得起，但是我有资格获得这个收入。旁观者清楚，我并没有把从公司获得的报酬装进自己的口袋，我把它都捐给了更有意义的事业，甚至金额还更多。我不认为西田的股东是一件有意义的事情。"然后他似乎喜欢和梅恩的这个对话并感谢他说，希望在下一年的股东大会上再见到他。"你让我全神贯注。"他说。

数个月前，西田令市场震惊地在美国发行债券募集了20亿美元，显示了全球资本市场对西田的支持，但同时也宣告了在4个国家运营的西田出现了资金紧张。任何事物都有两面性，这种布局具有优势的同时也会伴有投资的限制。不久后，美国和英国的市场表现不佳。为什么那些投资经济状况良好的澳大利亚市场的人同时还要投资另一个市场状况不太好的国家？集团在4个国家运作，其复杂性也使得一些投资人感到不舒服。

这个想法在驱动彼得思考如何优化公司资本结构。他相信是时候将西田集团的澳大利亚资产一分为二，并强调这样可以更好地服务股东，并让它们可以相对于其他市场选择对澳大利亚的投资金额。

但是到底应不应该拆分？西田邀请了专家，各种争论和意见相持不下。埃利奥特·鲁桑纳一直对他的姑父有着最近距离的观察，看着弗兰克如何处理吵闹的会议。"人们不断地向他抛出问题，但是他能够控制噪声并从中发现需要处理的顺序和要点。他可以对杂乱的意见进行有序的梳理，很快地把它们全部列出并在会议的最后将它们总结为三四个要点，从而推动公司向前发展。"

这个想法使西田回到了那个令人怀念、早年在澳大利亚处于迅速成长时期的模式。这个模式是由一个控股公司管理分属于不同信托的物业。新的计划是要把大家都知道的WRT（西田零售信托）剥离出去，这个信托拥有澳大利亚和新西兰一半的资产。西田集团持有另一半（澳新资产）和所有的海外资产，还要负责所有的管理和开发事务。这个在2010年年初考虑的方案在当年年底就变成了现实，西田就这样将澳大利亚资产一分为二。

新创建的WRT，拥有120亿澳元的资产并几乎规避了汇率变化的风险，而且和世界其他地方的经济也没有直接的关系。同时，西田集团将更好地定位于投资大项目，包括纽约新的世贸中心购物中心，以及在巴西和意大利的拓展。在之前的数十年间，西田也探索过进入日本、印度、中国、俄罗斯和土耳其的可能，但是由于各种情况，最后决定不再进入这些市场。

媒体、公众和股东们被彻底地搞糊涂了。一些人认为，弗兰克试图把泼出去的水收回来。那他为什么不在2004年大合并的时候就进行拆分呢？弗兰克在电视上解释，西田当时拥有正确的公司结构并且已经实现了它的目标。现在条件变化了，所以又需要一个不同的公司结构。

这个新的结构将使公司以更少的资本像之前一样成长，也可以增加股东的投资回报。"我们正在非常认真地分析资本的管理。"弗兰克告诉澳大利亚广播公司电视台的《夜线》节目,"使这个公司成功的不仅是地产和开发业务,更重要的是它的资本运作。"

最后,这次重组并没有达到预期的效果。WRT的表现与竞争对手差不多,但是低于预期,交易价格连续大幅低于其净资产所支撑的预期。当地投资人也不太理解为什么一些资产由WRT持有,而另一些则是由西田集团持有。

国际投资者也不高兴,他们分不清澳大利亚控股的权重,身处伦敦和纽约的投资者不可能有太多的时间去考虑澳大利亚。如果他们想购买美国和欧洲的优质零售资产,他们可能会看西田,而且对于他们购买欧洲零售资产所花费的每一英镑,都要用澳大利亚零售结算货币澳元来支付。澳大利亚是一个波动周期不同的市场,投资者对包括澳大利亚货币在内的事情知之甚少。

澳大利亚方面的业务看上去正在拖累西田海外资产的估值,而同时海外的业务也把澳大利亚的股价拉了下来,这一失衡状态需要纠正。澳大利亚的资产应该在国内获得更好的估值,就像国际资产也要在国外获得更好的估值一样。

当弗兰克看向大洋对面的美国市场时,他发现西田竞争对手的股票都比西田股价高出数倍。尽管西田有品牌认知度,却没有美国公司的身份,仅仅被看作一家澳大利亚公司,这也不是大部分投资人想要的。公司有了身份危机,这个问题急需解决。

第39章
在边缘上

弗兰克在悉尼CBD外围的西田大楼办公差不多40年了，尽管这个位置有一点不方便而且大楼也比较陈旧了，但上班对他来说就是从一个家到另一个家。他15分钟就可以从家里到达办公室，这里到机场也很方便，如果他愿意，也可以顺着斜坡一直走到市里。但即便如此，也到了该搬家的时候了。2010年圣诞节之后，公司总部搬到了城市的心脏位置，这是一座坐落在崭新的西田悉尼城购物中心上面的办公楼。从新办公室，弗兰克可以俯瞰港口，眺望大海。他从座位上转过身来几乎可以触摸到支撑悉尼塔的钢缆。新环境尽管壮观，但还是需要适应一段时间。

2011年2月，弗兰克在海外遭到重创后回到了这个新办公室。2010年12月，在苏黎世，他忍受了没有为澳大利亚争取到2022年世界杯主办权的巨大失望。他得到了政府的资金支持，自己也竭尽了全力，但还是输在了世界舞台上。一个月后，他在卡塔尔心情紧张地看着澳大利亚男子足球国家队在决赛中争夺亚洲杯。他希望借此能让澳大利亚在足球界的地位有一些恢复，但是在决赛加时赛中，日本队进球了，1∶0击败澳大利亚队。这真是令人心碎的时刻。

2011年年初回到澳大利亚，弗兰克令人吃惊地卸掉了他肩上的职务。他说，是时候从西田的执行主席变成非执行主席了。80岁的时候，他终于松手放掉了手上的操纵杆[①]。他掌握这些操纵杆已达半个世纪，并且知道顺利度过这个变化需要很强的适应能力和自我约束力。

他始终没有公布这些想法，直至5月的年度股东大会，在没有大张旗鼓宣传的情况下，他的执行角色正式地转换了。第二天，他本计划要和史蒂文一起飞到巴西确定一个合资企业的合作事宜，但是他发现自己不得不去医院面对一个可能的癌症诊断。经过几天的忙碌，他被确诊为早期胆管癌，如果不及时治疗可能会转变为胰腺癌。

弗兰克唯一的存活机会是进行被称为"惠普尔"的手术。问题如此之大，人们对这个名词窃窃私语。其中一些人认为，他已经到了生命的边缘，并认为他的职业生涯可能就要结束了。

好在他的生存本能非常强大，尽管身体特别虚弱，但他说服了他的外科医生让他提前一周出院，因为他想参加一个之前安排好的和澳大利亚税务当局关于列支敦士登案件的调停，并且也没有听说这个会议被延期了。在调停的最后，虽然他的身体太虚弱，以致自己都不能抬起头来，但他最后还是签署了文件，使这一使事情得到了解决。[②]

然后他又说服了他的医生允许他一段时间后飞到伦敦参加西田新的购物中心斯特拉特福城的开业，项目就在即将于2012年举行奥运会比赛的地方。十多个星期后，他和雪莉飞往伦敦，旅途中严格按照

[①] 关于操纵杆的说法，详见第18章"一个灰暗的年份"。
[②] 更多细节详见"私人的事务"部分。

医生的指示长时间地停留了两次。

为了主持在伦敦召开的董事会会议，弗兰克早到了几天。在会议上，史蒂文提出了一个新的运营策略。他说，因为全球金融危机后零售商想要的是更小的空间和更好的位置，所以西田应该关注在全球主要市场创造、持有和运营旗舰购物中心，比如斯特拉特福城。这个于2006年产生的理念性的变革（即处置次级品质的资产和缩小资产包的规模）使西田又跃升到了一个新的高度。彼得随后提出了一个资产结构互补的方案，即利用出售这些资产所得的资金投资更高品质的购物中心，并把溢出的资本通过回购股票还给股东。埃利奥特·鲁桑纳也在那里给董事会做了一个汇报，并观察弗兰克如何有条不紊地控制着会议的进程。"这是一个重要的时刻：主席身体情况良好，他真正地回来了！"他说。

斯特拉特福城按计划于2011年9月开业，出租率超过95%。尽管彼时经济正处于困难时期，但作为欧洲最大和最具雄心的城市购物中心，斯特拉特福城还是闪亮登场了。它就是一座服务于一个超过400万人口商圈的实实在在的城市。作为伦敦奥运会的大门，70%的奥运会到访者每天都会经过这里。《卫报》描述它就是一个"自己的世界……而在西田购物中心的墙外和2012年奥运会场馆区则呈现了一个完全不一样的伦敦。老的街道、老的台阶、老的生意。周围的居民并不富裕，没有钱在这300多家高端商店内购物和消费。斯特拉特福城原先是一个制造业中心，不像现在这样是一个奢侈品云集的商业中心"。

这都是关于城市再造的故事。不久，西田的两位高级主管迈克尔·古特曼和开发总监约翰·伯顿（John Burton）凭借他们在斯特拉特福城和其他地方的工作被授予了大英帝国的官佐勋章。

第39章 在边缘上

西田斯特拉特福城购物中心开业的时候,伦敦市市长鲍里斯·约翰逊注意到,自中世纪以来,还没有什么能够像这个购物中心这样重塑伦敦的活力。当奥运会结束后,整个地块将进行改造以适应新的生活。它将成为伦敦东部新的中心,而西田就要成为其最主要的零售街区。在开业仪式上,弗兰克预测斯特拉特福城一年将迎来2000万的到访者并将世代存在下去(实际的数据是4000万)。他站在那里,感觉这一切承载了他50年的经历,而且一个月后他就将年满81岁,弗兰克看上去就是他自己和这些新的零售星球的主宰者。但是那些了解他的人知道情况并不乐观,他能够感到死亡的迫近。尽管他身患的胆管癌已经在很大程度上被治愈,但是心理上他仍然处于健康遭受威胁的阴影中。

但是事业依然要继续。这时,西田和巴西的阿尔梅达购物中心集团成立了一个合资企业,阿尔梅达在巴西的南部拥有5个购物中心。大家对这个合资企业充满期待。巴西是全球第6大经济体,有1.9亿人口,而且一半以上都是迅速成长的中产阶级。尽管这个国家的零售业还在起步阶段,但人口的文化背景和西田的其他市场很相似。西田在合资企业投入4.4亿澳元,就像西田在美国和英国做的,期望将其作为建立巴西市场的一个立脚点。

根据西田在最好的市场做最好的购物中心的理念,西田也在巴西找到了一些适合的潜在位置,但是合作关系并不融洽。弗兰克、史蒂文、埃利奥特和迈克尔在查看过阿尔梅达的购物中心和运营情况后,判定最好还是不与其合作。最后,西田退了出来。

也是在2011年,西田宣布了它进军欧洲大陆的计划。西田购买了米兰一个地块50%的所有权,期待在这里建设一个与西田伦敦的规模和品质类似的购物中心。在一个新闻发布会上,弗兰克说尽管世界市场还有些脆弱，但这是西田在欧洲的一个最富有的中心城市建立品牌连锁的独特机遇。拟议中的合作方是斯蒂罗集团（Gruppo Stilo），它的大部分股份由前意大利足球明星安东尼奥·佩尔卡西（Antonio Percassi）持有。合作双方对商业和足球的共同热情使佩尔卡西与弗兰克相处得很好。

到2012年，弗兰克身体好了很多，已经可以准备在英国土地上的又一场战斗了。上一次，他高强度地参与了为白城和斯特拉特福地块进行的公司间面对面的"搏斗"。这也使得西田现在可以在横跨伦敦中心的纬度线上从西到东树立两个标杆，即西部的西田伦敦和东部的西田斯特拉特福城。现在，弗兰克又回到了战斗中，努力赢得位于伦敦南部克洛伊登的第三个地块。西田尝试在那里获得一个立足点有些年头了，但一直没有进展。

长期以来，关于克洛伊登的问题一直就是个问号。之前不被注意的地方却发生了一场旷日持久的地块之争，谁都不知道该怎么办。在这一区域，英国著名的地产公司汉莫森（Hammerson）拥有中央购物中心，克洛伊登最老的教育慈善机构的惠特吉福特（Whitgift）基金拥有惠特吉福特购物中心。

通过彼得·米勒这位西田英国和欧洲的首席运营官，公司和惠特吉福特基金相互有了一些了解，西田开始尝试在这里立足。但是过程艰难，几乎没有什么进展。差不多同一时刻，弗兰克正巧和鲍里斯·约翰逊在商谈其他业务。约翰逊是一个球迷，当许多其他伦敦的开发商只会在嘴上谈论如何建造好的购物中心时，他说任何人的工作都没有西田做得漂亮，他描述这是伦敦有史以来对实体商业的最大一笔外国直接投资。当他站在弗兰克的身边为西田在西部和东部的两个购物中心正式开业剪彩的时候，他能够感到西田公司脉搏的跳动。当会议快要结束的时候,约翰逊提到了克洛伊登,略带不耐烦地顺嘴问了一句:"你为什么不坐下来和汉莫森公司谈一下合作呢?"

"因为就像要求你坐下和肯·利文斯通谈一样!"弗兰克答道。约翰逊把这理解为一个人明确给出的否定回答。

但是弗兰克听进了这个建议,史蒂文、迈克尔和他之后密集地参与了推进克洛伊登的项目。"但是汉莫森不为所动。"弗兰克说,"除了一个计划和从惠特吉福特那里获得的一些理解外,我们一无所获。虽然好几次看上去就要谈崩了,但我们没有放弃。谈判异常激烈,充满竞争。"冲在最前线的迈克尔·古特曼说:"弗兰克的领导力贯穿了整个过程,因为西田明显不可能独自拥有克洛伊登,所以和汉莫森公司谈的是如何建立一个合资企业的事情。"整个2012年的夏季,西田和汉莫森公司都设立了自己的小型"伦敦戴维营",双方在这里最终艰难地达成协议。

办妥这件事后,弗兰克去见约翰逊。约翰逊不知道他为何而来。在市政大厅,他被带进了约翰逊的办公室,在一番愉快的寒暄后,弗兰克宣布他带来了一份提前送上的圣诞礼物。约翰逊已经忘记了他们那段随意的对话。然后弗兰克静静地告诉他,自己和汉莫森公司就克洛伊登已经达成协议。"这确实是一个好的礼物。"约翰逊说。

> 两个购物中心巨头以这样特别的方式交织在一起,这是零售界从来没有见过的。这项合作震惊了伦敦,这都是因为弗兰克·洛伊决定了西田要做的,并且做到了。他具有杰出商人的特质,他可以记住你的看似非常平常的谈话中的每一个细节,然后事无巨细地亲力亲为,最后把成果交还给你。

约翰逊说他和弗兰克的第一次见面就被西田对伦敦的志向和它所看到的潜力所深深地吸引。"你能够感受到的就是,西田对于它想要做的新的事情热情高涨。"

2013年1月，西田和汉莫森的合资企业宣布了一份将要把伦敦的克洛伊登市镇区恢复到曾经的繁荣景象的纲要。不久之后，西田又和惠特吉福特签署了一份合作协议。人们希望克洛伊登零售业的复兴可以重塑伦敦南部作为购物、工作和生活的重要场所的地位，虽然这不是西田一家的功劳，但这将极大地扩展西田在伦敦的地盘和影响。

克洛伊登合作协议签署后不久，弗兰克又马不停蹄地着手下一件事情。2013年2月，他回到了澳大利亚观察家族所持有的西田零售信托股票的销售情况。在2010年创建这个信托的时候，洛伊家族获得了7%多一点的股票。现在他们委托瑞银集团负责销售这些股份。

来自瑞银集团的马修·格朗兹和盖伊·福勒（Guy Fowler）知道这是一项棘手的工作，因为卖家的身份显然是要被公开的。当他们的客户听说卖家是洛伊家族时，这些客户很可能要问洛伊家族是否有一些特别的消息。时事评论员也会认为洛伊家族出售股份是对西田零售信托的未来缺乏信心。当人们问洛伊家族为什么要减持时，格朗兹和福勒解释道，由于洛伊家族通过西田集团在相同的资产中持有了类似的权益，所以他们在西田零售信托的投资使他们对澳大利亚的投资额翻倍了，他们希望资产更多样化一些。

这对瑞银是一笔很好的交易，毕竟它承载了7亿多澳元的风险。"我们在不知道能够销售多少的情况下必须买下全部的股票。"格朗兹说，"我们自己研判，认为持有剩下的股票对我们并不好。"

因为是LFG持有整个家族在西田的股票，所以格朗兹要和戴维打交道。进展相当顺利，他们很快就文件和交易时间达成一致。弗兰克有时也会出现。等日期和时间都确定后，戴维宣布他要去珀斯参加他的乐队的演出。

"但是谁来负责这个交易呢？"格朗兹问道。

"不用担心，你会和我父亲交易。"

"那行吧。"格朗兹说。尽管他和盖伊喜欢弗兰克的公司，但弗兰克是他们所遇到的最难对付的谈判对手。

"不用担心，都会搞定的。"戴维回答。

瑞银报价的那天到了。瑞银要在上午告诉弗兰克数字，如果他同意出售，就会在下午宣布这一交易消息。那天早上，西田家族集团打来电话请他们过去。"盖伊和我在想，因为我们真的都不想和弗兰克讨价还价，所以我们决定直接给出最高的价格。"格朗兹说。两个人虽然从奇夫利大厦经过几个街区才走到了西田悉尼总部，但是他们还是没看到弗兰克的身影。西田家族集团的经理们仔细听了他们的报价并说会和弗兰克商量一下，然后给他们电话。

两个人又走回了奇夫利大厦等待。他们感觉气氛有点紧张，不久电话响了，弗兰克想马上见他们。"所以我们立刻走回去并见到了那些经理，"格朗兹说，"然后，我们就看到弗兰克沿走廊走了过来。我们在想，他大概会问是否还有一些提价的空间。"

弗兰克走了进来，礼貌地打了招呼并坐下，总结了情况，然后他说他只有一个问题。他看了一下格朗兹，然后又看了一下福勒。"我就是想知道这个价格对你们没有问题吧？"他问道。

眼前的这一幕出乎他们的意料。"您是什么意思？"格朗兹问道。弗兰克回答道，家族的交易还是和西田的交易有些不一样的。对于这笔交易，他也要为对方考虑，因而想确切地知道，格朗兹和福勒对家族必须要出售的股权的价格是否也感到满意。"福勒和我直起鸡皮疙瘩。我说'我们不知道我们是否可以，但既然我们来到这提出了这个价格，我们希望我们是可以的，并且会全力地推动'。"格朗兹说道。

"很好，这就是我想知道的全部。"弗兰克说。然后会议就结束了。在电梯里，福勒和格朗兹都不相信地面面相觑。"真是不可思议，太棒了！是不是我们报得太高了？"他们安静地走回去，思考这笔交易发生的整个过程。最后他们成功地将这些股份出售给了机构投资人。媒体随后报道瑞银集团以每股 3.09 澳元价格的大宗交易在休市后购买了股票，相当于当日西田零售信托悉尼收盘价格打了 3% 的折扣。最终洛伊家族获得了 6.637 亿澳元。"情况还行，我不是说很好，但是我们也没有亏损，后来价格上涨，投资人也赚些了钱。"格朗兹说。

市场认为这笔交易是弗兰克对西田零售信托没有信心的表现。摩根大通评论道："对于一个长期和睿智的投资人，减持其澳大利亚资产的决定引发了资本价值未来走向的疑问。"股票价格不久就下跌 3 个百分点，但后来又回到了它的长期交易的水准。

弗兰克一直都是新技术最早的适应者。从西田早年作为澳大利亚最早的一批使用商业传真机的公司，到他口袋中最新一代的智能手机，他一直在努力跟上时代变化的节奏。尽管他从不惧怕变化，但是在他 80 多岁的时候，数据技术的进步已经呈现几何级数的态势。他可以在网上自己订购电影票，也可以在电子书阅读器上下载他想阅读的传记。他脑海里想得最多的是互联网对西田可能造成的冲击。邮购、广播和电视销售已经存在很多年了，但也就是限于它们固有的行业范围内，对外界影响不大。而作为颠覆性的技术，电子商务吞噬实体店业务的可能性与日俱增。西田在 20 世纪 90 年代末，耗资 2000 万澳元建造了一个互联网购物中心，但是在那时有点超前于市场，西田在它还没有正式开发出来之前就把它关掉了。史蒂文说道："这是我们所挥霍掉的最棒的 2000 万澳元，因为如果我们把它开发出来的话，我们一定会为此付出更大的代价。"

现在，史蒂文以更大的投入重拾这项事业。拥抱数据世界需要改变我们的思维，并创建一个全新的西田业务模型。为此，史蒂文在旧金山创立了西田实验室，以此作为关注零售环境创新的全球数据实验基地，它的目标就是使西田的购物中心空间可以实现实体和数据的交融。后来人们把这称为"实体数据化"。

史蒂文解释道，这个实体和数据的交融过程才刚刚开始，而且西田比线上零售商更具有优势，因为它拥有最接近消费者的实体店铺，可以为零售商和消费者提供全新体验。

"但是怎么做？"弗兰克问道。尽管零售商在线上，但他们还是需要展示产品的地方。他们仍然需要购物中心的实体空间，尽管他们可能会减少窗口，但每一个窗口却需要做得更大。与其开很多分散的小店，倒不如换成更少数量的大店。标杆型的购物中心正好满足了这一需求，这也正是西田正在计划的。回到2006年，西田改变了其经营策略，从过去不断积累购物中心的数量转变为只关注A级品质的购物中心，并逐步清除B级和C级的商场。到2011年，由于对互联网不断扩大市场占有率的预期，西田进一步强化了它关注标杆购物中心的理念。

西田与消费者的关系也发生了变化。西田以往关心的是直接与消费者产生关系的零售商，现在为了在数据时代生存，西田必须改变，也要与消费者直接打交道。这就需要大量的思考。鉴于到西田购物中心就像到了一个小城市，西田想要促使消费者在来到购物中心之前先到网上计划他们的购物旅程。消费者在家里就可以从购物中心数以百计的商店和成千上万的商品中搜索，并做好一个消费清单。这个搜索过程可以使他们获得关于产品和服务的最新信息。

在到达购物中心时，消费者的计划和购物清单就在他们的手机里。当他们进入时,购物中心会立即认出他们,如果他们是购物中心的常客的话,还会给予他们奖励,譬如购物累计的积分可以使顾客延长免费泊车的时间。一旦进入商场,他们可以像往常一样享受传统的边逛边看的体验,或者快捷地去到他们要买的东西所在区域。

在购物中心里,史蒂文说道,一旦消费者到达购物中心,他们立刻就会被连接到一个个人购物的新世界,零售商这个时候可以通过电子设备播放特别的产品和服务信息。如果他们不想知道就无须点击参与。西田实验室也通过重塑"寻路"系统把一个地图软件下载到消费者的手机里,这个软件还可以同时显示附近的商品。

关键是要使西田成为"最好的主人",这是弗兰克最熟悉的概念。在他的个人生活和企业生活中,他都是一个非常老练的东道主。他能预料客人的预期,并总能慷慨地满足。他也是一个服务至上主义者。当他走进一个店铺内时,比起一个冷漠的销售人员,如果一个营业员会注意他并且和蔼可亲,他就会多购买三四倍的商品。从自己的经历来看,弗兰克了解到数据世界虽然对我们生活的改变是如此之大,但是事物的本质并没有改变。回到20世纪50年代,当他最早开设他那富有传奇色彩的杂食店时,他享受了与客户互动的巨大快乐,给他们品尝不同的食品,服务周到细致并看着他们购买更多的商品。在内心深处,他还是一个销售员。许多年以后,当他带着他的家庭成员来到冲浪天堂黄金海岸度假的时候,他发现自己正在一个拥挤的杂食店前排队。他提出要帮忙,店主同意了并给了他一个围裙,弗兰克在柜台后面度过了一小时的欢乐时光。

史蒂文解释道,未来的购物中心要提供无提袋购物服务,顾客所买的商品可以直接送到消费者的车里或家中。如果客人想吃东西,他们的手机可以告诉他们美食广场的各家餐厅正在提供哪些食品,他们可以在线订购并选择在固定的时间去享用或直接送到车里或家中。他说道,所有这些技术的应用也会对零售商非常有益。

弗兰克仔细地听着。当他1959年做第一个西田购物中心时,提供停车位就是一个重大的创新。从那以后,无提袋购物、侍者泊车和家中交付都随着时间的推进而变得很平常了,但是互联网又提供了新的维度,它可以使整个购物过程更加便捷、透明和高效,它也可以把购物中心和人们的家庭连接起来。弗兰克就是这些举措的推动者。

令弗兰克印象特别深刻的就是2015年3月,当他打开最新一期的权威线上出版物《快速公司》在线阅读的时候,他向下翻看到了全球前50位创新企业的名单。苹果、阿里巴巴、照片墙、谷歌、丰田和维珍美国等都在其中,当他看到第36个名字时,他的脸上露出了喜悦的笑容,那就是西田实验室。仅在两年的时间里,它有了55位员工,弗兰克非常高兴地读到它正在推动的"一些想法使得购物中心不再是20世纪后期美国商业的遗迹"。

第40章
分离重组

2010年，西田的结构调整并没有产生预期的成功，而坐等情况自己改善也不是西田的传统。采取进一步的行动已势在必行，虽然公司内部没有人喜欢看到又一个大的变动，但看起来结构调整很有必要。一个主要问题是，相较于西田那些在全球投资市场上市的竞争对手，西田集团的价值遭到投资市场的持续看低。西田存在一个身份的问题。市场并不把西田集团作为一个国际公司看待，而是理解为一个拥有一些国际资产的澳大利亚公司。

另一个主要问题是在国内。尽管WRT在运营层面表现不错，也不输给其竞争对手，但是它在股票市场的表现也低于公司的预期。

2013年，彼得一直都在思考这些问题并写了报告建议对此做出改变。他把报告发给了罗伯特·雷涛——他现在是英国罗斯柴尔德公司的负责人——并请他到澳大利亚来讨论，彼得、史蒂文和雷涛一天都窝在悉尼的酒店详细讨论这个计划。他们想出了一个变更方案，并在第二天和弗兰克会面一起剖析战略。"当一家人聚在一起商议的时候，辩论进行得空前激烈。"雷涛说,"我的部分角色是确保对话不偏离轨道。弗兰克并不会把他的意志强加于人。通过微妙的互动,他们慢慢地达成了共识。他的想法更具影响力,并不是因为他的权威而是发自内心的尊重的结果。"

对雷涛来说,这提供一个创造新思维的环境,灵感的闪现来自集体的力量。"这是比我之前所遇到的更加彻底的决策过程。当戴维·洛伊一起参与的时候,就至少是4个人关于这个议题的大量观点相互激荡。弗兰克是掌舵人,仰仗他的经验和领导力,他们的信心有所提升。"

下一步就是把计划放在西田公司内部的桌面上进行分析,在这里,计划得到进一步的拆分、测试、修改和完善。"最终这就是一个'集体智慧'的结晶,没有人可以说这个主意是自己的。"雷涛说。辩论可以如此流畅和活跃令他印象深刻。"在我的经历中,大公司有时会因为其系统结构太复杂和太多的条条框框限制了人们的思维,从而影响决策,而西田的决策敏捷且没有限制。"不像一个人拿着一份有新意见的报告向董事会汇报,西田在呈报董事会之前,这个想法已经经过分析机制过滤并且准备好了在董事会层面接受更进一步的检验。

媒体说西田董事会是受弗兰克支配和控制的,并且它讨论的都是一些无关紧要的内容,并不涉及基本原则的变动,这些说法是不准确的。"弗兰克比我所认识的大多数的主席或董事长更尊重董事会和经理人。"雷涛说。当他还年轻的时候,他与董事会的关系可能会不一样,但是作为一个年长的主席,弗兰克令人敬仰。领导西田50年后,他的视野和信心是无可比拟的。斯蒂芬·约翰斯作为西田董事会的成员已经数十载,当他被提升为布莱博(Brambles)集团董事长的时候,他对媒体谈到了他从洛伊那里所学到的:"他的一个可能并不为公众知道的优秀品质就是能够让所有的董事会成员参与决策，确保董事会成员全部知晓公司的战略方向并征求他们与此相关的建议。"

到 2013 年年底，一个将公司根据地理位置分离重组的激进计划最终确定：即将价值 700 亿澳元的西田将其业务拆分为澳大利亚和国际两个部分。2010 年的调整部分实现了这个目标，现在终于要再进一步，实现其最终目标。通过分离，两个突出而独立的商业巨人就要问世：国际业务将拥有所有的海外资产，被称为西田集团；澳大利亚业务将被命名为购物中心集团（Scentre Group），它将拥有西田全部的本土资产并与原本就由所有本土资产组成的 WRT 合并。

在整个漫长的准备、分离与重组的过程中，弗兰克对于一件事情始终坚定不移：在公司层面，他不允许本土业务继续沿用西田公司的名字，西田这个牌子只能在消费者层面保留。在实际执行上，澳大利亚和新西兰的购物中心为了受益于良好的商誉和吸引消费者，将继续保留西田的品牌，但是购物中心背后的公司身份必须有所不同。弗兰克为此和很多人争论以确保这一要求得到执行。"如果有什么事是父亲坚持的，那就由它去吧，即使在所有人都不同意的情况下，他的直觉就是不允许任何本土业务再用西田的名字。"史蒂文说，"我们可以争论分离和重组方面的任何事情，但这是整个交易过程中的一个禁区。员工和投资人都与他争论，但他就是不为所动。"

这就是远见。弗兰克想把两个公司的身份彻底分离。10 年或 15 年后，西田集团也许会发现它在一个新的市场与购物中心集团进行竞争，这种事情并非不可想象。所以，如果这种事情发生并且它们都用同样的名字就会产生混淆，就像澳大利亚最大食品零售商沃尔沃斯公司和其他名字相同而所有权不同的公司分布在世界各地，有的甚至就在一个国家里那样。

对于这次分离重组，管理层的洛伊们将精力集中在只能以美元结算的国际业务部分，随着时间的推移，这部分业务也有可能在澳大利亚以外的市场上市。弗兰克将成为它的主席，彼得和史蒂文将担任联合首席执行官。但是彼得已经表示18个月后，他将有可能转为非执行董事。这样就将留下史蒂文——或史蒂威，就像他父亲叫他的那样——掌控国际业务。

本土业务的操作将坚定地交到彼得·艾伦手中，他将担任首席执行官。购物中心集团将从澳大利亚最优质的购物中心公司起步，规模是其最接近的竞争对手的3倍。它拥有47个购物中心、49亿澳元的能提升收益的开发改造工程和2000名西田本土员工——一个纯粹的为本土或国外想投资澳大利亚的投资人设置的澳大利亚资产。弗兰克作为主席，史蒂文作为非执行董事，这样的安排保留了一些洛伊家族的专业技能。但是据媒体报道，有人认为他们的董事地位和他们在购物中心集团7亿澳元的股票可能不会长期保留。

当这个计划在2013年12月公开发布时，很多人表示不可理解。西田在2004年合并，在2010年分离，它现在又在干什么？人们谈论着"重组疲劳"，而且也不明白这么做有什么必要。人们也在问为什么西田在2010年不重组到位，西田给出的答案是那时国际业务的融资能力并没有大到可以独立支撑的地步。但是也有一种反对的观点认为：如果公司能够再等上几年让海外资产进一步成长壮大，那么2010年那次不彻底的重组可能就可以避免了。

这些困扰进一步凸显了市场和管理层之间的典型差异。当管理层要创造长期价值的时候，股东们想知道的却是未来6个月会发生什么。重组是为了在下一个十年创造更大的价值，但是关于这次分离重组的信息并不透明。

洛伊们也在担心人们会怎么想。公众对家族时而心存敬畏，时而又感到嫉妒。一些人抱怨西田有太多的洛伊，看上去就像一个家族公司。但是如果洛伊们离开，人们又会抱怨这个家族正在抛弃公司，或许因为他们知道一些别人不知道的事情。洛伊们的公司治理方法也遭到批评，比如他们所获取的工资。股票维权人士想看到弗兰克为西田工作，但不希望他获得报酬。洛伊家族被如此置于放大镜下观察，以至他们不得不为自己的隐私权战斗。在澳大利亚，弗兰克不管到哪里，他突出的容貌特征和一头惊艳的白发都会使他立刻被认出，他一直被公众密切地注视着。

关于这次重组，弗兰克的担心在于：因为家族拥有8.4%的国际业务的股份（后来增加到9.5%）并且也行使着公司的管理大权，所以外界会以为这个家族有一些只有内部成员才知道的秘密。媒体就有猜测说，这个家族认为澳大利亚人的消费潜力已经挖掘得所剩无几了，现在所有的成长机会都在海外。任何时候被问到这样的问题，弗兰克都会否认这个说法。澳大利亚虽是一个成熟市场，但依然有大量的增长机会。"澳大利亚的人口是2300万，据预测未来十年将增加至少400万，也许500万，这就是400万~500万新增的消费者！"弗兰克说。

把业务一分为二的想法是要给予两个公司均等的、最好的成长机会。"它们不能在一个屋檐下获得各自最佳的机会，而且目标永远是创造股东价值。"弗兰克说。海外业务今后将关注未来在目标市场的主要城市的旗舰购物中心，将实体购物与时尚生活及数据世界联系在一起。

距离2014年5月投票表决这个方案，市场还有5个月的消化时间。虽然西田的投资人总体上喜欢这个战略，但一些人不满意这些数据，很快就有来自小型但颇具影响力的机构发声并公开表示抵制。它

第 40 章　分离重组

们担心购物中心集团的负债率会提高，以致需要出售部分资产来稀释它所持有的资产包，因此要求在交易中得到补偿。弗兰克拒绝了任何要求优惠或补偿的建议，彼得更是激烈地反对这个建议。

显然存在感知上的问题。一些投资人看上去并不理解购物中心集团是一个完全成熟且正在运营公司——它拥有这些资产，开发和管理着它们，与它所合作的信托公司相比，购物中心集团能带来更多的收入。反对者说他们喜欢信托公司 WRT，并不想改变它。他们认为它是一个负债率低的安全投资工具，可以从它的购物中心中获得收入并合理分红，而购物中心集团将承担更高的债务和更大的风险。他们威胁要否决这个建议，除非这个交易可以得到优惠补偿，并且他们会运用公关机构和其他基金来确保他们的声音被听到。

弗兰克走出去将西田推荐给投资人已经是很久以前的事了，而现在他要连续不断地参加路演，以巩固投资人的支持数量。投资机构对于弗兰克亲自登门做解释很吃惊，它们在向他表示应有的尊敬后提出了一些他需认真思考的难题。对此，弗兰克表示少数发声机构试图掩盖拆分方案的正面效应。

通过这个方案，需要西田集团和 WRT 75% 以上的股东共同批准。随着股东大会的日益临近，WRT 方面并无把握能得到 75% 的支持票。投票前的三个星期，西田做出了一个务实的决定：为交易提供 3 亿澳元的补偿。但是这并不足够，反对者游说希望得到更多补偿。这时洛伊们坚决不为所动。

为了使方案获得通过，两个集团将于 2014 年 5 月末同日举行的股东大会上对其进行投票表决。出席上午举行的西田集团的股东大会的代表对于批准计划充满信心，但是参加下午 WRT 大会的代表们反映的情况却十分令人担心。尽管有 WRT 董事会的推荐和一个独立机构做的支持该方案的报告及路演和补偿，还有西田雇用的投资银行和全球代理机构对还在犹豫的股东进行宣传，但这一切似乎并不能够激发对方足够的热情以获得 75% 的 WRT 股东们的支持票。

如果下午 WRT 的会议没有批准交易，西田集团也准备了 B 计划。这是一个非常激进的选择。按计划，西田集团将独自前行而不需要 WRT 的参与，就是说它要将西田集团塑造为一个国际公司。这个计划激进的部分是要将它的本土资产剥离后独立上市。这个新的上市公司将与 WRT 在股票市场为募集资本而直接竞争。这个方案虽在会议的备忘录中也有提示，但似乎没有引起人们重视。

对于西田集团来说，拆分并成为一个独立的国际公司始终具有战略意义，无论 WRT 是否参与。但是随着投票形势日益紧迫，有一种观点认为如果没有 WRT 的同意，西田集团就不能实现它的国际化目标。尽管这是不对的，但是这种观点一直存在。随着会议的临近，人们猜测由于西田集团承受不起 WRT 的否决票，所以它会进一步提升优惠交易条件。

尽管西田集团说它将独自前行，但 WRT 的股东们并不买账。因为西田集团从股东代表们那里得知股东的支持率高达 98%，所以开会前一天西田集团的董事会决定：如果 WRT 的股东们没有批准，它们仍将进行拆分。同一天他们也通知了 WRT 董事会。那一天，《澳大利亚金融评论报》在投资人手册里针对分离重组失败的情况列出了 4 个备选方案。报道说，弗兰克之前说过如果建议没有被股东大会批准，西田集团会"继续行动"。报道也引述了麦格里证券（Macquarie Securities）分析师的意见，即最可能的方案是将西田集团中的澳大利亚和新西兰的资产剥离出来，但不会与 WRT 进行任何合并。

第41章
收　获

在两场股东大会召开的那一天，悉尼温特沃思索菲特酒店的宴会厅挤满了人。上午举行的是西田集团的股东大会，然后是公司安排的午餐，下午是WRT的股东大会。

各路媒体也都来到了这里，一个特别的故事即将进入高潮：在经历了半个多世纪的商海搏击后，弗兰克·洛伊的内心即将再次受到震颤。大家预计他新的宏大计划不会获得足够的支持，这次他将被击倒，2014年5月29日星期四将是这位站在巅峰的商业巨子倒下的日子。

第一场会议开始没多久，弗兰克就听到了不愉快的消息：差不多9%的股东投票反对他继续担任董事会主席。其他公司的董事会主席可能会为91%的接受率感到欢欣鼓舞，但对弗兰克来说这是不够的，他感到失望，不过也平心静气地接受了有9%的股东反对他连任的现实。但是随着会议的进行，他并没有保持冷静，而是被来自澳大利亚股东协会诱发的问题所激怒。房间里充满了毫不掩饰的敌意，交流也变成了令人不愉快的人身攻击。一位股东维权人士特别激进，弗兰克以牙还牙，毫不示弱。澳大利亚广播公司的一位评论员报道，会议室内的气氛火爆，一触即发，很多人都为弗兰克的强硬态度感到惊讶。

在弗兰克准备好的发言稿中，他传递了一个信息，再次向西田集团的股东保证，在引述西田集团的时候，他很正式地用了澳大利亚证券交易所的代码"WDC"（Westfield Corporation 的缩写）。一些人把这个信息理解为对下午即将召开的 WRT 股东会议的一个警告。

弗兰克告诉现场的人："即使下午 WRT 的会议没有通过拆分方案，也不会动摇我们推进西田集团将业务一分为二的战略目标的决心。我们将继续进行分离，只不过是在没有 WRT 的情况下进行。"

简单地说，他这是在告诉 WRT 股东会议他将启动 B 计划，实际上就意味着他们要摆脱 WRT。这一关键信息并不影响上午的会议，会议以压倒性的多数优势通过了提案。98% 的股东投票希望看到一个专注国际业务的西田集团与专注澳大利亚业务的购物中心集团分离开来。

但是到了午餐休息的时间，弗兰克的"警告"产生了激烈的反响。人们聚集在前厅，一边吃着预备好的三明治，一边议论纷纷试图理解弗兰克强硬的含义。虽然会议的备忘录提供了备选方案，但是他们都没有考虑过这个局面。新的计划影响严重。如果 WRT 的股东下午否决这个方案，西田将把它剥离的本土资产注入一个新公司并直接与 WRT 在股票市场竞争。在激烈的对话中，人们怀疑弗兰克是否真的会这样做，因为这看上去是弗兰克在和自己斗。他热爱西田，他就是西田。他为什么现在要砍掉这么大的一块而与它脱离关系？这在感情上也说不通。这个时候，大多数的人倒是陷在了感情旋涡里，而不是用商业思维考量这件事。如果这时他们能够关注商业现实，并认识到弗兰克的内心像钢铁一样坚定，应该就能够理解这个决定的意义了。

下午的会议非常令人期待。WRT 的董事长迪克·沃伯顿（Dick

Warburton）将怎样掌控它？沃伯顿担任董事职务长达25年，他经验丰富。他和他的董事知道正在发生什么。前一天晚上，他们看到了弗兰克发言稿的复印件，其中承诺必要时可以自己独自推进，但是他们几乎没有时间为此准备任何应对措施。

午餐的时候，WRT董事会成员聚在一起听取更多的建议。下午，沃伯顿宣布大会开始，他的主持风格与弗兰克形成鲜明对比：弗兰克是一种出于本能的参与和充满激情的表现，而沃伯顿有着那种中规中矩、处变不惊的稳重。沃伯顿知道股东代表已经表明了方案若立即投票表决会遭到惜败，他把票加在一起距通过还差0.9%。显然，在会议开始之前，对股东代表的投票调查显示方案的支持率为74.1%。

沃伯顿提到了早上的会议上弗兰克的讲话，如果WRT没有通过拆分方案，西田仍将被分拆并重新成立一个与WRT脱离的上市公司，并拥有它对澳大利亚和新西兰的资产及其管理权。这对于WRT绝对是一个负面消息，因此他在大会正式投票之前请大家自由发表意见。

在讨论期间，一位来自主要机构投资人的股东代表站起来建议推迟投票，因为弗兰克的讲话传递了一个关于交易的"实质性的重大变化"。沃伯顿同意这一说法，并说董事会成员将离开主席台商讨是否延期并寻求法律建议。在主席台空缺的时候——看上去感觉就要一直空缺下去了，人们在下面纷纷议论。尽管沃伯顿在WRT的公司章程下具有这么做所需要的权力，但推迟投票还是前所未有的。人们感到他们坐在前排观看公司正在创造一段历史。当董事们回到主席台的时候，沃伯顿提议做一个特别表决，看一下是否应该推迟这次投票。经过激烈的辩论，大家同意就是否延期进行表决。根据表决结果，沃伯顿做了一个颇具争议的休会决定，借此给所有成员充分考虑新情况的时间。

就像弗兰克有权启动B方案一样，沃伯顿也有权延迟会议，但是整个事件开始发酵。因为这不仅打乱了当天的程序,而且随后几天,媒体铺天盖地的报道和指责都是针对弗兰克的。在他漫长的职业生涯中,还从来没有因为一个公司决策掀起如此大的波澜,他自己也不能理解,为什么媒体对人而不对事?

有人说他一直以来都太成功,这也算是因果报应吧。这是西田历史上踢的最具争议的"一场球",并且他们说弗兰克"移动了球门框",这玷污了他的名声。媒体形容西田内部一片狼藉,他们说弗兰克采用欺凌、逼迫和威胁的手段并描述这个动议是公司行为的一个巨大失误,他们几乎用尽了所有的负面形容词来描绘他面临的挫折。在他们看来,重组注定失败并且预测还会引发法律诉讼行动。他们认为这个过程令人愤慨并且哀叹少数人的权利被践踏。一个伟大帝国的末日看似到来了。

回到西田方面,弗兰克和其他人都看了媒体连篇累牍的报道。他们对于罗伯特·戈特利布森(Robert Gottliebsen)的话尤其吃惊。作为评论界的权威,他30年来被认为是澳大利亚最受尊敬的商业和金融评论员之一。"今天我感到很难过,一个澳大利亚伟大的商业英雄和代表人物,弗兰克·洛伊显然在西田集团董事会主席的位置上待得太久了。"他在《商业观察》和《澳大利亚人报》写道,"弗兰克·洛伊已经83岁,当你变老的时候你有时会听不进反对意见,我想这可能就是发生在弗兰克身上的事情。"他说弗兰克的英雄地位在他生命的这一时刻已经开始褪色,而此时他的业绩和技能最应该受到人们的颂扬。"无论这场战役走向如何,失败者都是弗兰克·洛伊。"

即使在这个言论自由的世界,一些最强硬的媒体人也对戈特利布森关于弗兰克的攻击性评论以及对于他的年龄的言辞感到震惊。对此,弗兰克私下里给他写了信,并针锋相对地表示戈特利布森可能受到年龄影响应该退出评论员的工作。戈特利布森也私下里回了信,并在数

第 41 章 收获

天后公开表示收回评论:"当我们的标题认为他从光环中走下来的时候,我们对这位西田的主席是不是太苛刻了。"戈特利布森写道,尽管此时的西田确实一团糟,但把所有的批评都指向一个 83 岁的主席太无情了。

《澳大利亚金融评论报》对这次吵闹采用了不同的报道方式,在它的头版宣称"洛伊们强加他们的意志",然后跟进的是一篇关于西田主席怎样用威严的目光瓦解了股东们反抗重组的股东的报道。这个时候,新南威尔士最高法院批准了 WRT 的休会决定,并确定下次会议于三周后的 6 月 20 日举行。

弗兰克总会把所有的选择方案公布出来,这是他一贯的做法,现在每一个选项都受到了仔细的检查。他召集了一个家族会议,讨论是否能够或应该购买 WRT 的股票,从而使得天平向支持拆分的方向倾斜——毕竟,只需要不到 1% 的 WRT 资本就够了。经过激烈的争论后,家族成员决定他们不能以那种方式获胜,况且最高法院和澳大利亚证券交易所已经决定只有那些在第一次会议上持有股票的人才有资格参加第二次的投票。

由于弗兰克在即将召开的会议里没有担任任何角色,同时澳大利亚男足国家队正要去巴西进行世界杯比赛,他出国了。他将从巴西远程参加辩论会并观看会议的进展。

在三个星期的等待时间里,争论不断升温。拥有 WRT 8.49% 股份的澳大利亚养老基金公司尤尼苏帕(UniSuper),也是提案的最重要的反对者,要求增加补偿或改变重大条款。在进入等待期的几天时间里,尤尼苏帕的首席投资官约翰·皮尔斯(John Pearce)到电视台上公开回应洛伊家族所发出的威胁。他说如果洛伊家族真敢"将拆分方案强行付诸实施",那么他欢迎 WRT 有一个新的竞争对手。尤尼苏帕购买WRT不是因为WRT是开发商或管理者，而是因为它是一个地主，它拥有高质量的且能提供诱人收益的零售资产。皮尔斯说在新的方案下，这个投资载体将改变性质并且杠杆也会大幅提高。"突然间，我们又要承担地产风险和开发风险，还要求我们为此权益支付高昂的费用？"他说。

史蒂文·洛伊那天下午一直秉持着家族立场参加了WRT下午的会议，他也是WRT的一名董事。他也出现在了同一个电视台的节目中驳斥皮尔斯的说法。他指出了媒体的歇斯底里，并为延期投票的决定辩护。他问道："给投资人多几个星期考虑这个方案何罪之有？这是少数破坏多数。"他表示对他家族的关注已经到了荒谬的程度，他为自己的父亲和公司在过去的50年所取得的成就感到非常骄傲。

沃伯顿也积极利用等待期，并在此期间宣布了一个"增援令"，要求散户股东支持拆分方案。因为有许多支持方案的小股东并不喜欢抛头露面。他说关于交易的辩论其实是一边倒的，他和董事会都支持这个方案，但不确定它是否会获得通过。

对埃利奥特·鲁桑纳来说，作为西田集团的代理首席财务官，已经为重组工作了一年的他来到了职业生涯的巅峰。新的会议定在星期五的早上，但到了只剩三天时间的星期二下午，WRT内的支持票仍没有达到方案通过所需要的75%。埃利奥特再次打电话给WRT的经理及他们的银行投资人，拼命地重新计算支持票数。他变得越来越沮丧，心想他们正在走向失败。他十分忧伤地开车回家，在准备写一个令他害怕的邮件之前，他又有些惧怕地在厨房的餐桌上整理了数据。他在发给西田高层的邮件中写道，看上去他们会只差一点点票数而失败，如果能够获得足够的支持率，他会感到震惊的。他点击"发送"后坐在那里双手抱头。这时他的手机响了，WRT的主要投资银行瑞银集团打来的。

"你是坐着的吗?"

"是的。"埃利奥特回答。

"有人改变主意了。一名大股东不再用手中的百万张选票反对这个提案。"

埃利奥特一下子从他的座椅上弹了起来,几乎撞到天花板,因此也撞到了他职业生涯的最高点。他开始大叫"我们要赢了!"

处于"极度喜悦"状态的埃利奥特正要给史蒂文打电话。但在他拨号时,弗兰克的电话进来了,他刚看到了埃利奥特的邮件。埃利奥特向他重复了两遍他刚听到的消息,弗兰克也不相信形势会峰回路转。然后史蒂文的电话来了,他同样感到吃惊。星期三早上,加上这批赞成票,支持率终于战战兢兢地站在了76%的标记上,WRT对投票结果秘而不宣。

这个胜利的成果守住了。到了星期五,整件事进入了它的最后程序,会议并没有想象的令人兴奋。经过6个月的异常激烈的辩论,事情只用了20分钟就解决了。拆分方案获得通过,每个人都在握手。皮尔斯向西田的成功宣传表示祝贺,并补充道,如果再来一次他还会做同样的选择。"我们得到了补偿,而股东们也知道我们为他们的权利已经做了最大努力。"

这件事情成了澳大利亚机构股东积极主义的一个案例,由养老基金领导的投资人几乎打翻了由两个伟大的澳大利亚企业提出的建议。看来,今后大的养老基金在配合公司的决策时,应该尽可能地扮演积极的角色,因为它们的规模可以使其展示自己的力量。

在一个代表澳大利亚购物中心行业进入后洛伊时代的新闻发布会上,史蒂文描述这是一个"苦涩而又甜蜜的日子",为未来感到激动的同时也伴随着分离的忧伤。彼得发现自己不得不对那些怀疑家族动机的观点做出反击。他否认了所谓拆分是由于家族希望将财富转移至海外并成立一个新的可以进行海外并购的实体的猜测。"如果我们想离开，我们早就出售我们持有的8%股份而离开了。"他说，"我们是一个足够成熟的家族，并一直关注公司下一步的成长，而且这也是接班计划中一个清楚的步骤。我们现在有一笔债务需要重组，也要看看到哪里上市和开发哪里的新市场。"

史蒂文的忧伤情绪延续到了新闻发布会后的一个小型酒会。澳大利亚的业务是他过去26年职业生涯乃至整个生活的一个组成部分，现在情况良好却要交给其他人。他走向彼得·艾伦，期望他一定要好好地经营好这块业务，然后他就直奔机场飞往巴西和他父亲会合。

最后，媒体之前的可怕警告没有一个变成现实：没有发生任何法律诉讼行动，法院维护了沃伯顿的做法，两个公司的股价全部持续上涨。到2014年12月，两个公司合计增值80亿澳元，而且股价还在持续上涨。无须发表为弗兰克辩护的报道，因为数据已经为他说话。事实也一样，在一次特别的信心投票中，尤尼苏帕立即增持了购物中心集团的股票，据报道共增持了2亿澳元。皮尔斯还辩称这并不是在打自己的脸，因为他从未说过尤尼苏帕不喜欢购物中心集团，他只是相比之下更喜欢WRT。尤尼苏帕也买进了西田集团的股票。

为拆分而进行的交易震撼了整个澳大利亚企业界。根据《澳大利亚金融评论报》的报道，"它显示了澳大利亚大企业所面临的一系列挑战：澳大利亚养老金的影响力不断增长，从创业天才一代到他们下一代的财富传承，未来零售业关键部门所面临的重大技术变革，以及澳大利亚公司征服海外市场的能力"。

当所有的噪声都平静下来之后，人们清醒地意识到在拆分风波中，媒体对洛伊家族的看法由矛盾转向了负面。怀疑者认为这个家族的行为只是为了自己的利益，而且他们的计划旨在分散澳大利亚资产以实现他们的目标。

有好几个星期，弗兰克感到很受伤。他不理解媒体为什么这样围攻他，为什么他们不从公司的运营去看问题，为什么他们不把尤尼苏帕看作挑衅者而是一个牺牲者。后来大家都知道尤尼苏帕确实为它的成员做得很好。然而，作为少数股权股东的代表者，尤尼苏帕这种尾巴摇狗[1]式的动作居然产生了如此大的波澜，也是值得深思的。

弗兰克告诉朋友，在他的职业生涯中他遭到过很多批评。"这个很自然，但我想不起来曾经受到过这样的怨气和这么多错误的批评。有些时候，我担心是不是有什么潜在的仇恨使得他们想要这样折磨我。媒体不知道真相，也看不到好处。我猜想最终分析报告中的事实已经说明一切。重组为股东创造了100亿澳元的增值。"

在进行事后分析时，弗兰克发现了一个失误，即给了市场5个月的时间考虑这个拆分方案。这创造了信息真空，产生了很多猜测，谣言四起并不断传播放大。"我们失去了话语权。"他说，"从方案宣布到发布注释和备忘录的时间应该尽可能地接近强制性的最少6周的规定。"

当彼得·艾伦开始为重组工作的时候，他以为他的有效工作是在将自己推向失业。但随着重组的进行，他其实正在为自己担任购物中心集团的首席执行官的位置而工作。18年间，通过在西田掌门人面前的工作，他学会了一些对他担任新的角色很有用的东西。

在早年为西田工作的日子里，艾伦注意到了弗兰克对不确定性

---

1 尾巴摇狗（the tail wagging the dog）是一句谚语，意思是次要部分支配或决定全局。——编者注

具有特别的容忍能力及其所带来的好处。"他高度专注并且知道最后的结局是什么,却不知道过程。他可以忍受过程中的杂乱无序和各种层出不穷的意外。他的能力就是容忍模糊,创造灵活。他始终会有一个备选方案,但从不泄露任何一个方案。最后时刻他会做出决定。"

艾伦也学会了不在谈判中率先压价,因为这会设定一个底线,他宁可像弗兰克那样先看对方的立场或底线。最重要的是,他学会了如何从不同的人身上最大化地激发潜能:通过积极聆听,产生共鸣和激励自信的相互作用,然后通过灵感激励他们勇往直前。

他听弗兰克谈论关于家庭的价值,并且在后来的几年里也亲眼看到弗兰克是多么好地创造了他生活中的平衡。他也听到弗兰克鼓励他的经理人要重视家庭生活,但是也看到弗兰克并不总是理解经理人需要花时间做到这些。"但是,如果你感到足够舒服和自信,你就可以坚持自己的主张,他理解家庭的语言。"艾伦说。

经过半个多世纪,弗兰克把西田带到了可以将海外业务拆分的高度,同时留下的本土业务强大到坚不可摧。2015年,拆分后的两个新公司的价值还在以超出所有人预期的速度增长,其中价值170亿澳元的大多数正在执行中的开发项目的资金都是从这个新的购物中心集团筹集来的。史蒂文说,其中的很大一部分资金来自他的父亲在过去的13~14年间所做的几次大的交易。

85岁的时候,弗兰克感恩他还能有效地工作,而不是回忆往事,他依然是这个团队的核心并带领西田不断地迎接新的挑战。

在过去的10年,这个核心团队失去了一位极其重要的成员——理查德·格林(Richard Green),他因长期患病于2006年去世。他和公司一起度过了26个年头。作为2014年业务拆分的结果,核心团队也将失去彼得·艾伦,但是他去了购物中心集团。同时看上去核心团队也将失去彼得·洛伊这位执行经理人。当分离方案刚宣布的时候，彼得就公开表示他将于 18 个月后放弃他的执行角色。然后他又改变了主意，2015 年 2 月，他说他要留下和史蒂文一起担任联合首席执行官。

媒体问彼得是谁说服他留下的，是他的父亲还是董事会。彼得回答："如果是父亲，他都不需要问，他一定会直接让我留下。"《澳大利亚金融评论报》的助理编辑罗伯特·哈利（Robert Harley）并不认同。他说像这样推翻之前已经宣布的人事变动，一定是经过家族充分游说和商议的，它不会是"毫无征兆地说是应董事会的要求——更可能是大家想法一致"。

要成为这样的"想法"之一，必须是对弗兰克的生活很重要的事情。他继续每天到办公室，继续时不时地为西田的业务出差。对他来说，西田依然是正在进行中的工作。

后记
事事相关

研究老龄化进程的学者说,老年人虽然会在很大程度上保护自己,但有一个方面是他们不能防范的,这就是心理变化。虽然许多有雄心壮志的男人可以保持勃勃生机达数十年之久,但他们身边的人还是会发现他们内在驱动力的消失。这是在不知不觉中发生的,老年人与其继续努力到达顶峰,不如满足于现状,内心开始得到放松。

在87岁的时候,弗兰克终于放松了,他在回首忙碌的一生的时候第一次感到了平静。同时,他从公共事务中脱身看上去也是经过周密筹划的,当然也有大量的直觉判断。他知道他必须离开,但这并不是按什么人的意见,而是以自己的方式退出。

但他并没有悄悄地退出,而是以一个震惊世界的消息宣布自己的退出:将西田公司以约250亿美元的价格出售给欧洲最大的地产公司尤尼百-洛当科公司。人们不能相信他会亲自推动达成这样的交易,特别是在面对电商威胁的环境下。

关于他如何完成这笔交易的故事引发了人们极大的兴趣。到2017年12月初,交易谈判已经进行了5个星期。双方的谈判在伦敦举行,双方都已经精疲力竭。5个星期对这样一笔复杂的国际交易是一段很短的时间,每一个人都日夜奋战,因为交易必须在一个固定的期限内完成。

就在几天前,谈判一度陷入僵局。他们无法就价格达成一致。善意耗尽,用词尖锐,双方的谈判都停止了。很显然,他们不能达成交易了。买方已经回到了他们在法国总部的家里,西田的经理们则精疲力竭地瘫倒在他们伦敦的酒店里。

弗兰克很清醒,尽管他领导着谈判团队,但他站在高处并不介入具体细节,现在他该出场了。经过一段时间的沉寂后,他给他的高级银行家打电话,他们一起商定了如何让交易重回谈判桌的策略,是时候展开最高领导之间的对话了。银行家邀请法国公司的董事长到伦敦来洽谈,他想来,但只能是两天以后。而对于弗兰克来说,交易就要流产时需要立刻进行讨论。"行,如果他不能来,我去。"他说。

这天是2017年12月7日,星期四,法国公司的董事长一整天都有安排,只有晚上有时间。傍晚时分,弗兰克的飞机停在了布尔歇机场的停机坪上,这是一个最靠近巴黎市中心的机场。

法国公司的董事长是乘摩托出租车过来的(为了避免巴黎的交通拥堵)。90分钟后,双方就价格问题达成一致并谈妥了交易。据银行家叙述,在飞机上的谈判进行得有礼有节,两个男人都充分展示了谈判技巧和魅力。"但是弗兰克是我35年投资银行生涯中遇到的一个非常特别的人,这是我发自内心的感受。"罗斯柴尔德的高级银行家说道,"刚柔并济和魅力四射构成了他最强大的'武器'。"

当弗兰克的飞机返回伦敦降落后,他立刻直奔帕克街的酒店,希望可以睡上几个小时。他必须在黎明起时分准备前往温莎城堡的行程,女王陛下伊丽莎白二世将在那里授予他大英帝国骑士学士的头衔。他将以弗兰克·洛伊的身份抵达,而离开城堡的时候就是弗兰克爵士了。

众多的家族成员，包括他的三位孙子都在那里为他欢呼雀跃，但是缺少了一个关键人物：雪莉因为病得太重而不能到场，她陪伴在弗兰克的身边近65年，本应该是非常兴奋地和他共享这一辉煌时刻的。她将多么喜悦地笑纳"洛伊夫人"的头衔，但不幸的是，她的记忆消失得太快，以致都不能感知这件事情的意义。

对弗兰克来说，雪莉一直都是这个家族的"中心中的中心"。当发现她情况不好后，弗兰克就竭尽全力设法控制她的病情发展。一年多来，弗兰克带着她的病历四处求医咨询，但她的病情还是在迅速恶化。她不要除了弗兰克以外的任何人，且紧紧地抓着弗兰克的手是让她感到唯一安全的事情。

2014年，在庆祝她80岁的生日和他们60周年的结婚派对上，雪莉几乎预示了这一切的发生。为纪念这两个重要的日子，史蒂文和朱迪搭建了一个大帐篷，放满了鲜花，邀请了全世界的朋友。此时，雪莉的身体已经很虚弱，走上讲台，带着宽厚的笑容，发表了可以被描述为对她的丈夫的爱情颂歌的演讲，并且还不乏幽默感。

她描述了她1952年第一次在和弗兰克约会后，她是怎样回到了家里，进了门，发现她的父亲正在等她。

"怎么样啊？"她爸爸问。

"很棒。"她回答。

她爸爸似乎很高兴，然后就睡觉去了。不一会儿，她听到了父母在争论。"你还想要什么！"是她爸爸提高的嗓门，"你以为我们是谁，还要为她找一个医生或牙医啊？"

雪莉谈到了他们现实中的生活状态，弗兰克是如此忘我地工作，并且是生活在如此高强度的节奏中，每一件事情都很重要。他经常离家在外，她很孤单。"这就是我们的现实，它被我们之间的魔力结合在一起。这个魔力就是当弗兰克牵着我的手的时刻——此时，我能够感到他的整个臂膀正拥抱着我，此刻我也知道在这个世界上不会有任何其他地方更适合我。我不知道将来会怎样，但我们将手牵手继续前行。"

在温莎城堡的那个寒冷的早上，弗兰克承受着失去亲人的痛楚。三个星期前，他的长兄亚历克斯过世，享年96岁。弗兰克匆匆从伦敦赶回想见他最后一面，但到达悉尼时还是晚了几个小时，亚历克斯的遗体已经火化了。这份痛楚依然在他心中不能散去。

在过去的20多年，他和亚历克斯的身体状况都很好，但弗兰克的姐姐伊迪丝和哥哥约翰都患上了失忆症并先后去世。多少个周末，他们四人围坐在放有水果和蛋糕的桌子前，回忆和吟唱匈牙利或斯洛伐克的歌曲。这些最初的家庭成员的聚会既痛苦又弥足珍贵。现在亚历克斯也离去了，留下了弗兰克成为洛伊家族他们这一代人中唯一的健在者。这也使他的过去没有了见证人，或用他的话说"没有了参照点"。

但是，上帝关上门的时候会打开一扇窗，在他的晚年，他发现了另一条丰富生活源泉的通道。这来自他与孙辈们产生的直接的而不是经过他们的父母过滤过的关系。他从来就不是一个传统意义上的爷爷，也从来不会放学接他们或帮助他们做作业。如果他们被卡在一个电梯里，他们也不会寻求弗兰克的帮助，但现在他们会叫他。

史蒂文的长子乔希会取消其他安排和弗兰克在一起。"我的祖父有时候会很严厉，但他又很慈祥，我看到他非常努力地工作，而且他是如此注意维护家族的整体性。我认为这可能也是他的杰作，直到现在我才认识到这是一件多么不容易的事情。如果没有家族的和睦，一切都是空的。"

戴维的次子诺厄（Noah）十多岁的时候开始被他的祖父深深地吸

引,他发现自己可以很容易地和祖父讨论一些个人的事情。"不做任何判断。他会'很快理解',而且他的建议总是很中肯。他对人性很现实,只要是他在乎的人,我能够看到他不惜放弃那些需要他放弃的东西来维护这种关系。"

无论何时被问到,弗兰克会说他这一生最重要的工作就是作为父亲这一充满情感的"工作"。他意识到他过去总想控制一切的作风或许真让人受不了,他渐渐学会了放手。"在足球比赛中有队员需要'无球跑动',我在我成年的儿子们身上找到了这种感觉。我尝试评论而不是指示。"那么,早期的控制是不是造成伤害了?他说早期的控制为家庭团结打下了一个好的基础,他为有智慧做出这种改变感到高兴。

戴维的妻子马戈从这个家庭的长媳的角度观察了弗兰克40多年间的变化。"我相信他能够做出调整,虽然他坚持自己的主张,甚至有些固执,但是他知道什么时候需要灵活多变和什么时候应勇往直前。"

史蒂文的妻子朱迪也看见了类似的事情。"当我来到这个家族时,他们都宽以待人,没有人可以对任何人或任何事情提出批评意见,更不用说提建设性的建议。"她说她的公公现在变得现实了许多,"他的一个更突出的特点就是,他具有在自己的领域进行自我评估和再评估的能力,并接受所需要的改变。"

尽管他能够使他的家人保持紧密团结,但是对于下一代这是不可能的。尽管弗兰克在很多时间都保持沉默,但他很希望他的十一个孙子孙女中的某一个羔羊迷失的时候找他谈谈心。尽管他不能将这一代人像他所希望的那样锁在一起,但是他会说服他们保持联系。

在过80岁生日时,弗兰克在船上看着他们的脸庞,从7岁的乔纳到30岁的丹尼尔,他认识到每一个人都有一个属于自己的小宇宙,并被他所不知道的力量所驱使。在那个时刻，他希望自己可以给他们传授一些自己的东西，以便他们用得上，所以他把他们叫到了身边。

他和他们谈到了婚姻和一段成功的婚姻是多么的不易，很多因素都需要考虑到。相同的背景就是其中一个因素。"你们可以想象犹太人的联系可以追溯到2000多年前。"他说。在讲这些话的时候，他对自己的讲话是否能发挥作用其实并没有信心。

但是一年多以后，诺厄在一个非正式场合向他走来并说道："您知道，我不会中断这种联系的。"

史蒂文的女儿里娜在倾听他所说的联系时只有14岁，尽管她并不完全明白其中的意思，她知道她听到了一些重要的事情，这些话语一直围绕着她。几年后，当她给同学们做演讲时，她表示了她要将这种联系完整保持下去的愿望。她的祖父母也在场聆听了她的演讲。

丹尼尔也不可能破坏这种联系，作为长孙，他和他祖父的联系温馨而坦诚。弗兰克不认同丹尼尔的过度虔诚和循规蹈矩，希望他能够更加传统一些，参加社群活动，有信仰，但不受正统限制。丹尼尔不为所动。当他和伊拉娜·诺基德（Elana Nogit）在纽约结婚时，弗兰克停止了说教，他接受了这是丹尼尔的处事方式。

当彼得和贾宁的大女儿西蒙内特和利奥·格利夫卡（Leo Grifka）在洛杉矶结婚时，弗兰克发现自己是这对新人唯一活着的祖辈，作为即将逝去的一代的男性代表，他心里五味杂陈。最重要的是，他站在那里也代表了贾宁深爱的父亲安德烈·温克勒（Andre Winkler），他俩之前非常熟悉，而且贾宁发现她凝视弗兰克的时候也多了一层意味。

代表尊严的并不只是弗兰克的白发，还有他数十年的工作打下的家族基础。当西蒙内特开始自己的服装生意时，她看到了自己祖父身上不同寻常的一面。"我非常崇拜他扩展业务的方式。不像他，我说着纯正的英语，受过良好的教育，拥有世界上的所有资源，但是我还是觉得很困难。几乎每天，当我和困难斗争时，我就会想如果他能做，我也能！"

西蒙内特最小的妹妹卡罗琳知道自己生长在一个有特权的环境中，并且明白鼓足勇气超越自己的重要性，想着要在他们生活的"小泡泡的外面"探寻世界。就像总会发生的，随着孙辈们的长大，他们会开始以不同的眼光看他们的祖父母。刚步入成年人行列的卡罗琳和她的兄弟本吉（Benji），曾与弗兰克和雪莉一起在法国度假。弗兰克带着他们购物后，卡罗琳说道："我最喜欢的不是你给我买礼物，而是事实上您让我感觉自己像一个公主。"

弗兰克看上去像一个严肃的族长，但他也会不时地显现轻松愉悦的一面。史蒂文的女儿克劳迪娅会把他风趣的一面激发出来，并且是这个世界上不多的几位次为弗兰克"可爱"的人之一。克劳迪娅令他想起了过去。当弗兰克隔着安息日的桌子打量她时，她身上的一些东西总是会使他想起他亲爱的妈妈伊洛娜。

尝试记住父亲总是要困难许多，他大多数的儿时记忆都是模糊的，而且很难把真实的记忆和他后来听到的关于他父亲的事情分开。但是2013年的一个时刻，他心中感到了雨果的存在。

在那个犹太新年，弗兰克坐在大教堂里，倾听自孩提时代就熟悉的祈祷。这时他发现有人在哭泣，他环顾四周，发现一个虔诚的男孩哭得非常伤心，后排的一位男士低声耳语道，这个孩子的父亲去年死于突发事件。弗兰克起身走向那个孩子，并把他带回到他的座位旁。这正好发生在鼓舞人心的祈祷者尤尼桑·托克夫（Unesaneh Tokef）主持祈祷仪式的时段，这段祈祷文讲的是打开记忆之书和回忆忘却之门。

祈祷文把弗兰克带回到了童年时的可怕岁月，纳粹正在逼近，他们的社区遭受苦难的折磨。他们知道将要发生什么，在他们的木制小教堂里，弗兰克站在他爸爸的旁边准备祈祷。雨果把他的儿子搂在他的祈祷披肩里，并紧紧地抓着他的手，拉比开始念咒语。"所有的男人都将在你面前过去，就像众生一样。"弗兰克躲在柔软的披肩下，能够感到他爸爸的双手在颤抖，只是拉比在继续祈祷，"……谁将生和谁将死……被火烧还是被利剑……"

现在，70多年后已近暮年的他站在这里，听着同样的祈祷并感受自己披肩下的孩子的痛苦。"就好像我是我的父亲，而他就是我。这是一个纯粹的身份认同的时刻，这一刻两个灵魂连接在了一起。"他说。

照例，弗兰克在新年的第二天又回到了大教堂，度过了上午的一段时光后，他到外面走了一会儿，在平台上他看到了那个孩子。那个男孩看上去想靠近又有些犹豫，弗兰克鼓励他过来。那个男孩问了一个问题，他想知道弗兰克的爸爸过世后，他有怎样的感受。"我告诉他这是很悲伤的，并且我现在依然很悲伤。可怕的痛楚一直缠绕着我。"弗兰克一直记着这次相遇，几天后，他给拉比打电话并想了解这个孩子的更多情况，并计划做些事丰富孩子的生活。

随着年龄的增长，弗兰克一方面对事物的本质有了更深刻的认识，另一方面也变得更加超然。当弗兰克第一次牵着曾孙的手时，他意识到一个惊人的事情：这个孩子将有可能生活到22世纪。他想起了他曾经牵着的出生在19世纪的他父亲的手，难道他所牵手的亲人的生命可以跨越4个世纪吗？这个跨度真是难以置信。

附　言

　　2015年5月，弗兰克·洛伊站在墨尔本一个足球场的中央舞台上。正当他准备向获胜队伍颁发一座大奖杯时，却在领奖台边缘踩空一步，掉了下去。

　　人们屏住呼吸，因为大家看到他似乎是头先着地的。

　　整个球场陷入一片沉静。电视台的评论也停止了，现场的球迷静静地、惶恐地俯身向前看着这意外的一幕。

　　有些人不敢看，因为有那么几分钟，他一动不动地躺在地上。

　　当他坐起来后，足球场上爆发出热烈的掌声。等到他站起来时，观众们变得兴高采烈。

　　当他爬上领奖台时，观众们欢欣鼓舞。他的白发上沾了草，但这没关系，他又重新开始演讲。

　　他的年纪、这一跤摔的严重程度和他支撑自己的方式，使得这一片段成了一个全国性的话题。

　　这件事发生在墨尔本胜利队在 A 联赛的总决赛上以 3∶0 战胜悉尼 FC 队的那个星期日晚上。

　　两天后的星期二早上，弗兰克描述了这一事件及其影响：

在比赛之前，我正处在两难中。那个周末，我在以色列有一个渴望兑现的承诺，但是墨尔本胜利足球俱乐部的主席安东尼·迪·彼得罗（Anthony Di Pietro）特别邀请我出席这次总决赛。"如果我们赢了，我希望您能为我们颁奖。"他说。

虽然不答应他并按计划前往以色列也没什么大碍，但他的话不断在我耳边响起。由于这是我在足协主席任上的最后一场总决赛，我决定留下来，结束后再立即赶往以色列。

体育场里的气氛惊心动魄。我相信这场比赛能够与任何一场欧洲的顶级赛事抗衡。我特别高兴墨尔本胜利队闯进了总决赛，因为大约18个月前，我们为了澳大利亚男子足球国家队征召了这支球队的主教练。俱乐部勇敢地提升了助手凯文·马斯喀特（Kevin Muscat）来接替原主教练的位置，因此我们又有了一位一流的澳大利亚年轻教练。

在比赛结束前约5分钟，工作人员为了准备颁奖仪式开始走向球场。大家站在球场边等着比赛结束。哨声吹响，他们迅速布置好球场中央的颁奖舞台。正当他们匆匆返回时，我们站在一旁向球员和教练表示祝贺与慰问。

接着，戴维·盖洛普和我走上了舞台，向裁判、球员和教练们颁发奖牌。一切都进展顺利，已经到了为冠军球队递上奖杯的时刻了。舞台上很拥挤，随即宣布结果，我和戴维一起走向了奖杯。

我不记得接下来发生了什么，但我记得我躺在草地上，想着成千上万的澳大利亚人正看着我，我必须坚强起来，不能毁了他们的夜晚和墨尔本胜利队的好心情。我也想起了我儿子戴维总是说起的那句话:"最重要的是保持形象!"

虽然我不曾失去意识,但我没有起身爬回舞台的记忆。今天早上当我看到这个事件的视频剪辑时,我第一次惊讶地看到自己微笑着向大家挥手,帮助递出了奖杯,为他们鼓掌。我还在说话。

不过我记得和其他人一起离开领奖台。当我们走进通道时,我看到了一把椅子。那是一个多么让人感到温馨的景象啊,那一刻我唯一想做的事就是坐上去。当我坐下时,关心我的人和足协官员们都围了上来。维多利亚州州长丹尼尔·安德鲁斯(Daniel Andrews)也来了,他要提供帮助。

但我记得最清楚的是两位医护人员,凯利·利尔斯(Kelly Liels)和彼得·贝利(Peter Bailey)。他们给我留下了很好的印象。彼得从没离开过我的身边。我坐下时,他不断问我问题,比如"你能看到几根手指",他非常平静、令人放心和友善,使我一直维持着良好的精神状态。我们走到小巴士前,我问他是否介意陪我去机场。一路上,他一直陪伴着我直至上了飞机,甚至还提出与我一同搭乘飞机。这些医护人员是无名英雄,他们不寻求荣誉,他们只是静静地、出色地执行自己的任务。

在巴士上,我不断收到短信。我回复了他们,既是要表明我的大脑正常,也要让别人知道我还行。我并不担心我的身体,只是担心我的思维。在飞机上,我躺在一直等着我的雪莉的怀抱中。去以色列已经是不可能了,我们便飞回了悉尼。戴维和马戈在机场等着将我们送到圣文森特医院的急诊室,那里有一个团队正在等待着我的到来。

经过检查、测试和扫描后,我被要求留院过夜进行观察。医生们注意到我并没有抱怨。身体上我没有什么疼痛,并且我在集中精力证明自己思维上没有问题。他们说我之所以没有受伤,是因为长期的锻炼、游泳和走路而形成的敏捷反应。

同时,我的手机一刻也没有停下来过。因为我睡不着,我躺在病床上一一回复来自各个地方,甚至国外的电话和信息。似乎每个人都以为我摔到了头,但实际上是我的肩膀先着地,随后我的头撞在了草地上。

那天晚上,我的好运气还不止这些。几年前为我做手术的外科医生正在待命,随后也来到了医院,他对我的身体知根知底。次日早上6点25分当他返回我的病房前,我正在等着他。他告诉我可以回家了。这对我来说是个解脱,回到一个充满爱和关怀的家是莫大的慰藉。澳大利亚给予我的关心让我非常感动。我收到了多位重要人物的电话,也能感受到他们在听说我没事后的那种真挚的愉悦之情。

回到家里的第一天,我没有看报纸、照片或视频,因为我不愿被提醒发生了什么。但今天早晨,我看了一个优兔的录像剪辑,在看的时候我明白了一件事。我非常幸运和感激能够以这样的方式幸免于难。我一生里有过几次侥幸脱险的经历。这次似乎是一个征兆,一个来自上帝的征兆,它似乎在提醒我接受自己已经84岁高龄的现实,到了该减压的时候了。

我的商务活动已经减少了有一段时间了,我的足协主席任期也即将结束。我想我一直在担心自己会"失业",可以这样说。但当我看到这个视频剪辑时,我认识到我应该为已经取得的成就心存感激,变得平衡点,少一点活动,多一些感恩。我想我应该试着享受和欣赏与我的人生伴侣雪莉剩下的旅程。

现在最大的问题是我能否下定决心,这可能是我面临的最困难的挑战。

致　谢

非常感谢伊曼纽尔·克莱因（Emanuel Klein）、维罗妮卡·苏梅吉（Veronica Sumegi）、海伦·加纳（Helen Garner）、谢莉·尼克斯贝格（Shelley Kenigsberg）、帕特·雅各布斯（Pat Jacobs）、卡罗琳·斯通（Carolyn Stone）、安妮·温德姆（Anne Wyndham）、维塔·帕莱斯特朗（Vita Palestrant）、露西·奇普金（Lucy Chipkin）、西比尔·普利纳（Sybil Pliner）、乔安妮·库珀（Joanne Cooper）、伊丽莎白·阿戈斯蒂诺（Elisabeth Agostino）、朱莉娅·克拉克（Julia Clarke）及安德拉斯·伯克斯（Andras Berkes）的大力支持。感谢杰奎琳·肯特（Jacqueline Kent）、凯瑟琳·米尔恩（Catherine Milne）和丹妮丝·奥戴（Denise O'Dea）的耐心和专业。感谢我亲爱的家人，乔纳森、埃米莉、萨拉（Sarah）、萨莉（Sally）、理查德、彼得、琳达及特鲁迪，我很感激你们一直在身边。